# 前　言

旅游消费者行为学在2018年普通高等学校本科专业类教学质量国家标准中已成为旅游管理专业核心课程之一，其应用范围非常广泛。在当前经济新常态背景下，旅游消费对于扩大内需、促进就业、提高人民的获得感和幸福感等起着重要的推动作用，也成为人们生活的必要组成部分之一。同时，在消费提档升级背景下，旅游消费者行为表现出不同于以往的新特点、新趋势。本教材在已有文献资料的基础上系统总结旅游消费者行为的基本理论，并结合实际情况开展以应用型人才培养为导向的内容编写，以期推动高等院校旅游管理专业教学改革和企业营销应用发展。

本教材根据成果导向教育（outcome based education，OBE）理念设计，以旅游消费者行为的知识、能力和素质培养达成为目标，以旅游消费过程为主线，全面分析旅游消费者的感知、动机、学习、情绪情感、态度、个性、群体、社会阶层、生活方式、家庭、文化、营销刺激等内外部因素对旅游消费者行为的影响，从旅游需要识别、旅游信息搜寻、旅游购买方案选择、实际购买、旅游经历和旅游后的行为六个阶段说明旅游消费者行为的购买决策过程。本教材可作为高等院校旅游管理专业的教材、旅游行业营销人员及管理决策者的学习参考书，其具有以下两个主要特点。

第一，编写结构合理，实训操作性强。本书的主要内容涉及感知、动机、学习、情绪情感、态度、个性、群体、社会阶层、生活方式、家庭、文化、营销刺激等内外部影响因素以及旅游消费者行为的购买决策过程。全书共分为15章，其中，第1章为导论；第2～第7章为影响旅游消费者行为的内部因素；第8～第12章为影响旅游消费者行为的外部因素；第13～第15章为旅游消费者行为的过程。在编写过程中，突出应用能力的培养，注重课外阅读素材、案例、实际问题与基本理论的对应，便于案例教学、课堂讨论、同步训练等教学活动的开展，以期更好地通过实际应用来帮助读者把握基本的旅游消费者行为规律和原理。

第二，编写体例创新，成果导向性强。为便于读者明确每个部分的学习成果，按照成果导向的教育理念，本书在编写体例上进行了一些新的尝试，每一章都按照"学习目标——案例导读——正文——单元训练"的模式编写。其中，"学习目标"从知识、技能、能力三个方面帮助读者明确学习将要达成的知识、能力等目标；"单元训练"则相应地从知识训练、技能训练、能力训练三个方面提出问题，便于读者了解熟悉相关理论知识、掌握相关技能、形成解决问题的应用能力。

本教材由五邑大学经济管理学院荣浩、华中师范大学城市与环境科学学院张春燕担任主编。荣浩、张春燕负责大纲拟定、书稿写作和总纂定稿。五邑大学经济管理学院旅游管理专业的周翠瑜、饶云、李月琴、唐俊星、许春燕等同学做了大量的资料搜集和整理工作。

本教材的出版受到广东省本科教学质量与教学改革工程建设项目"旅游管理专业综合改革试点项目""大学生实践基地项目",广东省本科教学质量与教学改革工程建设项目"协同育人理念引领下的成果导向式'旅游消费者行为学'课程教学改革与创新",五邑大学教学质量工程与教学改革工程项目"协同育人理念引领下的成果导向式'旅游消费者行为学'课程教学改革与创新"(JG2014002)的共同资助。

由于编者水平有限,书中难免有疏漏和不当之处,敬请广大读者批评指教!

编　者

2018 年 6 月

# 目　　录

# 第 1 篇　旅游消费者行为基础

# 第1章　旅游消费者行为导论

【学习目标】

知识目标：了解旅游消费者行为的基本概念，明确旅游消费者行为的研究内容，了解旅游消费者行为研究的基础理论，认识研究旅游消费者行为的重要性。

技能目标：掌握旅游消费者行为的研究方法。

能力目标：具有运用旅游消费者行为的研究方法对特定旅游消费者行为进行分析的能力。

【案例导读】

## 大数据揭示错峰游背后的消费心理

《2017～2018错峰游消费分析及预测》对2017年错峰游用户预订行为、目的地偏好等进行了盘点，并对2018年错峰游趋势进行了预测。

《2017～2018错峰游消费分析及预测》显示，优惠的价格和高品质的出游体验是游客选择错峰游的主要原因，9月及10月中下旬是全年错峰游高峰期。

假期安排与旅游业关系密切，甚至已经成为影响用户出游的最重要因素。从2017年全年节假日安排看，1～2月分别有元旦和春节，4～5月有清明节、劳动节和端午节，7～8月正值暑期旅游旺季，10月有中秋节和国庆节，因此，全年错峰游时间主要集中在春节后的3月、端午后的6月、暑期后的9月、国庆后的10月中下旬以及11月和圣诞前的12月中上旬。

从具体出游人次分布来看，9月和10月中下旬是错峰游高峰期。9月气候宜人，比较适合外出度假，同时较暑期旺季而言，旅游产品价格降幅喜人；2017年9月错峰游人次占全年错峰游总人次比例最高，达32%；10月中下旬，赏秋主题错峰游最受关注；值得一提的是，受年底"年假清零"因素影响，12月中上旬错峰游热度也居高不下。

游客为何日益青睐错峰游？数据显示，65%的用户倾向于"人少景美"的出游体验，可避免高峰期"只见人头不见景，拍照只能拍集体照"的尴尬情况；55%的用户青睐错峰游期间顺畅的交通，尤其是自驾用户；43%的用户认为错峰游价格优势明显，可大幅节省出游开支；此外，还有13%的用户因年底休年假、节假日加班后期调休而选择错峰游。总体而言，实惠的旅游产品价格和优质的出游体验是用户选择错峰游的主因，用户对出游品质的要求正在不断提升。

（资料来源：佚名. 大数据揭示错峰游背后的消费心理［EB/OL］. 搜狐网，http://www. xiaogushi. com/wenzhang/zhuanti/lijiang/，2017－12－27.）

从上述案例中可以看出，在我国消费升级的大背景下，旅游消费者的心理和行为不断发生新的变化。如果不了解旅游消费者的心理和行为的变化，就不可能真正满足旅游消费者的需求，旅游企业也就无法获取利润。因此，作为本教材的导论，需要先探讨几个重要的问题：什么是旅游消费者？什么是旅游消费者行为？如何研究旅游消费者行为？研究旅游消费者行为的意义何在？

## 1.1 旅游消费者与旅游消费者行为

旅游消费者行为的研究是立足于旅游消费者的角度展开的，一切旅游消费行为都是由旅游消费者这一主体所作出的。而在现代市场经济条件下，旅游者在旅游活动开展的同时必然伴随其消费活动的发生。从这个意义来讲，旅游者就是旅游消费者，两者在很大程度上指的是同一群体。因此，明晰旅游者的概念成为研究旅游消费者行为的逻辑起点。

### 1.1.1 旅游者

目前占统治地位的旅游者的定义是由各国或地方政府部门基于进行旅游统计时的实际需要而作出的官方定义，主要形成了关于国际旅游者与国内旅游者的最基本的分类。

1. 国际旅游者。1937 年，临时国际联盟统计专家委员会将旅行的时间及在外居住作为划分旅游者的重要标准，把旅游者定义为"离开定居国到其他国家访问旅行超过 24 小时的人"。1963 年，联合国在罗马举行的国际旅行与旅游会议（又称罗马会议）将居住国、访问目的、停留时间作为划分旅游者的重要标准，把旅游者界定为"除了为获得有报酬的职业以外，基于任何原因到一个不是自己常住的国家访问的人"，并且将国际旅游者分为过夜旅游者和一日游游客。前者指到一个国家作短暂访问至少停留 24 小时的游客，主要包括出于娱乐、度假、疗养、宗教、学习和体育目的的消遣者以及为了工商业务、家事、公务出使、出席会议的非消遣者；后者指到一个国家作短暂访问，停留时间不超过 24 小时的游客。1991 年，世界旅游组织在加拿大的渥太华再次召开会议，根据"惯常环境""停留时间""获取报酬"等标准及其解释，将旅游者界定为"一个人前往其惯常环境之外的某地开展的一整套活动，在该地的停留时间短于一年，并且主要访问目的不是从事某种从该到访地区之内获取报酬的活动"。目前，尽管在逗留时间上仍存在着一定程度的分歧（3 个月、半年、一年等），但是世界各国对于国际旅游者的界定基本上达成共识，在对国际旅游者的统计解释时主要是以世界旅游组织的定义为依循的蓝本。

2. 国内旅游者。在参照世界旅游组织所提供的国际旅游者的定义的基础上，世界各国结合自身国情分别进行了国内旅游者的界定。其主要差异体现在：一是以美国、加拿大为代表的北美国家，以出行距离为标准来区别是否属于国内旅游者，如美国国家旅游资源评价委员会用至少 80 公里（单程）作为衡量是否国内旅游者的临界尺度；加拿大统计局和加拿大旅游局也使用最小距离为 80 公里的标准。二是以英国为代表的欧洲国家，以在异地逗留的时间长度为标准来判断是否属于国内旅游者，如英格兰旅游局对国内旅游者的定义是基于上下班以外的任何原因，离开居住地外出旅行过夜至少一次的人；法国旅游总署则认为凡是出于消遣、健康、出差或参加各种形式的会议、商务旅行、修学等原因离开自己的主要居所，外出旅行超过 24 小时，但不超过 4 个月的人均可视为国内旅游者。可见，尽管各国在定义国内旅游者时在出行距离和出行时间这两个问题上仍然存在着明显的分歧，但国内旅游者与国际旅游者的本质区别在于是否跨越国界，除此之外并没有其他的本质差异。

综合上述，对于旅游者的定义，我们可以把旅游者理解为前往其惯常环境之外的某地，连续停留时间不超过 12 个月，并且主要访问目的不是从事某种从该到访地区之内获取报酬的活动的个人。从空间尺度划分，旅游者按照其旅游是否跨越国境，可分为国际旅游者和国内旅游者两种。对一个国家而言，国际旅游者既包括入境旅游者，也包括出境旅游者。从全世界的角度来说，国际旅游者是指所有出自不是从事某种从该到访地区之内获取报酬的活动的目的而前往异国并在该国作短暂停留的个人。国内旅游者是指在一个国家内部，所有出自不是从事某种从该到访地区之内获取报酬的活动的目的而前往异地并在该地作短暂停留的个人。从时间尺度划分，可把旅游者分为过夜旅游者和不过夜旅游者两种。过夜旅游者指所有出自不是从事某种从该到访地区之内获取报酬的活动的目的而前往异地并在该地停留超过 24 小时的个人。

## 1.1.2　旅游消费者

在对旅游消费者进行定义之前，要先弄清楚旅游消费是什么。一般认为，消费是指人们为满足需要而消耗各种物质产品及非物质产品的行为和过程。旅游消费是伴随着旅游者的旅游活动而发生的消费，是旅游者正常开展旅游活动和旅游经济正常运行的必要条件，是旅游者最显著的特征之一。

1. 旅游消费的界定。对旅游消费的理解主要有广义和狭义两种观点：一是认为旅游者作为消费主体所产生的消费即旅游消费，强调旅游消费是旅游者在旅游过程中购买综合旅游产品所发生的各种各样的花费。如世界旅游组织基于建立一个国家或地区的国民核算账户体系的需要而将旅游消费技术性地定义为："为了旅游活动的发生发展而引致的消费，是由旅游单位（旅游者）使用或为他们而生产的商品和服务的价值"。罗明义（2008）认为，旅游消费是指人们在旅行游览过程中，为了满足其自身发展和享受的需要而进行的各种物质资料和精神资料消费的总和。这种观点实质上将旅游消费等同于旅游者的消费，把旅游消费视为在数量上与旅游收入相等的指标。二是认为旅游消费仅仅是旅游者出于追求审美和愉悦对核心旅游产品的消费。从旅游者所购买的产品构成来看，旅游产品可分为核心旅游产品、媒介旅游产品、旅游用品和旅游纪念品、基本消费品四个层面的产品。其中，核心旅游产品指旅游者在旅游过程中花钱获得的特殊经历和体验，是满足旅游者离家外出审美和寻求愉悦的核心产品；媒介旅游产品指旅游者购买的有助于旅游活动的进行，能提高旅游经历和体验的质量，但其给予消费者的利益属于对核心旅游产品利益的追加的相关产品和服务；旅游用品和旅游纪念品指用于满足旅游者馈赠亲友、经济购物、玩味欣赏等需要的非日常性特殊商品，如旅游纪念品、艺术品、特殊的家庭生活用品等；基本消费品指旅游者购买的作为满足旅游过程中基本需要的一般消费品。这种观点实质上将旅游消费看作是旅游者对核心旅游产品的消费，强调旅游者只有消费具有满足旅游者审美需要和愉悦需要的效用和价值的旅游产品才属于旅游消费。

2. 旅游消费者的界定。从衡量旅游需求、统计旅游消费的经济效应、评估旅游业发展态势等角度来看，旅游消费者显然不应局限于对出于追求审美和愉悦对核心旅游产品消费的主体，从广义的角度来讲，旅游消费者就是指旅游者在整个旅游活动过程中对食、住、行、游、购、娱六个方面及其他方面而进行花费的消费主体。

### 1.1.3 旅游消费者行为

1. 旅游消费者行为的一般特点。了解了旅游消费者的含义，那么对旅游消费者行为这一概念就很容易掌握了。从微观的角度来看，旅游消费者行为具有以下特点。

（1）旅游消费者行为是满足旅游需要或欲望的手段性行为。人的旅游需要，如同对于食物、衣服、房屋、安全感、尊重等的需要，是客观存在于人本身的生理需要和自身状态。人的欲望的形成往往受到其所处的生活环境的影响。为满足这些需要和欲望，旅游消费者就得使用资金、消耗时间、付出努力等，并且旅游消费者个人的消费生活反映个人的、社会的整体感。满足旅游消费者需要或欲望的"有形"的实物或"无形"的服务、构思就是旅游产品。

（2）旅游消费者行为是心理活动过程的产物。旅游消费者一般在市场上获得满足其旅游需要或欲望的旅游产品，但市场上的旅游产品并不只有一种，在市场上旅游企业之间的竞争非常激烈，各个企业所提供的旅游产品也非常多。在众多能满足旅游消费者需要的产品中，旅游消费者只能选择其中的一个或几个。不过，旅游消费者对这些旅游产品并不是任意挑选的，而是有意图地去选择的。旅游消费者的这些选择性行为是在一定的动机驱动下形成的，即经过一系列的心理活动过程。心理活动过程包括思考（认知）过程和情感（感性）过程。在旅游消费者的选择性行为过程中，不仅受到旅游产品的实用性方面的刺激，而且还受象征性方面的影响。另外，旅游消费者行为还受到自然环境或社会环境的影响。也就是说，每个旅游消费者所处的环境不同，其心理活动过程也是不同的，所引发的旅游消费行为也存在着差异。

（3）旅游消费者行为是一个过程。目前旅游企业普遍认识到旅游消费者行为是一种持续的过程，而不仅仅指在一个旅游消费者支付金钱得到一些商品或服务的那一时刻所发生的事情。虽然两个或两个以上的组织或个人互相提供和取得有价值的东西的交换行为，是旅游消费者行为的重要组成部分之一，但广义的旅游消费者行为注重的是整个旅游消费过程，包括在购买前、购买时、购买后整个过程中影响旅游消费者的所有问题。

（4）旅游消费者的需要是通过交换过程实现的。交换是以提供某物作为回报而与他人换取所需要的产品的行为。人们参与交换的目的在于提高自己所拥有的资源的总效用，正因为人们拥有不同的效用，所以能进行交换。旅游企业所提供的产品，对企业本身来说没有多大的价值，但是，一旦旅游消费者拥有这种产品之后，其价值就增大了。旅游消费者通过产品满足自己的需要或欲望，从而增加总效用。旅游企业向旅游消费者提供满足旅游需求的手段，从而获得利益、增加总效用。

根据旅游消费者行为的上述特点，我们对旅游消费者行为做出以下定义：旅游消费者行为是作为决策单位的旅游消费者通过交换为实现其旅游目的而购买、使用产品或服务的一系列行为。

2. 旅游消费者行为的特殊性。除了具有一般消费者行为的特征之外，旅游消费者行为有其特殊性。其具有如下特殊性。

（1）旅游消费者行为是高层次的社会性消费。与日常家庭消费不同的是，人们通常在保证日常生活需要之后，才会考虑外出旅游和度假。个人可自由支配的收入是影响旅游消费者行为的关键因素。同时，旅游是一种消耗时间的活动，旅游消费者必须放弃宝贵的时间，而旅游时间的耗费同样也是具有机会成本的。因此，通俗地讲，旅游消费者行为发生的前提就是"有钱"和"有闲"。显然，旅游消费者行为是在一定社会经济条件下发生和发展的，是在满足日常生活消费的基础上更高层次的社会性消费。

（2）旅游消费者行为是受社会文化背景影响和制约的文化活动。在不同的社会条件下，人们的旅游消费者行为表现为受时代的强烈社会影响所具有的特征，如"中国古代的旅游就好像是中国文化的一面折光镜，在这面镜子里，或隐或现地反映出时代文化的影子，或强或弱地裸露着中国文化的灵魂。先秦的朦胧，魏晋的颓废，隋唐的高昂，明清的恬静"，以至于 20 世纪 60 年代在西方兴起的追逐 3S 和今天普遍倡导的生态旅游，无不反映了不同时代、不同社会在旅游价值观方面的变化。

（3）旅游消费者行为是以获取精神享受为指向的消费。旅游是个人以前往异地寻求愉悦为主要目的而度过的一种具有社会、休闲和消费属性的短暂经历。旅游消费者行为发生的基本出发点、整个过程和最终效应都是以追求愉悦体验、获取精神享受为指向的。人们借助旅游来放松身心、释放压力、颐神养性、调整情绪。随着社会的发展和人们生活水平的提高，越来越多的旅游消费者追求旅游产品所蕴含的时尚，从旅游的精神价值中寻求认同，以期达到对平凡生活的补偿，满足情感需求。经济上的消费只是作为支持旅游消费者达到追求愉悦体验、获取精神享受这一本质目的的外部支持条件之一。

（4）旅游消费者行为是受消费者个性和情感等因素影响的复杂的感情消费。旅游消费者作为一名普通游客在旅游活动中所表现出的各种消费行为往往都打上了其生活情趣、个人修养、社会地位等特征的烙印。例如，崇尚自然的旅游者向往青山绿水、鸟语花香的农家生活，而追求时尚的旅游者则蜂拥到高楼林立、车水马龙的繁华都市；具有宗教信仰的旅游者情愿长途跋涉前往特定宗教景点等场所，而无神论旅游者则不一定会将宗教名山、古刹景点等场所作为旅游目的地的首选。此外，旅游消费者在旅游消费过程中往往非常注重与他人的交往和情感交流，如大多数旅游者更喜欢面对面的服务，而不是自动化设备或自助服务系统。

## 1.2　旅游消费者行为的研究内容与方法

### 1.2.1　旅游消费者行为的研究内容

旅游消费者行为学是研究旅游消费者为满足其旅游目的而购买、使用产品或服务的活动和过程，也包括影响这一活动和过程的各种因素。

图 1－1 是一个关于旅游消费者行为的分析模型，本教材以此模型来描述旅游消费者行为的一般结构与过程。旅游消费者在各种因素的作用下，形成一定的自我意识与生活方式，特定的自我意识与生活方式能导致旅游消费者产生的相应的需要和动机。为满足这些需要和动机，旅游消费者就会产生相应的购买行为。一旦旅游消费者面临问题情境（需求确认），旅游消费决策过程就将启动。这一过程所带来的购买行为的实现与体验，又会对旅游消费者的内部特性和外部环境产生影响，从而最终引起旅游消费者自我意识与生活方式的调整与改变。

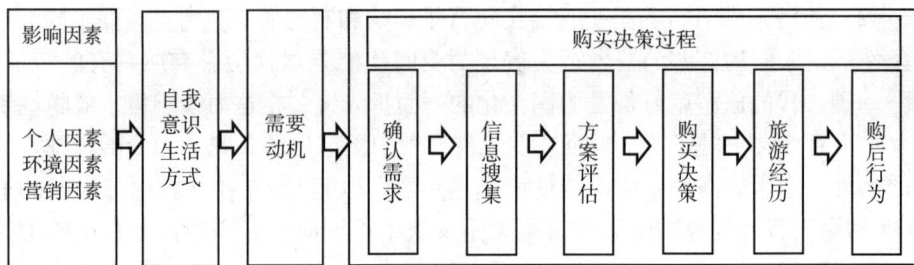

**图 1－1　旅游消费者行为分析模型**

根据上述定义以及分析模型，可将本教材对于旅游消费者行为的研究内容归纳为两个部分：影响旅游消费者行为的各种因素（内部因素、外部因素）和旅游消费者行为的过程（旅游需要识别、旅游信息搜寻、旅游购买方案选择、实际购买、旅游经历和旅游后）。

1. 影响旅游消费者行为的各种因素。影响旅游消费者决策的因素非常复杂，有些因素是外显的，而有些因素却是内隐的，因此，本教材将这些影响因素系统地梳理为两个方面：内部因素和外部因素。

影响旅游消费者决策的内部因素，主要是指旅游消费者一系列的心理活动过程，包括动机、感知、学习、态度和个性等因素。

影响旅游消费者决策的外部因素，主要分为两大类：一类是来自于旅游消费者所处的社会环境因素，包括文化、参照群体、社会阶层、家庭等；另一类是来自于影响旅游消费者决策的营销因素，包括与产品有关的因素以及与产品营销组合相关的因素，包括营销服务和营销沟通等因素。

2. 旅游消费者行为的过程。旅游消费者行为研究的主要内容之一就是要了解旅游消费者的购买决策过程。假如我们能够了解旅游消费者的购买决策过程的基本规律，就可以通过影响和控制这一过程来影响旅游消费者的购买行为，从而达到提高营销绩效的目的。旅游消费者行为的购买决策过程主要包括旅游需要识别、旅游信息搜寻、旅游购买方案选择、实际购买、旅游经历和旅游后的行为六个阶段。

鉴于以上对旅游消费者行为学研究内容的理解，本书的体系也就是围绕着上述问题而展开。

### 1.2.2　旅游消费者行为的研究方法

旅游消费者行为的研究方法主要有以下三种。

1. 观察法。观察法是在自然情况下有计划、有目的、有系统地观察被研究对象——旅游消费者的外部行为，进而探究其心理活动、分析其心理活动规律的一种方法。由于观察法简便易行，且很少干扰或不干扰被观察对象的正常活动，因此，该方法被广泛应用于研究旅游消费者行为。但由于在该方法下观察者往往处于被动地位，只能等待需要观察的现象自然出现，不能在必要时反复观察，因此，有时基于观察所得的材料往往不足以区别哪些是偶然的，哪些是规律性的。此外，观察法对观察者的要求较高，需要对观察者进行严格训练才能有效使用这种方法。

2. 实验法。实验法是有目的地严格控制或创设一定的条件，人为地引起某种心理现象产生，从而对它进行分析研究的方法。这种方法涉及在改变一个或多个变量（自变量）的条件下分析这种改变对另外一个变量（因变量）的影响，即自变量与因变量之间的因果关系探究。

实验法一般有两种具体做法：实验室实验法和自然实验法。前者是指在实验室环境中，人为地操纵改变自变量，考察因变量如何因自变量变化而变化。例如，在实验室研究旅游消费者心理现象，通过电子计算机、录音、录像等现代技术手段，实施自动观察、记录和控制，能准确记录和分析旅游消费者心理变化、大脑生理反应以及被试者行为表现。后者是指在比较自然的环境下由研究者有目的地设置一些条件来进行。这种方法既弥补了观察法下由于研究者处于完全被动的地位而导致的不足，也在一定程度上避免了实验室实验法下实验环境与现实环境的脱节，但由于旅游消费环境复杂多变、影响因素众多，旅游研究者想通过现场实验来判断分析还是存在着不小的难度。目前，现场实验主要集中在广告宣传、价格试验等方面研究。

3. 调查法。调查法是指根据研究目的的要求，设计一系列问题来收集信息并加以分析的方法。这种方法是旅游消费者行为研究中最常用的一种方法。在旅游消费者行为研究中，调查法的用途非常广泛，是收集有关旅游消费者态度、意见、动机以及公开行为等信息的有效方法，可以用于测量或衡量过去、现在或将要发生的行为；有关的人口统计特征；被调查者的知识水平或对某一问题的了解程度；被调查者的态度和意见。整个调查过程由四个主要步骤构成，即确定研究目的、制定研究战略、原始数据的实地收集、分析数据。

（1）确定研究目的。确定研究目的，就是将研究问题进一步细化、具体化，可能是进一步了解旅游消费者情况，也可能是寻求增加销售额的实际构想，还可能是寻找数据证实或推翻原有的见解。

（2）制定研究战略。为实现确定的研究目的，还必须确定相应的调查方法、研究方法与抽样计划。

①调查方法。调查方法主要有电话访谈、邮寄问卷、网络调查和人员访问。

②研究工具。研究工具的选择，主要取决于所要收集的信息类型与收集方法。如果只需少量答案，则最好用电话访谈或邮寄问卷。问卷设计需要有相当的技巧与学问，并特别注意所问问题的类型、措辞、形式以及次序。在问题类型上易发生的错误，主要是问一些无法回答的问题、不愿回答的问题、不必回答的问题、容易作出虚假夸大回答的问题，而忽略了必须回答的问题。例如，"你是在何时何地第一次了解到此旅游目的地的？"就属于无法回答的问题；"你在旅游活动过程中是否参加过赌博活动或色情活动？"就属于不愿回答的问题；"以后你还会愿意入住本酒店吗？"就属于不必回答的问题；"你度假旅游花费数目是多少？"就属于容易作出虚假夸大回答的问题。当问题类型确定后，问题形式的不同也会导致不同的调查结果。问题形式有开放式和封闭式两种。开放式问题是指被访者可自由回答的问题，一般适用于询问被访者为什么选择某个特定的旅游目的地，为什么参加某个特定的娱乐项目等关于旅游消费者行为背后的原因，且在人员访问时采用这种方法收集"原因"数据。例如，"你为什么选择这个旅游目的地？""你对这个旅游目的地有何看法？"等。封闭式问题是指在问题后面已给出几种可能的答案，由被访者选出最合适的答案。被访者的回答方式可能是二选一（称为二元化问题），也可能是多选一（称为多重选择问题），还可能是选择一个数量指标（称为量表化问题）等。这种问题形式一般适用于收集旅游消费者观点、行为事实等方面数据。例如，"你去过哪些类型的旅游目的地？""请你选择哪个旅游目的地广告更具有吸引力？"等。在问题形式确定后，问题措辞也必须做到简明扼要、没有偏见、不引起误会。一般来讲，开始的提问必须能引起回答者的兴趣，所以开放式问题适宜放在前面提问。凡是困难问题或私人问题都应留在最后，以免回答者因产生厌烦情绪而中断回答。

③抽样设计。抽样调查是一种非全面调查，它是从研究对象中抽取部分单位进行调查，并用调查结果来推断总体的一种调查方法。根据抽取样本的方式不同，可分为两类：一类是概率抽样，或称随机抽样；另一类是非概率抽样。我国一般只把概率抽样称作抽样调查，非概率抽样则称为典型调查、重点调查等。抽样设计涉及三个问题：抽样单位、抽样方式及样本数目。抽样单位是指总体中所有被调查的对象或范围。例如，对旅游消费者调查的抽样单位可能是某市（或

省、县）的所有旅游消费者家庭、某景区或景点的所有游客等。抽样方式随研究目的的不同而有所不同，探索性研究仅用非概率抽样程序即可，但是，为了对总体进行正确的定量估计，必须使用随机抽样，使总体中的每一成员被抽中的机会均等，并使总体中的次数分布与样本分布相适应。

（3）原始数据的实地收集。在确定研究战略之后，就进入数据的实地调查、收集工作。这一阶段所花费的成本最高，可能出现的错误也最多。常见的问题如下。

第一，选择被访者可能存在的偏差。例如，由于旅游需求具有明显的季节性，调查期间可能会面临不同的旅游者在一年的不同时间享用旅游产品，因此，在一年中的某一个时间段做的调查可能会忽略整个细分市场中某些部分消费者；调查者往往倾向于选择看起来比较友好的旅游者作为调查对象，或者在语言上沟通更容易的旅游者作为调查对象，这些情形都容易使被访者选择产生偏差，使抽样发生误差。

第二，被访者回答可能存在的偏差。被访者在接受调查时，往往因为出于尽早结束访问或其他原因，常常随意应付所问的问题，对此，访问人员必须鼓励被访者正确思考和回答问题，必要时可考虑给予一定的时间补偿，以确保被访者耐心地、正确地回答所调查的问题。

第三，访问人员可能存在的偏差。访问人员基于自身性别、年龄、态度、语言等原因可能无意识地带有偏差，也可能有意识地引入偏见数据。这些偏差都应注意事先预防。

面对调查中可能存在的偏差，旅游消费者调查人员需要注意数据的可靠性和有效性。检查数据可靠性的方法有：如果是访问调查，可以比较研究人员调查结果的差别程度；对同一调查对象另派研究人员进行一次复查，从中发现再次调查结果的分歧所在；用变换提问的方式来核实是否会得到同样的结果。在检查数据有效性时，可采用的方法有：依靠经验丰富的人来判断；与同类调查结果进行比较；验证其是否与理论上的推理相矛盾；与相关性高的测定值相比较。

（4）分析数据。分析数据是指对数据进行整理、编码、分类、制表、交叉分析及其他统计分析，并提出研究报告的工作过程。这是调查法的最后一个环节，是从大量数据中抽象出重要的证据，来证实研究的结果。

## 1.3  旅游消费者行为学与相关学科

旅游消费者行为学是一个新兴的研究领域，在其发展的历史进程中，吸收了相关学科的概念、原理和方法，不断充实、完善自身的理论体系。旅游消费者行为学的发展史就是经济学、心理学、社会学、人类学、行为科学等相关学科对其不断渗透的历史。

### 1.3.1　旅游消费者行为学与心理学

心理学研究心理、意识和行为以及个体如何与其周围的自然环境和社会环境发生关系。这些知识对旅游消费者行为的重要性显而易见，因为心理学研究的对象即个体正是旅游消费行为的主体。

1. 心理学对旅游消费者行为学的贡献。心理学在其发展过程中出现了不同的思想学派及对行为的不同解释，在旅游消费者行为研究中我们可以找到每一学派的概念。例如，由威廉·冯特于1879年创立的结构主义学派认为，人的心理由感觉、意象和情感三种基本的心理元素构成。1900年由约翰·杜威创立的功能主义学派研究在个体适应环境的调整中，心理经验的重要性，其研究的重点是人的行为而不是意识。同时，由西格蒙德·弗洛伊德创立的精神分析学派对无意识的心理过程进行研究。1913年，约翰·B.华生抛弃了诸如感觉、知觉、意象等概念，提出了行为主义的新概念，其基础是行为来自刺激，行为可以学习并习惯化。20世纪初，由魏特海默、苛勒和考夫卡三位德国心理学家创立的格式塔学派认为，行为是自然、生理和心理等各种因素综合作用的结果。

2. 心理学概念在旅游消费者行为领域的应用。纳入旅游消费者行为研究的心理学概念大致可分为三类。

第一类是有关动机的。在旅游消费者行为研究中，动机概念被用作解释旅游消费者行为发生的根源，说明旅游消费者在开展相应行为时抱有某种目的，并暗示了某些对旅游消费者行为产生影响的因素。刺激的概念可用于解释旅游产品和服务刺激满足旅游消费者欲望的特征，它们能激发旅游消费者的购买动机。

第二类是心理学概念与沟通和教育的心理功能有关。某种想法通过知觉、顿悟和直觉被意识接受，通过思考、推理、联想被理解和发展，通过记忆来保留和回忆，通过判断而被应用。这样，功能心理学的概念解释了旅游消费者学习的过程、对营销者渴望传递的信息如何感兴趣的过程以及沟通如何成功的过程。

第三类概念与营销信息通过何种方式才能有效地传递到人们心中有关。例如，旅游消费者行为可分为知晓、兴趣、欲望、确信和行动五个阶段；在某种环境下，个人按照冲动而不是逻辑推理来采取旅游消费行为。作为心理分析对象整体的个人，是有个性的人。个性的概念也被用于解释旅游消费者行为的差异。

### 1.3.2　旅游消费者行为学与社会学

1. 社会学对旅游消费者行为学的贡献。社会学是研究社会结构及其内在关系与社会发展规律的学科，侧重对社会组织、社会结构、社会功能、社会变迁、社会群体等的研究。社会学研究涉及人类与社会的需要、社会心态、社会意向等现象，这些社会现象反过来影响参与其中的个人或群体行为。20世纪50年代，北美及其他英语国家逐步开始由旅游的经济学研究转向旅游的社会学研究，将旅游者作为研究的重点。到20世纪70年代，学者们主要从旅游者与目的地居民关系、目的地伦理、文化入侵、社会习俗等方面考察、分析旅游消费者行为。社会学将旅游消费者行为的研究置于更为广阔的社会文化背景下，更贴近现实空间，有助于旅游消费者行为研究的开展。

2. 社会学概念对旅游消费者行为学的贡献。在旅游消费者行为研究中可以找到许多评估社会自身变化及其对旅游消费者行为影响的论述。旅游消费者行为研究依据社会行为变迁及其影响因素来解释旅游消费者行为的发展，大量的社会学概念被引入旅游消费者行为理论体系中。

第一类是社会动机。社会学家强调个体和群体的相互影响导致人类行为动机的变化。社会变迁改变了人们的需要，也改变了对旅游消费的判断标准。动机从复杂的社会事物中产生，它创造了接受、尊奉、革新和领导等新的社会需要。

第二类是社会群体。在社会学家提出社会结构和社会阶层的概念之前，对消费者一般是按照经济基础进行分类，消费者被分为高、中、低收入群体。然而，个人通过成员关系、社交、爱好与很多群体交往，其中之一就是家庭。家庭被认为是一个消费单位，有时在市场上作为一个统一体行动。社会阶级或阶层的概念是另一个与经济状况无关的概念，它反映的是出身、教育、娱乐群体和机构群体。个人属于不同的群体加深了社会的复杂性。群体代表着地位，对于地位的渴望也是一种社会动机。

第三类是社会互动。社会学家认为，竞争和合作不仅是社会成员与社会群体互相影响、互相作用的重要表现形式，而且这些概念完全可用来描述商业关系，相关的研究方法完全可以用来揭示旅游消费者行为发生过程中的生产者、营销者、消费者等个人或组织间的相互关系。

第四类是社会文化变迁。社会学家为描述社会发展趋势所做的努力，对旅游消费者行为研究十分有用。例如，妇女在社会中的角色转换、家庭中领导权的转移、孩子作为一个消费市场的增长、个人和社会的新价值观、对信用的新态度、长期存在的风俗传统的消失、禁欲、社会事物的商业化，以及重视流行时尚、闲暇和娱乐等。这些因素在旅游消费者行为研究中被描述为影响旅游消费的力量。为了适应这些变化，旅游消费者行为研究采纳了社会学家的分析方法和概念。

## 1.4　旅游消费者行为的研究意义

旅游消费者行为的特征、决策过程以及影响因素，一直是旅游管理理论界和业界共同关注的热点问题。

近年来，我国出境旅游增长速度非常快，2017 年国内出境游总人数达到1.29 亿人次，出境游规模连续多年排名世界第一，并保持高速增长态势。中国出境旅行市场的快速发展与中国社会经济发展、境内外旅游购物价差、境内旅游市场失序、境外旅游吸引力、好奇心理与挤出效应叠加等多重因素密切相关，但究其根源还是在于我国旅游业在旅游消费环境、旅游消费品质上与国外旅游业先进水平相比仍然存在着明显的差距。在某种程度上，可以认为是因为国内旅游企业对旅游消费者行为的认识和了解不够重视、不够深刻，为旅游消费者提供的产品和服务尚未真正满足旅游者的需要，导致旅游消费者在国内旅游时满意度还有待提升。具体地说，研究旅游消费者行为有以下四个方面的意义。

1. 研究旅游消费者行为有利于旅游企业科学制定经营和营销策略。在日益激烈的旅游市场竞争中，旅游企业要为旅游消费者提供符合其特定需求的产品和服务，减少企业的经营风险，提高企业的经营水平，就必须明确以下问题：目标市场的旅游消费者群体特点有哪些？哪些因素影响旅游消费者群体的购买决策？如何介入旅游消费者的购买决策过程中，有效劝导旅游消费者购买本企业的产品和服务？上述问题的回答显然正是旅游消费者行为研究的范畴和内容。随着我国人民生活水平的提高、旅游者审美品位的变化，旅游消费需求也呈现出新的变化趋势。旅游企业要想适应新的旅游市场需求变化必须关注和研究旅游消费者的行为变化趋势及产生的原因，才能把握住旅游市场需求变化的脉络、抢占旅游市场竞争的先机。在制定旅游企业营销策略时，只有了解和掌握影响旅游消费者行为的因素，才能合理制定本企业的产品和服务的价格，设计符合消费者购买特点的分销渠道，进行富有吸引力和刺激的广告宣传促销。

2. 研究旅游消费者行为有利于旅游企业正确开发旅游资源。目前，旅游企业在开发利用旅游资源时不顾市场需求的盲目开发现象时有发生。在市场导向的前提下，旅游资源开发必须先了解旅游消费者追求的旅游体验、对各种服务属性的评价，再结合旅游目的地资源属性，合理制定旅游资源开发规划，针对细分市场设计具体旅游产品，并对各项具体产品进行统筹协调，才能真正为旅游者提供美好的旅游体验，延长旅游者的逗留时间，提高旅游者的重游率，从而提升旅游企业开发旅游资源的有效性和针对性。

3. 研究旅游消费者行为有利于旅游企业有效开展游客管理。游客管理是旅游企业的一项重要管理工作，其成效如何与游客体验、游客满意度、景区乃至旅游目的地可持续发展等重要问题密切相关。通过对旅游消费者行为规律的研究和了解，旅游企业及相关管理部门可以合理确定旅游目的地每个区域的功能布局、线路设计，合理安排旅游目的地中不同区域的活动类型，并有效引导游客的消费行为，将游客数量控制在区域的接待容量之内，实现其与旅游景观的结构、功能及其内在价值相协调，增强游客的旅游体验质量。

4. 研究旅游消费者行为有利于旅游主管部门合理制定旅游政策、保护旅游消费者权益。由于旅游消费者与旅游企业之间的信息存在着不对称的情况，使得一些旅游企业经常发生不诚信经营、损害旅游消费者权益而自肥的现象。消费者拥有自由选择产品和服务以及获得安全的产品和准确的信息等权利，这是市场经济的基础。政府有责任和义务禁止欺诈、不守信用等损害消费者权益的行为发生，但对于应当制定什么样的法律，采取何种手段保护旅游消费者权益等问题的回答，在很大程度上需要借助于旅游消费者行为研究所提供的信息。通过旅游消费者行为研究，有助于制定出更加切实有效的旅游消费者权益保护政策，并全面评估现有旅游消费者权益保护的法律和政策。

# 本 章 小 结

**【主要概念】**

旅游者　旅游消费者　旅游消费者行为

**【内容提要】**

本章主要介绍旅游消费者行为研究的历史、理论来源以及旅游消费者行为的研究方法，分为四个部分：首先，介绍旅游者、旅游消费者和旅游消费者行为的定义；其次，介绍旅游消费者行为的研究内容与研究方法；再次，介绍旅游消费者行为学与相关学科的联系；最后，介绍旅游消费者行为学的研究意义。

旅游者指前往其惯常环境之外的某地，连续停留时间不超过 12 个月，并且主要访问目的不是从事某种从该到访地区之内获取报酬的活动的个人。从广义的角度来讲，旅游消费者指旅游者在整个旅游活动过程中对食、住、行、游、购、娱六个方面及其他方面而进行花费的消费主体；从狭义的角度来讲，旅游消费者指对出于追求审美和愉悦对核心旅游产品消费的主体。旅游消费者行为是作为决策单位的旅游消费者通过交换，为实现其旅游目的而购买、使用产品或服务的一系列行为。

旅游消费者行为的一般结构与过程是指旅游消费者在各种因素的作用下形成一定的自我意识与生活方式，特定的自我意识与生活方式能导致旅游消费者产生相应的需要和动机。为满足这些需要和动机，旅游消费者就会产生相应的购买行为。一旦旅游消费者面临问题情境（需求确认），旅游消费决策过程就将启动。这一过程所带来的购买行为的实现与体验，又会对旅游消费者的内部特性和外部环境产生影响，从而最终引起旅游消费者自我意识与生活方式的调整与改变。旅游消费者行为学的研究方法主要有观察法、实验法、调查法。

旅游消费者行为学的发展史就是经济学、心理学、社会学、人类学、行为科学等相关学科对其不断渗透的历史。其中，心理学、社会学对其贡献较多。

研究旅游消费者行为，有利于旅游企业科学制定经营和营销策略，有利于旅游企业正确开发旅游资源，有利于旅游企业有效开展游客管理，有利于旅游主管部门合理制定旅游政策、保护旅游消费者权益。

# 单 元 训 练

**【知识训练】**

**一、选择题**

1. 从广义的角度来讲，旅游消费者就是指旅游者在整个旅游活动过程中对（　　）六个方面及其他方面而进行花费的消费主体。

　　A. 食　　　　　　　B. 住　　　　　　　C. 行　　　　　　　D. 游

　　E. 购　　　　　　　F. 娱

2. 影响旅游消费者决策的内部因素主要是指旅游消费者一系列的心理活动过程，包括（　　）。

　　A. 动机　　　　　　B. 感知　　　　　　C. 学习　　　　　　D. 态度

　　E. 个性

3. 影响旅游消费者决策的社会环境因素，包括（　　）等。

　　A. 文化　　　　　　B. 参照群体　　　　C. 社会阶层　　　　D. 家庭

4. 旅游消费者行为学的研究方法主要有（　　）。

　　A. 观察法　　　　　B. 调查法　　　　　C. 实验法　　　　　D. 模拟法

5.（　　）等相关学科对旅游消费者行为学都有着重要的贡献。

　　A. 经济学　　　　　B. 心理学　　　　　C. 社会学　　　　　D. 人类学

　　E. 行为科学

二、简答题

1. 如何理解旅游者、旅游消费者之间的区别与联系？

2. 与一般消费者行为相比，旅游消费者行为的特点有哪些？

3. 影响旅游消费者行为的因素有哪些方面？

## 【技能训练】

一、简述研究旅游消费者行为的观察法。

二、简述研究旅游消费者行为的实验法。

三、简述研究旅游消费者行为的调查法。

## 【能力训练】

### 雾霾天气对潜在海外游客来华意愿的影响
#### ——基于目的地形象和风险感知理论

张晨、高峻、丁培毅在《雾霾天气对潜在海外游客来华意愿的影响——基于目的地形象和风险感知理论》一文中对潜在海外游客意愿进行了研究。该文的主要内容和研究过程包括：近年来，我国的雾霾天气受到公众及海内外媒体的高度关注，甚至被国际媒体列为全球旅游警告。学者研究发现，入境旅游的下滑期正是我国雾霾问题从显露到逐步严重并受到广泛关注的时段；也有学者认为，雾霾天气是影响入境旅游的主要障碍。然而，在空气质量未有明显改善的情况下，2015 年我国入境旅游人数已呈现复苏的态势，从而使得雾霾天气与入境旅游关系变得扑朔迷离。文章围绕雾霾天气是否影响潜在海外游客来华意愿以及雾霾天气如何影响潜在海外游客来华意愿两个问题，采用网络问卷调查法，以澳大利亚和美国居民为调研对象，采用因子分析法、回归分析法、方差分析法，依据目的地形象和风险感知的交叉理论，实证研究得出：空气质量已经成为中国目的地形象的重要组成部分。雾霾天气作为潜在海外游客来华旅游的主要风险感知因素，对中国旅游目的地形象造成了负面影响，并且潜在海外游客对中国空气质量的感知和对雾霾的担心已经超越了历史、文化、自然等核心吸引物的吸引，成为阻碍其来华意向的主要因素。研究进一步提出在目的地形象的测量中应增加风险因素，并需完善风险感知和情感评价测量。研究也发现不同群体对雾霾的感知存在显著差异。最后，从国家整体旅游形象危机宣传、空气质量信息传递、不同特征人群宣传差异等方面提出措施供相关部门参考。

问题：

1. 本案例主要涉及本章的哪些知识点？

2. 本案例所涉及的研究方法有哪些？

3. 试从旅游消费者行为角度分析如何开展旅游营销吸引潜在海外游客来华旅游？

# 第 2 篇　旅游消费者行为的影响因素

# 第2章　旅游消费者的感知

**【学习目标】**

　　知识目标：认识、了解旅游消费者感觉的含义、类别与特性，旅游消费者知觉的含义与特性，旅游消费者感知的影响因素等知识。

　　技能目标：了解旅游消费者的感知过程及其影响因素，具有运用旅游消费者感知的相关理论来解释和解决旅游营销中的具体问题的技能。

　　能力目标：具有根据旅游消费者的感知特点及影响因素制定相应营销策略的能力。

**【案例导读】**

　　十多年前的梦想，终于实现！我来到了云南丽江！

　　居住在古城客栈，站在观景台，眺望远方的玉龙雪山，被蓝天白云衬托得更加雄伟壮观！朝阳映照着古朴的丽江古城。此时的我，深深地呼吸着清新的空气，沿着一个个石阶向古城的四方街慢行……映入我眼底的是街道两旁门前的潺潺流水，处处可见的清泉喷涌，好一派"小桥流水"的画意！街道依山势而建，顺水流而设。四方街是古城的繁华地。4 000平方米的梯形广场，玉花石铺地，石上花纹图案自然雅致；四季不泥泞，旱季不扬灰，与整个古城环境相得益彰。街边的商铺鳞次栉比，从四方街岔出众多街巷，四通八达，曲折流通。

　　每天的上午是古城最安静的时候，只有少许的游客出行，享受一份清净与惬意。临近午时，四方街便人群聚集，热闹非凡！据导游告之，此时100个人中，97%为外地游客，所以丽江古城的经济来源与发达全靠旅游业的维系与发展。

　　午后，古城各种创意型酒吧、咖吧、音吧、清吧隐约响起，驻唱歌手自弹自唱着原创歌曲与流行音乐。大街小巷人流如织，熙熙攘攘。三五成群的人们坐在此地，饮酒，聊天，或一个人喝着咖啡发呆，或高谈阔论，或窃窃私语，或眉飞色舞，或若有所思……每天这里都演绎着不同的情感故事！夜幕降临，古城四方街广场各个酒吧是最热闹的出没地。广场中，随着以纳西三部曲为背景音乐的响起，大家不由自主地手牵着手围在一起，就能让每一个人轻松地放下，追寻着乐感的起伏，清风起舞，融入其中，享受其乐趣，安然悠哉、悠哉！

　　夜晚的酒吧街，灯火荧荧，酒香四溢，人声鼎沸，相依慢行，左眺右望，音乐歌舞喧闹声，坐客的随合敲拍声，都是为了尽情地放松释怀，尽情地享受在都市中所未有的闲致。

　　我深深感受到了这里的文艺气质、艺术气息带给人们的精神文明氛围，以及人们对幸福指数的理解！这就是令人心旷神怡、梦寐向往，来了就想停下脚步而不想走的理由吧！

　　美丽的古城丽江，玉龙雪山、泸沽湖、纳西文化、摩梭族的走婚及女儿国……——让我顺境所见，感慨万千！我还是喜欢这片净土，这个美丽的古城！

　　（资料来源：丽江随之，http：//www. xiaogushi. com/wenzhang/zhuanti/lijiang/，小故事文章，2014 -08 -01.）

在旅游过程中，旅游者总是会自然而然地通过自己的感觉器官对作用在感觉器官上的外来刺激做出反应，并且结合自己的主观理解，形成对旅游目的地独特的感知。研究表明，旅游者在旅游活动中的对旅游目的地的感知过程是非常重要的。旅游者的感知程度是影响旅游活动的效果的直接因素，更是会影响到旅游者的再次旅游行为决策。

## 2.1 旅游消费者的感觉

### 2.1.1 旅游消费者感觉的概念

感觉，是指人对直接作用于感觉器官的基本刺激的直接反应。通俗来讲，感觉就是我们的感觉器官对看到的事物、听到的声音、闻到的气味等刺激做出的反应。感觉器官就是接受感觉刺激的器官，包括眼、耳、鼻、舌、皮肤等，其对应的感觉功能分别是看、听、闻、尝、触。感觉在人的心理活动中起着极为重要的作用。感觉是人对客观世界的认识过程的起点，一切较高级、较复杂的心理现象都是在感觉的基础上产生的。所谓的旅游消费者与一般个体是等同的，只是前者是处在特定的旅游环境下的个体。旅游消费者的感觉就是指旅游消费者在旅游消费过程中，依赖自身的感觉器官对在旅游目的地的所见、所听、所闻、所尝、所触而形成的一种直接反应。

### 2.1.2 旅游消费者感觉的类型

1. 视觉。我们常说眼睛是心灵的窗户，没有眼睛为我们传递信息，心灵之窗也会随之关闭。的确，在人体的感官中，90%的知觉来自于眼睛，也就是我们所说的视觉刺激。视觉刺激，在旅游体验整个过程中发挥着重要的作用。比如在酒店设计时就非常注重色彩配置对消费者产生的体验差异。商务型酒店与度假型酒店的色彩配置就有明显的区别。商务型酒店的特点是所有功能空间的组建需满足商务活动的要求，能提供高效的服务。一般整个空间呈现出来的感觉是具有现代特色，采用的材料以高档的石材、木材、玻璃、金属等为主。色彩明度对比强烈，整个空间色彩光亮，多采用暖灰色调。度假酒店一般都建设在优美的环境中，应与周围的环境相协调，不管是建筑外观还是建筑内部空间都应给人一种亲近自然、惬意、舒适的感受。主要材料一般采用天然的石材、木材，软装部分也会多采用棉麻织物、藤编等自然的材质。色彩自然朴素，整个中间的色彩呈现的是材料原本的颜色，与自然环境相协调。

2. 听觉。听觉刺激会影响旅游消费者的体验感受。一方面，对旅游者来说，特定的声学环境将有助于更好地实现度假、观光、娱乐、休养、求知等目的。当旅游者到了一个风景旅游区，听到潺潺流水的声音、婉转的鸟语，这些大自然的声音可以使人们忘却烦恼，守护心灵的一片净土；当旅游者来到一个民族风情旅游地，悠扬的民歌声，碰撞的民族乐器声，让旅游者更加深刻体会到一个民族独特的文化底蕴。另一方面，一些自然和人工声学环境本身就是大量吸引游客前往的旅游景点。我国现存许多独特的听觉旅游点，以其特有的声响效果而举世闻名。如北京天坛的回音壁（以及三音石、露天祭坛等）、北京大钟寺的永乐大钟、苏州寒山寺的佛钟、敦煌的鸣沙山、宁夏沙坡头和内蒙古的响沙湾等。这些既是游览观光的场所，又是科学研究和科学普及的博物馆，对旅游消费者有着巨大的吸引力。

　　3. 嗅觉。嗅觉对人们的情感记忆有着重要的影响。如对香水生产商来说，他们出售的并不是香水这种液体，而是出售香水独具的味道为使用者带来的自信与魅力，产生一种愉悦的心情。甚至在某种程度上，人们会根据气味来认识事物，了解周围环境，确定自己的行动方向。在旅游消费过程中，嗅觉不仅可以丰富加深人们的旅游消费体验，而且本身在一定条件下成为旅游消费者的主要消费动机。

【同步案例】

### 约克郡旅游指南收集各地气味做导航

　　据英国《每日邮报》报道，英国中世纪古城约克郡日前出版了英国首本嗅觉旅游指南手册，在这本小册子中，不仅拥有大量的美图和旅游文字说明，最为奇特的是，它还收录了当地各处美食美景的标志性气味，让游客听从"鼻子"的指引，开始一段美妙的"芬芳"之旅。

　　报道称，在这本名为《气味约克》（Smell York）的免费旅游指南手册中，不仅收录了当地下午茶、巧克力、荒郊野外的气味，还包括煤、石油、火药、蒸汽火车，甚至连使人联想到腐臭鬼魂的硫磺味都在其中。收录的 12 种标志性气味，是由气味工程师团队在研究了约克郡当地的气味，并经筛选之后，经实验室重新制作，收录到旅游指南中的。

　　据当地旅游部门称，收录的 12 种气味象征着约克郡一年中不同的 12 个月，希望这些独特的气味能够向游客展示另一个不同的约克郡，并吸引更多的人来此地旅游。

　　（资料来源：佚名. 约克郡旅游指南收集各地气味做导航［EB/OL］. 搜狐网，http：//pic. sports. sohu. com/group–540571. shtml#0. ）

　　4. 味觉。味觉的感受器是味蕾。人类的基本味觉至少有酸、甜、苦和咸四种，但是，味觉并不是独立的，它常常与其他感觉相互影响。例如，在吃东西时，经常是既有味道刺激舌头，又有气味刺激鼻孔，更有颜色刺激眼睛，即所谓的"色、香、味俱全"。在旅游消费过程中，味觉在人们对旅游目的地、旅游产品的整体感受形成以及旅游目的地选择中有着重要作用。尤其是当前旅游者热衷于对于美食味觉的体验感受、享受追求已成为一个热门现象。

【同步案例】

### "舌尖中国"刮起美食风　相关产业搭上顺风车

　　由中央电视台纪录频道摄制的七集纪录片《舌尖上的中国》，自 2012 年 5 月 14 日在中央电视台综合频道《魅力·纪录》栏目和纪录频道播出以后，在社会上引起了广泛赞誉和热烈反响。一部关于美食的七集纪录片，不仅搅动了观众的味蕾，被誉为"吃货指南"，更为旅游产业带来了巨大的经济效应。

享受美食是旅行途中不可或缺的一部分。无论是南国的精致小吃，还是北方大气的饮食习俗，都引发了无数人对美食的追逐和向往。随着《舌尖上的中国》播出，打着"美食之旅"旗号的旅游线路成为热门。一些旅行社、旅游网站立马推出一系列美食游线路，让不少观众和网民循着美食的香味，在行走中品味不一样的中国。

携程旅游大力推荐"舌尖上的旅行"专题，20 余条旅游线路主要由《舌尖上的中国》里的美食地点组成，主推海南和乐蟹、云南过桥米线、北京烤鸭、湖南臭豆腐、四川火锅等美食，包括了 20 多个省市旅游线路。据了解，携程旅游 5 月中旬开出的北京、丽江寻美味之旅上线两天即成团，国外线路中则有专门去泰国米其林餐厅的线路，凡是跟美食有关的线路，都很受欢迎。

每年端午前夕，中国国旅都会推出"去阳澄湖吃大闸蟹"的旅游产品，第一批是 6 月出发，第二批在 9 月出发，一般来说，两批预订人数就达到千人以上，"舌尖"带动的旅游效应可见一斑。

（资料来源：佚名."舌尖中国"刮起美食风　相关产业搭上顺风车 [EB/OL]. 第一旅游网，http：//www. toptour. cn/detail/info66990. htm.）

5. 触觉。触觉是皮肤表面随某物体压力或触及某物时产生的一种感觉。对旅游产品的触觉也会影响旅游消费者的感知。比如，酒店床上用品、浴室布草、浴袍的质感直接影响到客户使用舒适度与产品体验性；到内蒙古旅行的游客在骑马的娱乐活动中通过直接的触摸、骑乘感受可以大大强化游客的兴奋感、刺激感。

## 【同步案例】

### 印度饮食文化　快感来自触觉

在街头的小吃摊、小吃店以及寺庙里，人们通常用一种干树叶压制成的盘子来盛食物，有的餐馆则给每个吃饭的人一片新鲜的大树叶子，用来盛米饭等食物，这倒是很环保。

印度人认为吃饭中很多快感来自触觉，刀叉和筷子阻止了这种感觉，所以也就阻却了特有的快感。更重要的是，用手抓饭可以提前了解食物的温度，避免烫着舌头或者口腔。印度人抓饭时大多只用 3 根手指，那就是拇指、食指和中指。他们先用这 3 根手指伸直按在面饼边缘，呈三股叉状，然后中指使力成弯曲状，压住饼子不动，拇指和食指一齐用力撕下一小块面饼，接着 3 根手指协同作战，用饼子将菜包住，就像吃北京烤鸭那样，最后捏住送入口中，捏的动作就像用钳子夹住一样东西。主食除了面饼，还有米饭。吃米饭时，先用那 3 根手指将米饭和各种菜汤均匀搅拌，就像搅拌机搅拌水泥一样，然后撮起一小堆，送入口中。有的人手指不是很麻利，于是便 5 根手指一齐上阵。米饭吃完之后，将沾满油腻的指头逐个放入口中吮吸，彻底舔干净之后才算罢手。

（资料来源：佚名. 印度饮食文化　快感来自触觉 [EB/OL]. 网易，http：//travel. 163. com/13/0605/17/90KE6O1L00063KE8. html.）

### 2.1.3　旅游消费者感觉的特性

1. 感受性。对刺激强度及其变化的感觉能力叫做感受性，它说明引起感觉需要一定的刺激量。感受性的强弱用"感觉阈限"这个概念来表述。感觉阈限是衡量感觉器官对刺激物的主观感受性大小的标准，具体是指能够引起某种感觉的持续一定时间的刺激量，如一定时间和强度的光亮、色泽、声音等。感觉阈限可以分为绝对感觉阈限和差别感觉阈限两种。其中，绝对感觉阈限是指能够刚刚引起消费者感觉的最小刺激量；差别感觉阈限是指能够刚刚引起察觉的最小差别刺激量，即在绝对感觉阈限值的基础上，提供的刺激量的变化对感受性的影响程度。旅游者对商品感受性的大小取决于感觉阈限值的高低，感觉阈限值越高，感受性越小；感觉阈限值越低，感受性越大，两者成反比关系。

有关感觉阈限的研究在旅游消费领域中具有重要的应用价值。由于旅游消费者对产品存在差别感觉阈限，因此，一方面，旅游企业需要用差别阈限来决定他们应该做出产品改进的程度。如果低于差别阈限是没有效果的，因而这种改进不会被消费者察觉；如果超过差别阈限太多也是浪费，因为消费者可能会减少重复消费的量。另一方面，在定价方面也要运用好价格阈限。尽管旅游消费是属于满足旅游者较高层次的消费，但旅游消费者仍然会根据自身感受和价格评价标准以及消费者相互影响，对旅游产品价格变动存在着最高和最低心理接受界限。如果旅游产品价格超过价格阈限的上限，旅游消费者就会感到是漫天要价而拒绝购买；如果低于价格阈限的下限，同样会引起旅游消费者对旅游产品的质量产生疑虑心理而拒绝购买。

2. 适应性。刺激物对感受器持续作用，使感觉器官的敏感性发生变化的现象，叫做感觉的适应性。按照人的感官来划分，感觉的适应性可相应地分为视觉的适应、听觉的适应、嗅觉的适应、味觉的适应和触觉的适应。适应会引起人的感受性提高和降低。比如，我们从一个黑屋子里来到外边阳光下的时候，起初觉得光线很刺眼，什么也看不见，过几分钟之后，就会适应了，可以睁开眼睛了；从明亮的地方来到黑暗的地方叫做暗适应。从外边的阳光下来到一个黑暗的地方时，起初是什么都看不见，像盲人一样，经过一段时间之后，才会渐渐恢复正常。比如，我们在游泳池游泳的时候，开始觉得水是冷的，经过几分钟之后，就不再觉得水冷了；我们在热水中洗澡的时候，起初觉得热水很热，但是几分钟之后，就觉得水不热了。但是，对于特别冷或者特别热的刺激，我们则很难适应或完全不能适应。

3. 对比性。同一感觉器官在接受不同刺激时会产生感觉的对比现象。比如，白色对象在黑色背景中要比白色背景中容易辨别出，红色对象置于绿色背景中则显得更红。在旅游广告设计中，要擅于运用色彩搭配，增强旅游消费者的注意力。

# 2.2 旅游消费者的知觉

## 2.2.1 旅游消费者知觉概念

感觉，是人脑对直接作用于感觉器官的刺激物的个别属性的反映。也就是我们通过视觉、听觉以及嗅觉等感官刺激，了解这个刺激物的个别属性。而通俗来讲，知觉就是在感觉的基础上更高层次的反映。对于旅游消费者来说，知觉就是旅游者根据所获得的感觉和体验对旅游过程进行进一步的整体反映。比如"雨余芳草斜阳，杏花零落燕泥香"，这两句词是出自宋代秦观的《画堂春》。雨后斜阳映照芳草，是从视觉来写；枝头杏花凋落，燕子衔沾杏花的泥土筑巢，隐约一阵淡淡的微香，这是从嗅觉来写春日的。赏读诗词，必然要结合诗中所出现的意境，要在脑中想象着这般美好景象，也就是大脑要对这些视觉刺激和嗅觉刺激做出综合整体加工和分析，才会更加全面而深刻地捕捉到那一刻的画面。

## 2.2.2 旅游消费者知觉的特性

1. 选择性。在旅游过程中，旅游消费者所接触到的事物是多种多样、不断变化的。当旅游消费者面临变化着的客观事物的时候，并不可能对所有的事物都做出反应，而是会有选择地把一部分刺激作为信息加以接收、加工和理解，即把一部分事物作为知觉的对象，而把其他部分模糊化。旅游者对各种信息进行有意识地选择、识别和判断的过程就是旅游消费者知觉的选择性。比如，在一个美术馆门里，喜欢写字的人会重点关注展览的书法作品；喜欢画画的人会重点关注水彩画、水粉画之类的作品。重点关注的事物便成了他们的知觉对象，而其他未重点关注的事物则被模糊化，甚至可以说是忽略。

**【补充阅读资料】**

### 知觉的神奇

新中国成立前，内蒙古赤峰地区有一个放羊娃。因为是给地主家放羊，如果走失一只就会受重罚。于是他就留意羊走路留下的蹄印。慢慢地，如果有哪一只羊走失，他就能根据蹄印找到它。再后来他开始观察人的脚印，可以从一个脚印出发，一直跟到此人的家门口，由于常年留心于此，最后能做到看见一个脚印，脑子里就想象出此人的身材和走路特点。

新中国成立之后，这项惊人的本领成了当地公安局的法宝。只要犯罪嫌疑人在现场留下脚印，他一般都可以一直追下去。中间即使隔着水沟、石板，他也能在对面轻松地找到脚印线索并继续跟踪。甚至，即使被跟踪者爬上树再从另一面溜下来，也不能干扰他的追踪。

在最神奇的一个案件里，某个犯罪分子在现场留下脚印，但本人逃到了外地。几个月后，这位高人在火车站遇到一个陌生人，突然上前一把扭住。因为此人的走路方式和那个脚印相匹配！最后审问果然没错。

但是，这个高人却是文盲。他自己也解释不了自己是怎样练出这种本事的。

（资料来源：孙喜林，赵艳辉. 旅游心理学［M］. 中国旅游出版社，2016：24.）

在这个案例中，这个高人从观察羊的蹄印再到观察人的脚印，这是一种有意识地选择信息的行为，于是重点关注的人的脚印也就成为他知觉的对象。但是，对于别人来说，他们的关注点有可能不是脚印，而是其他的客观对象。也就是说明了每个人都有自己感知世界的特点，每个人所选择的知觉对象都是不同的。

2. 理解性。旅游消费者的知觉过程不是被动的，而是主动接受的，旅游者会借助已有的知识经验对旅游过程中感觉到的旅游信息加以选择和理解，认知为可以理解的确定的事物，这种特性就叫做旅游知觉的理解性。知识经验在知觉理解中的作用主要通过概念和词语来实现。如果缺乏必要的知识经验和相应的概念和词语，旅游消费者就不能形成对旅游产品或景观的正确知觉。如桂林漓江著名的景观之一"九马画山"，就是以"马"和"画屏"两个概念来理解和解释的。该景点临江而立，石壁如削，远望如一幅巨大的画屏，山石削壁屏立，高、阔各一百多米。石壁上赭、黄、绿、白，五彩斑斓，浓淡相间，斑驳有致，宛若巨幅壁画，因而叫画山。细看九马画山，石壁顶端、下方、左边、右边和鱼尾峰上合共是九匹马，故称九马画山。旅游消费者消费实践和知识经验水平的不同，会造成旅游消费者之间在知觉理解能力和程度上的差异。比如，在游览"九马画山"景观时，导游往往提到当地历代流传的歌谣："看马郎，看马郎，问你神马几多双？看出七匹中榜眼，能看九匹状元郎。"知识经验的不足将直接导致旅游消费者对旅游景观的知觉反映不准确和不完整。

【补充阅读资料】

### 知觉理解性

所谓知觉理解性原则，指人们知觉对象时，总是用所获得的有关知识和自己以往的时间经验来理解所知觉的对象。这一原则运用在班级管理上，往往是用直观形象的手段，调动学生的切身体会与实践经验，使学生迅速深刻地感知班主任所要表达的意图、所要讲的道理。我班有一个学生，家境富裕，对什么都满不在乎。有一次他打破了教室的玻璃黑板，我找到他，他却无所谓地说："有什么呢？大不了赔钱呗！"这当然最省事了，我没有这么做，而是带他在教室里丈量好黑板的尺寸，又一起去玻璃店讲价，打磨，上漆，然后又抬到学校安装，花了整整一天的时间，让这个学生头一回尝到了劳动的艰辛。此时我告诉他父母的钱虽多，但也是来之不易的；并且，这次打破玻璃黑板给同学们的学习带来了很大的不便。话虽不多，却打动了这个同学的心。

（资料来源：陈哲. 用知觉理解性原则促进班级管理［J］. 湖南教育学院学报，1999：49.）

3. 整体性。旅游消费者在对知觉对象进行知觉的过程中，并不会把对象的各个特征孤立地分开来知觉，而是趋向于把它们知觉为一个统一的整体。在认识事物时，人们经常根据消费对象各个部分的组合方式进行整体性知觉。其原因在于通过整体知觉可以加快认知过程，同时获得完整、圆满、稳定的良好心理感受。知觉整体性的表现形式包括：（1）接近性，在空间位置上相互接近的刺激物容易被视为一个整体；（2）相似性，刺激物在形状和性质上相似，容易被当作一个整体感知；（3）闭锁性，刺激物的各个部分共同包围一个空间时，容易引起人们的整体知觉；（4）连续性，当刺激物在空间和时间上具有连续性时，易被人们感知为一个整体。

此外，知觉的整体性还表现在对消费对象各种特征的联系与综合方面。旅游消费者往往在评价旅游商品时将其品牌、价格、质量、配套服务等因素联系在一起。比如，旅游消费者评价住宿过的酒店，所依据的并不是某一个单一因素，而是将酒店的外观建筑、装饰装潢、服务员的仪态服饰、服务设施、周边环境等多种特征加以综合考虑，并由此形成对酒店的整体印象和评价。

【补充阅读资料】

个体具有闭合的需要。一个经典的研究发现，人们对不完整的任务比对完整的任务有更好的记忆。对这种现象的一种解释是个体在完成任务时就产生了一种使它完整的需要。如果不让他这么做，他就会产生一种紧张状态，这种紧张状态能增强对不完整任务的记忆。这种现象被称为"蔡格尼克"效应，即听到消息的开头引起视觉其他部分消息的需要，就像听到第一只鞋落地后，等待第二只鞋落地一样。

4. 恒常性。当知觉的条件发生变化时，人们仍能凭借自己以往的知识经验和整体知觉的作用，仍然保持知觉的映像相对不变，即知觉的恒常性。知觉的恒常性使旅游消费者能够避免外部因素干扰，在复杂多变的市场环境中保持对某旅游消费品的一贯认知。之所以一些名牌产品、老字号品牌能长盛不衰，其中一个重要原因在于消费者对它们形成恒常性知觉，在各种场合都能准确无误地加以识别，并受惯性驱使持续购买。知觉的恒常性可以增加旅游消费者选择旅游产品的安全系数，减少购买风险，但同时也容易导致旅游消费者对传统产品形成心理定势，阻碍其对新产品的接受。

【补充阅读资料】

世界之窗地铁站 J 出口站，即世界之窗门前广场上的金字塔站口，设计独特，是卢浮宫金字塔的缩小版复制品。

世界之窗前广场是来往游人驻足之道，在这样的一个地方设置地铁的出入口，方便了游人，对广场上的人流疏散与引导有极大意义；而金字塔的外形出现在广场中心而丝毫不显突兀，视觉上是非常具有冲击力的，很能吸引人们的注意力。

人对环境的知觉具有恒常性特点。世界之窗以世界各地名胜的微缩景观而闻名，而卢浮宫金字塔是卢浮宫地下入口的标志，所以它的微缩形态出现在世界之窗前广场的中心，自然和谐地成为世界之窗广场景观的构成中心，游客依据恒常性特点很容易就知觉到它是一个地下空间的入口。

（资料来源：周雪晴，吴衿. 基于游客知觉特点旅游景区交通枢纽设计——以深圳世界之窗地铁站为例 [J]. 梧州学院学报，2012，22（3）.）

## 2.3　旅游消费者感知的内容及影响因素

### 2.3.1　旅游消费者感知的内容

1. 对旅游条件的感知。

（1）安全感知。马斯洛把需求分为生理需求、安全需求、爱和归属感、尊重和自我实现五个层次。在旅游活动过程中，旅游者的安全感知是反映一个旅游目的地的安全状况，也是旅游者在旅游目的地最基本的需求。游客安全感的形成要经过三个阶段：首先是出游前。当旅游者有了足够的闲暇时间和足够的支付能力，就会产生旅游动机，继而就会选择外出旅游。此时旅游者对于旅游目的地的挑选，首要考虑的是旅游目的地的安全问题。在当前国际形势不稳定、不确定因素明显增加的大背景下，旅游目的地的安全事故也是频繁发生的。日本滑雪场的雪崩事件、伦敦的恐怖袭击案件、韩国爆发中东呼吸综合征疫情、土耳其的热气球事件等给旅游者的人身和财产安全造成了极大的损失，更多的是对旅游目的地带来了不好的影响。在面对频繁发生的旅游事故时，旅游者为了自身安全，肯定会对这些旅游目的地有所保留。其次，旅游者的旅游体验行为过程。在旅游活动中，旅游者会对旅游目的地的旅游环境、人文状况以及各种游玩的娱乐设施设备进行感受和体验。最后，在旅游过程结束之后，旅游者会根据自己在旅游体验中的整体感受以及记忆对这个旅游目的地进行评价和分析，与出游前的心理预期做比较。其现实安全感是否达到预期安全感，会影响到旅游者下次对旅游目的地的选择决策。

（2）旅游距离的感知。人们对旅游目的地进行选择的时候，不仅考虑到安全因素，同时也会考虑到距离的问题。旅游距离对旅游行为的影响，主要有两方面的影响。

①激励作用。人们出去旅游的主要动机之一就是满足内心的猎奇以及追求刺激的需要。远距离的旅游目的地对人们来说有一种很特别的吸引力，这种吸引力击败了远距离所带来的不安感。从心理学的角度来说，人们在感知旅游目的地时，虽然距离带来的是不确定性和未知性，但是却因此给旅游者更加广阔的想象空间，从而产生一种无形的、强大的吸引力。有研究表明，在民间风俗性历史风貌建筑旅游资源吸引力的研究中表明，文化距离越大，其旅游吸引力越大（游群林、卢政营，2010）。这种由神秘和刺激所产生的吸引力超过了阻力作用，就会强有力地吸引人们选择距离遥远的旅游目的地开展旅游活动。比如，近年来海岛旅游成为新的市场热点。海岛与大陆隔绝，远离闹市，会使旅游者从心理上有种

脱离喧嚣世俗的感觉，所以在其他的条件得以保证的前提下，签证政策利好，交通方便，人们倾向于选择距离更加遥远的海岛作为旅游目的地，这个时候旅游距离发挥的就是积极作用。

②消极作用。从另一个角度看，旅游是需要付出代价的消费行为。旅游活动需要耗费金钱、精力和时间，忍受生活上的不便利以及身心疲惫来适应陌生旅游地，这些代价往往会抑制旅游者的出游行为。也就是说，只有当旅游者意识到从旅游行为中得到的益处大于这些代价时，才会作出决策；如果旅游者觉得益处不足以补偿这些代价时，旅游行为是不可能发生的。因此，一般情况下，如果受到时间、金钱和身体状况等条件的限制，人们不会选择远距离的旅游目的地。

（3）对旅游交通的感知。外出旅游，就必须借助一定的交通工具到达旅游目的地。旅游交通工具主要包括飞机、轮船、火车、高铁等。随着科学的进步和社会的发展，现代旅游交通条件的便捷，大大改善了人们旅游的条件。影响旅游者对旅游交通条件感知的因素，主要有以下三点。

①便捷与快速。交通工具的速度让旅游者在旅游过程中节省了时间，减轻了身体疲劳和精神疲惫。在当今社会，由于生活节奏的加快以及人民生活水平的提高，人们对时间也越来越敏感。现代旅游者希望缩短在旅游过程中的时间，因而会寻求相对便捷和快速的交通工具。与休闲旅游者相比，商务型旅游者表现得尤为明显。同时，旅游者对时间的感知还体现在对交通工具准时的要求上。其原因在于，一方面，由于旅游活动过程的连续性，不能准时到达目的地将会影响接下来的酒店住宿的预订、游览娱乐活动的开展等；另一方面，不能准时出发并回到出发客源地可能会导致国际旅游者无法按时出境、游客原本的工作和生活计划安排被打乱等。因此，旅游交通企业要尽量避免由于自身原因导致交通工具的延误而给旅游者造成的不便，并在延误无法避免时尽可能安抚旅游者的情绪，尽量以诚恳的态度、有效的解决措施，减轻旅客的烦躁、不安、不满乃至反感和恼怒的感受。

值得注意的是，乘坐游轮出游正在成为人们越来越喜爱的一种出游方式。但我们并不能把这种游轮视为一种简单的旅游交通工具，而是应把集娱乐、休闲、住宿、旅行于一体的游轮视为一个旅游目的地。对于游轮这种旅游交通工具，旅游消费者更加关注的是游轮产品硬件完善与否、档次高低、舒适程度、服务贴心人性化与否等，而对于其速度快慢则敏感程度不高。

②安全。交通工具的安全性是消费者对交通的首要感受要点，一个安全可靠的交通工具才能保障旅程的愉快。近年来，一些旅游交通安全问题屡屡见诸报道，例如，在马航 MH17 被击落事件、马航 MH370 失联事件发生后，人们对乘坐飞机外出旅游产生较大的顾虑，并令当时一些人取消了乘坐飞机出游的计划。

③舒适度。旅游者在旅游活动中会投入时间和财力，以获得精神上的愉悦和享受。旅游者在旅游中所获得的舒适和快乐的感受就是旅游价值产生的来源。交通服务影响的是旅游消费者各种感官的舒适程度。因此，每一个旅游者都会希望

交通设施条件良好。

2. 对旅游目的地的感知。旅游目的地是一个由旅游吸引物、接待设施与服务、旅游交通、辅助性服务、整体环境等要素组成的综合体,由此旅游消费者对旅游目的地的感知是对上述要素的感知所形成的整体认知。

（1）旅游吸引物。旅游吸引物是旅游目的地开展旅游活动,吸引旅游者的最重要的资源。消费者对旅游吸引物的感知主要体现在对旅游吸引物的品质、价格以及配套服务上。一个旅游目的地的旅游吸引物是否具备独特性、观赏性、复杂性、完整性、生动性,都会影响旅游消费者的感知。同时,对旅游吸引物的感知方式也会影响旅游消费者对旅游吸引物的感知效果,如具有较高的参与性、互动性的旅游活动项目,能提高旅游消费者对旅游吸引物感知的清晰度、深刻度。

（2）接待设施以及服务水平。旅游地为旅游者提供服务,满足旅游者食、住、行、游、购、娱的需要,相应地就必须借助一定的服务设施。旅游者的关注点必将会落在质量、安全、特色以及性价比等方面。其中,旅游者在感知旅游过程中的服务时,主要取决于服务质量的高低,包括服务人员的仪容、仪表是否得体;服务态度是否礼貌诚恳;服务知识是否掌握;服务技能能否让人信任;对顾客的服务响应程度;服务个性化、特色化程度;等等。旅游者对接待设施以及服务水平的感知过程及结果,就告诫了旅游企业不仅要重视完善配套设施内容,还要提供高质量的服务水平。

（3）旅游交通。旅游目的地中涉及的旅游交通,包括连接旅游目的地与客源地之间的外部交通,也包括目的地内部为旅游者提供的交通系统。旅游消费者对旅游交通的感知主要体现在对安全、舒适、快捷、灵活等方面的感知。其中,安全是旅游消费者的首要感知点。此外,旅游交通工具的个性特色也有利于增添旅游消费者的新奇感,进而提高旅游消费者对旅游交通乃至整个旅游景观的感知效果。

（4）基础设施及服务。除了必要的接待设施及服务之外,旅游目的地往往还向游客提供基础设施及服务,如金融服务、通信服务、天气信息提供以及交通导引等。尽管这些基础设施及服务不是旅游活动中的重点,但在旅游活动开展中是不可缺少的,在很大程度上影响旅游消费者对目的地整体形象的感知,因此,高效完善的目的地基础设施及服务的提供能大幅提升旅游消费者对目的地整体形象的感知。

（5）目的地整体环境。旅游目的地的整体环境,包括当地的政治、经济和社会文化等方面的特征也会成为旅游消费者感知的对象。其中,文化因子对游客形成对目的地的感知尤为明显,如目的地居民对游客的包容和友善程度、居民自身的文化素养、当地的风土习俗和人文氛围等。

### 2.3.2 影响旅游消费者感知的因素

1. 客观因素。

（1）具有较强特性的对象。城市中奇特的建筑,山谷中飘忽的云海,群山中挺拔入云的峰峦，一望无际的碧海蓝天，由于其特性对人有较强的作用，容易引起旅游消费者的感知。

（2）反复出现的对象。重复次数越多的事物就越容易被知觉。如果人们多次看到旅游广告、旅游宣传材料，或者从亲朋好友那里多次听到某一个旅游目的地的情况，由于信息反复地出现、多次作用，会使旅游消费者对特定旅游目的地产生较为深刻的感知印象。

（3）运动变化的对象。在相对静止的背景下，运动变化着的事物容易成为旅游消费者感知的对象。比如山间倾泻的瀑布、草原上飞奔的骏马。

2. 主观因素。

（1）兴趣。旅游者的兴趣往往决定着旅游知觉上的选择。一般情况下，旅游者最感兴趣的事物往往被先感知到，而对毫无兴趣的事物则一一排除在外。比如，对文史知识感兴趣的旅游者，往往会选择帝王古都、历史古迹作为知觉对象；喜欢大自然的旅游者，往往会选择高山、大海、飞瀑、湖泊、河流作为知觉对象。

（2）需要与动机。人们的需要和动机在不同程度上决定了旅游者的知觉选择。那些能够满足旅游者某些需要和某些动机的事物，就能成为旅游者关注的重点。

（3）个性。调查研究表明，胆大自信的人对乘坐飞机去旅游是十分积极主动的。而胆小谨慎的人对安全问题十分重视，所以会选择像火车这样相对保守的交通工具。

（4）经验。在旅游游览过程中，如果没有对旅游景点的知识和经验，观察就可能是表面的、简单的。当导游人员做了适当的讲解之后，旅游者就可能观察得更全面、更深刻。这正是由于吸收了别人的经验，增加了自己的知觉，使旅游者对知觉对象有了更深的了解。

## 2.4　基于旅游消费者感知的营销策略

旅游消费者行为是一个动态的过程，其行为的发展和变化是促进营销发展变化的重要因素之一。正因为如此，任何一种营销策略的目标和方式不会固定不变，而是与旅游消费者的行为紧紧相扣，贯穿于整个过程。首先，目的地广告营销的开展，最先在视觉上很大程度地影响旅游消费者对旅游目的地的感知，激发他们的旅游动机和旅游意愿，从而作出旅游决策。其次，旅游者对旅游中的"食、住、行、游、购、娱"等旅游条件的感知，与旅游者对目的地的满意度乃至忠诚度的形成关系密切，进而对旅游目的地、旅游企业理解旅游者的消费行为以及招徕游客具有重要的意义。

### 2.4.1　广告营销策略

由于旅游产品具有生产与消费不可分离的服务产品特性，旅游者无法在旅游开展之前进行切实的旅游产品体验。但旅游目的地的形象认知对旅游目的地的选择，以及旅游意愿的产生尤为重要。因此，这就意味着必然要从旅游者的感知出发，设计符合旅游者需求的营销信息，再通过各种渠道作用于游客。随着旅游目的地竞争越来越激烈，旅游广告也日渐成为被各个旅游目的地接受并广泛采用的一种营销策略。

**【补充阅读资料】**

一项关于旅游广告的实际效果水平的研究，对旅游消费者的感知进行了调查。总结如下。

（1）消费者所感知的旅游广告问题所在及其希望获取的旅游信息。这一调查表明82%的旅游者都会相信旅游广告，说明旅游消费者对旅游广告的可信度评价还是比较高的。在传递旅游信息的过程中，62%的消费者认为旅游广告对其出游有很大帮助，从调查结果来看，旅游广告的信息并不能很好地满足旅游消费者的需要。且消费者所感知的旅游广告存在的最大问题是"旅游广告有误导，隐瞒倾向""旅游广告宣传与实际产品不符""旅游广告虚假承诺"等方面。研究调查表明，旅游消费者希望获取的旅游信息前三位有旅游天数、旅游目的地的民俗风情和旅游价格。这三项直接反映了旅游目的地的产品能否为旅游消费者带来物有所值的享受，所以消费者最为关心。

（2）旅游企业的广告信念。

①旅游企业应该树立正确的广告理念，增强广告意识，明确广告目的，并树立做广告是一种必要投资和长期投资的理念。旅游广告主的理念和行为直接影响着旅游广告的效果与发展。想要取得理想的收益，旅游企业必须树立正确的广告理念，对广告投注更多的心力和财力。

②旅游广告设计应追求精品意识，做到内容与形式的完美统一。旅游体验的异地性决定了消费者广告诉求的丰富多面性。本次的调查也证实了这一点，消费者最关心的广告内容，排在第一位的是旅游天数（占82%），第二位是旅游目的地的民俗风情（71%），第三位是旅游价格（占70%），另外50%以上消费者对交通方式、旅游线路安排、服务质量、娱乐和目的地的气候也十分关注。但是大部分的旅游广告诉求以价格为中心，广告仅简单地标出价格、线路或旅游设施，这说明旅游企业仍然缺乏市场分析，没有充分了解消费者的需求。另外，"旅游广告形式单一雷同，没有特色"是消费者对旅游广告不感兴趣的主要原因。因此，在广告设计中应该改变一成不变的说明式的文字广告，追求精品意识，注重艺术性，形成独特的宣传风格。全面刺激旅游消费者的各种感官，充分满足求美求奇的心理，做到内容与形式的完美统一，达到广告效果。

（资料来源：马明.基于消费者感知的旅游广告效果实证研究［J］.消费经济，2008，24（1）.有删减）

## 2.4.2 品牌营销策略

品牌营销策略，是指旅游企业的营销管理人员为旅游产品规定名称、术语、标识、符号或者设计的策略，使旅游消费者形成对产品的认识的一种策略。这些由文字、图案和符号所构成的名称、术语和标识都是旅游目的地品牌的直接物质载体，它们赋予了旅游目的地品牌的外在形式，没有这些物质载体，旅游目的地的品牌就无法表现出来。旅游目的地品牌的树立有利于潜在消费者对目的地形成不同于其他目的地的感知，在消费者心目中建立一个较为理想的位置，从而可能进一步影响他们的出游决策以及后续行为。随着国内外旅游目的地的竞争日益激烈，塑造一个有号召力且具有鲜明特色的目的地形象与品牌，自然成为各个旅游目的地的关注点。

【补充阅读资料】

作为国内著名的旅游城市，杭州市从2004年起正式确立了"东方休闲之都，品质生活之城"的目的地定位，将打造"东方休闲之都"品牌作为城市旅游目的地营销的一个重要战略，并为此做出了一系列的努力。如今，杭州"东方休闲之都"的旅游品牌在国内已有一定的知名度，且仍是其在未来一段时期内进行城市旅游目的地品牌营销的主攻方向。但是，从目前杭州旅游业所面临的发展环境和竞争状况来看，"东方休闲之都"旅游品牌的塑造遇到了一些障碍。品牌的意义以及作用证明，旅游目的地品牌是根植于旅游者头脑之中发挥作用的。因此，基于旅游消费者视觉来研究旅游目的地品牌的塑造极具现实意义。

本文通过问卷调查的方法获取原始资料。对于品牌定位这一部分，60%的旅游者选择了"休闲"一词来描绘杭州；在8个国内热点旅游城市中选择最适合休闲的城市，35%的旅游者选择了杭州。上述调查表明，杭州的休闲特征收到了旅游者的普遍认同，说明其"东方休闲之都"的品牌定位与目标市场的感知相吻合。在品牌沟通这一部分在3个杭州正在使用的旅游品牌口号中选择一个。3个选项分别是"东方休闲之都""人间天堂，快乐杭州"和"世界休闲之都"。结果显示66%的旅游者选择了"人间天堂，快乐杭州"，而选择"东方休闲之都"的仅占26.1%。但是，90%的旅游者认为旅游知名度高，由此看来，旅游者普遍认为杭州旅游知名度高，而在如此高的知名度下，"东方休闲之都"这一旅游品牌却并未被大多数旅游消费者所认识，对杭州的印象还停留在"人间天堂"的阶段，说明"东方休闲之都"这个品牌策略还需要进一步完善。

在对上述调查结果进行分析的基础上，笔者对今后杭州的品牌营销工作提出如下建议。

第一，持续充实城市旅游品牌内涵。城市旅游品牌内涵的充实必须依靠为旅游者提供高质量的休闲旅游产品来实现。目前，杭州城市旅游在景区建设、配套设施等方面已经具备了良好的基础。但是从旅游消费需求的日益个性化、多元化而言，还需要着眼于旅游消费者的感知，运用创新的思维、有力的手段从软、硬两个方面提升休闲旅游服务质量。

第二，采用更加精细化的网络营销手段。目前，杭州城市旅游目的地品牌网络营销的主要形式是开通政府旅游主管部门官方网站，与新华社合作打造"杭州旅游频道"等。从长远来看，网络作为长期投放的新兴媒体，可以通过传播理念、模式和内容上的创新，达到深度宣传效果，从而使城市旅游品牌营销收到事半功倍的营销效果。

（资料来源：庞丽萍，高静. 杭州城市旅游目的地品牌营销策略——基于游客感知角度[J]. 北方经贸，2011，11：113 –114.）

# 本 章 小 结

【主要概念】

旅游消费者的感觉　旅游消费者的知觉　旅游消费者感知的内容

**【内容提要】**

本章主要介绍感知对旅游消费者行为的影响，分为四个部分：首先，介绍旅游消费者感觉的概念及其类型，并分析其对旅游消费者行为的影响；其次，介绍旅游消费者知觉的概念及其特性，并分析其对旅游消费者行为的影响；再次，介绍旅游消费者感知的内容、旅游消费者感知的影响因素；最后，介绍基于旅游消费者感知的广告营销策略、品牌营销策略。

旅游消费者的感觉是指旅游消费者在旅游消费过程中依赖自身的感觉器官对旅游目的地的所见、所听、所闻、所尝、所触而形成的一种直接反应。旅游消费者感觉的类型分为视觉、嗅觉、味觉、听觉、触觉。针对每一种感觉类型，旅游企业应从旅游消费者的感觉出发，尽可能使旅游消费者的感觉在旅游体验的过程中得到最大限度的满足，刺激旅游消费动机的产生。

旅游消费者的知觉是旅游者根据所获得的感觉和体验对旅游过程进行进一步的整体反映。旅游消费者知觉的特性包括选择性、理解性、整体性、恒常性。旅游消费者感知的内容包括对旅游条件的感知、对旅游目的地的感知，前者涉及安全感知、旅游距离的感知、对旅游交通的感知；后者涉及旅游吸引物、接待设施以及服务水平、旅游交通、基础设施及服务、目的地整体环境。旅游消费者感知的影响因素分为客观和主观两个方面。

旅游企业采用广告营销策略、品牌营销策略都必须了解旅游消费者的感知过程及其影响因素，并运用旅游消费者感知的相关理论来解释和解决旅游营销中的具体问题。

# 单 元 训 练

**【知识训练】**

**一、选择题**

1. "入芝兰之室，久而不闻其香；入鲍鱼之肆，久而不闻其臭。"这句话说的是感觉的（　　）特性。

    A. 对比性        B. 适应性        C. 感受性        D. 敏感性

2. 旅游消费者知觉的特性有（　　）。

    A. 选择性        B. 整体性        C. 理解性        D. 恒常性

3. 旅游消费者感知的内容有（　　）。

    A. 对旅游条件的感知        B. 对旅游距离的感知

    C. 对旅游交通的感知        D. 对旅游目的地的感知

4. 远距离的目的地对于旅游者来说有一种神奇的吸引力，这是旅游距离的什么作用？（　　）

    A. 积极作用        B. 消极作用        C. 无作用        D. 双向作用

5. 基于旅游消费者感知的营销策略有（　　）。

    A. 情感营销策略        B. 广告营销策略

    C. 品牌营销策略        D. 体验营销策略

**二、判断题**

1. 旅游者对刺激强度及其变化的感觉能力叫做感受性。                （    ）

2. 旅游知觉的理解性是指旅游消费者面临变化着的客观事物的时候，并不可能对所有的事物都做出反应，而是会有选择地把一部分刺激作为信息加以接收、加工和理解，即把一部分事物作为知觉的对象。                                    （    ）

3. 对旅游条件的感知有安全感知、旅游距离的感知以及旅游交通的感知等方面的内容。

（    ）

4. 旅游是需要付出代价的消费行为。旅游活动需要耗费金钱、精力和时间，忍受生活上的不便以及身心疲惫来适应陌生旅游地，这些代价往往会抑制旅游者的出游行为，这是旅游距离的消极作用。                                    （    ）

5. 品牌营销策略，是指旅游企业的营销管理人员为旅游产品规定名称、术语、标识、符号或者设计的策略，使旅游消费者形成对产品的认识的一种策略。        （    ）

**三、简答题**

1. 有关感觉阈限的研究在旅游消费领域中具有怎样的应用价值？

2. 旅游消费者知觉的特性有哪些？

3. 影响旅游消费者感知的因素有哪些？

4. 旅游消费者对旅游目的地的感知主要体现在哪几个方面？

5. 广告营销策略与品牌营销策略的异同是什么？

## 【技能训练】

一、假设某个顾客打算在假期去国外某著名旅游胜地旅游，但由于空间距离较远使得他非常犹豫，你如何运用旅游距离感知的相关理论对他进行引导，并促成其旅游消费决策？

二、假设你是一个旅游企业的营销人员，基于旅游消费者感知的相关理论，应该采用什么营销策略能更好地激发旅游消费者的出游动机和意愿？

## 【能力训练】

### 西安中旅微信广告营销策略研究

微信是腾讯公司于 2011 年 1 月推出的一款以多媒体信息通信为核心功能的免费移动应用，在其诞生后的短短两年间快速发展，截至 2013 年 10 月微信的用户量已经超过了 6 亿。据腾讯 2014 年二季度盈利报告中显示，微信的月活跃用户数已经从 2013 年一季度的 1.95 亿，上升到了 2014 年二季度的 4.38 亿。微信已经成为目前最活跃的即时通信工具，再加上 3G 技术的成熟、4G 网络的开始应用，使得微信广告营销成为一种潮流和最新的广告营销方式。

**西安中旅旅游微信广告营销渠道**

（一）LBS 功能，发现潜在客户群

LBS + 具有"查找附近的人"的功能，这个功能具有非常广阔的交流基础，可以很好地挖掘潜在客户群。西安中旅 2013 年开通了正式的官方微信，目前微信用户总数近两万。西安中旅微信号 XIAN – CTS 每天在适当的时间发布性价比最高的旅游线路、旅游优惠活动、旅行社业务活动等。除此之外，西安中旅还适时发布一些旅游业界活动及会议的信息、留学移民信息，以及旅途中最实用的出行小贴士、天气信息、交通信息、机票打折情况等，基本涵盖了旅游的各方面能吸引用户关注的信息。

（二）微信公众平台，做好口碑宣传

"朋友圈"新功能的加入，让微信的私密社交能力被激活，为分享式的口碑广告营销提供了最好的渠道。西安中旅旅游微信不仅是销售旅游产品，也是旅行社品牌推广和舆情监测的最好工具。西安中旅旅游微信关注人数约 1/6 都是通过朋友圈获得的关注，用户通过微信把西安中旅上面的信息一个接一个地传播开去，达到社会化媒体上最直接的口碑广告营销效果，其灵活性受到广大用户的喜爱。加上 4.0 版本中的新功能"朋友圈"分享功能的开放，微信用户可以将手机应用、网站中的精彩内容快速分享到朋友圈中。

（三）O2O + "二维码扫描"，线上线下有效结合

西安中旅设定了自己品牌的二维码，用折扣和优惠来吸引用户关注，开拓 O2O（online to offline）广告营销模式。二维码的广告营销模式主要吸引对产品感兴趣的用户，诱导其产生消费的行为，但是必须由用户主动扫描，基于此，西安中旅适时发送一些特价旅游产品和相关优惠活动来吸引游客，增加游客对产品的兴趣，使其微信潜在客户在线上与西安中旅产生联系，在线下进行实际消费，打通线上和线下的关键入口。西安中旅这样的 O2O 线上关注、线下消费也在其微信用户总量中占据一定比例。

（资料来源：姚媛，杨娜. 西安中旅微信广告营销策略研究［J］. 城市旅游规划，2015：129.）

**问题：**

请用基于旅游消费者感知的广告营销策略的内容分析西安中旅的做法。

# 第3章 旅游消费者的需要和动机

【学习目标】
　　知识目标：学习和把握旅游消费者旅游需要的含义、马斯洛需求层次理论以及人类一般需要与旅游需要之间的联系等知识。
　　技能目标：掌握运用有关旅游动机的经典理论、旅游动机的特点和影响要素等内容，来解释和分析旅游消费者的行为的技能。
　　能力目标：具有运用旅游消费者旅游动机的特点和影响要素等内容，更好地开展旅游工作的能力。

【案例导读】
　　东方网8月3日消息：据俄罗斯新闻网报道，拉脱维亚波罗的海港口城市利耶帕亚市推出一种另类的旅游业务，允许外国游客和当地居民花上5欧元，到市内前克格勃监狱体验当年囚犯们遭受的所有痛苦，如果额外消费，还可体验被虐待、被（模拟）处死的感觉。

　　在一个炎热的夏天，前监狱楼前聚集了20名另类游客，15名拉脱维亚当地居民和5名美国游客，准备在其后2小时内到神秘莫测、阴森恐怖的监狱一游。充当"克格勃看守"的迈里斯开始进入角色，向游客们说："谁会到这所监狱里来？（当然是）企图窃取我们机密情报的资本主义间谍！"

　　游客们走过两层楼内阴暗的走廊，依次参观前克格勃监狱内部牢房，沿途可以感受到混合着血腥汗渍和悲惨过去的气息。全程监狱游的口号非常简单：服从！儿童也不能例外。参观过程中，突然响起了（模拟处决犯人）枪声，一个8岁小男孩在人群中哇哇大哭起来，随后就被禁止参观下一个房间。

　　充当囚犯的游客在监狱内各有分工，有人洗地板，有人举起双手脸靠着肮脏的墙壁罚站，所有人都要执行命令。和弟弟一起来旅游的27岁的美国女教师福勒说："他们对我们说，如果我们放下手，就应（受罚）清洗卫生间，其实很难说是厕所，只是在牢房地板上打了三个洞。"

　　普通监狱游费用约为5欧元，额外付费还可以"遭受虐待"，体验严刑拷打的感觉，参与模拟处决，体验被处死的感受，也可以在牢房内过夜，不喝水、不睡觉。

　　近百年来这所监狱里关押的囚犯主要是政治犯。该监狱初建于1905年，沙皇用于关押起义的水兵。"二战"期间，希特勒纳粹分子在这里虐待、杀害叛国者和开小差者。战后成了苏联克格勃的秘密监狱，主要关押反对派分子。1997年彻底关闭，现在由利耶帕亚市军港拯救者协议管理、维持。

　　拉脱维亚搞监狱游，让游客体验囚犯感觉，在国内引起较大争议。反对者认为，把虐待人民的监狱变成旅游胜地是不正确的，不伦不类；支持者认为，此举有教育意义，甚至还吸引了苏联囚犯前来讲述自己悲惨的历史。

迈里斯说："纳粹德军占领利耶帕亚市期间共在这所监狱里杀害了160人，'二战'时的囚犯至今还有两人健在，但他们不愿到这儿来回忆过去在这儿的痛苦时光。"

（资料来源：拉脱维亚另类旅游——体验克格勃监狱痛苦［EB/OL］. 新浪网，http：// news. sina. com. cn/w/2006 -08 -03/14079648863s. shtml, 2006 -8 -7. )

为什么会有旅游者愿意去体验这个另类的监狱旅游呢？从我们平常的认知来说，这显然是违背常理的。但是，究竟是什么原因令旅游者去尝试体验"痛苦"呢？

## 3.1　旅游消费者的需要概述

动机产生的内在条件就是需要。可以说，人类的所有动机都能找到其内在依托，即是相对应的需要。

### 3.1.1　需要

心理学认为，需要是个体由于某种生理或心理因素缺乏而产生内心紧张，从而形成与周围环境之间的某种不平衡状态。人们在生存和发展的过程中会产生各种各样的需要，既包括人体内在的生理需要，比如，人饿了就要寻找食物，渴了就要寻找水，冷了就要找衣服穿，这些都是维持生命必需的生理需要，也包括外部的、社会的需要，比如人基于现实的社交局限而心理失去平衡而产生追求爱情、友情、亲情的需要。

美国人本主义心理学家马斯洛在1943年出版的《调动人的积极性理论》著作中提出了"需求层次理论"。马斯洛把人的多种需求归纳为五大类，并且按照它们发生的先后顺序分为了五个等级：

一是生理需要。这是人类最原始最基本的需要，包括饥、渴等。这是最低层次的需要。

二是安全需要。当一个人的生理需要得到满足后，就想要满足安全的需要。想要获得生命和财产安全等。

三是社会需要。一方面是爱的需要，即人都希望伙伴之间、同事之间的关系融洽；另一方面是归属的需要，每个人都有一种归属感，都有一种归属集体或者家庭的感情。

四是尊重需要。当社会需要得到满足之后，人还希望有稳定的地位、名利等，希望自己的能力得到社会的承认。

五是自我实现的需要。自我实现需要是指个人的理想抱负，充分发挥自己才能的需要。这是最高层次的需要。

马斯洛认为，只有当最低层次的需要得到满足之后，才会产生对更高层次的追求，从而促使高层次需要的到来。但是，任何一种需要并不因为下一个高层次需要的出现而消失，只是高层次的需要产生以后，低层次需要对行为的影响变小而已。

**【补充阅读资料】**

### 需要层次论新解

后来马斯洛对他以前所提出的五个层次的需要作了补充，即认为人们还有认知和理解的需要与欲望，还有审美的需要。马斯洛认为，这两类需要与前面五个层次的需要并不处于同一个层次的发展系统之中，而是表现出一种既相互重叠又相互区别的状态。

认识和理解的需要：这是人人都具备的一种基本需要，即人们对于各种事物的好奇、学习、探究事物的哲理，对事物进行实验和尝试的欲望。马斯洛由人们对安全需要的前提出发推论出，人们进行各种学习和探究，其最终的目的也包括获得生活和生存的安全和取得安全的方法，洞悉事物的奥秘也是智者自我实现他们价值的一种方式，好奇还是儿童的一种天性，儿童从他好奇的事物中得到最大的快乐。

审美的需要：人们对于审美的需要也是一种基本的需要，比如，希望行动的完美，对于事物的对称性、秩序性、闭合性等美的形式的欣赏，对于美的结构和规律性的需要等，都是审美需要的表现形式。

（资料来源：彭运石．走向生命的巅峰［M］．湖北教育出版社，1999：111．）

### 3.1.2　旅游需要

旅游消费需要包含在人类一般需要之中，它反映了旅游消费者某种生理或心理体验的缺乏状态，并直接表现为旅游消费者对获取消费对象的要求和欲望。旅游需要就是指旅游者通过旅游活动而获得满足的一些需要，特别是精神性和社会性的满足。有的旅游者在旅行活动过程中有生理需要的追求，如到森林、乡村旅游追求清新的空气、温暖的阳光等；在紧张的工作、快节奏的日常生活之外，希望通过休闲度假旅游得到身心上的放松舒缓；寒冬时节身处北方的人们会选择去海南躲避严寒；等等。有的旅游者可能是基于平时社会交往的匮乏而外出旅游寻求换另一种方式去认识更多的人，交更多的朋友，实现爱情、友情等社会需要。有的旅游者可能是出于在精神上充实自己、增加自身知识、塑造自我、挑战自我的目的体验野外自助游的快乐。

## 3.2　旅游消费者的动机概述

### 3.2.1　动机

心理学上认为，动机是指引起和维持个体活动并使活动朝向某一目标的心理动力。动机是一种内在的驱动力量。当个体采取某种行动时，总是受到某些迫切需要实现的意愿、希望、要求的驱使，这些内在的意愿、要求具有能动和积极的性质，能够激发和驱动特定行为的发生，由此构成行为的动机。

动机是一种基于需要而由各种刺激引起的心理冲动，它的形成要具备一定的条件。首先，需要是动机产生的基础。当个体感受到对某种生存或发展条件的需要，并达到足够强度时，才有可能产生采取行为以获取这些条件的动机。动机实质上可以认为是需要的具体化。其次，并不是所有的需要都能形成动机，动机的形成还需要相应的刺激条件。当个体受到某种刺激时，其内在需求会被激活，使内心产生某种不安情绪，形成紧张状态。这种不安情绪和紧张状态会演化为一种动力，由此形成动机。最后，需要产生后，必须有满足需要的对象和条件，才能形成真正的动机。

在动机的形成过程中，需要、刺激和对象等条件缺一不可，其中尤以外部刺激最为关键。通常情况下，需要处于潜伏和抑制状态，通过外部刺激加以激活，才能将需要转化为动机。外部刺激越强烈，需要转化为动机的可能性就越大。因此，如何给旅游消费者以更有效的外部刺激，是推动其购买动机形成从而实现购买行为的关键条件。

### 3.2.2　旅游消费者动机

1. 旅游动机。根据动机的一般定义，对旅游消费者的旅游动机可作如下界定：引发、维持个体的旅游活动，并将活动导向特定旅游目标的心理动力。

2. 旅游动机的特点。

（1）内隐性。动机是旅游消费者的内心活动过程，具有内隐性的特点。也就是说，旅游消费者由于各种原因，不会表现得很明显，让人一眼就看透其背后的动机；又或者是不够清晰，旅游者不能准确表达自身的真正旅游动机。旅游者意识到的并勇于承认的动机，称为显性动机；旅游者不想让别人知道，并且刻意隐瞒原因的动机，就是隐性动机，如基于性或赌博为主要目的的旅游。

（2）复杂多样性。动机的复杂多样是指影响人们进行旅游活动的因素是复杂的、重叠的。很多情况下，很多旅游行为背后都隐藏着多重动机。旅游动机的多样性可以从两个方面理解：一方面，同一种旅游行为可能是基于多个动机的作用引发，如一个外出的旅游者，可能包含了观光游览、休闲度假、探亲访友、身体康健等多个动机。另一方面，同一动机对于不同的旅游者可能引起不同的行为，如同样是出于摆脱日常生活的一成不变、追求环境的变化的动机，有的旅游者可能前往名山大川观光游览；有的旅游者可能前往历史古迹探究寻秘；有的旅游者可能前往异国他乡深度体验。正是动机具有复杂多样性，因而很多旅游行为并不是由唯一动机所决定的。

（3）学习性。旅游动机的学习性主要是指旅游动机是随着旅游者的学习和经验的积累而不断发展变化的。这种发生在旅游中的学习会改变旅游者原有的认知结构，促使其不断迸发出新的旅游动机。比如，旅游者到苏州旅游，感受到苏州园林的艺术之美，提升了自身审美水平；同时认识到中国园林按地理位置分为北方园林、江南园林、岭南园林，苏州园林是江南园林的代表，从而激发出前往北方园林、岭南园林所在的旅游目的地进一步感受和学习的新动机。此外，从人类发展历程来看，当前人们多数旅游动机，如获得地位、荣誉、权力；减轻焦虑；获得成就；实现自我价值等，都是通过后天的学习所获得的。

（4）指向性。旅游动机的指向性是指旅游者的旅游动机针对相应目标和对象，并和一定的对象建立联系从而发生相应的行为。比如旅游者一旦确定了自己的旅游目的地之后，便会表现出收集各种与旅游目的地相关的信息，如旅游目的地的美食、住宿、交通等方面以及各种的注意事项，以此做出完备详细的出游计划。旅游消费者的这一切行为很明确地都是指向所选择的旅游目的地。可见，旅游动机的指向性决定着旅游者对旅游活动的内容安排、方式选择，决定着个体旅游行为的方向。

【同步案例】

### 社会性别视角下女大学生背包客的旅游动机研究

近年来，女大学生背包客的数量不断增加。通过访谈、问卷等方式调查女大学生背包旅游的动机，发现交流体验和自我发展是女大学生背包旅行最主要的动机。女大学生们希望借助背包旅行培养自己的独立性，探索新鲜事物，更真切地体验旅游目的地的文化和生活方式。女大学生背包旅行的发展，是女性主体意识觉醒的表现，也是社会性别权力松动的表现。

在旅游动机研究中，丹恩（Dann，1977）提出了推拉理论，将旅游动机分为内在动机和外在动机。女大学生选择背包旅游，有内在的驱动力，也有外在的吸引力或者便利条件。本文借助推拉理论来分析女大学生的背包旅行动机。

**一、"拉"的因素**

将可能的客观外在条件归结为四类：背包旅行的行程更自由、背包旅行能节省旅行经费、大学生的课余时间多、从众心理。借助李克特5级量表，根据调查该选项与研究对象的吻合程度，按1~5分打分，分别表示都不符合、不符合、一般、符合、非常符合，如表3-1所示。

表3-1　　　　　　　　　女大学生背包旅行的原因

| 背包旅行的原因 | 平均分 | 整体平均分 |
| --- | --- | --- |
| 行程更自由 | 4.17 | |
| 节省旅费 | 3.61 | 3.48 |
| 课余时间多 | 3.62 | |
| 从众心理 | 2.5 | |

"节省旅费""课余时间多"两项得分很接近，虽然超过平均值，但是相比于最高的4.17，得分偏低，这恰好表明背包旅行的吸引力。

**二、"推"的因素**

关于"推"的因素，通过各类网络资源查找文献，将女大学生背包客的旅游动机划分为5大项17小项，同样借用李克特5级表按1~5分打分（见表3-2）。其整体平均分为3.81，说明当前国内女大学生背包旅游的动机较强烈。

表 3 – 2　　　　　　　　　　女大学生背包旅行的动机

| 旅游动机类型 | 项目 | 平均分 | 层面平均分 | 整体平均分 |
|---|---|---|---|---|
| 自我发展 | 1. 背包旅游可以提升我的能力 | 3.97 | 3.92 | 3.81 |
| | 2. 背包旅行能让我挑战自己 | 3.99 | | |
| | 3. 背包旅行能培养我的独立自主性 | 4.04 | | |
| | 4. 背包旅行能让我获得内心的成就感 | 3.9 | | |
| | 5. 背包旅行是我的兴趣爱好 | 3.69 | | |
| 交流体验 | 1. 背包旅行可以让我探索新事物 | 4.04 | 3.97 | |
| | 2. 背包旅行能够体验当地文化与生活方式 | 4.04 | | |
| | 3. 背包旅行的体验更刺激 | 3.84 | | |
| 社会交往 | 1. 背包旅行使同行的朋友感情更亲密 | 3.76 | 3.76 | 3.81 |
| | 2. 背包旅行更能认识兴趣相同的人 | 3.73 | | |
| | 3. 背包旅行可以获得某种特别的体验，回家后可以分享背包旅行的经验 | 3.78 | | |
| 观光游览 | 1. 背包旅行可以更好地欣赏自然风光 | 4.03 | 3.62 | |
| | 2. 背包旅行可以更加深入地了解名胜景区 | 3.81 | | |
| | 3. 背包旅行时购物更加便捷 | 3.43 | | |
| | 4. 背包旅行时购物更加实惠 | 3.22 | | |
| 放松逃避 | 1. 背包旅行能让我逃离日常生活学习的压力 | 3.52 | 3.73 | |
| | 2. 背包旅行可以让我放松身心 | 3.94 | | |

1. 自我发展动机。90 后大学生大多是独生子女，在"4 +2 +1"的家庭结构中，孩子成为家庭的核心，独立的机会相对不多。"背包旅行能让我挑战自己"得分 3.99，在 17 个选项中，名列第三，说明在目前的社会中，女性作为弱势群体，在背包旅行中顾虑的因素更多，因此，背包旅行对女大学生是一种自我挑战。

2. 交流体验动机。交流体验动机，是女大学生通过背包旅行去探索感受新事物。这一层面的 3 个选项得分高，表明许多女大学生背包客认为，背包旅行的体验更加"原生态"，更接近事物本身，与外界进行交流。

3. 社会交往动机。社会交往动机是指女大学生进行社会交往活动的需要。这一层面的三个选项得分相近，但都低于 3.81 的平均分。由于女生在公共空间中常处于弱势，因此，在旅途中他们要提防陌生人。防备心理机制的建立会使女大学生背包客错失结识更多背包客的机会。

4. 观光游览动机。在观光游览动机的选项中，"背包旅行可以更好地欣赏自然风光"在 17 个小项中位居第二，说明观光游览是女大学生进行背包旅行的重要动机。

5. 逃避放松动机。背包旅行者通过游览异地风景，体验异国风情，暂时消除日常生活中的疲劳感、紧张感和压迫感，使身心得到放松。

小结：

（1）背包旅行是女性主体意识觉醒的表现，通过背包旅行，体验新鲜的文化和事物，以此提高自己的独立自主性，挑战自己，是女大学生背包旅行的主要动机。

（2）背包旅行可以提高女大学生的独立自主性和应变能力，并唤起社会对女性种种限制的觉醒。女性拥有理智与感性的思考，更重要的是，通过背包旅行，女大学生有更多的机会与他人和异国文化接触，体验自由自在的独特感，明白有能力主宰和掌控自己的生活，可以勇敢地追寻自己所喜欢的东西，这既是对女性能力的认可，也是对女性身份的认同。

（资料来源：雷汝霞，吴水田. 社会视角下女大学生背包客的旅游动机研究［J］. 四川旅游学院学报，2017（3）.）

## 【同步讨论】

1. 女大学生背包旅行者的旅游动机有哪些？
2. 各个旅游企业以及旅游景区可以采取哪些措施，吸引更多女大学生背包客？

3. 旅游动机的类型。人们外出旅游的动机是多种多样的，一方面是因为人们的需要复杂多样；另一方面也因为旅游本身就是一种复杂的象征性行为。尽管旅游学界并未就人们为什么要旅游这一问题达成共识，这里主要介绍关于旅游动机分类的经典理论。

（1）麦金托什的旅游动机理论。美国学者罗伯特·麦金托什（Robert McIntosh）在《旅游的原理、体制和哲学》中将人的动机分为四类。

第一，身体健康的动机。这类动机的特点是以身体的活动来消除紧张和不安。它包括休息、运动、游戏、治疗等动机。

第二，文化动机。这类动机表达了一种求知的欲望。它包括了解、欣赏异地文化、艺术、风格、语言和宗教等动机。

第三，交际动机。这类动机表现为对熟悉的东西的一种厌倦和反感，出于一种逃避现实和免除压力的欲望。它包括在异地结识新的朋友，探亲访友，摆脱日常事务、家庭事务等动机。

第四，地位与声望的动机。这类动机是在旅游活动交往中，旨在满足其自尊、被承认、被注意、受人赏识、取得成就和为人类做贡献。它包括考察、交流、会议以及从事个人的兴趣所进行的研究等。

（2）丹恩的推拉理论。1977 年，美国学者丹恩（Dann）提出了旅游动机的推拉理论。他认为旅游者的旅游动机行为受两个方面的基本因素影响：推动因素和拉动因素。推动因素是指由于内部不平衡或紧张引起的旅游动机因素或需求，它促使愿望的产生，是一种内在的因素；拉动因素是指由旅游者对旅游吸引物和旅游目的地的各种属性的认识所产生，从而影响目的地的选择，是一种外在的因素。1979 年，克朗普顿（John. L. Crompton）进一步提出旅游动机连续体理论，认为推动因素包括逃离平庸的生活环境、探索与自我提升、放松身心、建立声望、复原、增进亲情、促进人际互动等；拉动因素包括新奇的事物、旅游的教育功能。1982 年，埃索尔侯拉（Iso - Ahola）提出旅游者的旅游动机主要由逃避和寻求两个方面所构成，前者指逃离个人日常生活环境的欲望；后者指通过旅游寻求心理补偿的愿望。这一观点被称为逃离—寻求二分法。与丹恩的推拉理论相比，他把"拉动"因素理解为旅游者对社会心理需要的追求，而不是旅游目的地的拉力。

总体来说，麦金托什的旅游动机理论、埃索尔侯拉的逃避—寻求二分法注重游客的内在需要；而丹恩的推拉理论则将游客的内在动力与旅游目的地的外在属性有机结合，更加全面地解释旅游动机的成因。

4. 旅游消费者动机的影响因素。马斯洛需求层次理论所阐述的各种需要是人们产生旅游活动的内在动力。但是，如果不具备一定的客观条件，旅游者的旅游活动最终是不可能实现的。

（1）环境因素。

①经济因素。经济发展水平是影响旅游行为发生的关键性因素。旅游者所在国家和地区的整体经济发展水平越高，旅游需求就会越旺盛，旅游人数就会越多、旅游频率就会越高。旅游需求是一种基于生存需求层次之上的高层次需求，没有丰富的物质基础和良好的经济条件作保障，旅游需求不可能产生。比如，2007年美国次贷危机造成的货币贬值、失业人数的增加导致人们的可支配收入规模的下降，此时人们就会降低对旅游的需求，客观上导致旅游的愿望、动机降低。

②政治因素。政治对旅游需要和动机的形成有着广泛的影响作用。首先，不同国家的政治态度会直接影响旅游消费者的旅游动机的产生。比如，处于宽松开放的国家与封闭保守的国家的国民旅游需求和旅游动机会有明显的差别。前者能够提供更为方便快捷的出行政策，更容易促成其国民的旅游动机，其国民的旅游需求更旺盛；后者为促进国民出游的政策考虑相对有限，也难以促成其国民的旅游动机，其国民的旅游需求相对有限。其次，特定国家政治环境的稳定与否直接会影响旅游消费者的出游。政治安定有利于促成旅游消费者的出游；反之，政治动荡则可能会阻碍旅游消费者的出游。最后，政治环境的差异会引起旅游消费者在旅游动机上存在差异。

**【补充阅读资料】**

2017年5月14日，备受关注的"一带一路"国际合作高峰论坛在北京开幕。与之相关的话题也成了世界瞩目的焦点。5月15日，在线旅游平台携程发布了出境游和入境游两份2016年"一带一路"年度报告（下文简称"报告"），根据报告统计，在"一带一路"所覆盖的60余个国家中，已经有超过20个国家对中国实现了免签和落地签（见表3-3）。

表3-3 "一带一路"所覆盖的60余个国家与中国的免签和落地签情况

| 序号 | 国家 | 政策 |
| --- | --- | --- |
| 1 | 塞尔维亚 | 免签 |
| 2 | 阿联酋 | 落地签免费 |
| 3 | 白俄罗斯 | 免签 |

| 序号 | 国家 | 政策 |
|------|------|------|
| 4 | 印度尼西亚 | 免签（部分口岸） |
| 5 | 泰国 | 落地签 |
| 6 | 柬埔寨 | 落地签 |
| 7 | 越南 | 落地签 |
| 8 | 马尔代夫 | 落地签 |
| 9 | 尼泊尔 | 落地签 |
| 10 | 斯里拉卡 | 落地签 |
| 11 | 东帝汶 | 落地签 |
| 12 | 老挝 | 落地签 |
| 13 | 乌克兰 | 落地签 |
| 14 | 俄罗斯 | 团队免签 |
| 15 | 伊朗 | 落地签 |
| 16 | 约旦 | 落地签 |
| 17 | 埃及 | 落地签 |
| 18 | 巴林 | 落地签 |
| 19 | 文莱 | 落地签 |
| 20 | 黎巴嫩 | 落地签 |
| 21 | 孟加拉国 | 落地签 |

随着近年来国民收入水平、出游意愿的提高，更多游客愿意选择出境游，加之政策利好，签证越发便利，免签国家逐渐增多，旅游者的旅游动机进一步被激发，旅游愿望进一步增强，出境旅游呈蓬勃发展态势。

（资料来源：20个"一带一路"国对中国免签或落地签，外国导游苦练中文［N/OL］. 澎湃新闻网，2017－05－15. 有删减）

③时间因素。时间条件是指人们拥有一定的闲暇时间，即是指在日常工作、学习、生活以及其他方面所必须占有的时间以外，可由个人任意支配、用于从事消遣娱乐的时间。闲暇时间主要包括每日闲暇、周末闲暇、公共节假日以及带薪假期，节假日和带薪假期是人们开展旅游活动的好时机。

【补充阅读资料】
● 1999 年国务院颁布新的《全国年节及纪念日放假办法》，我国人民的出游格局形成了"五一""十一"和春节三个旅游黄金周。
● 2007 年，国务院对《全国年节及纪念日放假办法》作了新的调整，取消"五一"集中放假，新增了清明节和端午节两个公共节假日。

● 2014 年，国务院公布《关于促进旅游业改革发展的若干意见》，鼓励职工结合个人需要和工作实际分段灵活安排其带薪年休假。

④社会文化因素。社会文化是影响旅游动机的重要因素。处于不同文化背景的旅游者，其旅游动机存在一定差异。比如，2000 年金（Kim）比较个体主义文化的美国和集体主义文化的日本旅游者的旅游动机时发现，美国旅游者"新奇"动机较强，日本旅游者"身份/地位"和"家人一起"的动机较强（Kim C，Lee S.，2000）。又如，在一项对桂林、阳朔入境旅游者进行入境旅游者旅游动机及其跨文化的比较研究（张宏梅、陆林，2009）中发现，亚洲旅游者的旅游动机和其他四组旅游者（盎格鲁国家、德语系国家、北欧国家、拉丁国家和地区）有明显区别，放松动机是亚洲旅游者的主要动机，文化动机（"了解异地风情、增长知识""游览历史文化景点"·"接触当地居民"）是其他文化群体的主要动机，盎格鲁、德语语系和拉丁国家旅游者在文化动机上的均值明显高于亚洲和北欧旅游者。

（2）个人因素。

①年龄。从人的年龄段来看，不同年龄的人，他们所处的生活环境不同，所扮演的生活角色不同，社会化的程度也有差异，因而在心理和行为层面有很多区别。由于生理、心理上存在的差异，处在各个年龄段的人在旅游动机上表现出明显的差异性。儿童天性活泼好动，对一切新鲜的事物都充满浓厚的好奇心；青年人心理正在发展成熟过程中，可变性强，乐于接受新思想、新事物，希望能够全身心地体验丰富多彩的世界，具有较强的旅游动机，对任何类型的旅游都充满渴望。人到中年，对安定舒适生活的要求日益强烈，他们往往具有稳定的社会地位、较高的经济收入、丰富的人生阅历。但是，中年人也要承受较大的社会压力，造成严重的焦虑。为了更好地扮演职业和家庭角色，减轻身心的疲劳，他们非常愿意选择和自己身份地位相称的旅游方式，外出旅游度假，并希望能利用旅游，寻找机会巩固社会地位，或彻底放松自己，增进身心健康。中年晚期以后，人的心理逐渐老化，更愿意在稳定熟悉的环境中工作和生活，很难有什么新的事物能够改变他们模式化的生活。应该经历的经历了，应该追求的追求了，旅游动机也就相应减弱了。老年人有较多的闲暇时间和可自由支配收入，但是，由于身体条件的特点，他们倾向于慢节奏的出行，对旅游交通条件、旅游设施的环境卫生和安全保障等更加重视。

②性别。从性别差异上看，男性与女性的差别体现在个性、行为和脑力等方面。女性普遍具有求美和追求时尚的心理，注重消费的情感体验，容易受外界因素的影响，所以女性旅游者会较为注重旅游产品的外在表现和情感体现。男性旅游者则较为注重旅游服务的整体感受，消费选择较为独立。[①] 由于不同性别在家庭、社会中所处的地位、角色和作用不同，男性和女性在旅游动机上也存在一定

---

① 杜炜. 旅游消费行为学 [M]. 南开大学出版社，2009.

的差异。如男性外出旅游多是出于公务或商务动机，女性外出旅游多是出于购物的目的。

③职业。旅游消费者的职业分工，会导致收入水平、工作性质、工作方式和闲暇时间等方面的差异，不同职业的人对旅游的需求、出游方式、出游距离、停留时间、出游频率、花费水平、住宿选择等方面存在着较大的差异，从而他们具有不同水平的旅游动机。其中，从事某些职业的人，如专业技术人员、商务人员、政府职员等，工作性质要求他们经常出差，工作和广义的旅游密切地结合在一起，他们要经常到各地进行商务活动或参加各种会议，旅游的机会和经历较多，因此，比从事其他职业的人有更高水平的旅游动机。

④受教育程度。受教育程度又与他们的职业分层有着密切的联系。一般而言，所受教育程度越高，其职业就越趋向于高层次职业、收入就会越高，具有更高的旅游动机；所受教育程度越低，其职业就越趋向于低层次职业、收入就会越低，其旅游动机就会越小。同时，多项研究表明，受教育程度越高的人，易于了解和接受新事物，喜欢改变环境，乐于接受新对象，兴趣领域广泛，所获取的信息量也会越大，其好奇心和求知欲就越强，从而助长了人们希望有机会亲历观察和体验外界事物的愿望，文化、考古等文化气息较浓的旅游消费支出也越多；受教育程度较低者，对于外界事物缺乏了解，对陌生环境适应能力相对较差，易产生不安全感，对于远行会产生种种顾虑，因而多选择较熟悉的旅游目的地和旅游景点。

⑤收入。个人收入与旅游动机有着密切的联系。在其他因素不变的条件下，人们可自由支配收入越多，对旅游产品的需求量就越大；反之，人们可自由支配收入越少，对旅游产品的需求量就越小。一般来讲，人均GDP在1 000美元以下，居民消费主要以物质消费为主；人均GDP在3 000美元左右，进入物质消费和精神文化消费并重时期；人均GDP超过5 000美元，居民的消费转向精神文化消费为主的时期。根据国际旅游规律，人均GDP达到5 000美元时，就会步入成熟的度假旅游经济，休闲需求和消费能力显著增强，并出现多元化趋势。2016年我国GDP总量达74.41万亿元，人均GDP为5.4万元；2016年国内旅游44.4亿人次，人均旅游3.4次。预计2020年我国人均GDP有望突破1万美元，旅游消费的需求将呈现爆发式增长。可见，个人收入的不断增长为旅游动机的产生提供了巨大的动力。

⑥国籍。来自不同国家或地区的旅游者，社会文化背景存在差异，来华旅游动机水平也不同。他们主要是欣赏我国的历史古迹和自然风光，观光动机是大多数旅游行为的动机。除此之外，欧洲游客更喜欢来华休闲度假旅游，渴望了解中国人民的生活方式、风土人情，文化交流动机也较突出。这与欧洲国家经济发达，人们生活富裕，外出旅游相当普遍，追求放松享受的旅游方式关系密切。美洲游客与亚洲游客，来华旅游动机呈现多样性。美洲游客以探求奇特的民族风情和富含文化体验的文化交流为旅游动机的较多。亚洲游客则以探亲访友、宗教朝拜为目的的较多，这是基于地理位置、血缘关系、文化传统等因素，偏爱选择近

邻国家为旅游目的地的原因。

⑦健康状况。身体是否健康是人们是否参加旅游活动最基础的原因。旅游活动的开展是需要耗费旅游者一定的精力和体力的，所以旅游者的健康状况影响着旅游动机。身患重病的人很难进行旅游活动，而健康状况不佳的人只能选择在身体条件能够接受的前提下，选择旅程相对较短的、耗费时间比较短的旅游目的地以及旅游活动。比如，很多人想去西藏旅游，但是患有支气管扩张、哮喘、肺炎等呼吸性疾病，有高血压、冠心病、心脏病等心脑血管患者，以及肝肾损伤严重者，一定不能去西藏。他们的身体条件不允许他们选择西藏作为旅游目的地，正是由于健康状况的差异性，对旅游需求也就存在着相应的差异。

## 本 章 小 结

【主要概念】

需要　旅游需要　动机　旅游动机

【内容提要】

本章主要介绍需要对旅游消费者行为的影响，分为两个部分：首先，介绍旅游需要的概念；其次，明确旅游动机的概念及其特点，介绍关于旅游动机分类的经典理论，分析旅游消费者动机的影响因素。

旅游需要指旅游者通过旅游活动而获得满足的一些需要，特别是精神性和社会性的满足。

旅游动机指引发、维持个体的旅游活动，并将活动导向特定旅游目标的心理动力。旅游动机具有内隐性、复杂多样性、学习性、指向性等特点。关于旅游动机分类的经典理论包括麦金托什的旅游动机理论、丹恩的推拉理论等。旅游消费者动机的影响因素分为环境、个人两个方面。

## 单 元 训 练

【知识训练】

一、选择题

1. 马斯洛需求层次理论包括（　　）方面的内容。

　　A. 自我实现需要　　B. 生理需要　　　　C. 社交需要　　　　D. 安全需要

　　E. 尊重需要

2. 旅游动机的特点包括（　　）。

　　A. 内隐性　　　　　B. 复杂多样性　　　C. 学习性　　　　　D. 明确指向性

3. 旅游者一旦确定了自己的旅游目的地之后，便会收集各种与旅游目的地相关的信息，例如，旅游目的地的美食、住宿、交通等方面以及各种的注意事项，以此作出完备详细的出游计划。这体现了旅游动机的（　　）特点。

　　A. 内隐性　　　　　B. 明确指向性　　　C. 复杂多样性　　　D. 学习性

4. 影响旅游消费者动机的环境因素不包含（　　）。

　　A. 经济因素　　　　B. 政治因素　　　　C. 时间因素　　　　D. 职业

5. 影响旅游消费者动机的个人因素有（　　　　）。

    A. 年龄 　　　　B. 性别 　　　　C. 受教育程度 　　　D. 职业

    E. 收入 　　　　F. 国籍 　　　　G. 健康状况

**二、判断题**

1. 旅游者希望通过旅游活动，使自己的身体得到放松，心情愉悦，这是旅游者的生存需要。　　　　　　　　　　　　　　　　　　　　　　　　　　　　　　　　　（　　）

2. 明确指向性是指旅游消费者有很明确的旅游对象和旅游目的地，并且会作细致准备。　　　　　　　　　　　　　　　　　　　　　　　　　　　　　　　　　　　　（　　）

3. 经济发展水平是影响旅游行为发生的关键性因素。　　　　　　　　　　（　　）

4. 年龄与性别是影响旅游消费者动机的环境因素。　　　　　　　　　　　（　　）

5. 身体是否健康是人们是否参加旅游活动最基础的因素。　　　　　　　　（　　）

**三、简答题**

1. 对旅游动机的分类有哪些？

2. 需要和动机两者之间有什么关系？

3. 旅游动机的特点有哪几个方面？

4. 个人旅游需求的实现需要具备哪些因素？对于旅游经营者来说，认识这些因素的意义何在？

5. 影响旅游消费者动机的个人因素有哪几个方面？

## 【技能训练】

1. 以你所在的城镇或地区为基地，试调查国内游客来此访问旨在满足哪些需要或追求。

2. 根据自己或者他人参与旅游活动的经历，分析一下旅游动机的内隐性、复杂多样性、学习性以及明确指向性。

## 【能力训练】

### 境外医疗旅游开始走向大众市场

据日本旅游产业协会负责人提供的数据，2015 年"十一"长假期间，赴日本旅游的中国游客超过 40 万人，这个数字超过春节赴日人数，刷新了中国游客赴日本旅游的新纪录。

更让人吃惊的是，中国游客在日本消费达到了 1 000 亿日元，约合 52 亿元人民币。不过，这一次大家买得最多的竟不是马桶盖，而是日本的酵素减肥食品和保健品。国人对日本医疗健康产业的信任度可见一斑。

**医疗旅游市场发展迅猛，中国医疗游客九成以上出境看病**

医疗旅游，又称观光医疗，世界旅游组织将其定义为"以医疗护理、疾病与健康、康复与休养为主题的旅游服务"，具有附加价值高且低污染的特点。覆盖范围小到美容整形、大到重症手术，人们可以在求医之旅的同时体验异国文化。

近年来，医疗旅游已成为全球增长速度最快的新兴产业之一。据美国斯坦福调研数据显示，全球医疗旅游增速是旅游业增速的两倍，2017 年全球医疗旅游的收入达到 6 785 亿美元，占世界旅游总收入的 16%，而 2013 年该收入为 4 386 亿美元。而据世界卫生组织（WHO）预测，至 2020 年，医疗健康相关服务业将成为全球最大产业，观光休闲旅游相关服务则位于第二，两者相结合将占全球 GDP 的 22%。

早些时候，"医疗旅游"是有钱人的专属。美国、欧洲等发达地区因技术发展得早，备受中高端游客的青睐。如今，日本、韩国、新加坡、泰国、马来西亚、以色列、中国台湾也成为比较成熟的医疗旅游目的地。

据媒体报道，中国医疗游客九成以上出境看病，目前去日本精密体检、美国治疗癌症以及英国做肝脏移植最为常见。而中国入境医疗旅游产业尚处在早期萌芽阶段。

**中国人可选择的医疗旅游目的地越来越多**

据记者了解，越来越多的传统旅行社开始涉足高端医疗旅游领域，比如凯撒旅游的美国体检、日本癌症早筛产品，中旅总社的韩国微整形、体检产品，众信旅游的瑞士抗衰老、美容产品等。

"像美国、英国、瑞士这些发达国家，是早期最热门的医疗旅游目的地。技术好、价格也不菲，要去这些地方做美容项目，至少几十万元起步。因为价格门槛高，所以很多游客望而止步。后来，韩国以价格低的优势成为一匹'黑马'杀入了境外医疗旅游市场。"浙江中青旅出境中心副总朱小军对记者说，"其实日本的医疗技术远高于韩国，只是韩国医疗市场较早被国人熟知并渐渐接受，日本医疗旅游这两年才火起来。韩国医疗旅游'我个人觉得'是'夸大宣传'的成分比较多，以价格低来吸引中国游客。曾经我们旅行社有一位赴韩游客吵着闹着要求离团去做整容手术，我们拿她没办法。结果手术完以后，她出现脸部肿胀等不良反应，公司费了很大的力气替她处理这件事情，领队还特意留下来陪她继续检查。现在，中国人去韩国整容失败的事也是频频曝光，这也给日本、新加坡、泰国等新兴的医疗旅游目的地提供了成长空间。"

**赴日本医疗旅游升温快，杭州每月都有人去体检、美容**

据日本政策投资银行的报告，到 2020 年，仅以体检为目的的赴日中国游客每年预计将超过 31 万人次，医疗旅游的潜在市场规模将达 5 507 亿日元（约合 302.8 亿元人民币）。

日本目前实行"有病先去诊所"的原则，且大多就近就医，所以医院较少出现人满为患的场景。而且日本不少医院坐落在商业街附近，游客在等待检查结果的同时，可以在附近休闲或购物。如果要等待一天到两天的时间，则可以选择泡温泉或游览富士山，体验异国的美景和文化。

（资料来源：境外医疗旅游开始走向大众市场 ［N/OL］. 中国旅游新闻网，2015 – 10 – 28. 有删减）

思考：

1. 选择医疗旅游的旅游者有哪些动机？

2. 旅游企业可以采取哪些措施吸引更多的旅游者开展医疗旅游？

# 第 4 章　旅游消费者的学习

【学习目标】
　　知识目标：了解旅游者学习的基本概念；掌握学习理论的基本内容、影响旅游消费者学习的因素、旅游消费者学习的内容及其应用。
　　技能目标：了解经典条件反射和操作性条件反射的区别；根据所学的操作性条件反射理论掌握的强化与塑形技巧；了解顿悟学习、观察学习的基本原理。
　　能力目标：具有根据学习理论的基本原理在旅游营销工作中灵活运用的能力。

【案例导读】
　　几位游客到杭州西湖春酒店商场购物，径直走到茶叶专柜，看了看标价，便议论道："这儿东西贵，我们还是去外边买吧！"这时候，服务小姐走上前来，关切地说："先生们去外边买茶叶一定要去大型商场，市场上以次充好的茶叶很多，一般很难辨别。"几位游客立即止步问道："哪家商场比较好？茶叶又怎么进行选择呢？"服务小姐便将茶叶等级的区分，如何用看、闻、尝等几种简易的方法区分茶叶好坏，以及本商场特级龙井的特点等，告诉了几位游客。服务小姐最后说："我们这里茶叶的价格虽然略高于市场价格，但对游客来说，买得称心、买得放心才是最重要的。"几位游客听了服务小姐的介绍，当场就购买了几盒茶叶。
　　（资料来源：薛慧群. 现代旅游心理学［M］. 科学出版社，2005.）

　　从案例中反映，在旅游过程中旅游消费者需要学习什么，才能更好地对旅游目的地和旅游对象做出明智的判断？

## 4.1　旅游消费者的学习

### 4.1.1　学习

　　广义的学习是基于经验或练习而导致行为或行为潜能产生较为持久改变的过程或结果。它是某种经验（直接经验、间接经验）所产生的一种相对持久的行为变化，是通过神经系统不断接受外部信息、获得新的行为模式的过程。学习是一个接受信息、概括信息、转换信息和评价信息的过程，其基本特征包括以下三个方面。
　　1. 学习是基于经验产生的。学习是在经验的基础上不断前进的过程，只有通过个体在实践活动中的经验才能产生。这些经验既包括个体通过亲身实践而获得的直接经验，也包括通过阅读、观察和思考一些事件或环境线索而获得的间接经验。

2. 学习的发生以行为和行为潜能的变化为标志。学习会引起个体行为的改变，这种改变说明个体"学会了什么"。行为改变有的是外显的，即行为发生变化。比如，旅游消费者由以往选择 A 旅行社产品转而购买 B 旅行社产品。有的是内隐的，即行为潜能发生变化。比如，旅游消费者通过接收 B 旅游目的地的信息，在内心中对 B 旅游目的地产生好感和期待，即使在实际旅游行为中由于某种原因还没有选择 B 旅游目的地，但该旅游消费者也比那些从未接收到 B 旅游目的地信息的人更容易发生到 B 旅游目的地的实际出游行为。

3. 基于学习获得的变化较为持久。并非所有的行为或行为潜能的变化都是学习，只有发生较为持久的改变才是学习。有些行为虽然发生了某些改变，但只是暂时的或偶然的。比如，当人们由于疲劳、疾病或药物引起行为的短暂变化就不能称之为学习，也就是说，只有那些由经验引起的行为变化或行为潜能在不同场合表现出相对持久的一致性才能称为学习。

### 4.1.2　旅游消费者的学习

旅游消费者在旅游活动中亲身体验旅游服务的特色，或通过自身实践活动以外的途径，如通过书本、电视、报刊、新闻媒介或者其他人等获得旅游知识、经验和技能，都属于学习的范畴。

旅游者的学习过程主要是从信息获取、积累经验到形成习惯的一个过程。

1. 获取信息。信息来源主要包括旅游商业环境和个人社交环境。

（1）商业性的正式信息来源。商业性的正式信息来源包括旅游企业刊登的广告、旅游宣传手册、专业旅游咨询或旅行社销售点所展示的信息等。这类信息主要是旅游企业和旅游目的地提供的关于旅游企业和目的地的正面信息，以刺激旅游者的消费欲望。

虽然旅游企业发出的信息有助于加深旅游消费者对旅游企业的认识，但是，由于旅游产品具有明显的体验性属性，旅游消费者往往更热衷于根据自己的消费感受和经历或者从那些有过相关体验的人获得信息，来判断旅游产品是否符合自己的需要。

（2）通过人际交往获取的信息。通过人际交往获取的信息包括旅游消费者通过人际交往获得的商业性信息，如旅行社、饭店、景区等旅游企业的销售业务人员所提供的信息；或者由旅游者的亲友、同事以及与之有交往的人所构成的环境。这两者是旅游者获得信息的主要人际来源，信息更加具有可靠性和沟通性。

2. 积累经验。旅游消费者经验会影响旅游决策。旅游企业可通过满意的产品和优质的服务树立企业良好的形象，并且利用经验的概括化作用创出名牌，以吸引更多的旅游者。旅游者正是从一次次的经历和感受中概括经验，借以往经验来对现在决策作出判断。

3. 形成习惯。虽然受时间、知识、旅游产品特性等方面的约束，旅游消费者很难完全或主要依赖经验来获得旅游信息，但是经验来源获得的信息最直接，也最为旅游消费者所信赖。旅游消费者通过学习养成知觉、思维和行动的习惯。在习惯的作用下，旅游者往往会做出顺应性的决策。

## 4.2  学习理论及其应用

### 4.2.1  行为主义学习理论

行为主义学习理论认为学习是对外部刺激做出反应的结果，被称为刺激—反应理论。该派观点认为，本来并不能引起个体某种反应的刺激，如果经过练习后最终引起了该种反应，就表明该反应之间形成了新的联结，这种新的联结的形成过程就是学习。

1. 巴甫洛夫（Ivan Pavlov）经典条件反射理论及其旅游营销应用。巴甫洛夫通过研究发现，铃声本来不会引起小狗的唾液反应，但是，如果在每次给狗喂食之前都先打铃，经过多次重复以后，狗听到铃声就会自动分泌唾液，这种现象就是条件反射。在这里，食物是无条件刺激；分泌唾液是无条件反应，是对无条件刺激的无条件反应；铃声是条件刺激。

经典条件反射理论中的基本规律包括以下三点。

（1）刺激泛化，是指某种刺激能够引起某种反应，而与这种刺激相似的刺激也能引起相同的反应的现象，即消费者对某种特定刺激的反应也会扩大到对其他相似刺激的反应中。有些旅游目的地在宣传新景点的时候，会给新景点冠上"小桂林""小三峡"等与知名景点相似的名称，目的就是希望旅游消费者对其产生与知名旅游目的地一样好的反应。

（2）刺激分化，又称刺激甄别，是指通过学习，个体能够学会对条件刺激和条件刺激类似的刺激做出不同反应的过程，称为刺激分化。比如，旅游消费者在熟知了某种知名品牌后，就会仅购买此品牌的产品，而不再购买便宜的复制品、模仿品。旅游企业要学会利用旅游消费者的刺激分化反应，在旅游宣传营销上要突出自己产品特色和个性，必须使旅游消费者感受它的独特性，以利于旅游者识别。

（3）消退，是指由于条件刺激不再与无条件刺激相伴出现，条件反射会逐渐减弱直至消失。比如，父母同孩子在餐桌上吃完饭，孩子刚吃完主食就高举空盘，大声叫喊："点心，点心！"父母继续谈话，不理睬孩子的大声要求，孩子安静地坐了一会，母亲端上了点心。将来在相同情境下，大声喊叫要点心的行为的可能性较少，而安静地坐着等待点心端上来的行为可能性增加。旅游企业要避免这种刺激反应的消退，在旅游宣传营销上要有计划地提醒、维持，保证这种刺激反应的持续性。

**【补充阅读资料】**

　　刺激泛化理论帮助一些同类竞争品牌获得成功。自有品牌的制造商通过给自己的产品做与市场领先者的产品包装相似的包装，使两者包装混淆，从而使消费者购买它们的产品而不是领跑者的产品。例如，当蒙牛集团推出儿童奶——蒙牛未来星时，三线牛奶品牌新希望也跟随推出希望星儿童牛奶，其包装就采用了模仿的方法，消费者不仔细辨认就很容易混淆，从而产生购买行为。这种利用刺激泛化原理进行模仿的跟随策略，在一定程度上帮助自有品牌提高了销售额，促进企业发展。

　　刺激泛化在产品包装领域也得到了广泛应用。如康师傅红烧牛肉面运用了红色包装，鲜艳的红色给了顾客强烈的视觉冲击，刺激了顾客的购买欲望，使他们产生了购买行为。"康师傅"的包装在顾客心目中已经有了一定的影响，当其再次购买方便面时，"康师傅"就成了首要考虑的品牌。

　　在商业广告中，重复播放消费者有好感的音乐，使人们把音乐和广告产品联系起来。此后，消费者一听到这个音乐就会想起这个产品。比如，"美好时光"海苔与春晚被唱红的歌曲"吉祥三宝"在成功匹配后，其品牌知名度得到了很大提升。

　　（资料来源：郭淑娟.经典作用理论在品牌营销中的策略性应用［J］.宿州学院学报.2013，28（11）：31－32.）

　　2. 斯金纳（B. F. Skinner）的操作性条件反射理论及其旅游营销应用。操作性条件反射理论又称为学习的强化理论。该理论的提出者斯金纳（B. F. Skinner）认为，学习是一种反应概率上的变化，而强化是增强反应概率的手段。他以其著名的斯金纳箱实验对操作性条件反射理论进行了阐释。在实验中，饥饿的老鼠被置于一个叫斯金纳箱中，可以自由活动和作出各种反应。这个箱内装有一个杠杆，只要老鼠按压杠杆，就会有食物掉下。经过反复多次，老鼠会主动触动杠杆以获取食物。食物作为触压杠杆这一反应的强化物，为刺激（饥饿）与反应（触压杠杆）之间的联结提供了条件。同样，人们在不断尝试与犯错过程中，了解哪些行为反应能够获得满意的效果，然后人们会重复那些能够产生有利结果的行为，而减少那些会带来负面结果的行为。

　　强化理论。强化就是通过某一刺激或者时间来增加接下来的行为或时间出现可能性的程序。

　　①正强化，是指个体做出某种行为或反应，随后或同时得到某种奖励，从而使行为或反应随后或者同时得到某种奖励，使该行为或者反应强度、概率或速度增加的过程。比如，在旅行社实行会员积分奖励时，购买该旅行社产品的顾客可以用积分换取各种各样的奖品，能使该旅游消费者更倾向于购买该旅行社产品、更可能选择这家旅行社开展旅游活动。

　　②负强化。当令人厌恶的刺激或者不愉快的情境出现时，个体作出某种反应，从而减少或避免了这种刺激或者情境，则该反应在以后的类似情境中发生的概率便增加。比如，一家订票公司也许做这样一个广告：一个旅行者收拾好了行囊却没办法出行，原因是他没有办法买到车票。后来通过这家订票公司成功地买到了票，出游计划没有被耽搁。广告传递的信息是：只要他采用该订票公司的服

务，就可以避免这种负面结果。

强化理论对旅游营销工作有着重要的应用价值。为了促进旅游需求（刺激）与购买行为（反应）之间的联结，作为购买行为（反应）的强化物的提供是非常有必要的。在旅游购买行为发生时，旅游企业可以通过一些营销措施来实现强化物的提供，如提供奖励或折扣；方便快捷的购买渠道；优良的营业场所；发放赠品等；在旅游消费行为开展时，旅游企业要格外重视营销宣传与服务质量的一致性、服务质量的稳定性；在旅游消费行为完成后，旅游企业要重视对顾客的游后服务工作，建立游客游后反馈制度，通过电话回访、感谢短信、电子问候卡等，了解游客的游后感受，鼓励游客提意见和建议。这些措施就属于积极强化物，是旅游营销人员影响旅游消费行为最常用的手段。

**【补充阅读资料】**

日本丰田公司有效运用强化理论，采用轮岗的方式强化员工培训，不仅把一线岗位的员工培养成多功能作业员，使一些资深的技术骨干愿意把自己所掌握的技能和知识有效传授给年轻员工，而且使各级管理人员通过每五年一次的轮岗（每次轮换的幅度控制在5%），打造成全面管理的多面能手。

微软公司则通过"试错法"来培训新员工。在进公司的前几天，新员工会被安排跟经理们或是其他专业部门的高级人员见面，在听完有关产品开发周期的一个方向性介绍之后，开发经理就会立即派给新员工一个单独的任务，或是让新员工与某个专业小组一起工作。在单独过程中，公司允许新员工犯一些错误，但是公司会安排最好的专家来检查工作并纠正错误，鼓励和帮助新员工逐步提高工作能力。

（资料来源：丁旭生. 基于强化理论的企业人才培养探析［J］. 福建农机，2013，4：41－42.）

### 4.2.2 认知学习理论

认知学习理论是通过研究人的认知过程来探索学习规律的学习理论。主要观点包括：人是学习的主体，主动学习；人类获取信息的过程是感知、注意、理解、问题解决的信息交换过程；人们对外界信息的感知、注意、理解是有选择性的；学习的质量取决于效果。

1. 科勒（Wolfgang Kohler）的顿悟学习理论。有的时候，学习者并不需要经历尝试与错误的过程，而是通过洞察情境中各种条件之间的关系找出行动方案，科勒把这类学习称为顿悟。学习是通过顿悟过程实现的，学习的实质是在主体内部构造完形。例如，在接触各种广告的过程中，消费者可能并没有意识学习广告内容，其行为也没有表现出受某则广告影响的迹象，但我们并不能因此推断消费者没有获得某些广告的某些知识与信息。也许，当某一天消费者要做出某项购买决策时，会突然从记忆中提取出源自该广告的信息，这个过程就叫顿悟。

2. 班杜拉（A. Banduar）的观察学习理论。

（1）观察学习。观察学习是指人们因观察到别人的行为和行为结果而改变自身行为的过程。这一理论认为：人类的学习多数是在社会交往中，通过对榜样的示范行为的观察、模仿而进行的。学习者在通过观察进行学习时，可以不必做出外部反应，也无须亲自体验强化，仅仅是通过观察他人在一定环境中的行为，并观察他人接受一定的强化来进行学习的。一般来说，当人们看到别人的行为带来好的结果的时候就会效仿；而当看到某种行为会带来不好的结果的时候就会主动避免。

（2）观察学习的过程。观察学习的过程包含四个方面：注意过程、保持过程、运动再现过程和动机作用过程。依据直接经验的所有学习，都可以通过对他人的行为及其结果的观察而代理地实现。因此，在教育中，榜样的示范作用是不可忽视的。人们由于有通过观察而学习的能力，就能迅速地掌握大量的整合的行为模式，而不必根据无聊的尝试错误这种一点一滴地去获取复杂行为的方法。观察学习不仅可以缩短时间，而且还可以避免由于直接尝试的失败带来的损失或危害。

（3）观察学习给旅游行业的启示。观察学习一般是通过模特或榜样的某种行为来对其他人产生影响的，其影响方式主要有三种：外在模特方式、隐喻式模特方式和口头模特方式。外在模特方式是最常见的模仿学习方式，即旅游消费者亲眼观察到模特的行为和结果。这种模仿学习方式在旅游营销中应用的途径比较多，比如像"爸爸去哪儿""奔跑吧兄弟"等综艺节目对电视观众来说就提供了很好的观察学习机会，他们在节目中通过观看明星实地到特定旅游目的地或景点进行游览娱乐活动，学习到特定旅游目的地或景点开展旅游活动的知识和经验。隐喻式模特方式是不展示具体的动作和结果，而是通过讲述主题，使听众想象一个模特在不同的情况下，如果采取某一行动会得到怎样的效果。旅游目的地广告中常常可使用隐喻式模特方式，比如，广告中诱导受众想象这样一种情景：炎炎烈日下，一群游客来到清凉优美的某一旅游避暑胜地，顿时瞬间凉爽、欢呼雀跃。口头模特方式是指既不展示行为，也不需要人们想象某个模特的动作，而是告诉人们，和他们类似的人群在某种特定环境下是如何行动的。这种方式试图建立一种社会行为规范，以此来影响他人的行为。

为减少"试错"可能带来的代价和危险、提高旅游消费的感受质量，旅游消费者在旅游消费开展前都注重观察学习，通过朋友和熟悉的旅游经历介绍、旅游电视节目、他人的旅游日记等方式主动从他人那里学习旅游消费知识，形成正确的旅游态度和旅游消费行为模式。对旅游企业而言，就意味着每一位游客都是一则广告，每位游客亲身的旅游消费经历都可能成为其他旅游者观察学习的"榜样"、模仿对象。因此，每一个顾客都是一个活动广告，服务好每一个顾客是旅游企业成功经营的关键环节。

## 4.3　旅游消费者学习的影响因素

从消费行为的角度，可以将学习定义为个体获得关于购买与消费的知识和经验，并将其应用于相关消费行为的过程。

### 4.3.1　经验

经验是指旅游消费者从多次的旅游活动体验中所获得的知识阅历。一般而言，旅游消费者的经验来源主要有两个途径：一是自己亲身体验；二是通过别人传授的相关经验。

1. 亲身体验。亲身体验是指旅游消费者通过亲身参与旅游活动，直接了解旅游目的地和旅游对象的各种情况，以此完善其旅游消费行为的学习途径。比如，在企业的营销活动中，经常会推出"免费试用""无效退款"等促销手段。其目的就是让消费者通过亲身的体验来获得信任。

【补充阅读资料】

#### 江西瑞金：体验式推动红色旅游

瑞金台记者江莉说："这里是瑞金叶坪革命旧址群的红军体验游现场，你现在看到的是不少游客在参观完红军村旧址后，正在这里报名参加红军，体验红军生活，过一把红军瘾。"

左邦华是一位来自江西九江的游客，他的爷爷就是一名老红军，从小就对长征非常向往的他，这次特意与同学一起来到瑞金边旅游边体验。

游客左邦华说："今天参加了对列、刺杀、整装（等体验活动），感受到了当时的艰苦，也感觉到了今天的幸福生活来之不易，不虚此行，非常有意义。"

江西瑞金是闻名中外的红色故都、共和国摇篮，有着丰富而独特的红色旅游资源。近年来，瑞金市按照"修旧如旧"的原则，多方筹集资金1.6亿元，修复了中革军委旧址、红军总政治部旧址等一批革命旧居旧址，再现了当年的苏区历史原貌。并在增加游客的参与互动性上下功夫，推出了红军村"当一天红军、过一天苏区生活"的体验式旅游项目。

（资料来源：谢春明等．江西瑞金：体验式推动红色旅游［EB/OL］．新浪网，http：//finance．sina．com．cn/china/dfjj/20110601/19199932840．shtml，2011－6－1．）

2. 他人经验。他人经验，是指旅游消费者从他人的知识和经验中学习，或者从商业信息来源处间接了解各种旅游消费的问题，从而知道自己未来的消费行为。旅游消费者在旅游决策中会受到家人朋友或者明星的推荐影响。他人经验的来源主要有：观察学习、名人效应、接受暗示、信息收集。

【补充阅读资料】

《非诚勿扰》带火了日本北海道，《私人订制》则让三亚蜈支洲岛变得家喻户晓。热播影视剧和明星总会掀起旅欧热潮，当下明星代言外国旅游局也成为潮流，比如瑞士旅游局邀请黄轩代言，以色列旅游局邀请刘烨出任形象大使，那么一个明星代言的国家令你心动了吗？

#### 跟黄轩环游瑞士

近日瑞士国家旅游局宣布由黄轩出任形象代言人。瑞士国家旅游局相关负责人皇甫一宁告诉北京晨报记者：此前邀请黄轩担任中国区形象代言人，旨在借助其在中国市场的影响力将瑞士的魅力分享给更多人。即将播出的由黄轩担纲主演的电视剧《翻译官》，就是在瑞士拍摄完成的。黄轩独特的文雅气质与瑞士旅游局推崇的自然本色不谋而合，其动静两宜、儒雅活泼、纯净优雅的风格与瑞士自然、文化、艺术、浪漫的关键词高度契合。

据了解，黄轩将在夏季以形象代言人的身份启程瑞士，亲身体验瑞士环游路上的自然户外体验和城市艺术魅力，通过瑞士环游火车之路和瑞士环游之路两种形式深度体验瑞士的湖光山色。接下来还会为中国游客提供代言人亲切的旅行体验，将瑞士自然、纯净、亲和的形象传递给更多中国游客。

瑞士旅游局率先将中国市场的夏季游客精准地细分为：观光游客、户外发烧友和文化旅者。黄轩在瑞士夏季旅游新闻发布会上说："我本人是一个户外运动的爱好者，我在瑞士拍摄期间就独自尝试过骑行、滑雪、爬山、徒步，以后有机会的话我还想去瑞士体验一下滑翔伞、攀岩等运动。"热爱运动的黄轩与其目标人群十分贴合，能让运动爱好者了解瑞士户外运动的精彩。

## 刘烨领跑以色列

刘烨近日发微博称，"将担任以色列旅游形象大使，海南航空开通了中国到以色列的直航，以后到达以色列就是一个航班的事儿，将从转发人群里挑选两人一起参加 11 月的以色列马拉松。"

以色列旅游局刘薇说："聘请明星担任形象大使主要是利用明星效应，增加消费者对于旅游目的地的关注，并增强与消费者的互动。比如刘烨在微博上征集粉丝共赴以色列参与马拉松就是一大尝试。在选择形象代言人的时候主要会考虑到明星对于旅游的热爱程度，是否对以色列感兴趣，是否本人曾经到访过以色列，或者有无血缘关系的亲友等。刘烨的知名度很高，他的妻子是一位犹太人，也经常到访以色列，且平易近人，是一位合作性相当高的明星。刘烨有一儿一女，有着良好的公众形象，可以与'家庭游'和'休闲游'等相结合，吸引和带动亲子游的消费群体前往以色列旅游。"

韩国旅游局则挑选了宋仲基担任 2016 年的旅游形象大使，"我们每年都会制作让世界了解韩国多彩魅力的广告，今年为了表现充满活力又成熟干练的韩国形象，选择今年的超高人气偶像宋仲基来拍摄本年度的宣传广告，抓住全世界韩流粉丝的心。"韩国旅游局朱琳琳说道。

（资料来源：叶乃馨，周辉. 明星代言旅游　动人才能动心 [EB/OL]. 网易新闻，http：//news. 163. com/16/0510/01/BMLTI1LN00014AED. html，2016－5－10.）

### 4.3.2　旅游企业行为

旅游企业行为对旅游消费者学习经验的影响主要表现在两个方面：一是通过外物刺激的条件反射过程；二是旅游消费者自我认知的学习过程。

1. 条件反射理论。旅游企业通过对广告、折扣、促销等"刺激物"或者行为方式进行不断重复强化，加深旅游消费者感知程度的方式。经典条件反射理论在旅游消费者学习的应用中，是指旅游企业通过一定的营销刺激手段，增加旅游消费者的印象，从而激起旅游消费者的旅游欲望。

2. 认知学习理论。并不是所有的行为都是要通过外界的反复刺激才能形成，也并不是所有的行为都一定要受到直接的强化才能学习到。在当今海量信息的时代，旅游消费者在面对如此多样的旅游产品时，他们为了做出更好更快的选择，往往会倾向于有选择地去收集、分析和比较各种产品信息，从而做出判断和选择。

### 4.3.3 预期与认知差距

预期是旅游消费者在对旅游产品做出决定时，心中预计能够达到的效果。旅游消费者在购买产品后会有不同程度的不满意感，原因在于旅游消费者的心理预期往往会高于实际认知，而这种预期与差距引起了旅游消费者的不满意感。因此，在决策购买之前，会对自己的行为进行判断，然后反馈到自己的经验当中，为下次决策作参考。

## 4.4 旅游消费者学习的内容及应用

学习，是人在生活过程中获得行为经验的过程。人类大部分行为都是后天学习的结果。人的旅游行为是在其生活水平达到了一定程度的情况下为了满足更高层次的需要而产生的。因此，掌握学习规律，可以帮助我们更加深入地认识旅游消费者的心理和行为规律。旅游消费者的学习内容主要包括以下四个方面。

一是关于旅游产品本身的信息，包括旅游线路、价格、旅游目的地的资源特点、游程需要多长时间等。

二是关于旅游服务的信息，包括旅行社、宾馆、饭店、交通部门等将分别提供的服务。

三是关于旅游目的地其他方面的信息，包括旅游目的地气候、物产、民俗民风、消费水平等方面。

四是关于旅游常识的信息，包括旅游淡旺季的知识、东部沿海的海滨游的经验、东北冰雪游的经验等。

旅游消费者对上述信息的吸收、加工、处理，主要体现为对旅游动机、旅游态度、旅游风险以及旅游经验的学习。

### 4.4.1 旅游动机学习

人类除了探索的需要是天生的之外，影响旅游者旅游行为的其他动机都是后天学习得来的。例如，人们为了减轻焦虑的旅游动机不是生来就有的，而是在赏心悦目、心旷神怡的旅游活动后带来的。人们通过后天的学习产生了对成就、权力、归属感和社会地位的需要，完成对自我形象的塑造。这些后天产生的需要又在很大程度上影响着旅游者的出游动机，以及人们把动机付诸实践的行为方式，比如对旅游目的地、交通工具、食宿的选择。

### 4.4.2 旅游态度学习

旅游者的态度决定着旅游者对旅游产品和旅游服务的选择。态度大多建立在人们的信念和见解的基础之上。这些信念和见解，主要是旅游者通过家庭、朋友、熟人、所属的群体、所生活的社会，以及各种新闻媒体渠道所获得的。

影响旅游者态度改变的因素包括：一是自身因素，如需要、性格、智力和受教育程度等。二是环境因素，如信息、相关群体的态度和团队压力。态度本身的特性也会影响到旅游者态度的改变。旅游者的态度决定着旅游者对旅游产品和服务的选择。因此，要了解旅游者对旅游活动的态度是如何形成和改变的，从而为旅游广告和宣传以及制定服务策略提供理论依据。

### 4.4.3　应对旅游风险的学习

随着旅游业的发展，人们已经普遍将旅游作为一种日常休闲娱乐方式。但是在旅游过程中，旅游消费作为一种过程消费，具有一些不确定性，这些不确定性形成各种消费风险。但随着旅游消费的不断增长，旅游消费的风险出现的范围也不断加大。所以旅游消费者需要学习旅游过程中的各种风险，以做出明智的旅游决策。

旅游消费风险主要包括以下三方面。

1. 社会风险。社会风险是指由旅游引发的旅游消费者与旅游目的地居民之间的矛盾冲突。旅游景区的不断开发，伴随而来的是当地居民态度和心情的逐渐改变。比如，在旅游旺季的时候，旅游目的地的人流量常常会激增，使交通出行十分不方便，当地居民无法容忍。因此，在一些旅游景区，当地的一些居民自发组织起来，阻止满载游客的车辆进入景区。

2. 心理风险。一般来说，旅游消费者的旅游动机是逃避现实和寻求刺激，这是人的一种本能。人生来就有一定的好奇心，旅游目的地的未知性具有一种神奇的吸引力，引发了旅游消费者的欣赏美景、体验文化等出游行为。繁华的都市生活的喧嚣让人们承受着一种巨大的心理压力，所以他们想要摆脱这种境况，寻找一个新的环境，放松身心。但是，如果旅游活动没有办法让旅游者获得身心放松、精神愉悦，就会引发旅游消费者的失落情绪。

3. 安全风险。旅游消费是一种过程性的消费，必然存在一定的不确定性。这些不确定性就形成了旅游风险，其中安全问题是旅游消费者最关注的问题，连安全都保障不了，旅游活动也开展不下去。旅游景区的安全措施是否到位，旅途中是否会遭遇自然灾害等，都是旅游者在出发之前必须考虑的，因为这些风险因素会对旅游者的自身安全构成威胁。比如，埃及卢索克的热气球爆炸事件使游客数量锐减，反映出旅游者对安全这一旅游风险是十分重视的。

【补充阅读资料】

#### 惨烈的 30 秒

2013 年 2 月 26 日，中国驻埃及大使馆向新华社记者证实，9 名来自中国香港的游客当天在埃及南部旅游城市卢克索的热气球爆炸事故中遇难。一个载有 21 人的热气球当日在卢克索上空爆炸，共造成 18 人死亡，其中包括 9 名中国香港游客，另有 4 名日本人、2 名英国人、2 名法国人和 1 名埃及导游遇难。

新华网埃及卢克索 2 月 27 日电（记者田栋栋），2 月 26 日清晨，有 5 年"驾龄"的卢克索青年摩门·穆拉德操纵着同样只有 5 年"役龄"的"天空巡游者"号热气球，满载着 19 名来自世界各地的游客，从卢克索帝王谷旁的空地缓缓升空。此时没有人意识到，一场灾难正悄悄向他们袭来。

1 小时后，就在热气球准备降落时，惨剧瞬间发生。气球内的燃气罐突然起火爆炸，顷刻间吞噬了包括 9 名中国香港公民在内的 18 人的生命。这一切就发生在短短 30 秒之内。

（资料来源：佚名．惨烈的 30 秒：埃及"2·26"热气球爆炸事故直击［EB/OL］．搜狐新闻，http：//news. sohu. com/20130227/n367261802. shtml，2013 -2 -27. 有删减）

### 4.4.4　对旅游消费经验的学习

经验是学习的源泉，学习可以积累经验。旅游者从旅游经历中学习并且把旅游经历概括为经验。比如，一个外国旅游者多次乘坐某个航空公司的班机，他体验到了机组人员热情周到的服务，那么他就可能会认为该航空公司的所有班机都会提供这么周到的服务。当旅游者需要作出决策的时候，旅游者就可以根据自己以往的经验作出判断，以降低作出决策的时间。但是经验也有消极的一方面，容易一概而论。比如，客人第一次到某饭店就餐时，碰到了一个态度傲慢的服务员，他就会认为这个饭店整体的服务都是不好的。再比如，有的外国人第一次到了中国，碰巧遇上了交通事故，他就会认为在中国旅游很不安全。因此，从旅游业的角度讲，旅游从业者应该注重旅游者经验对旅游决策的影响，让旅游消费者产生好印象，就必须树立产品以及企业的良好形象，充分利用旅游消费者这种倾向，提供优质服务让旅游者满意。

【补充阅读资料】

#### 大学里的旅游专家

有一所大学工会的干部们想利用暑假组织教师外出旅游，可是这些工会干部没有人外出旅游过，对旅游线路和景点缺乏了解，而且他们几乎没有独立旅游的经验，对如何组织这次的旅游感到不知所措。后来，大家请来了爱好旅游的丁教授。丁教授是有名的旅游爱好者，对全国著名的旅游景点较为熟悉，有着丰富的旅游经验。丁教授从多个方面进行考虑，提供了三条可供选择的旅游线路。最后，工会选择了其中的浙江—上海—南京 7 日游线路。最终，这次活动取得了令人满意的效果。过了两年，工会又准备组织教师外出旅游，又想到了丁教授。这一次，丁教授建议去九寨沟。九寨沟的美景和沿途的风光令教师们赞不绝口。游玩之后，大家都一致称赞丁教授的旅游线路选得好。此后，向丁教授请教成了这所大学工会干部组织旅游的一条经验，还给丁教授赋予了一个"旅游专家"的称号。

（资料来源：秦明．旅游心理学［M］．北京大学出版社，2005.）

这是一个典型的从他人身上学习积累经验的案例。人不可能万事都行，而为了避免走弯路，人们就逐渐学会了向别人学习经验。这符合认知理论对学习现象的解释，也符合认知学习的实际面貌。

## 【课堂思考】

1. 除了向他人请教这一办法，旅游消费者还可以利用哪些渠道积累经验？

2. 假如下一次这些工会干部决定不去请教丁教授，而是选择自主设计旅游线路，那么他们需要考虑哪些因素？从何处收集信息呢？

# 本 章 小 结

## 【主要概念】

旅游消费者学习  经典条件学习理论  操作性条件学习理论  顿悟学习理论
观察学习理论

## 【内容提要】

本章主要介绍学习对旅游消费者行为的影响，分为四个部分：首先，介绍学习含义、旅游消费者学习的含义、旅游消费者学习的过程等基本概念；其次，介绍学习理论及其应用；再次，分析影响旅游者学习的主要因素；最后，分析旅游消费者的学习内容。

旅游消费者在旅游活动中亲身体验旅游服务的特色，或通过自身实践活动以外的途径，如通过书本、电视、报刊、新闻媒介或者其他人等获得旅游知识、经验和技能，都属于学习的范畴。旅游者的学习过程主要是从信息获取、积累经验到形成习惯的一个过程。

学习理论及其应用，包括巴甫洛夫经典条件反射理论及其旅游营销应用、斯金纳的操作性条件反射理论及其旅游营销应用等行为主义学习理论及其应用，科勒的顿悟学习理论、班杜拉的观察学习理论等认知学习理论及其旅游营销应用。

影响旅游者学习的主要因素分为经验、旅游企业行为、预期与认知差距等方面。

旅游消费者的学习内容分为旅游动机、旅游态度、旅游风险、旅游消费经验等方面。

# 单 元 训 练

## 【知识训练】

### 一、选择题

1. 旅游者的学习过程包括（　　　）。

A. 获取信息　　　B. 积累经验　　　C. 形成习惯　　　D. 做出决策

2. 曾被一只小狗惊吓过的小孩会对所有的小狗都产生恐惧反应，这是一种（　　）规律。

    A. 刺激泛化　　　　B. 刺激分化　　　　C. 消退　　　　D. 强化

3. "记得绿罗裙，处处怜芳草"体现了（　　）。

    A. 正强化　　　　B. 消退　　　　C. 刺激泛化　　　　D. 刺激分化

4. 影响旅游消费者学习的因素有（　　）。

    A. 观察学习　　　　B. 经验　　　　C. 旅游企业行为　　　　D. 预期与认知差距

5. 旅游消费者学习的学习内容包括（　　）。

    A. 对旅游动机的学习　　　　　　　　B. 对旅游态度的学习

    C. 对旅游风险的学习　　　　　　　　D. 对旅游消费经验的学习

**二、判断题**

1. 旅游消费者的学习过程主要是信息获取、经验积累、形成习惯的一个过程。　　（　　）

2. 刺激分化和刺激泛化是斯金纳操作性条件学习理论的基本规律。　　（　　）

3. 旅游消费者获得信息的主要来源是旅游商业环境以及个人社交环境。　　（　　）

4. 旅游企业行为对旅游消费者学习经验的影响主要表现在两个方面：一是通过外物刺激的条件反射过程；二是旅游消费者自我认知的学习过程。　　（　　）

5. 对旅游消费经验的学习主要包括社会风险、心理风险、安全风险、经验学习四个方面。

    （　　）

**三、简答题**

1. 阐述学习的主要特征。

2. 简述经典性条件反射理论、操作性条件反射理论、认知学习理论的内容。

3. 简述旅游消费者学习的主要内容。

4. 阐述影响旅游消费者学习的因素。

5. 旅游消费者对旅游风险的认识有哪几个方面？

## 【技能训练】

一、假如你要组织一次班级旅游活动，你会考虑哪些因素，并从哪些渠道获取信息？

二、请分别找出旅游企业运用经典型条件反射理论、操作性条件理论、认知学习理论的案例，并进行分析。

## 【能力训练】

案例一

### 广告的本质与巴甫洛夫经典性条件反射理论

乔丹是耐克公司的形象代言人，当时耐克公司聘请天才摄影师斯伯克·李来拍摄以乔丹为主角的广告片。片中以慢镜头播放了乔丹飞身扣篮的动作，主题语则是："谁说人不能飞？"从那以后，乔丹赢得了"飞人"的称号，而耐克公司的业绩也开始蒸蒸日上，乔丹意味着顽强、拼搏、更高、更强和成功的一种 NBA 精神，广告成功地将这些因素注入了品牌当中，这应该就是广告的本质。该公司的"飞人乔丹"系列运动鞋一上市即创下年销售 1.3 亿美元的佳绩。

除了"耐克"这个大主题外，乔丹还为可口可乐、麦当劳、桂格麦片、师姐通信公司等许多企业做广告。这些公司在美国都是形象极好的公司，因此，乔丹为他们做广告对于自己的形象和长远价值也有帮助。用巴甫洛夫实验解释就是你的"食物"也要味美色香。

**思考：**

旅游营销中如何更好地运用经典性条件反射理论？

**案例二**

陈女士日前向消费者网在线投诉平台反映，她 9 月 16 日在某在线旅游网站上预订南京一家名叫"水西门大街家庭公寓"的酒店。

"当时看到环境不错、价格优惠就订了，但到了水西街，怎么也找不到那个公寓，连个指示牌也看不到。"陈女士反映，给公寓打电话后，说派一位女工作人员来接她，让她在路口等。后来，一名工作人员帮她拉着行李走进一个闸门，走进一条昏暗的小巷子，走了很久才看到一栋破旧不堪的旧楼房，楼梯特别陡，栏杆上还有铁锈和异味，二楼是一条又长又脏的走廊，连个灯也没有。她越走越觉得不对劲，就要求不住了，但对方说不住也不能退费。

陈女士认为，公寓实际情况与网上宣传完全不符，就向当初预订的在线旅游网站投诉，要求退款，但仍然遭到对方拒绝。

（资料来源：张鑫. 线上有坑　出游前后有别［N/OL］. 法制晚报，http：//dzb. fawan. com/html/2017 - 10/09/content_13904. htm，2017 - 10 - 09. 有删减）

**思考：**

当旅游消费者的心理预期与实际认知不一致时，会有怎样的情绪？这给你带来了什么启示？

# 第5章　旅游消费者的情绪情感

【学习目标】
　　知识目标：了解情绪情感的含义、产生、类型和特点；了解旅游消费者情绪情感的特点以及影响因素。
　　技能目标：根据旅游消费者外部情绪情感表现来分析其内在心理特点。
　　能力目标：具有分析旅游消费者情绪情感特点，且能在旅游营销中运用情绪情感理论的能力。

【案例导读】

　　某日清晨，浓雾弥漫，导游员小王一早就被告知：由于天气原因，原定于今日飞往北京的航班被取消，下一航班将在三天后，原定搭乘此航班的旅游团必须改乘汽车至武汉转飞机。此时，早起的不少旅游者听说航班取消，又吵又闹，不肯上车，有的客人还吵着要退钱。

　　显然，旅游者是富有情绪情感的人。什么是情绪情感？旅游者的情绪与情感有何特点？影响旅游者的情绪与情感的因素有哪些？如何合理调控、激发旅游者的情绪与情感？基于旅游消费者情绪情感的营销策略有哪些？这是本章将要讨论的主要问题。

## 5.1　情绪情感概述

### 5.1.1　情绪情感的定义

　　情绪和情感，是人对客观世界的一种特殊的反映形式，是人对客观事物是否符合自己需要的态度体验。研究者大多从认识层面的主观体验、生理层面的生理唤醒、表达层面的外部行为来考察和定义情绪。情绪的主观体验是指人的一种自我觉察，即大脑的一种感受状态，如喜、怒、哀、乐、爱、惧、恨等；情绪的生理唤醒是指在情绪反应时，常常伴随着一定的内部生理反应过程，如激动时血压升高、愤怒时浑身发抖、紧张时心跳加快、害羞时脸红等生理指数；情绪的外部行为是指在情绪反应时，伴随出现的相应的身体姿态和面部表情。主观体验、生理唤醒和外部行为构成一个完整的情绪体验过程，缺一不可、同时活动、同时存在。

情绪与情感之间既相互区别又存在着一定联系。一方面，情绪与情感存在着区别。一是两者产生的基础不同。情绪通常是指有机体的天然需要是否得到满足而产生的心理体验，它的基础是人的天然性需要；情感则与人在历史发展中所产生的社会需要相联系，它的基础是和人与人之间的关系相联系的需要，包括道德需求、尊重需要、社会贡献需要等，由满足这些需要而产生的责任感、荣誉感、道德感、集体感等心理体验。二是两者在稳定性上不同。情绪具有情景性、波动性和短暂性。情感既具有情景性，也具有稳定性和长期性，不会因为某个活动的结束而消失，而会在人与人之间长期存在。三是两者在发生时间上不同。情绪一般发生在前，情感发生在后。人一出生就有情绪反应，但只有在社会化过程中人才会逐渐有情感反应。另一方面，情绪与情感存在着一定联系。情绪与情感可以相互转化，情绪长期积累，就会转化为情感；情感在一定条件下，也会以鲜明的、爆发的情绪表达出来。广义上的情绪包含了情感，狭义上的情绪与情感通常并列。

### 5.1.2　情绪情感的产生与分类

情绪和情感的产生主要基于以下三个层面：其一，身体内外的刺激。主要指人在自己生活的社会环境中受到的身体内外的刺激，如壮丽的河山、优美的音乐、整洁的环境会让人产生愉快的情绪，拥挤的街头、嘈杂的声音、肮脏的环境则令人烦躁和压抑；体弱多病容易使人情绪压抑，有人饿了的时候容易发火；想象自己将实现某个愿望而产生兴奋、快乐的情绪，回忆一段痛苦的往事则容易勾起悲伤烦恼的情绪。其二，主观的认识活动。任何情绪不会自动发生，而是需要通过人的心理认知过程来完成，因此，是受到人的主观认识活动的影响。其三，个人的生理状态。人的情绪情感会受到人的生理状态影响。例如，当人身体不舒服时，情绪也会受到影响。

根据情绪情感的性质、状态及包含的社会内容性质，可将情绪和情感进行不同的分类。

1. 根据情绪情感的性质分类。

（1）快乐。快乐是一种在追求并达到所盼望的目的时所产生的情绪体验。比如，人们通过看场电影达到放松身心的目的时，就会产生愉快和快乐的情绪体验。快乐的程度取决于愿望的满足程度和满足的意外程度。

（2）愤怒。愤怒是由于妨碍目的达到而造成紧张所产生的情绪体验。比如，人们通过看场电影达到放松身心的目的时，有人或事物妨碍活动的开展就会引起人们的不满情绪。

（3）恐惧。恐惧是企图摆脱危险情境时产生的情绪体验。恐惧的程度取决于处理可怕情境的能力的缺乏程度。

（4）悲哀。悲哀是指失去自己心爱的对象或自己所追求的愿望破灭时所产生的情绪体验。悲哀的程度取决于所丢失的对象或破灭的愿望对于个人或社会的价值的大小。

（5）喜爱。喜爱是指对象满足需要而产生的情绪体验。喜爱表现为接近、参与、欣赏或获得。

2. 根据情绪情感发生的强度、速度、持续时间分类。

（1）心境。心境是一种比较微弱、平静而持续一定时间的情绪体验。它平静而微弱，持续而弥散。心境由于有弥散的特点，所以，某种心境在某一段时间内影响着一个人的全部生活，使人的语言、行动及全部情绪，都染上了这种心境的色彩。心境的特点是不具有特定的对象，即不是关于某一事物的特定的体验，它是具有弥散性的情绪体验。心境又可分为暂时心境和主导心境：暂时心境是指由当前的情绪产生的心境。比如，人们在旅游活动中面临特定的自然景色所产生愉快的心境，这种心境往往会持续一段时间，但随着其他情境的出现，这种心境会逐渐消失；主导心境是指由一个人的生活经历和早期经验所造成的个人独特的、稳定的心境。比如，一个具有积极的、乐观的主导心境的人在旅游活动中会更加愿意并容易与他人交往；一个具有消极的、悲观的主导心境的人在旅游活动中则相对不太容易交往。

（2）热情。热情是一种强有力的、稳定而深厚的情绪体验。热情有两个基本特征：第一，热情是强有力的，它影响人的整个身心，是鼓舞人去行动的巨大力量；第二，热情是深厚、稳定而持久的，它使人长久地、坚持不懈地去从事某种活动，并对这种活动产生愉快、满意等积极肯定的情感体验。

（3）激情。激情是一种猛烈的、迅速爆发而短暂的情绪体验。例如狂喜、恐惧、绝望等，都属于这种情绪状态。激情是由对人具有重大意义的强烈刺激所引起的，这种刺激的出现及出现的时间往往出人意料。激情有积极和消极之分，积极的激情与理智和坚强的意志相联系，它能激励人们克服艰险，成为正确行动的巨大动力。而消极的激情对有机体活动具有抑制作用，这使人的自制力显著降低。

3. 根据情绪情感的社会性质内容的性质分类。

（1）道德感。道德感是人们根据一定的道德标准，评价自己和他人的言行、思想、意图时产生的情感体验。道德感是对客观对象与一个人所掌握的道德标准之间关系的心理体验。当自己的思想、行为符合这些标准时，就产生肯定的情感体验，感到满意、愉快；反之，则痛苦不安。当别人的思想、意图和行为、举止符合这些标准时，就对他心生敬意；反之，则产生讨厌、鄙视的情感。道德感取决于复杂的情感对象是否符合我们的道德信条，它具有一定的稳定性。

（2）理智感。理智感是由客观事物间的关系是否符合自己所相信的客观规律所引起的情感。理智感与人的求知欲、认识兴趣与解决问题等社会需要相联系。客观事物所表现出来的关系，如果出乎自己所相信的客观规律外，就会感到困惑不解，甚至痛苦。如果别人发现的客观规律与自己所相信的不符，或自己不懂，也会感到痛苦。在这种情况下，都会感到不愉快的情感。只有消除了认识上的矛盾，才能感到愉快。

（3）美感。美感是对客观现实及其在艺术中的反映进行鉴赏或评价时所产生的情感体验。美感是由一定的对象引起的，包括自然界的事物和现象、社会生活和社会现象以及各种艺术活动和艺术品。美感受对象的外在形式的特点、对象的内容、人的主观条件等因素影响。

### 5.1.3　情绪情感的一般特点

1. 两极性。情绪情感的两极性指人的任何一种情绪，都有一种与它相反的情绪情感体验相对应。其具体包括以下五个方面。

（1）肯定性和否定性的两极对立。肯定性的情绪情感包括高兴、快乐、愉快、满意、兴奋等；否定性的情绪情感包括厌恶、悲伤、憎恨、绝望、愤怒等。

（2）积极和消极的两极对立。积极的、增力的情绪情感可以提高人的活动能力，驱使人积极地行动；消极的、减力的情绪情感则会降低人的活动能力。在有些情况下，同一些情绪情感可能既有积极的性质又具有消极的性质。例如，危险情境下所产生的恐惧既可能抑制人的行动，削弱人的精力，但也可能驱使人动员自己的能量与危险情景进行斗争。

（3）紧张和轻松的两极对立。紧张和轻松与人所处的情境、面对的任务、对个人需要的影响等相联系。比如，当人所处的情境非常紧迫、面对的任务非常重大、与个人需要直接相关时，人就会产生紧张情绪；反之，则会较为轻松。紧张和轻松与人的活动相联系，人的活动开展需要一定程度的紧张情绪状态，否则无法适应任务和活动的要求，但是如果紧张情绪过度反而会对人的行为活动发生抑制，造成心理活动的干扰和行为的失调。

（4）激动和平静的两极对立。激动的情绪表现为强烈的、短暂的，又是爆发式的心理体验，如激愤、狂喜、绝望等。激动的产生往往与人在生活中占重要地位、起重要作用的事件的出现有关，同时又出乎意料，违反以往的意向和愿望。与激情相对立的是平静的情绪，人在多数情境下是处于安静的状态之中的，在这样的场合，人能从事持续的智力活动。

（5）强与弱的两极对立。许多类别的情绪情感都可以有由强到弱的等级变化，如从微弱的不安到强烈的激动，从愉快到狂喜，从微愠到暴怒等。情绪的强度越大，这个自我被情绪卷入的趋向越大。情绪的强度受事件和活动对人的意义的大小，以及个人的既定目的和动机是否能够实现等因素影响。

2. 扩散性。情绪情感的扩散性分为内扩散与外扩散。内扩散是指情绪在主体自身的扩散，它表现为主体对某一对象产生的某种情绪体验，会引起主体对其他对象也产生同样的情绪体验。外扩散是指情绪会影响到他人，使他人也产生相同的情绪，也称为情绪的感染。一个人的情绪或心境，在与他人的交往过程中，会透过语言言语、行为动作、面部表情等外部表征影响周围的人，引起他人情绪上的共鸣。

## 5.2　旅游消费者的情绪与情感

### 5.2.1　旅游消费者情绪情感的特点

在情绪情感定义的基础上，旅游消费者的情绪情感是旅游消费者在旅游过程中对客观世界的一种特殊的反映形式，是旅游消费者对客观事物是否符合自己需要的态度体验。除了前文所述情绪情感的两极性、扩散性等一般特点之外，旅游消费者的情绪情感还具有以下四个方面的特点。

1. 兴奋性。外出旅游可以使人们暂时摆脱单调紧张的日常生活的束缚，在某种程度上也减轻现实生活中对人的监督控制，人们自然会产生如释重负的解放感。同时，外出旅游会给旅游者带来了一系列的改变，如环境的改变、人际关系的改变、生活习惯的改变、社会角色的改变等。这些改变给旅游者新奇的同时，容易引起旅游者情绪上的兴奋感。

2. 感染性。在旅游活动中，人际交往的密度和频率都比较高，在这种交往活动中，既有信息的交流和对象的相互作用，同时还伴有情绪状态的交换。在陌生的环境中，情绪体验一般较为强烈，一个人的情绪会通过语言、动作、表情等影响到别人，引起情绪上的共鸣，使他人也产生相同的情绪。主要表现在导游与旅游者、旅游者与旅游者、旅游者与当地社区居民之间的情绪感染。

3. 易变性。旅游者的情绪情感的易变性指受外部刺激、内心体验等因素影响而表现出来的情绪情感变化。一是外部情境变化会影响到情绪情感的变化。在旅游活动中，旅游者随时会接触到各种各样日常生活不易接触到的刺激源，且这些刺激源随着旅游行程安排而一直处于变化中，从而导致旅游者的情绪的易变性。二是由于旅游者本身心理活动的特点会影响到情绪情感的变化。由于旅游者在性别、年龄、收入、教育水平等上的差异，每个旅游者的情绪情感体验也会存在着明显的差异，比如，在需要具有一定文化素养的文化遗产旅游地，有些旅游者可能会体验到快乐、兴奋，而另一些旅游者可能会感觉索然无味。

4. 敏感性。旅游者在旅游过程中处于相对陌生的环境，对有些情况自己不能有效地把握调节，处于被动局面。出于自我保护意识就会对周围发生的一切都表现出较高的关注、敏感甚至多疑，比如应有的服务、公平的待遇、人身和财产的安全保障等。

### 5.2.2　旅游消费者情绪类型与情绪体验

人类的基本情绪可以分为喜、怒、哀、乐、爱、惧、恨等。同样，旅游者在整个旅途中也会体验到上述情绪。其具体包括以下五点。

1. 快乐。快乐是旅游者在达到所盼望的目的时所产生的情绪体验。比如，人们在旅游中欣赏美景、享受美食、参与有趣的活动，就会产生愉快和快乐的情绪体验。旅游者快乐的程度取决于其愿望的满足程度和满足的意外程度。

2. 愤怒。愤怒是旅游者由于妨碍目的达到而造成紧张所产生的情绪体验，往往是因为旅游产品或者服务出现缺陷。比如，人们外出旅游时交通工具出故障，就会引起人们的不满情绪，如果旅游工作者不能及时化解这种不满情绪，就会引起游客的愤怒。愤怒的程度取决于对妨碍达到目标的对象的意识程度。当然，对于同样的旅游产品或服务缺陷，不同的旅游者因为认知和归因方式的差异而表现出不同的情绪状态或程度有异的愤怒体验。

3. 恐惧。恐惧是旅游者企图摆脱危险情境时产生的情绪体验。恐惧的程度取决于处理可怕情境的能力的缺乏程度，比如，单独一个人到人迹罕至的地方去探险，如果中途迷路或者遇到暴风雪，他就会体验到恐惧。

4. 悲哀。悲哀是指旅游者失去自己心爱的对象或自己做追求的愿望破灭时所产生的情绪体验。比如，游客由于一时疏忽或者其他原因，把一路上的风光照片丢失，就会产生悲哀情绪。悲哀的程度取决于所丢失的对象或破灭的愿望对于旅游者的价值的大小。

5. 喜爱。喜爱是指对象满足需要而产生的情绪体验。根据奇克森特·米哈伊提出的畅爽概念，可以把这种体验称为畅爽体验、高峰体验，指旅游者因为旅游过程中的活动或事物表现出浓厚的兴趣，并推动旅游者完全正确沉浸于其中的一种情绪体验。

【同步思考】
如何理解旅游消费者情绪体验五种类型之间的关系？

### 5.2.3　旅游消费者情感类型与情感体验

情感是人对诸如道德、艺术等具有一定文化价值的东西所怀有的一种比较复杂而又稳定的主观态度体验。具体包括道德感、美感、理智感、爱和恨的体验等。在旅游消费中，情感体验主要涉及美感、道德感两类情感。

1. 旅游消费者的情感类型。（1）旅游消费者的美感。旅游消费者的美感是指旅游者对旅游活动中的审美对象（旅游景观、他人以及自己）的美进行评价时产生的一种肯定、满意、愉悦、爱慕的情感体验。（2）旅游消费者的道德感。旅游消费者的道德感是指旅游者运用一定的道德标准评价自身或者他人的思想、意图和行为时所产生的一种情感体验。

2. 旅游消费者的情感体验。情感体验的对象是情感。作为旅游体验对象的情感，主要是来自他人和自我。所以，旅游消费者情感体验的内容主要包括两大类：对他人情感的体验和对自我情感的体验。旅游消费者的情感体验中，也有对物的情感体验。物本无情，物的情感主要来自于人的情感的投射，对物的情感体验可纳入他人或自我的情感体验。

【同步思考】
结合自身旅游经历谈谈如何理解旅游消费者情绪情感的两大类型（对他人情感的体验和

对自我情感的体验）。

### 5.2.4 旅游消费者情绪情感的影响因素

1. 旅游消费者的需要与动机。旅游消费者的需要是旅游消费者情绪情感产生的主观前提，人的需要是否得到满足，直接影响着旅游消费者的情绪性质。如果旅游消费者的需要得到有效满足，就会产生积极的、肯定的情绪，如高兴、满意、愉悦等。如果旅游消费者的需要得不到满足，或者有妨碍其需要满足的情况出现，就会产生否定的、消极的情绪，如不满意、反感、愤怒等。

2. 旅游产品。旅游产品是影响旅游消费者情绪情感变化的主要因素。旅游产品的定位、质量、数量、价格以及旅游消费者认为该产品符合其需要的程度，都会影响旅游消费者的情绪情感变化。此外，旅游产品名称、广告宣传，服务设施的环境、装潢甚至颜色、造型，都在不同程度上影响旅游消费者对某种旅游产品乃至旅游企业的喜好程度。

## 【同步案例】

### 华美达饭店"一个市场、三种产品"

华美达是从吸引家族旅游者的汽车旅馆起家的，成立几十年来始终瞄准中等市场，饭店价格适中，设施使用方便，颇受游客的欢迎。

为了拓展饭店集团业务，他们为自己制定了一个目标，要向中等市场中各个消费层提供其所需的各种产品。于是，华美达将饭店业务分为三个不同的档次，满足三种不同层次需求，各个档次都有自己的独特之处。

美达客栈——华美达公司的基础。这些饭店一般都是花园式的，位于高速公路沿线、靠近市中心和度假地，对驾车人最为方便。它的服务、设施与城市大饭店所能提供的相差无几，有全服务的餐厅、会议设施，对那些希望舒适并经常出门旅行的个人来说，十分适合。

在改造现有传统客栈的同时，1985 年华美达又推出了一种新型客栈，这种客栈的建筑是住宅式，公共活动区不大，但客房很宽敞。客栈规模比较小，总体来说除客房的规模和基本设施有一定的标准外，其他地方不要求一致，尤其是外观造型尽量与当地社会相匹配。

华美达复兴饭店——华美达中档次最高的住宿设施。这些饭店是为满足中等市场中高消费阶层的需求而建设，其设施服务与四星级饭店相似，但集中在大城市市区、商业性公园和机场。它的特点是设施豪华，环境优美，提供传统的欧式服务，但价格并不高。

华美达饭店——介于复兴饭店与客栈之间的产品。这些饭店提供了一般豪华客栈里没有的设施服务，如全服务餐厅、大型会议设施和室内娱乐健身活动场所，并能提供每天 18 小时以上的客房服务，其房价略高于客栈。

华美达饭店通过采取差异性营销，向三个细分市场上的顾客提供不同的产品和服务，既提高了饭店的经济效益，又扩大了该饭店的影响力。

（资料来源：孙庆群，王铁. 旅游市场营销学 [M]. 北京：化学工业出版社，2005：75.）

## 【同步思考】

结合案例分析华美达饭店产品是如何更好地满足顾客的需要，并提升顾客的情绪情感体验的?

3. 旅游服务。旅游消费者主要体现为旅游服务的提供与接受过程。在旅游消费过程中,服务的影响主要包括两个方面:一是现场的服务员的服务质量。随着人们对情感回归的渴望、精神愉悦的追求、个性服务的期望与日俱增,旅游企业能在对客户服务时做到主动热情、耐心周到,给顾客提供有针对性的个性化服务,更好地满足旅游者的需要,同时,能给旅游者带来一种受尊重的感觉,从而形成良好的情绪情感体验;反之,旅游企业不重视对客服务提供,服务质量低、服务管理粗糙,会给旅游者带来恶劣的印象,从而产生不愉快的情绪情感体验。二是购后服务。在旅游者旅游活动完成后,往往会对旅游活动进行评价,进而对周围的亲朋好友进行传播。因此,旅游企业应注意在旅游者旅游活动完成后对旅游者的意见和问题进行及时的沟通和反馈,真正让旅游消费者体验到“顾客至上”的感觉,从而形成完整的良好情绪情感体验。

【同步思考】
　　试联系自己的旅游经历,分析哪些因素影响到旅游消费者的情绪情感?

## 5.3　旅游消费者情绪情感理论的应用

基于情绪情感在人的消费行为中所起到的重要作用,为了在新的发展环境下赢取战略优势,现代旅游企业的营销主张开始越来越重视消费者的心理过程及体验中所带来的情感变化,强调以消费者的情感需求为核心,并提出了情感营销这一新主张。情感营销就是把消费者个人情感差异和需求作为企业品牌营销战略的核心,通过借助情感包装、情感促销、情感广告、情感口碑、情感设计等策略来实现旅游企业的经营目标。在情感消费时代,消费者购买商品所看重的已不是商品数量的多少、质量的好坏以及价钱的高低,而是为了一种情感上的满足,一种心理上的认同。

1. 情感定位。亲情、友情和爱情是三大永恒的情感主题。在旅游营销策划和情感形象定位时,应注意挖掘这三大主题的内涵,使旅游产品能突破当前同质化严重的困局。这是因为旅游者不仅仅是希望获得单纯的感官享受,往往会将自己的旅游期望与旅游产品的情感形象进行比较。旅游情感营销越接近旅游者心中的旅游期望,被选择的机会就越大,反之,被选择的可能性就会很小。所以,旅游情感营销要激起旅游者情感上的认同,打造属于自己的个性和特色,以高品质的旅游情绪情感体验来吸引游客。

以美国塔西提岛为例,最初,塔西提岛虽然形象不错,有高耸的山峰和清澈的泻湖,有光线充足的沙滩和温润的热带空气,但是并没有很强的吸引力吸引旅游者前往该地,因为同样条件的夏威夷岛吸引力更大。所以,为了摆脱夏威夷的“影响”,塔西提岛提出了一个个性鲜明、很有吸引力的口号——“塔西提:超乎寻常的岛屿",又利用岛上优美的风景,重点打造蜜月度假天堂,推出了如"Marriages are made in heaven. Honeymoons, in Tahiti"和"You are not just in love. You are in Tahiti"等广告宣传,在旅游者心目中塑造一个情侣度蜜月、过神仙眷侣悠闲生活的岛屿,激发了旅游者内心深处对于浪漫爱情的向往和期待,激起了旅游者强烈的情感共鸣,结果该旅游目的地也取得了不同寻常的成绩。

2. 情感品牌。在旅游品牌的内涵中注入情感要素,使旅游品牌具备独特的文化或情感,塑造旅游品牌的核心情感,能引起旅游者的心理共鸣,激发旅游者的积极情感,这是使旅游者喜欢和接受你的品牌的重要方式。比如,香格里拉原是詹姆斯·希尔顿1933年出版的小说《消失的地平线》中一个充满和平、幸福、永生的世外桃源。它曾在西方广为流传,几乎成为神秘东方的代名词。1983年郭氏饭店集团更名为香格里拉国际饭店管理集团,并将之与饭店服务相结合,赋予其典雅、宁静、舒适和至上服务的新含义,使其成为现实中的世外桃源。在其经营过程中,香格里拉一直在向人们展示一个现实中的世外桃源,一个致力于提供最优服务,提供以尊重备至、彬彬有礼、温良谦恭、真诚质朴、乐于助人为核心内容的殷勤好客的亚洲风情服务的酒店风采。香格里拉所演绎的品牌个性文化精神正是每一个出门在外的旅游者所需要和向往的,因而得到了客人的认可,进而也使香格里拉饭店集团实现了今日的辉煌。

3. 情感定价。情感定价,也称为自主化定价,就是在一定程度上把定价的自主权交给买主,由买主以自己的感觉和认知程度确定价格水平和付款数额,其目的在于最大可能地提高价格的透明度,减轻旅游者认购过程中的风险心理和紧张心理,给旅游者以充分的信任,这样就很容易拉近买卖双方的情感距离,使旅游者真正体会到"宾至如归"的感觉和上帝的待遇。在美国有个叫罗西的人经营一家餐馆,菜单上仅有菜名却无标价,广告牌上赫然写着五个大字:"随你给多少"。他规定:"本店顾客可根据饭菜和服务质量自主定价,给多给少悉听尊便,若不满意,也可不支付。"罗西这一招使食客闻风而至,他的餐馆经常爆满,应接不暇,而且多数顾客心甘情愿付出了比实际价格高得多的价款。推行"自主化定价"方式打破了常规的由企业操作的定价惯例,从根本上解除了消费者对价格的猜疑心理,使价格显得更具亲和力。

4. 情感服务。旅游行业是服务业中典型代表之一,服务作为旅游产品的重要组成部分,会影响旅游者体验的质量,与顾客内心的感受相关联。旅游者在旅游体验的过程中所感受到的企业行为、态度及自己被尊重、受重视的程度这一系列因素将会对其情感产生影响,因此,为顾客提供温馨的、个性化的、富有人情味的服务往往会令顾客难忘,并影响旅游消费者的重复消费。这里的情感服务,是指想顾客之所想,在细微之处关怀顾客,或为顾客提供让他们意想不到的方便。只有为顾客提供温馨的服务才能赢得与顾客和谐的情感关系。因此,旅游企业要精心制定全方位的情感服务让顾客相信自己的旅游消费选择没有错,并强化旅游消费者重复消费的情感意愿。

# 本 章 小 结

【主要概念】

情绪 情感 旅游消费者的情绪情感 旅游消费者的美感 旅游消费者的道德感 情感营销

【内容提要】

本章主要介绍情绪情感对旅游消费者行为的影响，分为三个部分：首先，介绍旅游消费者情绪情感的定义、种类和特点；其次，介绍旅游消费者的情绪体验和情感体验；最后，介绍基于旅游消费者情绪情感的营销策略。

情绪和情感，是人类对客观世界的一种特殊的反映形式，是人对客观事物是否符合自己需要的主观态度体验。情绪和情感的产生主要基于以下三个层面：其一，身体内外的刺激；其二，主观的认识活动；其三，个人的生理状态。根据情绪情感的性质，可将情绪和情感划分为快乐、愤怒、恐惧、悲哀、喜爱；根据情绪情感发生的强度、速度、持续时间分类，可将情绪和情感划分为心境、热情、激情；根据情绪情感的社会性质内容的性质分类，可将情绪和情感划分为道德感、理智感、美感。情绪情感具有两极性、扩散性等一般特点。

旅游消费者的情绪情感是旅游消费者在旅游过程中对客观世界的一种特殊的反映形式，是旅游消费者对客观事物是否符合自己需要的态度体验。除了前文所述情绪情感的两极性、扩散性等一般特点之外，旅游消费者的情绪情感还具有兴奋性、感染性、易变性、敏感性等方面的特点。人类的基本情绪可以分为喜、怒、哀、乐、爱、惧、恨等。同样，旅游者在整个旅途中也会体验到上述情绪。在旅游消费中，情感体验主要涉及美感、道德感两类情感。旅游消费者的美感是指旅游者对旅游活动中的审美对象（旅游景观、他人以及自己）的美进行评价时产生的一种肯定、满意、愉悦、爱慕的情感体验。旅游消费者的道德感是指旅游者运用一定的道德标准评价自身或者他人的思想、意图和行为时所产生的一种情感体验。作为旅游体验对象的情感，主要是来自他人和自我。所以，旅游消费者情感体验的内容主要包括两大类：对他人情感的体验和对自我情感的体验。旅游消费者的情感体验中，也有对物的情感体验。物本无情，物的情感主要来自于人的情感的投射，对物的情感体验可纳入他人或自我的情感体验。旅游消费者情绪情感的影响因素，主要包括旅游消费者的需要与动机、旅游产品、旅游服务等方面。

基于情绪情感在人的消费行为中所起到的重要作用，为了在新的发展环境下赢取战略优势，现代旅游企业的营销主张开始越来越重视消费者的心理过程及体验中所带来的情感变化，强调以消费者的情感需求为核心，并提出了情感营销这一新主张，强调把消费者个人情感差异和需求作为企业品牌营销战略的核心，通过借助情感包装、情感促销、情感广告、情感口碑、情感设计等策略来实现旅游企业的经营目标。

# 单 元 训 练

## 【知识训练】

### 一、选择题

1. 根据发生的强度、速度、持续时间分类，情绪情感分为（　　）。
　A. 心境　　　　　　B. 热情　　　　　　C. 激情　　　　　　D. 快乐
2. 旅游消费者的情绪情感具有（　　）的特点。
　A. 兴奋性　　　　　B. 感染性　　　　　C. 易变性　　　　　D. 敏感性
3. 情绪情感具有两极性和（　　）两种特性。
　A. 集中性　　　　　B. 感染性　　　　　C. 扩散性　　　　　D. 边缘性
4. 根据情绪情感的社会性质内容的性质，可分为（　　）。
　A. 道德感　　　　　B. 理智感　　　　　C. 美感　　　　　　D. 社会感

### 二、判断题

1. 情绪和情感，是人类对客观世界的一种反映形式，是人对客观事物是否符合自己需要的主观态度体验。　　　　　　　　　　　　　　　　　　　　　　（　　）
2. 美感是对客观现实及其在艺术中的反映进行鉴赏或评价时所产生的情感体验。（　　）
3. 旅游消费者情绪情感的首要影响因素是他们的需要是否得到满足。　　　（　　）
4. 旅游消费者的情绪情感是旅游消费者在旅游全过程中对客观世界的一种特殊的反映形式，是旅游消费者对客观事物是否符合自己需要的主观态度体验。　　　（　　）

### 三、简答题

1. 简述情绪情感的概念。
2. 简述情绪情感的两极性特征。
3. 简述旅游消费者情绪情感的特点。
4. 简述旅游消费者情绪情感的影响因素。

## 【技能训练】

1. 试分析现实旅游营销广告带有何种强烈的情绪情感？是如何呈现情绪情感的？
2. 试观察特定旅游消费购买过程中顾客的情绪变化，并分析其内在的原因。

## 【能力训练】

### 一、实务题

利用情感来迎合消费者的广告越来越广泛。假设你是一名旅游营销策划人员，请为某旅游景区策划一个30秒的情感广告。

### 二、案例分析题

### 情绪有涨有落，行为大有不同

赵先生问小梁等人："你们有没有想过情绪对客人行为的影响呢？"小陈说："前几天我带团去旅游，从杭州香格里拉饭店出发，绕湖一周，到了苏堤的一段，大家又是说笑又是拍照，非常开心。这时有位客人突发奇想说：'怎么样？我们沿着苏堤走回酒店吧？'我连忙说：'那要走一个小时啊，连午饭都要耽误了！'可是客人的情绪非常高，都说没有关系。就这样，全团老少一路说笑，一直走回香格里拉酒店。"

赵先生说："小陈说的这些，都是客人的情绪起了很好的作用，有没有起不好的作用呢?"小梁说："有啊，那一天，我带团出去游湖，天气非常不好，阴沉沉的，还有大雾，船到了柳浪闻莺才看到一点点山的影子，客人的情绪低落极了。游湖以后是丝绸表演，本来这是客人早就盼望的节目，可是上了岸，又都不想去看了。我怎么劝说都没有用，客人的情绪就是提不起来，最后只好回酒店。"

（资料来源：阎刚. 导游多维心理分析案例 100 ［M］. 广州：广东旅游出版社，2003.）

**问题：**

1. 情绪是怎样影响到旅游者行为的?

2. 导游服务应如何消除旅游者的不良情绪?

**三、调研题**

试访问若干旅游企业的网站，找出并描述一个使用情绪情感诉求的旅游宣传广告。

# 第6章 旅游消费者的态度

【学习目标】

知识目标：了解旅游消费者态度的概念、特性和功能，态度形成与改变的基础理论，影响旅游者态度的因素。

技能目标：理解旅游消费者态度层次的含义，并能根据旅游消费者的态度层次制定相应的营销。

能力目标：具有运用旅游消费者态度形成与改变的有关理论来塑造、改变旅游者态度的策略的能力。

【案例导读】

## "巧"荐虹桥片皮鸭

某饭店小吴在接待北京游客的一桌宴请时，细心地发现有一位客人对菜单上的虹桥片皮鸭这道菜似乎皱了一下眉头。于是，她在上片皮鸭时，特地向这位客人介绍了虹桥片皮鸭的不同口味，并笑吟吟地给那位客人派了一份，然后甜甜地说道："先生，北京烤鸭久负盛名，我们这里的片皮鸭也许比不上北京的烤鸭，但不同的口味还是值得先生尝试一下的。"当客人品尝了夹有菠萝薄片的虹桥片皮鸭后，确感口味不同一般，露出满意的笑容。小吴又及时给他添派了一份，使那位客人倍感亲切。他竖起大拇指夸赞小吴人美心美，服务更是尽善尽美。临走时还一再表示，下次来上海一定再到虹桥宾馆来吃片皮鸭，一定请小吴服务。

温馨感人的服务，和谐融洽的人际交往，愉悦快乐的旅游理想！案例中短短的几行文字，却清晰、生动地阐述了旅游者态度的形成过程、特性与功能，一个"巧"字又揭示了旅游服务态度对客人心理产生的巨大影响，并为优质旅游服务态度的养成提供了一定的启迪。那么，什么是旅游消费者的态度？它具有怎样的特性与功能？旅游服务中该怎样自觉地运用这些知识以便既提高自身素质又提高服务质量？

## 6.1 旅游消费者的态度

### 6.1.1 态度与旅游态度

1. 态度。态度是人们在自身道德观和价值观基础上对事物的评价和行为倾向。态度表现于对外界事物的内在感受、情感和意向三个方面的构成要素。激发态度中的任何一个表现要素，都会引发另外两个要素的相应反应，这也就是感受、情感和意向这三个要素的协调一致性。一般来说，态度的各个成分之间是协调一致的，但在它们不协调时，情感成分往往占有主导地位，决定态度的基本取向与行为倾向。

态度中的内在感受是指人们对事物存在的价值或必要性的认识，它包括道德观和价值观，价值观以得可偿失为条件来影响人们的行为，而道德观则能使人们不惜任何代价甚至是不惜生命来达到一些目标目的；态度中的情感是和人的社会性需要相联系的一种较复杂而又稳定的评价和体验，它包括道德感和价值感两个方面；意向是指人们对待或处理客观事物的活动，是人们的欲望、愿望、希望、意图等行为的反应倾向。

态度来源于人们基本的欲望、需求与信念，从认知过程来说也就是道德观与价值观，就行为过程来讲其由低到高产生可分为个体利益心理、群体归属心理和荣誉心理三个层次。

2. 旅游态度。旅游态度是人们对旅游对象和旅游条件作出行为反应的心理倾向。

每一个人生活在自己的社会环境之中，接触各种人和事物，会对它们产生各种各样的认识，对它们产生赞成、反对、喜欢或者厌恶等心理体验，以及对它们是愿意接近、认同，还是回避、拒绝等意向。这是人们对所面对的人和事物作出的行为反应的心理倾向，即心理学上所讲的态度。旅游活动是人们众多社会活动中的一部分，人们对它持什么看法，认为它是有意义的、有价值的还是没有意义的、没有价值的，是喜欢它们还是不喜欢它们，有没有参加旅游活动的打算和愿望，这就构成了他们对旅游活动的态度。

例如，有人认为旅游活动可以开阔眼界、增长知识、陶冶情操，可以愉悦身心、增进身心健康，赞成而且喜欢旅游活动，希望能有机会去参加旅游活动，这说明他对旅游持有肯定的、积极的态度。而有的人认为旅游纯属吃、喝、玩、乐，是一种消磨意志的低级活动，因而反对它，不喜欢它，他自己没有参加旅游活动的想法，也不同意别人去参加，这是对旅游活动持否定和反对的态度。与其他态度一样，旅游态度也具有认知、情感和行为意向三个成分。

（1）认知意向。认知意向也被称作认识方面的成分或信念成分，是态度形成的基础，它是指旅游消费者对人、对客观事物的认识、理解和评价，旅游态度的认知因素为旅游者提供了有关旅游产品的印象。一般来说，认知因素是带有评价意义的叙述，叙述的内容包括主体对外界对象的认识与理解、赞成或反对。比如，"某某旅游胜地的服务质量不错"。由认知因素所形成的对外界的知觉印象及观点，不仅是人们了解和判断事物的依据，而且我们所形成的情感体验、我们的行为意图，都是建立在对对象了解、判断基础之上的。态度来自态度对象对我们的价值，也即对人的意义和用途。我们对某一事物的态度，取决于这一事物的价值。价值越大，我们的态度反应就越强烈。但态度不是直接等同于客观价值，而是一种对客观价值的认识。例如，我们可能相信西安某旅游胜地是具有相当规模的，当地的服务也不错。这里面的每一种信念和评价，实际上都反映了我们对西安旅游胜地的印象和看法。或者因为自己在某旅游胜地受到了不好的待遇，我们就对这里所有的旅游胜地产生不满意，这些就是我们对该旅游胜地所持有的态度的认识成分。

（2）情感意向。情感意向，是指旅游消费者对态度对象的情感体验，即对旅游对象和旅游条件的好恶感。例如，一个旅游者声称"我喜欢云南"，反映了该旅游者对云南进行感情评估的结果。这位旅游者之所以获得这种感情上的评估，说起来其理由也许相当不合情理，比如可能他的故乡在云南、在云南有过美好的童年、他喜欢的人来自云南、对云南有特别的感情等，当要他表示对云南的态度时，情感的作用就让他作出了积极肯定的结论；而另一位旅游者与这位旅游者的情况可能正好相反，一次极为偶然的事件，这位旅游者在云南遇到了失窃或者被骗等，或者听闻与云南有关的负面新闻，从此他就对云南全面否定，把云南说得一无是处。可以看出，旅游者的态度不全是以事实作为依据，主要是以感情作为基础的。

（3）行为意向。行为意向，是指旅游者对态度体验对象做出的肯定或否定反应，采取特定举动的行为倾向。比如，有些人打算去海南三亚旅游，有些人想在结婚时去夏威夷进行蜜月旅游。这里的"打算""想"都反映出人们行动付诸实施前的心理准备状态。尽管态度不是行为反应本身，只是一种行为倾向，但这种倾向在合适的条件下有可能变成实际的行为。特定的人对某个旅游目的地形成积极的态度，一旦条件合适，他就可能将这种行为倾向转变为现实的旅游行为。

### 6.1.2 旅游态度的特性

旅游态度，是人们在社会生活中经过经验积累而形成的、对某一对象的评价。它具有以下基本特征。

1. 对象性。态度必须有特定的对象，这种对象可以是人、物、目的地、团体组织，也可以是一种现象、观念等，这些被称为态度客体。任何一种态度都是针对一定的态度客体发生的。旅游态度同样是针对某一对象而产生的，旅游活动、旅游设施、旅游目的地、旅游产品价格、旅游广告等都可能成为旅游态度的对象。旅游活动对象引发旅游消费者的态度，是旅游消费者态度的客体。

2. 习得性。态度不同于本能行为，尽管本能行为也有倾向性，但属于生物遗传的结果；而态度不是"不学就会"，而是后天获得的。同样，旅游态度不是生来就有的，而是通过学习得到的。旅游消费者对特定对象的态度，或是在他亲身经历的旅游消费体验中得来的，或是通过旅游广告宣传、从他人获得的评价等形成的。

3. 内隐性。态度是一种内在的心理状态，一种行为状态，不是行为本身，不能直接被人所观察。因此，只能通过人的外部表象来间接地推断人的态度。比如，某人不断向亲朋好友称赞某个旅游目的地景色好、服务好，可以推断出他对该旅游目的地持积极的态度。但人的外部表象的复杂性使得对其真正态度的推断存在一定的困难，因此，对旅游消费者态度的测量成为旅游消费行为研究的重点和难点。

4. 稳定性。个人对某一对象的态度一经形成，一般在相当长的时间内保持稳定，不会轻易改变，甚至会成为个性的一部分。在旅游消费中，当旅游者在入住特定品牌酒店时对其形成了正面、积极的态度，在以后的出行中会优先选择同一家品牌酒店。这反映出旅游态度形成后对旅游消费行为会产生持续性的影响作用，使得旅游者在前后对同一对象表现出一致、自然的习惯性反应，从而在行为方式上表现出一定的规律性。

### 6.1.3　旅游态度的功能

旅游态度起着什么样的心理作用？心理学家凯兹认为，态度具有一定的功能。比如，在旅游消费活动中，之前形成的态度总结了大量旅游产品信息并使事情简单化，使旅游消费决策更快、更容易做出；态度能使自己了解到他人的品质、性格和对其他人的偏爱情况，促使旅游活动中人际交往的有效开展；态度能使旅游者受到团队其他成员的称赞，避免受到惩罚等。归纳起来，旅游态度大致具有以下四个方面的功能。

1. 认识功能。知识或认识功能，是指在态度倾向性的支配下旅游消费者对旅游消费信息进行组织、排序、筛选，过滤、忽略不相关的信息，从而评价其对旅游消费者的价值。态度的认识功能可以减少不确定性和混乱性，为旅游消费的正确决策奠定基础。

2. 价值表达功能。价值表达功能，是指态度能够向他人表现出旅游消费者的个性、志趣、价值观、自我形象及生活背景等，同时反映旅游消费者可能选择的决策方案和即将采取的购买行动。

3. 适应功能。适应功能，又称导向功能，是指态度能指导旅游消费者从对象中获取渴望的利益，即在纷杂的旅游产品中，将旅游消费者直接导向能满足其需要的产品，使旅游消费行为和旅游者需要相互衔接与适应。

4. 自我防御功能。自我防御功能，是指在个人行为与所属群体相左，或与社会通行的价值标准发生冲突时，旅游消费者通过固守原有态度以保持自身个性的完整；或适当调整和改变原有态度，尽可能与外部环境协调，从而减少内心矛盾和冲突。

## 6.2　旅游消费者态度的形成与改变

### 6.2.1　旅游消费者态度的形成

1. 旅游消费者态度的形成。

（1）学习理论。学习理论由 20 世纪 50 年代卡尔·霍夫兰及其同事提出。他们指出，学习理论认为态度的获得与其他习惯的形成是一样的，人们通过了解对象的有关信息和实施，学习与这些事实相关的感受和价值观，形成态度。该理论把人描绘成被动的受体，在外在刺激下，通过"联接""强化"和"模仿"来习得态度。学习理论也强调了态度形成的两种主要方法：信息学习和情感迁移。其一，信息学习。当个体获得某种信息时，会对其态度产生重要影响。比如游客在预订酒店客房时，某一酒店营销人员展现客房多舒适、设施多齐全、安保设施多到位等信息，可能会让消费者对该酒店形成肯定的态度。其二，情感迁移。当个体对某个态度对象的情感迁移到另一个与之相关联的对象上时，会有说服的效果产生，相比于信息学习，情感迁移的说服效果更加显著。以酒店宣传的例子来说，当宣传图片中出现可能的小孩、温馨甜蜜的夫妻时，消费者会把这些吸引人的特征与酒店联系起来，就会增加他们对酒店的好感，因为他们把幸福家庭生活的情感迁移到了酒店上。

（2）期望—效价理论。在学习理论之外，期望—效价理论是另一种比较受关注的关于态度形成的假说。该理论假定，个体采取某种态度，取决于他对这种态度结果利弊的仔细衡量，它认为，人们总是倾向于采取最有可能会带来好结果的立场，而拒绝最有可能会造成负面影响的立场。当消费者对某特定消费行为进行态度选择时，会考虑两个因素：其一，某个特定结果的价值 V；其二，预期该结果出现的概率 P。主观效用 U = VP，当 U 足够高时，消费者对该消费行为产生肯定态度；反之，则是否定态度。

态度的学习理论说明了个体态度的形成是在外界信息、群体等的影响下被动接受形成的；而期望—效价理论则强调人是一个主动、精打细算的理性的经纪人。这两种理论在一定情境下都能解释态度形成的原因及过程，而大部分情况态度的形成涉及很多复杂的因素，不能单纯地用被动学习或主动衡量来解释。

【同步思考】
态度的形成是否具有阶段性的特征？

2. 影响旅游消费者态度形成的主要因素。影响旅游态度的形成因素，主要包括旅游需要、经验和知识、个性倾向等个人因素，以及旅游者所属的社会群体、文化背景、旅游产品信息的传播等外在因素。

（1）个人因素。

①旅游需要。旅游消费者对某一旅游产品的态度往往与该产品满足旅游消费者的需要程度相关。一般而言，旅游产品越是能满足旅游消费者的需要，则旅游者对该产品越容易形成积极的、正面的态度；旅游产品越是不能满足旅游消费者的需要，则旅游者对该产品越容易形成消极的、负面的态度。旅游者需要的满足与产品对象的功能相关，也与旅游者本身对其功能的感知程度相关。在旅游前对旅游产品满足其旅游需要的感知程度所形成的旅游态度，会影响旅游消费决策的选择；在旅游中对旅游产品满足旅游需要的程度的感知程度，则会强化或弱化之

前形成的旅游态度。

**【同步案例】**

## 迎来需求驱动供给变化的旅游市场

同样强调大环境正在改变的中国旅游研究院院长戴斌教授表示，跟随传统旅行社、传统路线的人越来越少，现在的人，尤其是中国内地年轻族群，不只是集中在旅游景点，而是逐渐渗透到目的地的生活空间里，走入当地老社区，更深层地感受当地文化。

是需求驱动了变化。过去十五年，跟团游的比重，占全部出境旅游市场的比重，每两至三年下降5%。前年，中国40亿名国内游客之中，只有2.98%的人是跟着旅行社走的。在出境游的1.7亿人次中，35%的人是跟着旅行社在走。而在入境游1.3亿人次中，只有15%选择跟团游。

现在谁在游？答案是以年轻人为主，以前是少数人享受的权利，现在是大众都享受的行为。一方面，中国的出境游现在到了一个转折点。中国前年出境旅游总数仍在增长，但是第一次增幅跌破两位数，呈现9.8%的成长。去年一月至六月，中国出境旅游的总体平均增幅同比是4.3%。与此同时，从过去中国出境旅游的高速高客端价低频率的消费，慢慢变成高频率低客端价的消费。过去前往香港买珠宝、手表，现在更多的是买酱油、尿不湿、奶粉，或是去当地兰桂坊喝啤酒。这一个转折之际的旅游市场，一个以需求驱动供给变化的旅游市场，正在来临。

（资料来源：张广文. 当今中国消费者6大特征 ［EB/OL］. http：//www. ttgchina. com/article. php？ article_id =16605，旅业报，2018 −01 −22. ）

②经验。态度的形成最初源于旅游消费者试用和评价旅游产品的直接经验。一些旅游企业正式开放前通过免费试吃、免费体验、赠送门票等方式吸引旅游消费者前来进行尝试和体验，由此希望旅游消费者对其产品形成积极的、正面的态度，从而进行重复购买或推荐介绍他人购买。除自身直接获得的经验外，间接经验也对旅游消费者对旅游产品的态度形成有着重要影响。报纸、杂志、广播、电视、互联网等大众媒体以及微信、微博等新媒体无时无刻不在向我们传播大量的旅游信息。这些接受的信息对于受众已经存在的态度起着强化的作用。

③个性倾向。兴趣、气质、性格等个性因素对旅游消费者态度的形成具有重要的影响。不同个性的旅游消费者即使有同样的信息和经验，也不一定会形成同样的态度。比如，内控型的人不容易受外界影响而改变自己的态度和行为，即使在旅游途中遇到小偷盗窃等不愉快的事情，不会轻易改变之前对旅游地形成的积极态度，但外控型的人则刚好相反，容易受外界影响而改变自己的态度和行为，往往将一些意外的小事归结为旅游企业乃至旅游地整体管理的不善，改变原先对旅游企业、旅游地形成的态度。

**【同步案例】**

从途牛旅游网、驴妈妈旅游网等在线旅游网站发布的端午出游报告上我们可以发现，亲子游成为了今年端午节的主角。途牛旅游的数据显示，预订途牛"瓜果亲子游"产品的用户与 2016 年同期相比增长了近七成，孩子们喜欢的主题乐园、动物园类景区人气持续爆棚。国内上海迪士尼乐园、广州长隆水上乐园、常州中华恐龙园、三亚城市乐园、长隆飞鸟乐园；出境泰国东芭乐园、泰国普吉岛幻多奇乐园、日本东京迪士尼乐园、新加坡圣淘沙 4D 探险乐园、澳洲梦幻主题乐园等占据最受欢迎主题乐园前列。而驴妈妈的数据也印证了这点，驴妈妈的报告显示，今年端午期间"带娃逛动物园"成为了一道靓丽的风景线，全国动物园景区人气大增，较去年上涨近 3 倍。南京红山森林动物园、上海野生动物园、济南动物园、上海动物园、常州淹城野生动物园成为今年端午全国五大热门动物园。

看完这些数据，我们不禁要问，亲子游的春天真的来了吗？答案是显而易见的。

首先，亲子游所面向的家庭年龄结构已经过渡到了 80 后、90 后这一代，与上一代截然不同的消费理念和育儿观念，让这一代的父母更重视对孩子教育与亲子互动的投入，更多的父母愿意让孩子多出去走走看看世界、开开眼界，或者是通过一些寓教于乐的活动（如端午节参与包粽子、去农家乐摘草莓等）来提高孩子的综合能力。其次，随着国家二孩政策的开放，越来越多的旅游机构开始加大亲子游的开发，在线旅行社（OTA）纷纷打出了自己的亲子游品牌：途牛的"瓜果亲子游"、驴妈妈的"驴悦亲子"、携程旗下"臻亲子"；垂直平台也不乏优秀的亲子品牌：魔法宝贝、麦淘网等。这让亲子游焕发出了前所未有的新活力，与以前相比，现在的亲子游产品在目的地的选择上更有针对性、行程的安排更细致合理、主题性更明确。

（资料来源：彭灵瀛. 亲子游的春天真的来了吗？[EB/OL]. https：//mp. weixin. qq. com/s？_biz =MjM5NTQ1NjY0MQ%3D%3D&idx =2&mid =2650762508&sn =72c0afa838c487e3 e7942dfe795f3334，智慧旅行，2017 −06 −01. ）

【同步问题】

根据前文有关影响旅游消费者态度形成的主要因素的知识，分析案例中亲子游成为当年端午节的主角的原因。

（2）外在因素。

①信息。信息对旅游态度的形成也起着重要作用。在认知性态度中，信息的作用尤为明显。旅游消费者获得的关于某旅游产品的信息越多，越有可能形成对该产品的态度，包括积极的和消极的态度。当然，有研究显示，消费者在使用信息时会根据其是否满足于其需要，即有用性，一般将两三个重要的产品特质作为态度形成的依据，而其他的特质并未起到什么作用，因此，有关旅游产品的形式、质量、价格等对旅游消费者有用的关键性信息会影响旅游态度的形成。同时，情感诉求、幽默诉求、娱乐诉求等信息传播的诉求特征和单面信息、双面信息等信息的结构特征也会影响旅游消费者的态度。

②旅游者所属团体。态度的形成，在很大程度上还受到旅游消费者所属群体的影响。这是由于群体的规范力量会要求团体成员共同遵守，在无形中影响团体成员的态度。当个人与所属团体内大多数人的意见相一致，他就会得到大家的支持和赞许；否则，就会感受到来自团体的无形压力。比如，在旅游团队中，当大多数人希望前往某个景点游览时，少部分团队成员也会遵从大多数的意见，表现

出愿意前往某个景点游览的态度。

③品牌形象。品牌形象对旅游消费者对某种产品的态度形成有着重要影响。在现代营销条件下，具有良好品牌形象的旅游企业推出的旅游产品容易受到旅游消费者的信赖和喜欢，这是大量市场营销实践所证明的。这主要是由于旅游消费者认为名牌产品不会让他们失望，也是游客出游更多选择 5A 旅游景区和高星级酒店的重要原因之一。旅游企业在产品销售过程中所体现出的经营思路、经营艺术、服务质量、服务水平及商业信誉等在某种程度上都反映了该企业的品牌形象。

### 6.2.2  旅游消费者态度的改变

任何态度都是旅游消费者在后天环境下不断学习的过程，是各种主客观因素不断作用影响的结果。而影响态度的各种因素都处于动态变化之中，因此，态度在形成之后并不是一成不变的，而是不断调整和改变。旅游消费者态度的改变，是指旅游消费者已经形成的态度在受到某种因素影响后而发生的变化，涉及态度强度的改变、态度性质的改变。前者如旅游消费者对某一旅游产品由一次偶然的尝试而成为该产品的忠诚顾客；后者如以往对某种旅游产品持排斥态度转变为接受甚至喜爱的态度。

1. 态度改变的主要理论。

（1）认知平衡理论。1958 年，心理学家海德（F. Heider）提出了改变态度的"平衡理论"，又被称为"P－O－X 理论"，P 代表认知主体，O 代表与 P 发生联系的另一个人，X 则代表 P 与 O 发生联系的另一个任意对象。海德认为，人类普遍地有一种平衡、和谐的需要。一旦人们在认识上有了不平衡和不和谐性，就会在心理上产生紧张的焦虑，从而促使他们的认知结构向平衡和和谐的方向转化。显然，人们喜欢完美的平衡关系，而不喜欢不平衡的关系。平衡理论涉及一个认知对象与二个态度对象之间的三角形关系。当认知主体对一个单元内两个对象看法一致时，其认知体系呈现平衡状态；当对两个对象有相反看法时，就产生不平衡状态。例如：喜欢某人，但对他的工作表现不能赞同。不平衡的结果会引起内心的不愉快和紧张。消除不平衡状态的办法，一种是顺从他人的态度形成新的态度，即赞同他的工作表现；另一种是坚持自己的态度而降低他人在心目中的地位，即不再喜欢此人，这就产生了态度转变的问题。

（2）认知失调理论。认知失调理论是由美国社会心理学家利昂·费斯廷格由 1957 年提出的阐释人的态度变化过程的社会心理学理论，是指个体认识到自己的态度之间或者态度与行为之间存在着矛盾。他认为每个人的心理空间中包含多种多样的认知因素。这些因素是人对外部世界和对自我的种种认识，包括观念、信仰、价值观、态度等许多方面，同时，也可以是某种行为的表象或再现，甚至是对未来事件的期待。随着人当前社会活动的内容不同，各种有关的认知因素会以各种组合方式并存于人的当前意识中。它们之间的关系有三种可能性：一是不相关，如"我吸烟很厉害"与"到陌生的地方可以增长见闻"这两个认知因素是相互独立的。二是互相协调，如"我喜欢旅游"和"旅游可以结交新朋友"两个认知因素是协调的。三是不协调，如"陌生的地方不安全"和"到陌生的地方旅游可以增长见闻"这两个认知因素是不协调的。

费斯廷格认为，一般情况下，个体对于事物的态度以及态度和行为间是相互协调的；当出现不一致时，就会产生认知不和谐的状态，即认知失调，并会导致心里紧张。个体为了解除紧张会使用改变认知、增加新的认知、改变认知的相对重要性、改变行为等方法来力图重新恢复平衡。以外出旅游为例，当你准备周末去某景区旅游时，但又担心周末外出时客流如织会影响自己的旅游体验以及可能造成的不便，这时就会引起认知失调。为减少或消除认知失调，你可能采取的途径主要有：

第一，改变认知。改变对于景区人多拥挤的态度，认为人多对自身旅游影响不大。

第二，增加新的认知。如两个认知不一致，可通过增加更多一致性的认知来减少失调（旅游者了解某旅游地加强了游客管理，由于游客拥挤而带来的问题得到较大改善）。

第三，改变认知的相对重要性。增强一致性的认知重要性，减少不一致的认知重要性（旅游可以获得很多的乐趣，如放松身心、开阔视野、增长见闻、结交新朋友等，这比人多拥挤所带来的问题更重要）。

**【同步思考】**

结合认知失调理论，联系自己的旅游经历分析如何改变旅游消费者的态度。

2. 改变旅游态度的策略。在旅游消费行为中，购买意愿是实际购买行为发生的关键。明确的购买意愿则受旅游消费者对旅游产品的坚定信念和积极态度的影响。凡是对某旅游产品的品牌、质量、价格等持正面、积极态度的旅游消费者，在实际购买时，往往会优先考虑该产品，进而引发该产品的实际购买行为。因此，旅游消费者的态度与购买意愿、购买行为之间呈正相关关系，并得到大量调查结果的验证。因此，有效引导、改变旅游消费者的态度成为旅游营销者需要考虑的重要问题。

（1）改变态度的基本功能。由于态度存在着认识功能、价值表达功能、适应功能、自我防御功能，旅游消费者对于特定旅游产品持积极、正面的态度可能是基于不同的理由，或是该产品对他的需要来讲是有用的；或是该产品对他来讲能反映他的价值观；或是该产品能使自己符合某种团体的要求。因此，在旅游产品宣传中可以适当突出产品的某种特点，使产品的特点符合旅游消费者的态度功能，从而吸引符合其态度功能的旅游消费者进行购买消费。

**【同步案例】**

2005年，北京行知探索文化发展集团携手央视启动了中印友好年大型文化交流活动"玄奘之路"，行知探索集团创始人曲向东带领团队，沿当年玄奘西天取经之路，从西安出发，驱车 1 万余公里，最终抵达印度。途径瓜州莫贺延碛戈壁（史称八百里流沙）时，团员们进行了徒步穿越，由此诞生了"玄奘之路"商学院戈壁挑战赛。

2015 年，43 所亚洲知名商学院、3 000 余名商界精英汇集瓜州，再造"戈十"传奇。10 年间，已有近 1.5 万人走过这条励志之路，"玄奘之路"已成为丝绸之路户外旅游独具特色和影响力的品牌，甘肃旅游的知名度也得以进一步提升。

在第五届敦煌行·丝绸之路国际旅游节开幕式上，行知探索集团副总裁曹霞应邀向中外嘉宾推介了甘肃户外旅游产品，分享了"玄奘之路"的发展历程。"玄奘之路"的成功也为正处于上升期、产品急需升级换代的甘肃旅游带来了诸多启示。

"'玄奘之路'之所以经久不衰，而且越发具有吸引力，是因为产品内核发挥着关键作用。"曹霞接受记者采访时说。在产品设计之初，团队将玄奘精神提炼为"理想·行动·坚持"，参与者通过连续 4 天直线距离 112 公里的戈壁徒步，深入体验玄奘为求真理只身穿越无人戈壁的生死历程，收获"理想·行动·坚持"的成功法则，实现自我挑战和超越。事实证明，这一理念是"对路"的。很多人在走过"玄奘之路"后有了很多感悟和收获，认为这一趟走下来"很值"；一些团队更是因为凝聚力和精神面貌的提升，将"玄奘之路"列为"必修课"。

"玄奘之路"很快得到了王石、冯仑、柳传志等成功人士的积极响应和认可，产品影响力不断扩大，并衍生出"八百流沙极限赛""戈壁成人礼""创业戈壁行"等系列户外旅游赛事产品。如今，运用"玄奘之路"的经验，行知探索又在云南、井冈山等地布局了新产品，也收到了不错的效果。

（资料来源：秦娜. 旅游产品应体现文化内涵和价值主张［N］. 每日甘肃网—甘肃日报，2015 -07 -23.）

（2）改变态度的成分。态度由认知、情感和行为意向三个成分组成。其中，任何一个成分发生变化都会对整体态度产生影响，因此，可以通过使态度构成中的任一成分发生变化，来最终改变旅游消费者态度。

①改变认知成分。改变认知成分主要是改变旅游消费者对品牌或产品的认知成分，其具体方法有以下两种。

一是引导旅游消费者对产品形成新的积极的评价。通过旅游产品设计、营销宣传等途径引导旅游消费者对旅游产品形成新的积极的评价。

## 【同步案例】

长期以来，大家对内蒙古的认知更多地停留在"天苍苍，野茫茫，风吹草低见牛羊"这种单一的大草原层面。但实际上，内蒙古的旅游资源特别丰富，有草原、山地、沙漠、湖泊、湿地、森林、雪山等地质形态。在内蒙古，仅草原就有呼伦贝尔草原、科尔沁草原、锡林郭勒草原、乌兰察布草原等，草原也有多种类型，如鄂尔多斯半荒漠草原、阿拉善的荒漠草原，赤峰的乌兰布统草原和贡格尔草原，因属丘陵疏林草原，具有欧陆风情的独特性。也就是说，大家对内蒙古的认识存在很大的误区，想起内蒙古只会想到草原，而忽略了其他的旅游资源。目前，内蒙古旅游就是要采取"草原＋"的策略，将内蒙古的多重组合优势下的多重体验感呈献给游客，改变大众游客对内蒙古的认知误区。内蒙古现在设计了"三级品牌线路"：一级品牌包括黄河、长城、丝绸之路、万里茶道等，这些都是被列入了国家品牌推广的线路产品。

二级品牌是自治区来主推的，如"万里北疆天路"、草原马道、黄河"几"字湾大漠风情线、蒙古源流黄金线等。三级品牌，就是整合一个盟市或者两三个盟市的优势资源形成区域品牌。如匈奴文化探秘，从呼和浩特到巴彦淖尔，沿着阴山有一条匈奴文化脉络线；还有鲜卑文化，鲜卑人在鄂伦春嘎仙洞走出，途经大泽（即呼伦湖），经大同到洛阳，建立北魏政权，开创了短时期的民族大融合；科尔沁文化，主要从辽宁引入，覆盖通辽市和兴安盟，现在通辽市政府在做科尔沁文化500公里景观大道；红山文化主要在赤峰的西拉木伦河流域；蒙医文化，呼和浩特、包头、巴彦淖尔、鄂尔多斯区域是蒙医文化的核心区，像很多蒙古国的人来找蒙医和蒙药，我们有国际蒙医院，在蒙古国首都乌兰巴托专门设有蒙医分院，我们可以依托蒙医打造养生康体；藏传佛教文化，在内蒙古的分布十分广泛，蒙古人是信奉藏传佛教的，历史上留存下来的庙宇特别多，呼和浩特就有很多召庙，包头五当召号称"草原布达拉宫"，把这些庙宇连接起来可以做藏传佛教研学游线；还有比如狼图腾、走西口、闯关东，走西口是陕西、山西人往内蒙古西部地区走，闯关东是山东人往东北走，然后走到现在的内蒙古大兴安岭的林区。其实大兴安岭70%都在内蒙古，人们对大兴安岭也存在认知误区。有了这些独特的线路产品，内蒙古旅游产业发展指日可待。

（资料来源：魏国楠．推动"草原+"改变大众游客对内蒙古认知［EB/OL］．搜狐网，http：//www.sohu.com/a/70565891_116897，2016-04-20.）

二是强化旅游消费者已存在的积极信念的强度，降低旅游消费者已存在的消极信念的强度。尽管旅游产品主要是以服务形式出现的，但旅游企业可以通过借助一些有形证据来强化旅游消费者已存在的积极信念的强度，降低旅游消费者已存在的消极信念的强度。比如，旅游企业可针对旅游消费者的需求调整营业时间，为消费者的购买和消费提供便利，进一步强化其持积极态度；饭店可以通过修葺装饰，使墙壁、地板、天花板色彩协调，照明柔和，消除噪声，富有文化艺术气息，强化人们对饭店的好感；旅游企业员工精神饱满、穿着整洁大方可以给旅游者安全、明朗的感觉，使旅游者乐意与其接触和交往，促使旅游者形成积极肯定的态度。

②改变情感成分。在不直接影响旅游消费者的信念和行为的条件下，先通过对旅游消费者的情感影响，促使他们对旅游产品产生好感，并希望通过这种好感的产生，在旅游消费者有对某类旅游产品产生需要时对购买意愿和行为发生促进作用。一般而言，营销人员建立旅游消费者好感的方法有以下三种。

一是运用经典性条件反射。旅游企业可通过把旅游消费者喜爱的某种刺激与品牌名称放在一起，并通过多次反复将该刺激产生的正面情感转移到品牌上来。比如，前文提及的户外旅游产品能够激发自我挑战和自我超越的正面情感，如果能够把这种户外旅游产品的画面与"玄奘之路"品牌多次在一起播放，就会促使旅游消费者对该项户外旅游的喜爱与该品牌联系在一起。

二是激发对旅游广告本身的喜爱。一旦旅游消费者喜爱一则旅游广告，也能导致对旅游产品的正面情感，进而提高购买参与程度，激发有意识的决策过程。比如，情感广告、幽默广告、名人广告、比较广告等都能增加受众对广告的喜爱，旅游消费者对旅游广告的态度是旅游营销效果的关键。

三是增加对品牌的接触。重复是以情感为基础的营销活动的关键。从情感角度来讲，重复能够使受众获得积极的熟悉感，从而更倾向于认同和选择。因此，必要的品牌接触能够增加旅游消费者对旅游品牌的积极情感。但是，重复是有次数限制的，只有适当的重复才可以增加人们的接受性，次数过多会使旅游消费者厌倦而不再注意信息。因此，旅游广告要通过丰富多样、富于变化的广告画面与创意去重复强调同一个主题，而不是简单地重复播放同一个广告。

③改变行为成分。行为的发生能影响认知和情感的形成。旅游营销可以通过一些途径直接引发旅游消费者的行为发生，再通过行为对旅游消费者的认知、情感发生作用。比如，某个消费者认为某一个饭店是一个无名小店，不存在积极的认知和情感，但是偶然的机会这个消费者在饭店尝试了一次，发现饭店菜品、就餐环境都还不错，从而改变了对该饭店的原有认知和情感。因此，旅游企业可以通过试吃试玩、赠送门票等方式直接吸引旅游消费者前来，通过行为的发生改变认知和情感。

## 【同步案例】

从消费者角度来看，这一代旅游者和上一代旅游者最大的不同，在于信息获取的方式完全不一样了。

以前是靠报纸，被价格吸引，进而旅游，所有信息都是旅行社和导游告知。但现在不是，用户渗透在每一个信息获取环节中。

例如，蚂蜂窝今年能有1亿用户，正是因为他们上网分享信息，这些人就不再会透过报纸，或是在线旅行社（OTA）来获得标准化的信息了。很多OTA酒店预订网站，把万豪、希尔顿等五星级品牌排在一起，区别仅在于价格，这其实都不利于消费者做决策，没有细分也没有个性化。消费者出游的频次增加了，一年出去的次数多了，每次都会获得新的信息，当他再作出决策时，就会更细致、更谨慎，自主能力也更强了。

（资料来源：张广文. 当今中国消费者6大特征［EB/OL］. http：//www. ttgchina. com/article. php？article_id =16605，旅业报，2018 –01 –22. ）

## 本 章 小 结

### 【主要概念】

态度　旅游消费者的态度　学习理论　期望—效价理论　认知平衡理论　认知失调理论

### 【内容提要】

本章介绍态度对旅游消费者行为的影响，分为三个部分：首先，介绍旅游消费者态度的定义与构成、特性；其次，介绍旅游消费者态度形成的基本理论，分析影响旅游态度的形成因素；最后，介绍旅游消费者态度改变的主要理论，提出改变旅游消费者态度的策略。

态度是人们在自身道德观和价值观基础上对事物的评价和行为倾向。态度表现于对外界事物的内在感受、情感和意向三个方面的构成要素。旅游态度是人们对旅游对象和旅游条件作出行为反应的心理倾向。与其他态度一样，旅游态度也具有认知、情感和行为意向三个成分。旅游态度具有对象性、习得性、内隐性、稳定性等特性。旅游态度具有认识功能、价值表达功能、适应功能、自我防御功能等功能。

旅游消费者态度形成的基本理论，包括学习理论和期望—效价理论。影响旅游态度的形成因素，主要包括旅游需要、经验和知识、个性倾向等个人因素，以及旅游者所属的社会群体、文化背景、旅游产品信息的传播等外在因素。

旅游消费者态度改变的主要理论，包括认知平衡理论和认知失调理论。改变旅游消费者态度的策略，包括改变态度的基本功能、改变态度的成分等。

# 单 元 训 练

## 【知识训练】

### 一、选择题

1. 旅游态度具有下列（　　）特性。

　　A. 对象性　　　　　　B. 习得性　　　　　　C. 内隐性　　　　　　D. 协调一致性

2. 属于旅游消费者态度形成的理论是（　　）。

　　A. 认知平衡理论　　B. 学习理论　　　　C. 认知失衡理论　　D. 期望—效价理论

3. 属于旅游消费者态度改变的理论是（　　）。

　　A. 认知平衡理论　　B. 学习理论　　　　C. 认知失衡理论　　D. 期望—效价理论

4. 下列选项中（　　）是改变旅游态度的策略。

　　A. 改变认知成分　　　　　　　　　　B. 改变情感成分

　　C. 改变行为成分　　　　　　　　　　D. 改变态度的基本功能

5. 学习理论强调（　　）是态度形成的两种主要方法。

　　A. 信息学习　　　　B. 情感迁移　　　　C. 模仿学习　　　　D. 态度变迁

### 二、判断题

1. 态度包括认知、情感、行为意向三个维度。　　　　　　　　　　　　　（　　）

2. 通过旅游消费者的态度能准确预测其旅游消费行为。　　　　　　　　　（　　）

3. 旅游消费者的态度一经形成就不能改变。　　　　　　　　　　　　　　（　　）

4. 旅游态度是人们对旅游对象和旅游条件作出行为反应的心理倾向。　　　（　　）

5. 态度的改变，是指一个人已形成的态度在接受某一信息后所发生的相应变化的结果。

　　　　　　　　　　　　　　　　　　　　　　　　　　　　　　　　（　　）

### 三、简答题

1. 简述旅游消费者态度的定义和构成。

2. 简述旅游消费者态度的特性。

3. 简述旅游消费者态度的形成与改变的基础理论。

4. 简述认知平衡理论的主要内容。

5. 简述认知失调理论的主要内容。

## 【技能训练】

### 一、调研题

在因特网上访问若干旅游企业的广告，找出并描述某个试图改变态度成分的广告。

**二、综合题**

影响大学生旅游消费态度的因素有哪些？假如你想在大学生中形成对旅游消费的赞成态度，那么你将侧重于态度的哪种成分？为什么？你将使用哪种类型的广告诉求？为什么？

## 【能力训练】

### 案例分析题

## 台湾旅游团态度的转变

某旅行社接待了一个台湾旅游团，旅游团一路上误机、误餐，客人怨声载道。于是，旅行社派了一名经验丰富的导游接待了这个团。这名导游看到客人们一个个怒气冲冲，就想办法寻找话题，给客人一点心理上的安慰。他走到一个中年妇女面前，和气地说："太太，您是从台湾什么地方来的？"女士说："小地方，说了你也不知道。""你说说是哪里，也许我知道呢。"女士说出了她的家乡，果然是小地方。但是导游却十分了解这个地方，还能背诵当地一个著名的亭子上的对联。于是客人们纷纷与这位导游攀谈起来，主客间的关系融洽了。在整个游览期间，这位导游尽职尽责，努力满足人们的各种要求，不仅化解了人们的不满，还赢得了客人们的赞赏。

**问题：**

1. 本案例主要涉及本章的哪些知识点？
2. 本案例中，台湾旅游团的态度为什么会转变？
3. 怎样转变旅游消费者的态度？

# 第7章　旅游消费者的个性

【学习目标】
　　知识目标：了解个性的含义及其特性、类型，了解自我概念的含义及其特性、结构。
　　技能目标：根据旅游消费者的外部表现分析旅游消费者类型。
　　能力目标：具有对不同个性类型旅游消费者开展营销的能力，具有解释旅游消费者自我意识并能有针对性地开展营销的能力。

【案例导读】

　　有这样一则小故事：一位老教授昔日培养的三个得意门生都已事业有成，一个在官场上春风得意，一个在商场上捷报频传，一个埋头做学问如今也苦尽甘来，成了学术明星。于是有人问老教授：你认为三人中哪个会更有出息？

　　老教授回答：现在还看不出来。人生的较量有三个层次，最低层次是技巧的较量；然后是智慧的较量，他们现在正处于这一层次；而最高层次的较量则是个性的较量。

　　个性贯穿着人的一生，影响着人的一生。正是人的个性倾向中所包含的需要、动机和理想、信念、世界观，指引着人生的方向、人生的目标和人生的道路；正是人的个性特征中所包含的气质、性格、兴趣和能力，影响着和决定着人生的风貌、人生的事业和人生的命运。

## 7.1　旅游消费者的个性

### 7.1.1　个性的含义和特点及个性理论

　　1. 个性的含义。"个性"一词最初来源于拉丁语 Personal，一方面，是指演员所戴的面具，后来指演员——一个具有特殊性格的人。一般来说，个性就是个性心理的简称，在西方又称人格。另一方面，在心理学中的解释是，一个区别于他人的、在不同环境中显现出来的、相对稳定的影响人的外显和内隐性行为模式的心理特征的总和。

　　由于个性结构较为复杂，因此，许多心理学者从自己研究的角度提出个性的定义，美国心理学家阿尔波特（G. W. Allport）曾综述过 50 多个不同的定义。如美国心理学家吴伟士（R. S. Woodworth）认为："人格是个体行为的全部品质。"

美国人格心理学家卡特尔（R. B. Cattell）认为："人格是一种倾向，可借以预测一个人在给定的环境中的所作所为，它是与个体的外显与内隐行为联系在一起的。"苏联心理学家彼得罗夫斯基认为："在心理学中，个性就是指个体在对象活动和交往活动中获得的，并表明在个体中表现社会关系水平和性质的系统的社会品质。"

就目前西方心理学界研究的情况来看，从其内容和形式分类方面来看，主要有下列五种定义。

第一，列举个人特征的定义，认为个性是个人品格的各个方面，如智慧、气质、技能和德行。

第二，强调个性总体性的定义，认为个性可以解释为"一个特殊个体对其所做所为的总和"。

第三，强调对社会适应、保持平衡的定义，认为个性是"个体与环境发生关系时身心属性的紧急综合"。

第四，强调个人独特性的定义，认为个性是"个人所有有别于他人的行为"。

第五，对个人行为系列的整个机能的定义，这个定义由美国著名的个性心理学家阿尔波特提出来的，认为"个性是决定人的独特的行为和思想的个人内部身心系统的动力组织"。

目前，西方心理学界一般认为阿尔波特的个性定义比较全面地概括了个性研究的各个方面。首先，他把个性作为身心倾向、特性和反应的统一；其次，提出了个性不是固定不变的，而是不断变化和发展的；最后，强调了个性不单纯是行为和理想，而且是制约着各种活动倾向的动力系统。阿尔波特关于个性的上述定义至今仍被西方的许多心理学教科书所采用。

苏联心理学家一般是从人的精神面貌方面给个性下定义的。从这方面理解个性的心理学家又有两种情况：一部分心理学家把个性理解为具有一定倾向性的各种心理品质的总和。目前我国的一些心理学教材也持这种观点。另一部分心理学家只从心理的差异性方面把个别心理特征理解为个性。应该说，前一种看法是比较恰当的。他们认为人的能力、气质和性格等个性特征并不孤立存在，而是在需要、动机、兴趣、信念和世界观等个性倾向的制约下构成的整体。而后一种看法过于狭窄，没有看到个性倾向在个性中的作用，缺乏对个性各个特征作为有机的整体看待，它显然没有揭示出个性的实质。

由于个性的复杂性，我国心理学界对个性的概念和定义尚未有一致的看法。我国第一部大型心理学词典——《心理学大词典》中的个性定义反映了多数学者的看法，即："个性，也可称为人格。指一个人的整个精神面貌，即具有一定倾向性的心理特征的总和。个性结构是多层次、多侧面的，由复杂的心理特征的独特结合构成的整体。这些层次有：第一，完成某种活动的潜在可能性的特征，即能力；第二，心理活动的动力特征，即气质；第三，完成活动任务的态度和行为方式的特征，即性格；第四，活动倾向方面的特征，如动机、兴趣、理想、信念等。这些特征不是孤立存在的，而是错综复杂、相互联系、有机结合的一个整体，对人的行为进行调节和控制的。"

也有少数学者提出将"个性"和"人格"加以区别，认为个性即个体性，指人格的独特性；人格是一个复杂的内在组织，它包括人的思想、态度、兴趣、气质、潜能、人生哲学以及体格和生理等特点。两者并不是完全相同的，只是互相交错在一起，共同影响着人的行为，人格的形成更多的是由教育决定的。

综上所述，尽管心理学家们对个性的概念和定义所表达的看法不尽相同，但其基本精神还是比较一致的："个性"内涵非常广阔丰富，是人们的心理倾向、心理过程、心理特征以及心理状态等综合形成的系统的心理结构。

2. 个性的特点。研究个性必须探讨它的特性及表现，这样才能把个性心理与其他心理现象区别开来。个性具有以下三方面特性。

（1）自然性与社会性。人的个性是在先天的自然素质的基础上通过后天的学习、教育与环境的作用逐渐形成的。因此，个性具有自然性，人们与生俱来的感知器官、运动器官、神经系统和大脑在结构上与机能上的一系列特点，是个性形成的物质基础与前提条件。但人的个性并非单纯自然的产物，它总是要深深地打上社会的烙印。初生的婴儿作为一个自然的实体，还谈不上有个性。

个性又是在个体生活过程中逐渐形成的，他在很大程度上受社会文化、教育教养内容和方式的塑造。可以说，每个人的人格都打上了他所处的社会的烙印，即个体社会化结果。正如马克思所说："'特殊的人格'的本质不是人的胡子、血液、抽象的肉体本性，而是人的社会特质。""人的本质并不是单个人所固有的抽象物，实际上，它是一切社会关系的总和。"由此可见，个性是自然性与社会性的统一。

（2）稳定性与可塑性。个性的稳定性是指个体的人格特征具有跨时间和空间的一致性。在个体生活中暂时的偶然表现的心理特征，不能认为是一个人的个性特征。例如，一个人在某种场合偶然表现出对他人冷淡，缺乏关心，不能以此认为这个人具有自私、冷酷的个性特征。只有一贯的、在绝大多数情况下都得以表现的心理现象才是个性的反映。

在学校教育中，我们经常可以看到，每个学生都具有一些不同的、经常表现的心理特征，如有的学生关心集体，热情帮助同学，活泼开朗；有的学生对集体的事也关心，但不善言谈，稳重，踏实，埋头苦干，这不同的行为表现不仅是在班集体中，在其他场合也是如此，因此，这才能把某个学生同另一个学生在精神面貌上区别开，也才能预料某学生在一定情况下会有什么样的行为举止。总之，一个人的个性及其特征一旦形成，我们就可以从他儿童时期的人格特征推测其成人时期的人格特征。

尽管如此，个性或称人格绝不是一成不变的。因为现实生活非常复杂，随着社会现实和生活条件、教育条件的变化、年龄的增长、主观的努力等，个性也可能会发生某种程度的改变。特别是在生活中经过重大事件或挫折，往往会在个性上留下深刻的烙印，从而影响个性的变化，这就是个性的可塑性。当然，个性的变化比较缓慢，不可能立竿见影。由此可见，个性既具有相对的稳定性，又有一定的可塑性。

（3）独特性与共同性。个性的独特性是指人与人之间的心理和行为是各不相同的。因为构成个性的各种因素在每个人身上的侧重点和组合方式是不同的。如在认识、情感、意志、能力、气质、性格等方面反映出每个人独特的一面，有的人知觉事物细致、全面，善于分析；有的人知觉事物较粗略，善于概括；有的人情感较丰富、细腻，而有的人情感较冷淡、麻木等。这如同世界上很难找到两片完全相同的叶子一样，也很难找到两个完全相同的人。

强调个性的独特性，并不排除个性的共同性。个性的共同性是指某一群体、某个阶级或某个民族在一定的群体环境、生活环境、自然环境中形成的共同的典型的心理特点。正是个性具有的独特性和共同性才组成了一个人复杂的心理面貌。

3. 个性理论。有关个性的理论很多，这里主要介绍在消费者行为和个性的关系研究中起着比较重要作用的三种理论。

（1）卡特尔人格理论。美国心理学家卡特尔是人格特质理论的主要代表人物，对人格理论的发展作出了很大的贡献。他根据自己的研究，确定人格包含16 种根源特质，编制了《卡特尔 16 种人格因素测验》（16PF）。这 16 种人格特质是乐群性、聪慧性、情绪稳定性、恃强性、兴奋性、有恒性、敢为性、敏感性、怀疑性、幻想性、世故性、忧虑性、激进性、独立性、自律性、紧张性。

卡特尔认为，在每个人身上都具备这 16 种特质，只是在不同人身上的表现有程度上的差异。

（2）精神分析理论。精神分析理论，又称心理分析论，是现代西方心理学、社会心理学的主要理论之一。该理论是在治疗精神障碍的实践中产生的，后来成为一种强调无意识过程的心理学理论，有时称为"深层心理学"。创立者为奥地利心理学家弗洛伊德。在所有的人格理论中，它是最复杂且影响最大的，主要分为两大主题：人格结构和人格发展。这里主要介绍弗洛伊德的人格结构。

弗洛伊德认为，人格结构由本我、自我、超我三部分组成。

①本我。即原我，是指原始的自己，包含生存所需的基本欲望、冲动和生命力。本我是一切心理能量之源，本我按快乐原则行事，它不理会社会道德、外在的行为规范，它唯一的要求是获得快乐，避免痛苦，本我的目标乃是求得个体的舒适，生存及繁殖，它是无意识的，不被个体所觉察。

②自我。其德文原意即是指"自己"，是自己可意识到的执行思考、感觉、判断或记忆的部分，自我的机能是寻求"本我"冲动得以满足，而同时保护整个机体不受伤害，它遵循的是"现实原则"，为本我服务。

③超我。这是人格结构中代表理想的部分，是个体在成长过程中通过内化道德规范，内化社会及文化环境的价值观念而形成，其机能主要在监督、批判及管束自己的行为，超我的特点是追求完美，所以它与本我一样是非现实的，超我大部分也是无意识的，超我要求自我按社会可接受的方式去满足本我，它所遵循的是"道德原则"。

本我、自我、超我三者不是完全独立的，而是彼此交互作用而构成人格整体。一个正常的人，其人格中的三部分经常是彼此平衡而和谐的。本我的冲动应该有机会在合乎现实的条件下，并在社会规范内，获得适当的满足。

**【同步思考】**
弗洛伊德的人格结构中，受道德原则支配的是哪一个？

（3）自我论。自我论是20世纪50年代以来发展起来的一种个性理论。这里的"自我"，是指个体对自己心理现象的全部经验，它是描述性的，而不像精神分析学说那样是动力的和解释性的。自我论的主要代表人物有罗杰斯和马斯洛。这里简要介绍一下马斯洛的观点。

马斯洛认为，心理学不应该只偏重研究挫折、冲突、焦虑、仇视等属于异常者的行为，更应该对正常人的欢愉、鼓舞、爱情、幸福等健康生活加以研究。马斯洛对人类行为持乐观的看法，他认为人类不像动物那样行为方式主要靠本能的支配，人类的行为受环境及社会文化影响而有很大的可变性。

马斯洛的个性理论，主要讨论两个方面的问题，一方面讨论人类动机的发展；另一方面讨论自我实现者的个性特征。马斯洛把动机称为需要，又按需要的性质和彼此间的关系排列为五个层次，其中自我实现的需要是最高层次的需要。

总之，强调以人为本的自我论，将个性心理学的研究带入了一个新的境界。自我论改造了特制论者的支离与精神分析论者的病态观的缺点，它重视整个的人、健康的人，使个性心理学的研究范围扩大，研究的目标更高。

### 7.1.2 旅游消费者的个性特征与旅游行为

1. 旅游消费者的个性类型。
（1）从行为倾向角度来划分。根据旅游者行为倾向可划分为以下四种类型。
①神经质的旅游者。"神经质"一词在变态心理学中是指具有敏感、易变等不完善人格的人。神经质的旅游者的行为倾向表现为厌倦、脾气乖戾、急躁、大惊小怪、兴奋、易激动、无礼、事必挑剔、敏感、难以预测。

这类客人最难服务。通常情况下这类客人比例较低，但随着生活节奏日益加快、外在压力的增大，导致神经质的旅游者有增加的趋势。从旅游业的角度来说，没有选择客人的权利，只能给客人以舒适、抚慰、尊严。所以遇到这类客人，要尽早发现，给予关注，谨慎相处，保持适当距离，不适合表现出过分的主动和热情。

②依赖性的旅游者。具有依赖性的旅游者的行为倾向表现为羞怯、易受感动、拿不定主意。这类客人一般是人格不健全的幼稚性人格者、初次出门旅游者，年老和年幼难以自理者以及不熟悉情况的外国客人。

这类客人需要更多的关注和同情，也最值得关注。如果不为他们提供详细的服务项目、收费情况等，他们便难以充分享受和消费旅游业所能提供的各种产品，从旅游业角度看也就失去了商机。

③使人难堪的旅游者。使人难堪的旅游者的行为倾向表现为爱批评、漠不关心、沉默寡言。这类客人的心中好像有许多不平事，属于原则对外的那类人。他们只是对别人提要求，从来不会进行心理换位，而很少理解和关心别人。对这类客人要谨慎、周到、注意细节。

④正常的旅游者。正常的旅游者是绝大多数的，对于他们，服务人员可以充分发挥自己的聪明才智，把各种服务充分有效地提供给他们。

（2）从性格倾向角度划分。与内倾、外倾的分类方法相近，可以把人们分为心理中心的和他人中心的两大类。心理中心的人计较小事，考虑自己，心情有些压抑，不爱冒险。他人中心的人喜欢冒险、自信、好奇、外向，急于与外界接触、喜欢在生活中作新的尝试。

心理中心的人显然要求他的生活具有可测性，他最强烈的旅游动机是休息和放松。而他人中心的人则希望生活中有一些估计不到的东西。他一般去那些比较偏远的、不太为人所知的地方旅游。他办事灵活，如能去一些没有听说过的地方体验一些新的经历，避免千篇一律，他会感到十分满意。

（3）从个性倾向角度划分。根据旅游者的需要、价值观、爱好和态度等个性倾向，可以分为以下三种类型。

①喜欢安静生活的旅游者。这类旅游者重视家庭、关心孩子、维护传统、爱好整洁，而且对身体健康异常注意。

②喜欢交际的旅游者。这类旅游者活跃、外向、自信、易于接受新鲜事物，他们喜欢参加各种社会活动，认为旅游度假的含义不能局限于休息和轻松，而应该把它看成是结交新朋友、联络老朋友、扩大交往范围的良好时机。

③对历史感兴趣的旅游者。对历史感兴趣的旅游者认为旅游度假应该过得有教育意义，能够增长见识，而娱乐只是一个次要的动机。他们认为旅游度假是了解他人、了解他们的习俗和文化的良机，是丰富自己和家人对形成今天这个世界产生过影响的历史人物和事件的了解的良机。

【同步练习】
　　根据人格的类型理论，你认为自己在旅游工作中最适合从事哪种工作岗位？

2. 个性结构。1964 年加拿大临床心理医生埃里克·伯恩博士在其专著《人们玩的游戏》一书中，提出一种新的个性结构理论，该理论认为，个性是由"儿童自我状态""成人自我状态"、"父母自我状态"三种自我状态结构构成的。这三种自我状态大体上与弗洛伊德的"本我""自我""超我"相对应。每种状态都有其独立性，在任何情况下，人的行为都受到这三种个性状态或其中之一的支配。

（1）儿童自我状态。儿童自我状态是一个人的个性中感受挫折、无依靠、欢乐等情感的一部分，也是好奇心、想象力、创造性、阵发性、冲动性和新发现引起的激动等的源泉。儿童自我状态负责人们完全不受压抑、表面可笑的行为、天真烂漫的行为以及自然的言行。

儿童自我状态是个性中主管情绪情感的部分，同时人的欲求需要和欲望大部分也由它掌管。可见，儿童自我状态表现出来的大多是原始的、具有动机或动力性的东西。如果一个人的儿童自我状态瘦弱，就是一个缺乏活力的、刻板的人。

（2）成人自我状态。成人自我状态是个性中支配理性思维和信息的客观处理部分。他掌管理性的、非感情用事的、较客观的行为。当一个人受成人自我状态主导时，往往表现为冷静、处事谨慎、尊重别人、喜欢探究为什么、怎么样等。

（3）父母自我状态。父母自我状态是人们通过模仿自己的父母，或其他在心目中威信相当于自己父母的人物所获得的态度和行为状态。父母自我状态是一个人的意见及偏见、"怎么办"方面的信息和是与非方面的信息的主要来源。

父母自我状态的人以权威和优越感为标志，是一个"照章办事"的行为决策者，通常以居高临下的方式表现出来，并具有两面性：一方面是慈母式，如同情、安慰；另一方面是严父式，如批评、命令。

对一个心理健康的人来说，三种自我状态处于协调、平衡的关系中，共同起作用。在不同的情境中，哪种自我状态起主导作用，要视当时的具体情况而定。

**【同步练习】**

根据个性状态理论，旅游销售顾问应该向某人的父母自我状态、成人自我状态和儿童自我状态分别传递哪些信息呢？

3. 个性结构和旅游行为。个性结构理论把个性分成了三个独立的部分，每个部分都分别支配着不同类型的行为，这为我们分析旅游者的消费行为和旅游服务行为提供了非常有价值的角度。

人们是否要去旅游，到什么地方旅游，乘坐什么样的交通工具，游览什么样的旅游景点，个性的每一种自我状态都会提出自己的看法。一般来说，人们的旅游动机主要存在于儿童自我状态中，也就是说，儿童自我状态最容易被诱惑、被激发。所以，人们的旅游动机主要存在于儿童自我状态中，首先要激发旅游者的消费欲望，激发起他们的快乐情感，使其处于"跃跃欲试"的状态。例如，在过去一个香港旅游广告中，一个年轻女子用不太标准的普通话，诉说着到了香港一刻也停不下来，吃东西买东西，买东西吃东西。这则旅游广告其实就是在传递"香港是美食天堂""香港是购物天堂"这一信息，激发观众的"儿童自我"，达到其宣传目的。然后对旅游者进行理性说服，让其成人自我状态得出"可以""很合适"的结论。最后，要提出一个高尚的或有意义的理由，以满足父母自我状态的一些原则性要求，比如"这样做合乎身份、有利于工作"或打动父母自我状态的关心、爱护的一面。例如，某些旅行社的北京大学、清华大学著名高校旅游线路推出后大受欢迎，其最根本的原因就在于其教育意义更胜过其游玩意义。只有全面满足了自我状态的三方面的要求，才能最终使旅游者采取消费行动。总之，在旅游促销活动中，要做到"打动""意义化""合理化"。

在旅游服务过程中，个性结构理论同样具有启发性。在服务过程中必须对旅游者的三方面要求予以满足，这样他们才会感到旅游消费行为是成功的，经历是美好的。如果旅游者是处于父母自我状态，颐指气使，盛气凌人，作为旅游服务人员不能直接与其父母自我状态对立，要避免冲突，最好以儿童自我状态接受下来，避其锋芒，同时使客人的自尊心得到一定程度的满足，然后再设法调动客人的成人自我状态让其讲理。如果旅游者处于儿童自我状态，表现出刁蛮无理或发泄情绪时，服务人员就要以父母自我状态中慈爱的一面应对，展现出宽容、忍让，先予以缓冲、消气，然后再唤起其成人自我状态，进行平等、理性的交往。

## 7.2　旅游消费者的自我概念

1. 自我概念的含义和特点。

（1）自我概念。自我概念又称自我意识、自我形象，是指个人对自己的能力、气质、性格等个性特征的知觉、了解和感受的总和，即自己如何看待自己。她涉及"我是谁""我是什么样的人""我应该是什么样的人""我想成为谁"等一些基本的价值判断。

（2）自我概念的特点。自我概念具有如下特点：

第一，自我概念是习得的不是天生的。心理学研究表明，婴儿是没有自我概念的。个体自我概念从发生、发展到成熟，大约需要20年的时间。

第二，自我概念具有相当的稳定性和持久性。人的自我概念一旦形成以后，就具有相对的稳定性和持久性。除非发生重大的生活变化，否则是很难改变的。

第三，自我概念具有一定的目的性，在很大程度上对一个人的自我起保护和加强作用。人的自我概念一旦受到侵害，就会本能地做出反应。所以我们不要轻易去攻击别人的信仰，免得自讨没趣。

第四，自我概念的独特性。自我概念对每个人都是独特的，当然在不同的条件下人们可能受不同的自我意识的影响。例如，在有些情况下人们主要看重生理的自我，而在另一些情况下人们对社会的自我更在意。

【同步案例】

### 营销中的自我

超级女声——"想唱就唱"

安踏运动鞋——"我选择我喜欢"

中国移动动感地带——"我的地盘我做主"

可口可乐——"要爽由自己"

麦当劳——"我就喜欢"

美特斯邦威——"不走寻常路"

2. 旅游消费者自我概念的结构。

（1）自我认识、自我体验和自我调控。从形式上，自我概念表现为认知的、情感的、意志的三种形式，分别成为自我认识、自我体验和自我调控。

自我认识是自我概念的认知成分，指旅游消费者对生理自我（如身高体重）、心理自我（如思维活动、个性特征等）和社会自我（如人际关系）的认识。

自我体验是自我概念的情感成分，在自我认识的基础上产生，反映旅游消费者对自己所持的态度。

自我调控是自我意识的意志成分，指旅游消费者对自己的行为和心理活动的自我作用过程。

（2）生理自我、社会自我和心理自我。从内容上，可以把旅游消费者的自我概念分为生理自我、社会自我和心理自我。

所谓生理自我，是指旅游消费者对自己的生理属性的认识，包括对自己的身体、容貌等方面的认识。

所谓社会自我，是指消费者对自己的社会属性的意识，包括对自己在各种社会关系中的角色、地位、权利等方面的意识。

所谓心理自我，就是旅游消费者对自己心理属性的意识，包括对自己的人格特征、心理状态等的认识。

（3）现实自我、投射自我和理想自我。现实自我指个体对自己受环境熏陶炼铸在与环境相互作用中所表现出的综合的现实状况和实际行为的意识。它是自我现实的、社会存在的真实反映。

投射自我（或称镜中自我）是想象中他人对自己的看法和评价。它与现实自我可能存在差距，也就是说，自己对自己的看法和想象中别人对自己的看法往往是有差距的。但是，投射自我对于现实自我的形成起着重要的作用，人们总是把他人对自己的看法和评价作为重要参考来形成自我概念。

理想自我指个体经由理想或为满足内心需要而在意念中建立起来的有关自己的理想化形象。理想自我的内容尽管也是客观社会现实的反映，包括对来自他人和社会规范要求以及它们是否满足个体需要的反映，但这些内容整合而成的理想自我却是观念的、非实际存在的东西。

现实自我和理想自我的形成与社会环境的影响密切相关。现实自我产生于自我同社会环境的相互作用，理想自我则产生于这种相互作用中他人和社会广泛的要求内化后在个体头脑中整合形成的自我的理想形象。由于人们总是按照理想自我来塑造自己的，理想自我是现实自我努力的方向，而且由于一般人，特别是青年人往往以为理想中的自己就是现实的自己。因此，现实自我总是带有不可摆脱的理想自我的痕迹。在正常情况下，当理想自我的形成建立在理智认识或他人和社会规范的自觉内化之上时，理想自我可以在现实自我和社会环境之间起到积极的调节作用，指导现实自我积极地适应和作用于社会环境。这时，理想自我、现实自我和社会环境的要求可以在新的水平和方向上达到协调一致，自我得到健康发展。

（4）延伸自我。消费者购买某些产品的目的，有时是为了表明自己的某些特别重要的特征。贝克尔发展了一种称为延伸自我的理论来解释这种现象。延伸自我由自我和拥有物两部分组成，它说明了消费者有时候根据自己的拥有物来界定自我，因为有些拥有物不仅是自我意识的外在显示，同时也构成了自我意识的有机组成部分。如果丧失了那些关键性的拥有物，我们可能成为另外的个体，如纹身。

消费者用于自我定位及延伸的物品可以分为四个层次：一是个人层次，如珠宝、汽车、服饰等；二是家庭层次，如私宅、私宅内的装潢和摆设等，三是社团层次，如邻居、籍贯等；四是集团层次，如特定社会阶层、相关群体等。

## 【同步案例】

X君的36篇游记中，完整地向我们展现了每一次旅游前、中、后的旅游者自我认知历程，解读X君的游记我们发现他的自我概念主要包含以下三种类型：实际自我、理想自我、社会自我。

(1) 游前：生活世界中的自我概念呈现。X君旅游前深陷都市生活的压抑与藩篱之中，在游记YJ160606中写道"生活在都市之中，习惯奔走、习惯各种赶……在快节奏都市里喘息"，都市社会充斥着各种"快"的现代状态使人的异化不断加剧，触发了X君逃避速度的渴求，因此旅游成了他最理想的选择。X君在游记YJ15125、游记YJ160514中提及雾霾带给他的"没生气""混沌不堪""厌倦"，以及游记YJ141225写到"无法融入""格格不入"，在游记YJ151012中渴求"与陌生人友善地微笑，换一种和这个世界打交道的方式，去重新学习爱"，都隐含着主体对于现实生活的不适应，真切地希望在自己所生活的空间之外找到可以"舒缓解脱"的"缓慢空间"，借以逃避和远离。纵观X君游前的自我概念表述，其主要表征为实际自我的束缚、社会自我的疏离、理想自我的想象和寻求。其所裹挟的生活环境中，噪音、污染、高压、快节奏已经成为生活的重负，于是逃离成为X君的内心渴望与需求。逃离实际自我的枷锁、日常生活的烦恼、压力、紧张以及单调重复的步调；寻求理想中的自我、情感的愉悦和精神的慰藉；摆脱社会自我在人际关系中的格格不入和难以融入。总而言之，游前生活世界里的自我概念为自我内心失衡的诊断和识别，历经自我诊断，激发了X君"逃离"的内心需要，这种逃离并非是一种消极避世（钱俊希等，2015）；反之，暂时的逃离与寻求是为了使精神和身体得到一种彻底的放松与休息，也是个体通过旅游活动，对自身体能、智能进行充实和更新的重要方式。游记YJ160606中提到的"换一种活法"，便是要通过旅游来实现实际自我的暂别，以"在旅行中整理生活"的态度来整理对自我的认识。其他游记中提及的"发呆""放空"等也不外此意，即所谓的在旅游中暂时脱离现实的角色扮演，跳出"此山中"，带来自我心境的跨越（龙江智等，2010）。

(2) 游中：旅游世界中的自我概念呈现。"不识庐山真面目，只缘身在此山中。"个体的自我认知，往往要跳出惯常世界去"远观"。高速运转的现实世界，这种冷静远观的机会并不多，而旅游为人们提供了这样一种时空际遇。正如席慕蓉所言："旅行的意义在于脱离日常生活的轨迹，在于撤除界限，在于放松自我，在于融入他乡，在于嬉游中的观察与反省"（舒国治，1997）。这里，席慕蓉指出了旅行的一项深层意义，即通过嬉游中的观察与反省来认识自己。旅游作为"自我"与"他者"相遇的过程，"他者"与"自我"的界限被撤除，旅游者除了对外在"他者"进行观察，也会对内在"自我"进行认识与反省。

(3) 游后：回归生活世界的自我概念呈现。从"家乡"到"异乡"再回归"家乡"，从"惯常"到"非惯常"再回归"惯常"的过程中，不断地背离和回归，诚如英国人类学家特纳（Turner，1969）提出的仪式过程结构"阈限前—阈限（threshold）—阈限后"，旅游也可看作这样一个仪式过渡过程，从阈限前的背离、阈限的体验到阈限后的回归，这也就意味着旅游的意义并非简单的休闲、娱乐，却像人生一样，历经仪式过程，实现人生的升华，自我的转换。经由旅游的洗礼、旅游记忆的回放，自我将发生多方面的变化，如 X 君多篇游记中的例子：从"混沌不堪"到"以自己的方式过好一生"、从"没了生气"到"莫悲观"、从"被动接受"到"听从自己内心的呼唤"、从"脆弱"到"无畏"、从"追逐"到"放下"等。这些例子明显可以看出 X 君自我概念的重构。

（资料来源：黄清燕，白凯. 旅游者自我概念的时空转变——典型网络游记的个案研究[J]. 地理科学进展，2017，36（5）：644–654.）

分析：本文以个案游记回归到旅游对旅游者主体的观察，发现了旅游者自我概念与旅游活动的互动关系。每一次旅游活动，都与自身的现存状态、理想渴望、人际关系密切关联，正是对自我概念的认知匮乏激发了旅游动机，成就了旅游活动的开展。然而，旅游者通过旅游建构的自我概念并非永恒不变，它会随着下一次的出游进一步地重构，也会经由旅游经历的积累不断更新替代。

3. 自我概念对旅游消费者行为的影响。有研究成果显示，可以从旅游消费者所选择的旅游产品以及对他们的意义等方面来判断他们的自我（个性）。旅游消费者对自己具有明确的认知，在选择品牌时会考虑这个旅游产品是否适合自己的"自我形象"，他们只会购买有助于加强自己形象的旅游产品。

依据自我形象来判断其个性的方法是基于心理学家罗杰斯的"自我论"。该理论中，罗杰斯提出了"自我观念"，它是指人们由于自己的特性而进行认知的一种方法。不同的人对于自己有不同的反应，从而形成自己是属于哪类人的观点。

每个旅游消费者的行为因其所处的环境有所差异。旅游消费者也会根据所处的环境来选择旅游产品，使自我形象与周围人群对他的期望相适应。比如，人们在家庭出游、与朋友出游两种环境条件下，会先进行预测和评价，然后根据他们的自我形象来选择不同的旅游产品以适合这种条件下的自我形象。

旅游消费者的自我意识对旅游产品的品牌形象及其购买行为的影响可能会成为无意识和无须认真权衡与考虑的过程。比如，一些人在自我概念中会有提高生活品质、释放工作压力、提升自我的追求，也许会经常开展旅游活动，但在购买决策时，不大可能进行如此的思考。这意味着广告营销应该努力塑造旅游产品形象，并使之与目标旅游消费者的自我意识相一致，虽然每个人的自我意识是独一无二的，但不同旅游消费者之间还是会存在共同或者重叠的地方。

## 本 章 小 结

【主要概念】

个性　自我概念　本我　自我　超我

【内容提要】

本章主要介绍个性对旅游消费者行为的影响，分为三个部分：首先，介绍了个性的概念及其特性；其次，从行为倾向、性格倾向、个性倾向角度对旅游消费者的个性类型进行划分；最后，介绍自我概念的含义及其特点，分析自我概念对旅游消费者的影响。

"个性"内涵非常广阔丰富，是人们的心理倾向、心理过程、心理特征以及心理状态等综合形成系统心理结构。个性具有自然性与社会性、稳定性与可塑性、独特性与共同性等特性。同时，分别介绍了卡特尔人格理论、精神分析理论、自我论等个性理论。

从行为倾向角度划分为神经质的旅游者、依赖性的旅游者、使人难堪的旅游者、正常的旅游者；从性格倾向角度划分为心理中心的和他人中心的两大类；从个性倾向角度划分为喜欢安静生活的旅游者、喜欢交际的旅游者、对历史感兴趣的旅游者。个性结构理论把个性分成了儿童自我状态、成人自我状态、父母自我状态三个独立的部分，每个部分都分别支配着不同类型的行为，这为我们分析旅游者的消费行为和旅游服务行为提供了非常有价值的角度。

自我概念又称自我意识、自我形象，是指个人对自己的能力、气质、性格等个性特征的知觉、了解和感受的总和，即自己如何看待自己。从形式上，自我概念表现为认知的、情感的、意志的三种形式，分别称为自我认识、自我体验和自我调控。从内容上，可以把旅游消费者的自我概念分为生理自我、社会自我和心理自我。自我概念具有以下特点：自我概念是习得的不是天生的；自我概念具有相当的稳定性和持久性；自我概念具有一定的目的性，在很大程度上对一个人的自我起保护和加强作用；自我概念的独特性。旅游消费者对自己具有明确的认知，在选择品牌时会考虑这个旅游产品是否适合自己的"自我形象"，他们只会购买有助于加强自己形象的旅游产品。

## 单元训练

【知识训练】

一、选择题

1. 个性具有以下（　　）特性。
A. 自然性与社会性　　　　　　　B. 稳定性与可塑性
C. 独特性与共同性　　　　　　　D. 连续性与可变性

2. 根据旅游者行为倾向可划分为（　　）类型。
A. 神经质旅游者　　　　　　　　B. 依赖性的旅游者
C. 令人难堪的旅游者　　　　　　D. 正常的旅游者

3. 使人难堪的旅游者的行为倾向表现为（　　）。
A. 羞怯、易受感动、拿不定主意
B. 爱批评、漠不关心、沉默寡言
C. 厌倦、脾气乖戾、急躁、大惊小怪
D. 计较小事，考虑自己，心情有些压抑，不爱冒险

4. 精神分析理论的创立者是（　　）。
A. 卡特尔　　　B. 弗洛伊德　　　C. 马斯洛　　　D. 伯恩

5. 从内容上，可以把旅游消费者的自我概念分为（　　）。
A. 现实自我　　　B. 社会自我　　　C. 心理自我　　　D. 生理自我

**二、判断题**

1. 在所有的人格理论中，卡特尔人格理论是最复杂且影响最大的。　　　　（　　）

2. 个性是由"儿童自我状态""成人自我状态"和"父母自我状态"三种自我状态结构构成的。这三种自我状态大体上与弗洛伊德的"本我""自我""超我"相对应。（　　）

3. 根据旅游者在生活中的表现来划分，可以分为心理中心的人和他人中心的人两大类。　　　　　　　　　　　　　　　　　　　　　　　　　　　　（　　）

4. 自我概念一旦形成就不会改变。　　　　　　　　　　　　　　　（　　）

5. 所谓现实自我，是指消费者对自己的社会属性的意识，包括对自己在各种社会关系中的角色、地位、权利等方面的意识。　　　　　　　　　　　　　　（　　）

**三、简答题**

1. 什么是个性？个性的形成受哪些因素影响？

2. 旅游者个性的类型是如何划分的？每一种个性类型旅游者的特点是什么？

3. 根据个性结构理论，旅游消费者的个性结构如何划分？三种"自我状态"在旅游决策中分别发挥怎样的作用？

4. 简述自我概念的含义及其特点。

5. 自我概念对旅游消费者行为有什么影响？

## 【技能训练】

**案例分析题**

我喜欢首尔古色古香的仁寺洞，每次去韩国我总是住在那附近的宾馆或旅馆。徜徉在仁寺洞的店铺里，我有一个有趣的发现：在店铺的陈列窗里，肯定摆着华丽的、高级的、大的货物，也就是尽摆好东西。在顾客出入的地方放着好东西，里边放普通的小东西。我喜欢脸谱，经常去的那家店，也是前面摆着最大最贵的，越往里去东西就越小。

在中国，情况恰恰相反。去古玩店，最外面象征性地摆一些小东西，不值钱；店家听客人说想要什么样的货之后，才从最里面拿出藏好的宝贝给你看。

从这个现象里，我发现了潜藏其中的民族性差异。就是说，韩国人有重表现的性格。而中国人则有善于隐蔽、不溢于言表的性格。

韩国的招牌美得无与伦比，服装和物品的原色系列设计能够让人一下子过目难忘；日本的设计稳重清洁，让人感到"寂静"；中国的设计，既不华丽也不清洁，让人感到有一种悠然、留有空白的有待完成的沉重。

一位做导游的朋友说，在中国，大多认为韩国的旅游者是最热闹的外国人。日本人总是跟在中国旅行社的导游身后，一边静静地记笔记，一边配合导游工作；可是韩国人，也许是由于个性强，什么事总是个人意志优先，不守规矩，所以带他们总是很累。

比起不论在何时何地都不能不表现的韩国人，中国人当然具有大陆化的强烈表现力，但却不像韩国人那样为表现而表现。中国人控制表现，更注重强烈的隐蔽意识。中国成语"喜怒哀乐不形于色"就是这一隐蔽意识的最好说明。在著名的《菜根谭》里，有这样的教诲：觉人之诈不形于言，受人之侮不动于色，此中有无穷意味，亦有无穷受用。

和韩国人的表现意识、中国人的隐蔽意识有所不同的是，日本人具有一种"被动"意识。日本人没有韩国人那么旺盛的表现力，也没有中国人那种控制表现的能力。但是，不善于自我表现的日本人，在善于接受对方这一点上确实很优秀。

（资料来源：金文学．东亚三国志［M］．贵州人民出版社，2011．）

**问题：**

根据弗洛伊德的人格理论，尝试解释中国人的国民性。

## 【能力训练】

### 一、实务题

找出若干个旅游城市曾经用过或正在用的形象代言人，分析代言人的个性特点与旅游城市特点之间的关系。

### 二、调研题

分别调查若干大学生和大学教师群体，哪些旅游产品最有可能成为他们传递自我概念的符号或象征品？这两个群体在这方面有何区别？其原因是什么？写一份调查分析报告。

# 第8章　群体影响与旅游消费者行为

【学习目标】

　　知识目标：掌握参照群体的定义和种类；理解参照群体对旅游消费者的影响方式；了解影响参照群体作用强度的因素；了解意见领袖、口碑和社会化传媒的定义及其对旅游消费的影响。

　　技能目标：能对参照群体进行正确的分类；能根据具体的消费情境，分析参照群体对消费者行为的影响以及影响方式；能正确判断现实生活中的意见领袖；能正确认识现实生活中的社会化传媒。

　　能力目标：具有利用参照群体、意见领袖、口碑和社会化传媒的作用来开展旅游营销的能力。

【案例导读】

## 旅行真人秀节目扎堆播，带火旅游目的地

　　《带着爸妈去旅行》《极速前进》《奔跑吧兄弟》等旅行真人秀节目是"你方唱罢我登场"，上周又迎来了在韩国录制的明星夫妻旅行真人秀节目《一路上有你》的完美收官以及《花样姐姐》的华丽开播，而粉丝颇多的《花儿与少年2》也马上将登上荧屏。

　　据不完全统计，2014年涉及旅途拍摄的真人秀节目共播出11个。更有今年江苏卫视打造的极限旅行真人秀节目《前往世界的尽头》，节目组将在4个月内穿越五大洲三大洋12个国家，在近50个极限地点完成拍摄，听听都让人"颤抖"。

　　记者认识的一位热爱旅游的庄女士，她认为自己的出行意愿确实会受到这类真人秀节目的影响。"首先节目里的景色都很吸引人，其次是因为一档节目选择一个旅游目的地，相当于达成一个愿望，这个过程很享受呢。"

　　"看了《花样姐姐》好想去土耳其啊。"网友"徐某某carol"在微博上转发了一组棉花堡温泉的照片。

　　眼下有个共同的现象是，这些旅行真人秀节目播出后，不管是名不见经传的，还是久负盛名的，都成了热门的旅游景点。

　　位于杭州建德的新叶村曾因未被过度开发，处于"藏在深闺无人知"的状态，但因一档亲子旅行真人秀节目而走进了人们的视线后，迎来大波游客。

　　新叶村旅游项目负责人张总表示，2013年7月新叶村的旅客人数是860人次，而在2014年7月《爸爸去哪儿》播出后，当月旅客达到18 000多人次。

　　（资料来源：今日早报.《花样姐姐》热播 旅行真人秀节目"火"了谁 [N/OL]. 大众网，2015-04-29. 有删减）

该案例表明，当下在各类真人秀节目热火朝天开播的同时，各个地方的旅游目的地也顺便搭上了真人秀节目的快车，利用真人秀节目的巨大曝光率作为推销自己的工具，吸引了大量的以其节目作为参照群体的游客前来消费。那么，参照群体到底是什么，又为什么对旅游消费者有如此惊人的影响力？

## 8.1　参 照 群 体

### 8.1.1　参照群体的概念与类型

1. 参照群体的概念。参照群体，是指一个对消费者的价值观、态度和行为产生影响的群体。参考群体并不一定是某一成员所属的群体，但它被某一成员用做其所属群体的参照对象，是作为旅游消费者在某种特定情境下，作为行为标准和指南，加以模仿和效法的群体。参照群体不仅包括家庭、同学、同事等直接与消费者互动的群体，还包括明星、名人、政治领袖以及其他公众人物与消费者没有直接面对面接触但对个体行为产生影响的群体。

2. 参照群体的类型。

（1）按群体内部关系是否规范分为正式参照群体和非正式参照群体。正式群体指有一定的规章制度，有既定的目标，有固定的编制和群体规范，成员占据特定的地位并扮演一定的角色的群体，如工厂中的车间、学校中的班级等。非正式群体指以个人好恶兴趣等为基础自发形成，无固定目标，无成员间的地位及角色关系的群体，如趣味相投的朋友、街道或同院的伙伴等。一般来说，与正式群体相比，由于非正式群体与消费者的日常个人生活关系比较密切，其对个人消费影响力更大。而正式群体容易辨认和识别，则容易成为个体消费者评价自己或别人的比较标准和出发点。

（2）按个体与群体所属关系分为成员群体和渴望群体。当消费者积极参加某一群体的活动时，该群体通常会作为他的参照群体。这种由消费者相识的人组成的参照群体称为成员群体。而有些消费者认为自己所隶属的群体不符合其理想标准，因而以其他群体作为参照群体。这种由消费者能辨认或羡慕、钦佩的人组成参照群体称为渴望群体，如成功人士、著名的运动员和演员。虽然消费者与渴望群体无直接接触，但消费者钦佩这些人所使用的产品类型能为消费者的消费决策带来指导，因而对消费者的品位和偏好产生强有力的影响。所以许多企业在搞营销活动时都会借用目标客户的渴望群体的形象来描述产品和服务。比如，某些商务服装厂请真正的总经理而不是模特来拍广告，以此来吸引渴望成功的商人。

（3）按群体对个体的影响方向分为正面的参照群体和负面的参照群体。参照群体对消费者的影响可以有正面的和负面的两个方面。在多数情况下，消费者按照参照群体的行为模式来塑造自己的行为。但在一些情况下，消费者会努力疏远心目中的回避群体。他们会仔细地研究他们不喜欢的个人或群体的服饰或消费习惯，以便避免购买那些可能把他们与这些人混同的产品。

（4）按照个体是否渴望加入该群体分为准则群体、比较群体、否定群体。准则群体指人们希望或愿意参加的一种群体。这种群体的价值观念、行为准则、生活方式、消费特征等是为人们赞赏、推崇并愿意效仿的。通常这种群体对消费者的影响最大。比较群体指人们仅把它作为评价自我身份与行为的参考依据，但并不希望加入的一种群体。比如，一些消费者追随模仿影视明星的衣着打扮、行为举止等，但仅把他们作为时尚、潮流的参考，并不想成为其中的一员。否定群体指人们对其持否定态度、加以反对的一种群体。消费者通常不会购买那些与否定群体典型表征相关的产品。

### 8.1.2　参照群体对成员行为方式的影响

1. 信息性影响。信息性影响，是指将关于消费者本人、他人或者物质环境方面的有用信息传达给消费者，其影响程度取决于被影响者与参照群体成员的相似性以及施加影响的群体成员的专长性。这种信息的接受，既可能是他有意识地、主动地寻求的，比如大学生每年在春游秋游时会向师兄师姐请教或在社交媒体寻找其他大学生推荐的最佳旅游安排，包括交通线路、餐饮、住宿、娱乐等方面内容，也可能是他在偶然的情况下或不经意间听到的，如某人长期关注某个旅游达人的微博，当他外出旅游时想起微博中介绍的某个旅游景点，决定去游览一番，此时，这个旅游达人对该旅游景点提供了间接的信息。

2. 功利性影响。功利性影响，又称为规范性影响，指消费者为了获得赞赏或避免惩罚而采取的消费行为。当消费者认为参照群体能够控制奖励和惩罚，而且他们本人也希望得到相应的奖励或避免某种惩罚的时候，这种功利性影响就出现了。例如，在一个工作单位选择旅游目的地时，多数人选择了去某一个旅游目的地，而少数人选择了其他目的地或还未决定好去哪时，少数部分的人会服从多数人的意见。规范往往与一定的奖励和惩罚关联。为了获得参照群体的赞赏或避免惩罚，个体消费会按照参照群体的期望行事。同样，为了迎合同事的期望，个人选择旅游目的地的决策会受到同事偏好的影响。

3. 价值表达性影响。价值表达性影响，也称认同性影响，指以个人对群体价值观和群体规范的内化为前提，无须任何外在的奖励，个体会依据群体观念与规范行事。例如，某位旅游者喜欢的明星总是戴着黑框眼镜，于是他也习惯性地戴上黑框眼镜，并像那位明星一样念了两句诗，以反映他所理解的那位明星的形象。此时，该消费者就是在价值观上受到参照群体的影响。个体之所以在无需外在奖惩的情况下自觉依群体的规范和信念行事，主要基于两个方面力量的驱动：一方面，个体可能利用参照群体来表现自我，从而提升自我形象；另一方面，个体可能特别喜欢该参照群体，或对该群体非常忠诚，并希望与之建立和保持长期的关系，从而视群体价值为自身价值。

### 8.1.3　影响参照群体作用强度的因素

1. 个人的特征。个人自信心越强、善于独立思考、具有较强的分析判断能力，受参照群体的影响程度越小；相应的，个人的自信程度越低、缺乏主见、优柔寡断，越容易求助于参照群体成员，参照群体对他的影响就越大，特别在购买他不太熟悉的产品时更是这样。

2. 消费者的自我形象。每个消费者内心深处都有自我形象的存在，其中，既包括实际的自我形象，也包括理想的自我形象。当参照群体的价值观、行为准则和消费特征与消费者理想的自我形象相符时，就会使消费者对该群体产生强烈的认同感，参照群体对他的影响就越大。比如，一个人参加一个渴望群体的活动时，他就会非常注重自己的穿衣打扮、行为举止，而对于参加一个非渴望群体的活动时，他则会显得很随便。相反，当参照群体的特征与消费者的自我形象相去甚远时，则不会对消费者产生积极的影响，甚至可能成为消费者回避的对象。

3. 参照群体的特征。群体对个体的影响能力随着群体规模的大小、凝聚力的高低以及领导力的强弱而不同。群体凝聚力或领导力越强，其影响力越大；群体人数越多，规模越大，其影响就会越小。

4. 旅游目的地的距离。对于旅游目的地的类型来讲，旅游者选择远距离旅游目的地时受到的参照群体的影响力明显大于选择近距离旅游目的地时受到的参照群体的影响力。首先，远距离旅游目的地的信息不对称现象更加严重，阻碍旅游者对目的地的了解，增大了旅游者对目的地客观评价的难度。其次，远离惯常居住地的旅游目的地会给旅游者带来更多的不确定性。俗话说"十里不同风，百里不同俗"，远距离旅游目的地的风土人情、生活习惯，甚至语言都与旅游者惯常居住地有更大区别。尽管这些区别正是旅游目的地吸引力之一，然而它也会给旅游者带来更多的未知风险。再次，由于旅游产品具有生产与消费的同时性和异质性的特点，意味着旅游目的地的消费使旅游者必须离开惯常居住地前往目的地，同时即使旅游者造访同一旅游目的地，旅游体验也会因人而异。因此，相对于近距离旅游目的地，远距离旅游目的地会使旅游者投入更多的资金、时间、身心等因素，但是能否换来更多甚至同等的旅游愉悦体验却不一定的。因此，从旅游者的"投入—回报"角度看，远距离旅游目的地显然也存在更大的不确定性，受参照群体的影响程度会更大。

5. 旅游出行方式。对于旅游出行方式来讲，采取自助游方式时旅游者受到的参照群体影响力大于团队旅游方式。由于团队旅游在出发前已经由中间商为旅游者预定完成，旅游者不必再为此费心。旅游者不仅可以通过中间商获得价格优势，还会降低旅游中的不确定性甚至风险感知。而自助旅游的旅游者很少或甚至不依赖旅游中间商的服务，行程和旅游活动完全由旅游者自己掌握，更加自由和随意，通常情况下也更能获得预期的旅游体验。但自助旅游需要旅游者凡事亲力亲为，从购买前的信息搜集到各单项旅游产品的购买确认，都由旅游者自己完成。而且在这个过程中，因为没有旅游中间商的谈判优势，旅游者往往要付出更高的价格。因此，采取自助旅游的旅游消费者要具备信息搜集和甄别能力、突发情况应变能力、风险承担能力等必要条件。相对于包价旅游消费方式，自助游要求旅游者的涉入程度更高，消费过程的复杂程度和不确定性更加显著，排他性更强。因此，旅游者选择这种方式消费旅游产品时感受到的参照群体影响力更大。

### 8.1.4　与旅游消费者相关的参照群体

1. 家庭成员。家庭是个体开始社会化过程的第一环境，家庭成员成为消费者最重要的参照群体，包括血缘家庭和婚姻家庭的成员。家庭成员的个性、价值观以及成员之间的相互影响，形成了一个家庭的整体风格、价值观念和生活方式，从而对旅游消费者行为有直接的影响。

2. 朋友。寻找友谊和安全感、保持朋友关系是多数人的基本驱动力。朋友对个体的影响位居家庭之后，属于典型的非正式群体。在某些情况下，基于共同价值取向而形成的朋友关系，对个人往往更具说服力，对旅游消费者最终选择旅游产品有着重要的影响。

3. 同事、同学群体。学习、工作是人的一生中重要的组成部分之一。在长期的学习、工作中，人们长时间共同度过，使得同学群体、同事群体有充分的机会作为影响成员旅游消费行为的重要力量。其中，既有因学习、工作关系而联系在一起的正式群体的影响，也有在学习、工作之外而形成的非正式群体的影响，比如，在同一个学校、同一个公司中成为朋友的人，会在午餐、节假日的会面中对人们的旅游消费态度和行为产生影响。

4. 社区邻居。人们常说"远亲不如近邻"，这反映出我国传统文化中比较注重邻里关系。在旅游消费中，居住社区、左邻右舍的旅游消费倾向、价值评价、选择标准等，往往成为人们重要的参照依据。

5. 社会团体。各种正式和非正式的社会团体，如党派、教会、协会、俱乐部等，也在一定程度上影响着旅游消费者的行为。

6. 虚拟群体。随着计算机和移动互联网的不断发展，虚拟群体这一新型群体快速进入人们的生活中。人们通过论坛、聊天室、QQ群、微信群等中介，以匿名的方式与他人交往，在自由表达自己思想的同时，获得各种各样的相关信息，当然包括有关旅游消费的各种信息。

### 8.1.5　基于参照群体影响的营销策略

现有的研究表明，与生活必需品相比，参照群体对消费者购买非必需品的影响较大；与公众性较低的产品相比，在购买公众性较高的产品和服务时，参照群体对消费者在品牌选择上的影响较大。大多数旅游消费活动属于可见程度较高的非必需消费，因而，旅游消费者在购买旅游产品和服务时，受参照群体的影响较大。因此，利用合适的参照群体对潜在旅游消费者施加影响，对旅游目的地、旅游企业的营销具有重要的价值。

1. 名人效应。名人或公众人物对公众，尤其是对崇拜他们的人具有巨大的影响力和号召力。由名人的出现所达成的引人注意、强化事物、扩大影响的效应，或人们模仿名人的心理现象统称为名人效应。因此，旅游营销人员可通过名人来吸引潜在旅游消费者的关注，扩大宣传影响，乃至诱导旅游消费者模仿名人消费。例如，国内著名的超级人气偶像组合 TFBOYS 成员易烊千玺出任丹麦国家旅游形象代言人，被各大媒体大肆宣扬"小王子邂逅童话王国"，不但达到了很高的宣传效果，而且还将吸引大量他的粉丝前往丹麦旅游，这其实就是在发挥参照群体的名人效应。

2. 专家效应。专家是指在学术、技艺等方面有专门技能或专业知识全面的人，特别精通某一学科或某项技艺的有较高造诣的专业人士，如医生、律师、营养学家等。专家所具有的丰富知识和经验，使其在介绍、推荐产品与服务时较一般人更具权威性，从而产生专家所特有的公信力和影响力。比如，广东南湖国旅西部假期在开发境外旅游市场时，就成功地运用了专家效应，在推出欧洲旅游、非洲旅游等旅游路线时，均在广告上印了经验丰富的旅游专家的近照和推荐语。

3. 普通人效应。有些时候，名人、专家的代言固然有效，但近年来越来越多"普通人"加入到代言的行列。普通人的体验经历容易让潜在的旅游消费者感到亲切自然，感同身受，从而引起他们的共鸣，增强旅游宣传的亲和力。例如，迪士尼在各类广告中展示普通消费者如何从旅游消费活动中获得家庭团聚的欢乐等。由于这类广告更贴近旅游消费者，反映了消费者的现实生活，因此，这种广告宣传方式为越来越多的国内主题乐园所引入和采用。

【同步资料】

## 旅游搭上直播之后……

8 月 27 日晚，捷达旅游的一位工作人员在朋友圈分享了一个有捷达旅游参与的视频直播的链接，点击后是一位网红正在介绍自己在泰国入住的酒店。在 OTA 们争先恐后地介入直播市场之后，许多传统旅行社也迅速跟进。旅游企业在直播领域都进行了哪些尝试？他们如何看待旅游与直播的融合？未来"旅游＋直播"会给旅游市场带来哪些可能？记者对此进行了采访。

8 月 10 日，众信旅游宣布将携手乐视视频、ClubMed 打造旅行直播真人秀活动，并推出了相应的线路产品。报名的游客将前往三亚 ClubMed 度假村，通过"素人直播"的方式展示为期四天的旅程。"此次活动融合了旅行、直播、交友三个概念，是为了寻找更多旅行和直播的关联性。目前大多数直播都是靠颜值，优质内容不多，所以我们加入了交友这个热门话题作为补充。"众信旅游集团直客营销中心副总经理黄建华表示，除了此次活动之外，众信在"旅游＋直播"方面还做了很多其他的尝试，比如通过在欧洲的大学生、旅游达人的直播，去展现当地好玩的景点，分享旅途中的快乐。"我们在不同的直播平台上注册了直播号，而且众信的 APP 也已经实现了直播功能。"

探路者旅行事业群总裁甄浩告诉记者，他们已经进行了多次"旅游＋直播"的尝试，目前正在联系网红机构策划关于"探路娇娃"的直播活动，两周前在后海进行了首次"探秘"直播尝试。"今后我们的体验式旅行活动也会更多地尝试直播的形式，将产品更好地呈现给会员及用户。"

"同程旅游不光有专业的团队自制、自营'旅游＋直播'栏目，培养自有粉丝群体，带动合作项目产品曝光、销售，与龙珠、花椒、映客等直播平台也有广泛的合作，通过人气主播'直播旅游'，达成对旅游目的地的场景曝光、品牌提升。可以说，在'旅游＋直播'领域，同程旅游打出来一套'组合拳'。"同程旅游影视娱乐中心负责人柏敏表示。

据介绍，今年6月，同程旅游携手斗鱼直播平台在千年古镇——南浔开展了一场为期两天的"斗鱼网红带你探寻南浔"的线上直播活动。在活动首日，就有数万名观众通过直播了解了南浔古镇。7月16日，同程旅游携手龙珠直播平台打造的旅游直播综艺节目《带着你的眼睛去旅行》正式亮相。

7月23日，同程旅游市场中心影视娱乐部门邀请到人气女主播刘奕宁Lynn，在映客"同程旅游"《花样女神团》栏目中直播金汤湾海水温泉度假酒店的特色泼水节、温泉SPA、鱼疗还有篝火晚会等活动。"直播活动人气爆棚，共吸引了超过4万人在线观看，该酒店房间随后全部售罄。其中通过同程旅游渠道共销售房间136间，总出游人数超过300人，以家庭出游、亲子游形式为主。"柏敏表示。

今年5月，途牛影视和移动直播平台花椒达成战略合作。"途牛影视和花椒直播建立了旅游直播频道，打造'直播+旅游'的全新生态，共同探索直播商业化模式。"途牛影视总经理耿西鹏介绍，前不久，途牛推出了明星带队产品"马尔代夫玛娜法鲁岛4晚6日自助游"，行程中一个重要环节是由王祖蓝夫妇见证集体婚礼。活动中，途牛影视首次尝试"旅游+直播"模式，通过花椒直播与广大网友进行全程分享。此外，途牛影视还对知名演员颜丹晨的皇家加勒比邮轮海洋量子号之行、途牛影视签约旅行主播的韩国首尔之行进行直播。"花椒直播统计数据显示，三场直播累计观看人数达400万人次。"

目前，途牛旅游网又在途牛影视频道上线了在花椒途牛旅游频道直播送你直达瑞士雪山避暑活动，面向全国招募主播。

"从5月初试直播开始，阿里旅行已经在自有平台上做了超过30场的直播。6月16日上海迪士尼开园直播，阿里旅行请到了现象级网络节目《奇葩说》的明星姜思达，直播游园体验。6月18日，父亲节前夜，阿里旅行在珠海长隆海洋王国，隔着水族馆的玻璃，直播湖南卫视主持人、人称'村长'的李锐，背着氧气管在水中与鲨鱼共舞。"阿里旅行相关负责人介绍道。

"进入7月，阿里旅行与大理丽江的客栈老板娘合作，打造出'最美老板娘'的IP概念，让这些商家在阿里旅行直播平台上自己来推广品牌、吸引粉丝，以及增进销量。"阿里旅行相关负责人表示，将直播与旅行商品销售联系得更紧密的，要数7月25日阿里旅行做的一场"直播导购"。在阿里旅行自搭的直播间内，两位员工面对镜头，聊天式地介绍了平台上精选出来的国庆中秋的特惠商品。因为中秋国庆出游的刚需，这场直播收获了让人惊喜的流量。

（资料来源：中国旅游报：旅游搭上直播之后……[EB/OL].中国经济网，http://www.ce.cn/culture/gd/201608/30/t20160830_15376459.shtml，2016–8–30.有删减）

## 8.2 意见领袖

### 8.2.1 意见领袖的概念及其特征

1.意见领袖。意见领袖（opinion leadership）一词源自于保罗·F.拉扎斯菲尔德（Paul Lazarsfeld）及伊莱休·卡茨（Elihu Katz）的"两级传播"理论（two-step flow of communication）。这个理论是用多个不同的模式尝试解释人对想法、决策或是广告产品效果会有的反应。

意见领袖是指在人际传播网络中经常为他人提供信息，同时对他人施加影响的"活跃分子",他们在大众传播效果的形成过程中起着重要的中介或过滤的作用,由他们将信息扩散给受众,形成信息传递的两级传播。意见领袖的特色之一是他的意见在接受他的意见团中受到尊敬及重视。另外,一个意见领袖也许在另一个领域则会成为别的意见领袖的追随者。例如,一个旅游达人会是附近邻居在出外旅游前咨询时的意见领袖,他对国内旅游方面拥有更多的资讯及消息来源,同时也具有能了解这些讯息意义的能力,但对于出境旅游,这个旅游达人就可能更多地受其他的旅游达人的影响。

2. 意见领袖的特征。

(1)与被影响者一般处于平等关系而非上下级关系。意见领袖未必都是大人物,相反,他们是我们生活中所熟悉的人,如亲友、邻居、同事等。正因为他们是人们所了解和信赖的人,他们的意见和观点也就更有说服力。

(2)意见领袖并不集中于特定的群体或阶层,而是均匀地分布于社会上任何群体和阶层中。

(3)意见领袖的影响力一般分为"单一型"和"综合型"。在现代都市社会中,意见领袖以"单一型"为主,即一个人只要在某个特定领域很精通或在周围人中享有一定声望,他们在这个领域便可扮演意见领袖角色,而在其他不熟悉的领域,他们则可能是一般的被影响者。如一个对时事政治拥有广博知识的人可以在时政问题上给予他人指导,而在流行或时尚方面则接受其他行家的影响。在传统社会或农村社会中,意见领袖一般以"综合型"为主,例如,有声望的家族对当地社会往往有普遍的影响。

(4)意见领袖社交范围广,拥有较多的信息渠道,对大众传播的接触频度高、接触量大。

(5)意见领袖常常关注那些身边的事件和新闻,并适时发表自己的观点。

【同步问题】

观察我们周围有哪些意见领袖?

【同步资料】

## 微博时代"意见领袖"的特点探析

20 世纪 40 年代,拉扎斯菲尔德等人在《人民的选择》一书中正式提出"意见领袖"的概念,他们认为,大众传播并不是直接"流"向一般受众,而是要经过意见领袖这个中间环节,即"大众传播—意见领袖—一般受众"。相比一般受众,"意见领袖"接触媒体的频率更高,他们通过向他人提供信息,传达观点,影响那些媒介接触度、知识水平和兴趣度比较低的受众。他们的存在对大众传播效果产生重大影响。随着网络应用的普及和网络作用的日益凸显,网络"意见领袖"影响舆论、引导舆论的能力也越来越受到重视。如今,被誉为"杀伤力最强的舆论载体"的微博客开启了互联网媒介新时代,它的兴起与繁荣,既为传统"意见领袖"提供了全新的平台,又为新兴"意见领袖"的生长提供了肥沃的土壤,微博本身的特点则为微博时代的"意见领袖"带来了新的特点,他们对舆论的影响力也越发不容忽视。

## 一、微博时代"意见领袖"的一般特征

微博是微型博客的简称，是基于 Web 3.0 平台的一类开放互联网社交服务，是一种新兴的网络传播方式，与传统博客相比既有区别也有联系。微博时代的"意见领袖"既继承了网络"意见领袖"的特征，又具有自身的特点。笔者认为，微博时代的"意见领袖"必须具备以下两个一般特征。

### （一）发布的信息受到高度关注

微博"意见领袖"是受高度关注的一群人，在微博中这个关注度可以通过两个数字加以量化证明：一是粉丝数；二是微博被转载数。微博受关注度的大小和微博博主本人及其所发信息有很大关系。在现实社会中具有一定身份地位的名人，凭借已有的名气就能在微博上轻松拥有大量粉丝，他们所发的信息，即使是家长里短的絮叨，也会因名人效应而广受关注。另外，处于信息源上端的微博博主，通过发布最快捷、最权威的信息，也可以迅速获取关注度。这点在突发事件发生时表现得尤为突出。

### （二）发表的言论受到热力追捧

"意见领袖"在传播流程中极为活跃，他们不仅传递信息，还传达观点，提供建议。他们迅速、直接地表达着自己的观点甚至情绪。当他们的观点、意见、情绪为受众接受，甚至引起受众的共鸣，大受追捧，则会产生巨大的舆论影响。在网络环境中，某种受到网民追捧的言论带来的影响则更为广泛。网络既为"意见领袖"提供了发表言论的平台，也通过其交互性的特点，为网民提供了对言论进行反馈的渠道，进而造成更大影响，甚至形成网络民意。微博容量虽小，但是表达观点的能力不仅没有受到影响，反而因其短小而变得更加观点鲜明，必然成为各路"意见领袖"竞相施展影响力的舞台。

## 二、微博时代"意见领袖"的新特点

微博与传统博客不同，它每次只能发送 140 个字符，方便于在手机上发布，其信息发布的即时性优于传统传播方式。随着 3G 技术的普及和成熟，以手机为传播介质的微博不仅能处理图像、音乐、视频等多种媒体形式，更能在全球范围内实现无缝漫游。相比其他传播方式，微博具有传播内容微小化、个人化、碎片化，传播迅速，有强辐射力和高到达率等新特点，这些特点使基于微博之上的"意见领袖"呈现出新的变化。

### （一）微博传播的强辐射力扩大"意见领袖"的影响面

微博设有关注和转发功能。当微博上的某人或某话题引起了你的兴趣，你可以通过关注功能，将该人或话题列入你的关注对象列表，成为其"粉丝"，同样你也可能成为别人关注的对象，拥有一批"粉丝"。当你对某条微博进行转发和评论后，关注你的人都能看到你所转发的微博以及评论，如果他们感兴趣，便会再一次转发、评论，而关注他们的人也能看到这条微博和他们的评论……如此继续下去，经过无限次"关注、转发"之后，关注的人数越来越多。被转发的微博在这种裂变式的传播过程中，得到了最大限度的传播。这个过程就好像一个以"舆论领袖"为中心，向四面八方辐射的过程，每一个人都既是传播的起点，又是传播的终点，都在这场壮观的信息辐射中，扮演了重要的角色。在微博这种强有力的辐射力的帮助下，"意见领袖"可以轻松扩大自己的影响面。

### （二）微博传播的高到达率提升"意见领袖"的影响度

微博的转发功能可以将原始微博进行全文转发，而微博具有的短小特点，又可以在手机等移动介质上进行。转发者只需要转发原文，并对其进行评论，便可形成一条新的微博，而这种"微博原文＋转发者评论"的模式，既可以表达转发者的观点，也可以确保微博原文以原貌到达每一个受众面前，大大降低了传播过程中的信息损失，避免了传播不准确的信息带来的不良社会影响。从另一个角度来说，这种极高的原文信息到达率，可以使"意见领袖"

发布的信息和言论以最原始的姿态到达受众，避免了由于信息损失带来的信息误读，从而有可能将每一个接收到其原始信息的人，都变成"意见领袖"的粉丝，如此一来，"意见领袖"的影响度也得到了极大的提高。

（三）微博传播的个性化、私人化、碎片化打造"意见领袖"的亲和力

微博是一种即时的、随时随地的传播方式，具有随意性和不确定性。微博用户发布信息不需要经过深思熟虑，而是想到什么就写什么，想写几个字就写几个字，完全处于一种随意、放松的状态中。因此，微博所具有的个性化、私人化、碎片化等特点，使微博日益成为反映个人生活细节的载体。同样，"意见领袖"在微博中发布的种种"絮语"，不仅仅体现其思想观点，也反映其个人生活和性格特点。对于受众而言，微博中的"意见领袖"们就像是你身边的某个人跟你说话，可能说完一句话他就走了，这使得那些曾经看似高高在上的"领袖"们具有了一种友邻般的亲和力。在这种亲和力的作用下，往往接受对方的观点就显得顺理成章了，从某种程度上来说，"意见领袖"的影响力也得到了提升。时下，国内外的各种政治明星、娱乐明星，都"玩"起了微博，纷纷将微博作为宣传自己的好方法，其中奥巴马的 twitter 就是一个著名的案例。

（资料来源：宋好. 微博时代"意见领袖"特点探析 ［J］. 今传媒，2010，18（11）：96－97.）

## 8.2.2　利用意见领袖进行旅游营销

由于意见领袖对于其目标消费者具有强大的影响力，因此，如何发现意见领袖便是一个重要的工作。事实上，要定位意见领袖并不是一件容易的事件。在旅游行业中存在着许多职业性的意见领袖，如旅游内容发布商、旅游节目发布商、目的地营销组织、旅游局、旅游博客、旅游媒体专业人士、专业导游和领队、户外旅游大 V、海外目的地向导等，也存在着对旅游有兴趣但与旅游业无关的非职业性意见领袖，如非旅游类（生活方式、美食、运动、演员、音乐家等）个人、品牌或博客、社交媒体用户（与旅游品牌或个人无关）。此外，可以通过社会学技术对意见领袖进行测量，如根据其使用报纸、杂志、电视等大众媒体的情况，每月浏览其页面的访客、被媒体引用的次数、互动率、微博转发等新媒体的情况，或是通过设计调查问卷的形式来确认意见领袖。在识别意见领袖的基础上，就可以利用意见领袖制定旅游营销策略。

1. 广告中使用意见领袖。在广告中采用明星、名人来推广旅游产品，就是希望借助这些名人在该产品上所具有的领袖型意见来影响潜在的旅游消费者。一般来讲，利用名人的领袖型意见的方式主要包括：一是证言，主要是基于强调名人自身对该产品的实际使用，而由名人来证实该产品的品质与功效；二是名誉担保，即名人用他的名誉来保证产品的质量与功效；三是演员，即名人纯粹以广告演员的身份出现在产品的广告中，在这种情况下，名人仅仅是扮演广告片中的一个角色，并没有任何推荐或担保的意思；四是代言人或形象大使，即名人长期担任某一产品或某个企业或某个旅游目的地的代表性人物。如 2016 年上海全面升级城市旅游营销策略，其中一个重要举措就是聘任胡歌担任上海旅游形象大使。首期合作将延续两年，期间将制作《胡歌邀你领略上海的"大好时光"》专题宣

传片、《胡歌带你游上海》旅游图册等。当然，这种利用名人意见领袖的推广手法能否成功，取决于名人的可信度、公信力；消费者对名人的熟悉度；名人与产品的特质是否相符；名人事后是否发生绯闻或丑闻等因素，决定着名人的意见领袖效应发挥的好坏与强弱。

2. 正确处理顾客抱怨或投诉。根据不完全统计，不愉快的顾客会将其不满平均告诉其他 9 个人。旅游消费者会同其他消费者谈论他们的旅游经历，而意见领袖的谈论要比一般人的影响更大。因此，当顾客的期望未能满足时，企业必须及时妥当地处理顾客抱怨。

3. 向意见领袖赠送样品。赠送样品，即将产品样品送给一个潜在的消费群体使用，是激发人们传播该产品信息的有效方法。在一项研究中，随机选择一群妇女，免费送给他们新速溶咖啡样品。结果发现，一周之内 33% 的样品获得者与家庭以外的人谈论到这种咖啡。旅游营销者不能随机选择样本，而应该尽量将产品送到可能成为意见领袖的人手中。我们可以为意见领袖提供免费旅游的机会，经过一次免费的旅游经历，意见领袖会将其经历向其意见团进行交流沟通，进而增加旅游产品的知名度，也可能激发其意见团对旅游产品的兴趣。

## 8.3 口碑传播

### 8.3.1 口碑传播的概念

口碑传播（word of mouth）源于传播学。口碑营销是指个体之间关于产品和服务看法的非正式人际传播，传播内容包括正面的观点和负面的观点，但不同于向公司提出正式的抱怨或赞赏。这种非正式人际传播被消费者认为不含商业意图，较为客观可靠，值得信赖，因此会直接影响消费者的态度与购买决策。

旅游口碑传播是游客在完成一项旅游活动后，对旅游产品和服务作出综合评价并向他人进行传播的过程。据市场调查，旅游口碑是大多数出游者获得旅游信息并据此做出旅游决策的主要途径之一。由于旅游产品不同于一般消费品，它具备空间上的不可转移性、生产消费的时空同一性、时间上的不可储存性等特征。旅游产品的这些特点，在消费者购买某一旅游产品时可能怀有较高的风险预期。所以当旅游者做出旅游决策时，提前获取该旅游产品的相关信息就显得十分必要。而鉴于媒体信息泛滥、浮夸不实，导致媒体信息传递的可信度较低，对潜在旅游者的影响力和吸引力都大为削弱。在这种情况下，旅游口碑传播则成为旅游者赖以获取旅游产品信息的主要途径和可靠源泉。旅游口碑传播是减小风险的最重要的信息渠道并且对旅游者行为产生重要影响。在旅游行业中，顾客的忠诚度并不一定体现在对旅游产品的重复购买，而主要表现在顾客对旅游产品的正面口碑。

### 8.3.2　口碑传播的模式

1. 传统面对面的口碑信息传播模式。面对面的口碑传播是最古老的信息传播模式，自人类社会形成开始它就存在，并在人类信息交流、文化传承方面发挥巨大作用，是最可信的信息沟通方式。传统的面对面口碑信息传播是传播者出于帮助别人、沟通情况和警告他人恶劣的产品或服务的动机而产生的。

但在消费者与消费者之间进行的口碑信息的传播过程中，消费者之间的关系影响了信息传播和扩散的效果。有学者认为，消费者与其他人的社会关系处于一个关系序列中，从强联结，如最亲密的朋友和亲人，到弱联结，如没有任何关系的陌生人。对于口碑来说，弱联结起着信息桥梁的作用，让信息从一个强联结的系统流向另一个强联结系统。因此，如果弱联结不存在，系统就会由一个个不连贯的次级群体组成，阻碍信息的扩散。强联结中的成员有一致性的偏好、更多频率的互动沟通、更具有可信性、影响力更大。

2. 大众媒体主导的口碑传播模式。20 世纪报纸、广播、电视等大众传播媒介逐渐成为人们获得外部信息最主要的来源，商业广告和营销推广也借助大众媒体强大的渗透力和影响力对消费者的信息获得和购买决策产生影响。1964 年，两级流动理论提出，即由大众媒体发布的信息在传播过程中，先经意见领袖的筛选，并由他传递给追随者。有关学者还在研究中证实意见领袖的口碑推荐对加速革新扩散的作用。所以，大众传媒通过广告、营销推广来传播的信息先被意见领袖接受，转而由他们扩散至与其同处于一个社会阶层的其他消费者。此时，执行口碑营销的营销人员的兴趣就是确认和影响这些有影响力的、尊敬的、可信的意见领袖。

3. 网络自媒体时代的口碑传播模式。20 世纪 90 年代以来，互联网尤其是 Web 2.0 技术的发展革命性地改变了人类社会的交流沟通模式。网络口碑传播融合了大众传播和人际传播的信息传播特征，形成一种散布型网状传播结构。在这种传播结构中，所有网络节点都可以产生信息、发布信息。因此，网络环境下的消费者不再是信息的被动接受者，也不仅仅是一个主动的信息搜寻者，同时也是信息发送者的角色，更是借助 Web 2.0 强大的多媒体和互动功能成为一个自媒体。有关学者认为，相比起传统的面对面口碑传播，网络口碑传播的沟通密度十分低，是一个松散的随意的参考网络。这种低密度、高开放的网络使成员在更广泛的环境中交流信息。且与传统口碑传播过程中存在大量的小圈子相比，网络环境小圈子数目很少，通过弱联结将大量陌生人联系在一起，实现更大的信息覆盖面。同时，网络口碑的传播是去中心化的，网络口碑沟通网络这样的特性使得信息传播的速度远高于传统面对面的口碑，其影响范围也无限扩大，同时对营销人员的管理造成了很大的障碍。

### 8.3.3　利用口碑传播进行旅游营销

1. 提供良好的旅游消费体验是口碑营销的起点。无论是传统营销还是现在的口碑营销，产品和服务的优良品质是一切营销的基础，旅游目的地只有高品质的旅游服务供给才能形成正面的口碑和良好的旅游产品形象。因此，优质的服务、良好的体验是正面口碑的来源和良好形象的基石。大部分负面口碑主要是反映旅游服务人员态度恶劣、欺诈，当地居民素质低下以及旅游产品质量不过关等问题。因此，开展口碑传播之前，目的地旅游组织者的首要前提就是开发、组织提供优质的旅游产品与服务，为游客形成良好的旅游消费体验提供保证。

2. 建立快速反应机制，防止负面口碑传播。旅游企业在负面口碑的起始阶段就迅速反应是必要的，因为一旦负面口碑流传开，就会破坏企业形象，损害旅游企业利益。处理顾客投诉也是口碑营销的关键环节，要防止负面口碑传播，必须提供投诉便利，建立顾客投诉方便网络，建立有效投诉处理小组。减少投诉障碍，建立合适的投诉渠道，消除顾客存在疑虑等措施，对于减少负面口碑传播非常重要。此外，满意的补偿措施会带来更多的正面口碑传播。

3. 重视口碑传播的意见领袖。在上一节我们就介绍到意见领袖的重要作用，而意见领袖对于口碑也是十分重要的。旅游口碑传播的意见领袖应该是旅游专家、旅游学者、行业主管部门官员、旅行社工作人员、娱乐界明星以及体育明星等。可以采取聘请企业发展战略顾问或形象代言人的形式来展示意见领袖的作用。需要注意的是，意见领袖不能夸大其词。真诚与真实地传播正面信息是使旅游产品长久获得良好口碑的不二法门。

4. 策划故事或事件，成为口碑传播的引爆点。拥有优质的产品与服务，提供充分的信息素材是网络口碑传播的前提，但口碑的产生仅仅依靠这些是不够的，"酒香不怕巷子深"的时代已经过去，为在浩如烟海的信息海洋中崭露头角，旅游企业口碑营销必须学会利用故事或事件这一个口碑传播的有效工具，特别是在网络时代，要善于为网民提供谈论的话题，即设置网络议题或策划网络事件，以吸引公众的关注，以引发其兴趣，鼓励其参与议题或事件的讨论。

## 8.4 社会化传媒

### 8.4.1 社会化传媒的概念

社会化传媒是人们用来创作、分享、交流意见、观点及经验的虚拟社区和网络平台，可以说是能互动的传媒。如果缺乏用户有效参与，平台基本上就是毫无内容的传媒。社会化传媒利用互联网技术为基础，将以往媒体与受众间信息的一对多对话模式转变为在用户间多对多的沟通模式。它支持的知识和信息的民主化，使在此传媒平台上的用户群体从内容的接收者转变成内容的制作者。社会化传媒能够以多种不同的形式来呈现，包括文本、图像、音乐和视频。

目前，我国流行的社会化传媒包括微信、微博、博客、论坛、播客等。

### 8.4.2　社会化传媒在旅游过程中的影响

1. 影响消费者搜索信息的过程。社会化传媒在旅游消费者制定旅游计划阶段扮演了非常重要的角色。旅游者在产生旅游动机后，会在社会化媒体平台上选择多种方式去搜索旅游信息制定旅游行程，如旅游攻略、价格、照片等。在制定旅游计划阶段，旅游消费者注重社会化传媒所提供的内容主要在五个方面：价格信息、网络口碑、旅游攻略、饮食特色和交通信息。

2. 影响消费者的旅游体验过程。在旅游途中与大家分享旅游体验，这是传统旅游消费过程所不能实现的。在消费者的旅游体验过程中，旅游社交网站、微博、论坛等都会对消费者的旅游过程产生一定的影响。在微博中，旅游者可以将旅游途中遇到的有意思的事情通过文字、图片和视频展示给大家。甚至有的旅游者在旅游途中遇到的困难也可以利用移动传媒向大家求助。

3. 影响消费者的旅游反馈过程。由于社会化传媒类型众多，旅游消费者的旅游后评价对其他旅游消费者的影响范围更大，影响程度更高。当旅游消费者回到家中，在社会化传媒上分享他的旅游经验和旅游趣事，这是现在旅游在线社区上我们常见到的内容。很多的旅游者会在社会化传媒上展现他们如何在旅游前规划他们的行程，并会将自己在网络上搜索的完整的旅游目的地信息展示给其他成员，让其他成员可以省下很多精力和时间。旅游者消费者在网上发布自己的旅游过程、旅游体验、旅游经验，这种行为除了是自我展示的一种方式，更为其他的旅游者提供了有价值的旅游信息。

### 【同步资料】

## 社会化传媒中的意见领袖

#### 一、专业驴友

专业驴友作为旅游意见领袖的其中一种，他们在社会化传媒中有很重要的影响力，他们把旅游作为一种职业，出版旅游的书刊，在微博、社区上分享旅游经验、旅游目的地照片，拥有众多的粉丝，与粉丝进行沟通、回答粉丝的问题，是专业驴友与粉丝建立关系的主要战略。例如，著名的背包客小鹏，他有 10 年的旅游经验，在新浪微博上拥有数量可观的粉丝，新浪博客上有几百万的访问量，他出版了三本关于旅游的书籍，经常在社会化传媒上回答网友的提问，与粉丝建立社交关系，是社会化传媒中意见领袖的代表。

#### 二、草根达人

草根达人作为另一种旅游意见领袖的代表，他们旅游过很多的地方，与网友分享详细的旅游攻略是他们的主要策略，例如，签证问题、预订酒店和一些具体的旅游小贴士。此外，旅游预算也是他们与网友分享的主要内容，他们会提供一些如何获得景区门票或者酒店优惠的方法，在社会化传媒上分享这类旅游信息能受到网友的肯定和追随。

#### 三、旅游组织者

旅游组织者也是旅游意见领袖的一种，他们在户外旅游社区中非常流行，他们在线下组织各种旅游活动，如爬山等。与网友分享户外旅游装备的信息是他们的特点，在户外旅游时，如何选择合适的户外工具、如何避免发生意外等问题是驴友所关注的焦点，他们也是在社会化传媒上通过和大家分享户外旅游攻略和回答网友提问与用户建立社交关系。

### 8.4.3　社会化传媒在旅游企业的应用

1. 利用社会化传媒分析游客需求。由于社会化媒体中的内容多由消费者撰写和生成，具有明显的个性化特征，因此成为研究者青睐的内容分析来源。用户生成的关于旅游目的地、酒店、旅游服务的在线评论已经成为旅游者重要的信息源。学者们通过对社会化媒体用户生成的内容进行相应文本分析，可以获得旅游者对旅游目的地形象、游客满意度和愉悦度等方面有价值的数据资料。除了文本内容分析以外，照片等图片资源也是一个重要的分析数据。目前，以旅游博客、虚拟旅游社区作为内容分析对象的研究较多。社会化媒体可以便捷地为旅游目的地形象分析提供研究数据来源。

2. 利用社会化传媒改善广告宣传。现在，受众对于信息需求的要求越来越高并实际化，对于信息中掺杂广告的忍受程度也越来越低，而 Web 2.0 所带来的技术可为受众直接屏蔽掉许多的硬广告，所以灵活、多样、参与程度高的微电影受到了各类企业品牌的青睐。旅游目的地通过社会化传媒发布的与旅游品牌相结合的微电影，与传统的旅游广告宣传片相比，以其独特的说服力和传播力更容易激发受众强烈的内心共鸣。旅游品牌的微电影，可以与受众的心理感知形成有效的互动，并且潜移默化地传播了品牌理念，从而扩大了旅游品牌在社会化传媒中的传播力度及广度。对于旅游品牌的微电影来说，不同于电影中的植入性广告，也不能按照宣传片模式进行制作，主要是将广大受众对于旅游目的地消费及使用经验通过镜头直观地表达出来，为激发受众的情感共鸣做好铺垫。另外，旅游品牌的微电影不能单纯地只依靠社会化传媒进行传播，而是应该利用社会化传媒营销的独特魅力，开展互动促销活动，如转发有奖、征集剧情的脚本等，从而引起受众对于品牌微电影的广泛关注，进而为赢得旅游消费者的青睐以及实现实际的购买行为打下坚实的基础。

3. 监控舆情动态，修复品牌形象。社交媒体既给旅游目的地的品牌传播带来了机遇，也带来了挑战。由于网络的匿名性，在旅游中积累的不满情绪形成的负面情绪也会加倍宣泄在网络上，意见在传递的过程中不断加强，容易出现"群体极化"的现象，对旅游目的地品牌形象造成极大的破坏。旅游地当局应在提高自身旅游景点管理水平的基础上，以"人工＋技术"方式进行舆情监测。人工方面，当地旅游局成立舆情监测"小分队"，对社交媒体中传播的信息进行人工监测，筛选出旅游目的地相关敏感信息进行分析研判，采取适当措施进行引导。技术手段是进行舆情监测的新趋势，解决了人工分析工作量大、效率低的问题。通过舆情软件提取旅游目的地相关网络信息，如始发网站、转发量、出现频次、信息文本等，对舆情传播走势有个直观的了解。监测到负面言论后，旅游局及相关企业应积极应对，利用社交媒体第一时间发布信息真诚对话，并协同传统媒体和权威机构公开信息，消除公众疑虑，把握信息发布的"时""效""度"，降低负面言论对旅游目的地品牌的影响。

4. 众包创新，激发网民主动参与与主动传播。传统的旅游目的地品牌传播活动倾向于巧用事件。张家界就利用"天门山"这一独特景点策划多次事件，如高空走钢丝、翼装飞行穿越天门山等。浙江天台山也曾借"王功权私奔"事件制造话题，称浙江天台山环境优美，风景如画，是理想的"私奔圣地"。社交媒体的品牌传播要创新方式，激发网民主动参与主动传播。"众包"是一种可借鉴的方式，由美国《连线》杂志的记者杰夫·豪提出，指公司或机构把由员工执行的工作任务，以自有资源的形式外包给非特定的大众网络的做法。社交媒体用户多，准入门槛低，互动交流性强，旅游目的地可以在社交媒体中利用"众包"的方式推广自身的品牌，如探寻旅游目的地最佳品牌定位、创作旅游目的地宣传口号与吉祥物，在这一过程中完成旅游目的地的品牌推广。

5. 协同意见领袖，提升传播效果。在社交媒体平台上，信息不再是单向地从媒体到意见领袖再到受众，受众可以自行发布信息，但拥有众多粉丝关注的意见领袖即"社交媒体红人"仍然拥有较强的影响力。社交媒体用户在微博平台中关注意见领袖，在微信中关注意见领袖的个人公众号或朋友圈，通过浏览意见领袖发布的观点抽取有价值感兴趣的信息。在纷繁的信息面前，社交媒体用户通过关注意见领袖过滤掉一些不感兴趣的话题；此外，意见领袖对旅游目的地的评价具有说服力，更容易得到粉丝信任。他们一般在某个行业具有权威性，有自己独到的观点见解，言辞逻辑性强，易于接受。旅游目的地品牌传播要选择具有影响力、符合旅游目的地品牌形象的社交媒体意见领袖，提升旅游目的地品牌传播效果。

## 本 章 小 结

【主要概念】

参照群体　信息性影响　功利性影响　价值表现性影响　意见领袖　口碑　社会化传媒

【内容提要】

本章主要介绍参照群体、意见领袖、口碑传播、社会化媒体对旅游消费者行为的影响，分为四个部分：首先，介绍参照群体的定义和分类，分析参照群体对旅游消费者行为的影响；影响参照群体作用强度因素；与旅游消费者相关的参照群体，提出基于参照群体影响的营销策略。其次，介绍意见领袖的定义及其特征，基于意见领袖影响的营销策略。再次，介绍口碑传播的定义及其模式分类，提出利用口碑传播开展旅游营销的策略。最后，介绍社会化传媒的定义及其在旅游过程中的影响，提出社会化传媒在旅游企业的应用策略。

参照群体，是指一个对消费者的价值观、态度和行为产生影响的群体。按群体内部关系是否规范分为正式参照群体和非正式参照群体；按个体与群体所属关系分为成员群体和渴望群体；按群体对个体的影响方向分为正面的参照群体和负面的参照群体；按照个体是否渴望加入该群体分为准则群体、比较群体、否定群体。参照群体在信息、功利和价值表达三个方面对旅游消费者行为产生影响。影响参照群体作用强度的因素有个人的特征、消费者的自我形象、参照群体的特征、旅游目的地的距离、旅游出行方式。与旅游消费者相关的参照群体有家庭成员、朋友、同事、同学群体、社区邻居、社会团体、虚拟群体。利用合适的参照群体对潜在旅游消费者施加影响,对旅游目的地、旅游企业的营销具有重要的价值。其途径具体包括名人效应、专家效应、普通人效应。

意见领袖是指在人际传播网络中经常为他人提供信息,同时对他人施加影响的"活跃分子",他们在大众传播效果的形成过程中起着重要的中介或过滤的作用,由他们将信息扩散给受众,形成信息传递的两级传播。意见领袖具有以下特征:与被影响者一般处于平等关系而非上下级关系;意见领袖并不集中于特定的群体或阶层,而是均匀地分布于社会上任何群体和阶层中;意见领袖的影响力一般分为"单一型"和"综合型";意见领袖社交范围广,拥有较多的信息渠道,对大众传播的接触频度高、接触量大;意见领袖常常关注那些身边的事件和新闻,并适时发表自己的观点。由于意见领袖对于其目标消费者具有强大的影响力,因此如何发现意见领袖便是一个重要的工作。在识别意见领袖的基础上,就可以利用意见领袖制定旅游营销策略,包括广告中使用意见领袖、正确处理顾客抱怨或投诉、向意见领袖赠送样品。

口碑营销是指个体之间关于产品和服务看法的非正式人际传播,口碑传播的模式包括传统面对面的口碑信息传播模式、大众媒体主导的口碑传播模式、网络自媒体时代的口碑传播模式。利用口碑传播开展旅游营销是现代旅游营销重要的一个方式,其具体包括提供良好的旅游消费体验是口碑营销的起点。建立快速的反应机制,防止负面口碑传播。重视口碑传播的意见领袖。策划故事或事件,成为口碑传播的引爆点。

社会化传媒是人们用来创作、分享、交流意见、观点及经验的虚拟社区和网络平台,可以说是能互动的传媒。如果缺乏用户有效参与,平台基本上就是毫无内容的传媒。社会化传媒利用互联网技术为基础,将以往媒体与受众间信息的一对多对话模式转变为在用户间多对多的沟通模式。社会化传媒在旅游过程中的影响包括:影响消费者搜索信息的过程;影响消费者的旅游体验过程;影响消费者的旅游反馈过程。旅游企业要利用合理应用社会化传媒,包括:利用社会化传媒分析游客需求;利用社会化传媒改善广告宣传;监控舆情动态,修复品牌形象;众包创新,激发网民主动参与与主动传播;协同意见领袖,提升传播效果。

## 单 元 训 练

【知识训练】

**一、选择题**

1. 参照群体对旅游消费者行为的影响主要有 ( )。

    A. 信息性影响    B. 功利性影响    C. 功能性影响    D. 价值表达影响

2. 口碑传播的模式包括（　　）。
    A. 传统面对面的口碑信息传播模式　　　B. 大众媒体主导的口碑传播模式
    C. 网络自媒体时代的口碑传播模式　　　D. 新媒体时代的口碑传播模式
3. 按照个体是否渴望加入该群体分为（　　）。
    A. 准则群体　　　B. 比较群体　　　C. 否定群体　　　D. 渴望群体
4. 按群体对个体的影响方向分为（　　）。
    A. 正面的参照群体　B. 负面的参照群体　C. 成员群体　　D. 渴望群体
5. 按群体内部关系是否规范分为（　　）。
    A. 正面的参照群体　　　　　　　　　　B. 负面的参照群体
    C. 正式参照群体　　　　　　　　　　　D. 非正式参照群体

**二、判断题**

1. 按个体与群体所属关系分为成员群体和渴望群体。　　　　　　　　（　　）
2. 在意见领袖中与被影响者一般处于平等关系而非上下级关系。　　　（　　）
3. 意见领袖社交范围广，拥有较多的信息渠道，对大众传播的接触频度高、接触量大。
　　　　　　　　　　　　　　　　　　　　　　　　　　　　　　　　（　　）
4. 大多数旅游消费活动属于可见程度较高的非必需消费，因而，旅游消费者在购买旅游产品和服务时，受参照群体的影响较大。　　　　　　　　　　　　　（　　）
5. 由于社会化传媒类型众多，旅游消费者的旅游后评价对其他旅游消费者的影响范围更大，影响程度更高。　　　　　　　　　　　　　　　　　　　　　　（　　）

**三、简答题**

1. 参照群体影响的方式有哪些？
2. 影响参照群体作用强度的因素有哪些？
3. 社会化传媒在旅游过程中的影响作用如何？
4. 如何利用口碑传播进行旅游营销？
5. 如何利用意见领袖进行旅游营销？

**【技能训练】**

目标：以一个旅游参照群体为对象，制作一份关于参照群体影响消费者的方式的实验报告。实验结束后，不同小组之间进行试验的结果分享。

实验目的：了解参照群体影响旅游者的相关理论知识。

实验过程：以小组为单位进行参照群体影响消费者的方式的试验调查与分析。

实验结果：小组成员根据所得的实验报告，为利用参照群体开展旅游营销提供可行性的建议。

具体操作，如下所示：

调查研究出熟悉的参照群体，得到一个对其较为准确的旅游影响方式。接着，小组同学可以根据这一方法策划一个旅游营销方案，但是需要结合一个具体的旅游目的地或者一个旅游景点进行一个可行性方案的分析。

**【能力训练】**

### 越来越多的人跟随电视、电影自由行

"真人秀节目的热播能刺激自由行和深度游客流量。"王晓燕对记者说，"今年赴欧洲各地

深度游的定制团（私家团）较去年增加两成左右。据悉，即将播出的《花儿与少年2》拍摄点之一选在英国。赴英旅游多是中高端消费，一般杭州人去英国以修学或探亲为主，英国尚不属于出境游中热门的目的地。就我们旅行社，每年到访欧洲的游客里，大约只有7%持有英国签证。但是随着去年英国签证简化，加上一些旅行真人秀电视节目开播，对英国当地的宣传变多了，估计赴英游会有所升温，尤其是刺激自由行市场。"

眼下，越来越多的旅游商家加速掘金自由行市场。全国最大的旅游社交网站蚂蜂窝近日对外宣布新一轮融资完成，累计融资逾亿美元，基于旅游社交和大数据平台为消费者提供最全面的自由行产品。

蚂蜂窝相关负责人透露，《奔跑吧兄弟》韩国专场播出后，蚂蜂窝上流量迅速飙升，两天时间内，40多万人浏览并下载了首尔、济州岛相关的韩国攻略，从北京、上海、广州、成都四地直飞首尔的自由行产品全部告罄，1 200多人参与订购，相当于从中国的四个城市各有一架空客A330包机直飞首尔。

（资料来源：今日早报. 旅行真人秀节目"火"了谁？［N/OL］. 人民网，http：//culture. people. com. cn/n/2015/0402/c172318－26790177. html. 有删减）

问题：

结合参照群体的类型和对成员行为方式的影响，分析材料中的旅游营销方式，并说明对旅游企业有何启示。

# 第 9 章  社会阶层、生活方式与旅游消费者行为

【学习目标】

知识目标：掌握社会阶层的基本概念及其特点；了解社会阶层的决定因素；了解不同社会阶层旅游消费者行为的主要特点；掌握针对不同社会阶层的旅游营销策略；了解生活方式的基本概念及其测量方法。

技能目标：能对社会阶层进行正确的分类；分析不同社会阶层旅游消费者行为的主要特点；根据消费者的生活方式对旅游消费者行为进行分析与预测；运用 AIO 和 VALS2 测量方法对旅游消费群体的生活方式进行测量。

能力目标：具有根据社会阶层的判断与分析进行旅游营销，根据旅游消费者的生活方式进行旅游营销的能力。

【案例导读】

## 外媒：西泰两国招揽中国游客使大招  瞄准中产阶级

外媒称，马德里 2016 年接待了超过 30 万中国游客，它还将在中国领先的旅游预订网站上进行推广。为中国游客提供高质量旅游是马德里旅游战略的目标之一。

据西班牙《阿贝赛报》网站 1 月 18 日报道，2016 年，有超过 30 万中国游客到马德里旅游，是 2011 年的三倍。不断扩大的中国市场令马德里旅游行业笑逐颜开。当地旅游业者致力于吸引有着强大购买力的中国游客，他们的两大法宝是以皇家马德里和马德里竞技为代表的足球业以及购物。

由卡洛斯·查瓜塞达领导的马德里旅游局将目光投向了中国的上层中产阶级，他们也是马德里入驻携程的目标群体。马德里旅游局还为中国用户设置了一个呼叫中心，提供关于马德里文化、饮食、购物等的咨询服务。

从 1 月 28 日起，一系列马德里旅游推广活动将展开。活动主题包括"我的新年始于此——马德里""爱上马德里""马德里的休闲一日"。

此外，由于皇家马德里和马德里竞技这两个足球俱乐部在中国非常有名，马德里旅游局还会举办一些与之相关的体育活动来"诱惑"游客前来旅游。

最近，"定制假期"在中国开始流行起来，尤其是对于那些年龄在 30~50 岁、拥有高层次购买力的游客。查瓜塞达指出："这是自由行的一种，所有的预订都是在网上进行的，并通过移动终端进行支付。"

传统的中国游客往往来自上层中产阶级，其中很多是退休人员，他们不懂外语，看重奢

华。但现在逐渐出现了一个新的群体：上层中产阶级的年轻人，他们年龄不到30岁，不喜欢参加旅游团，更愿意选择自由行。

据彭博新闻社网站1月18日报道，在打击了来自世界第一人口大国的低价旅游团后，泰国正在目睹中国游客数量的下滑，这给该国的经济增长前景蒙上了阴影。

泰国的一些旅行社曾用低价游吸引了大批中国游客，但在泰国政府严厉打击这些旅行社后，入境游客数量从去年9月开始下滑，11月的入境游客数量更是同比减少了约30%。泰国泰华农民研究中心认为，一些影响可能会持续到今年年初。

泰国政府正努力以规模较小的高消费游客群体为关注点，以促进旅游业的长期发展。在泰国去年接待的境外游客中，中国游客人数最多。旅游业约占泰国国内生产总值（GDP）的11%。甚至在打击来自中国的所谓"零团费"旅游团之前，泰国的经济增长就已经陷入低迷。

泰华农民研究中心的一名专家说："从长远看，这有利于提高我们的服务质量，改善我们在游客心目中的形象。这是短期痛苦，长期收益。"

（资料来源：参考消息网．外媒：西泰两国招揽中国游客使大招　瞄准中产阶级［N/OL］．http：//news.163.com/17/0119/13/CB563ENH00018AOQ.html.有删减）

上述内容中不论是马德里还是泰国，都对各自游客的社会阶层、生活方式进行分析，从而确立目标市场，以此为基础进行针对性的旅游营销。在现实生活中，不同的旅游者会有不同的旅游喜好，这在一定程度上是受其所处于的社会阶层和生活方式所影响的。那么，旅游者到底是属于哪一层面的社会阶层和生活方式呢？如何根据他的生活方式和社会阶层进行旅游营销呢？

## 9.1 社会阶层

### 9.1.1 社会阶层的概念及其构成

社会阶层是指全体社会成员按照一定的等级标准划分为在地位上彼此相互区别的群体。社会阶层受教育程度、职业、经济收入、家庭背景、社会技能甚至住房档次以及居住的地理位置等因素的影响。当然，在不同的社会，上述各因素的相对重要性可能有差异。

1. 社会阶层的特征。

（1）社会阶层具有同质性。社会阶层的同质性是指同一阶层的社会成员在价值观和行为模式上具有共同点和类似性。这种同质性很大程度上是由他们共同的社会经济地位所决定，同时也和他们彼此之间更频繁的互动有关。对旅游营销者来讲，同质性意味着处于同一社会阶层的消费者会订阅相同或类似的微信公众号、观看类似的电视节目、购买类似的产品、到类似的商店购物，这为旅游企业根据社会阶层进行市场细分提供了依据和基础。

（2）社会阶层具有层次性。从最低的地位到最高的地位，社会形成一个地位连续体。不管愿意与否，社会中的每一成员，实际上都处于这一连续体的某一位置上。那些处于较高位置上的人被归入较高层次，反之，则被归入较低层级，由此形成高低有序的社会层次结构。

层级性使得消费者在社会交往中，要么将他人视为与自己同一层次的人，要么将他人视为比自己更高或更低层次的人。这一点对旅游营销者具有十分重要的启示。如果消费者认为某种产品主要被同层次或更高层次的人消费，他购买该产品的可能性就会增加，反之，如果消费者认为该产品主要被较低层次的人消费，那么他选择该产品的可能性就会减少。

（3）评价社会阶层指标的多维性。社会阶层并不是单纯由某一变量如收入或职业所决定，而是由包括这些变量在内的多个因素共同决定。决定社会阶层的因素包括经济层面、政治层面和社会层面的因素。在众多的决定因素中，其中某些因素较另外一些因素起更大的作用。对于社会阶层的因素我们将在下面内容进一步介绍。

（4）社会阶层具有流动性。社会阶层的动态性是指随着时间的推移，同一个体所处的社会阶层发生变化。这种变化可以朝着两个方向进行：从原来所处的阶层跃升到更高的阶层，或从原来所处阶层跌入较低的阶层。越是开放的社会，社会阶层的动态表现得越明显；越是封闭社会，社会成员从一个阶层进入另一个阶层的机会就越小。社会成员在不同阶层之间的流动，主要由两个方面促成：一是个人的原因。如个人通过勤奋学习和努力工作，赢得社会的认可和尊重，从而获得更多的社会资源和实现从较低到较高社会阶层的迈进。二是社会条件的变化。如在我国文化大革命时期，知识分子被斥为"臭老九"，社会地位很低，工人阶级和军人的社会地位非常高。但在市场经济时期，商人和知识分子的地位不断提高，作为一个群体它从较低的社会阶层跃升到较高的社会阶层。

2. 社会阶层的构成。依据不同的划分标准、社会等级之间差距以及研究者的需要，可以把社会阶层分成不同的类型。

美国商业心理学家和社会学家把社会阶层划分成六个。这六个社会阶层及消费特点如下。

（1）上上层，约占美国人口总数的1%。他们大多具有显赫的家世，拥有巨额资产。这一阶层的消费者是高档消遣、娱乐方式的主要顾客，他们处于社会消费的最高层次，对其他阶层的消费者具有示范消费的作用。

（2）上下层，约占人口总数的2%，他们主要是那些享受高薪或经营特殊行业而发财致富的人。他们大都经过自己的艰苦奋斗而由中产阶级进入上流社会，因而具有强烈的显示自我的欲望。渴望在社会及公共事务中显示其地位、身份。比起其他阶层的消费者，他们更讲究排场与追求豪华的生活，因而豪华、昂贵的消费最能满足他们的心理需要。

（3）中上层，约占人口总数的12%。这一阶层的消费者大多受过良好的教育并拥有令人羡慕的职业，如医生、律师、大学教授、科学研究人员等。他们非常重视教育的作用，重视家庭的智力投资。他们偏爱高品质、高品位的商品，因为这与他们的身份相称。

（4）中下层，约占人口总数的30%。这一阶层的消费者尊重传统，具有良好的公共道德，遵纪守法。喜欢购买大众化、普及性的商品，不太看重商品是否时髦。"白领阶层"是这一阶层的主体。

（5）下上层，约占人口总数的35%。这一阶层的消费者受教育程度大多较低，因而属于低薪收入阶层。为了生计，每天忙碌于工作与生活中，很少有精力和兴趣去关心社会时尚的变化，消费上多是习惯型的购买者，喜欢购买实用价廉的商品。

（6）下下层，约占人口总数的20%。这一阶层属于贫困阶层，几乎没有受过什么教育。他们的收入水平处于社会最低层。他们没有固定的购买模式，购买行为常具有冲动性，他们是低档商品的主要购买者。

中国社会科学院2001年《当代中国社会阶层研究报告》，按照新标准将中国社会阶层划分成10个：国家与社会管理者阶层、经理人员阶层、私营企业主阶层、专业技术人员阶层、办事人员阶层、个体工商户阶层、商业服务人员阶层、产业工人阶层、农业劳动者阶层和城乡无业、失业、半失业者阶层，它们分属于五种社会地位等级：上层、中上层、中中层、中下层、底层。

## 【同步资料】

### 7 200万人成中国"新社会阶层"，看看有你吗？

什么是新的社会阶层？

新的社会阶层是随着改革开放和社会主义市场经济发展，在非公有制经济领域和社会领域出现的一些新的社会群体。新的社会阶层人士主体是知识分子，主要包括民营企业和外商投资企业管理技术人员、中介组织和社会组织从业人员、自由职业人员、新媒体从业人员等。

根据调研统计测算，新的社会阶层人士中，各群体规模分别为：民营企业和外商投资企业管理技术人员约4 800万人；中介组织和社会组织从业人员约1 400万人；自由职业人员约1 100万人；新媒体从业人员约1 000万人。由于各类群体间存在人员交叉现象，因而，上述数据直接加总多于7 200万人。

**新社会阶层特点一：收入高**

从个人收入来看，新社会阶层在过去一年的平均收入达到166 403元，远高于社会平均收入75 184元，是其2.21倍；而在家庭收入层面上，新社会阶层过去一年的家庭总收入均值达到288 826元，是社会平均收入147 573元的1.96倍。

在北京、上海与广州三地，新社会阶层的收入呈现很大的差异。

从家庭总收入来看，上海的新社会阶层收入最高，达到369 131元；北京次之，为259 978元；广州最少，为201 772元。而在工资性收入方面也呈现类似的特征。

在经营性收入和财产性收入方面，广州排名均为第一，达到38 447元。报告称，"这可能与广州的非公有制经济活力更强、重商氛围浓厚、有更多的人从事经营活动和财产性活动有关。"

**新社会阶层特点二：消费能力强**

在消费水平与消费能力方面，数据显示，北上广三地新社会阶层在过去一年家庭总支出的平均数达到131 459元，是社会平均水平的1.71倍。

在各分项的支出方面，新社会阶层的饮食支出为35 433元，略高于社会平均水平25 832元；服装配饰支出为14 720元，比社会平均水平高92.8%；医疗支出为6 778元，高于平均水平38.9%；教育支出与住房支出明显高于社会平均水平，分别是其1.68倍和1.40倍，说明相对于社会其他阶层来说，新社会阶层自身的消费能力更强，也拥有更巨大的消费潜力可发掘。

**新社会阶层特点三：经常换工作，生活节奏快**

新社会阶层就业稳定性比较低，工作变动非常频繁。根据社科院的调查结果，三地有53%的人表示以前换过工作岗位，高于社会平均水平的37%；有11%和7%的人表示更换过两次或者是三次工作；而从未来的职业规划来看，很多受访者表示两年以内打算找一份新工作或者创业。

新的社会阶层属于中产阶层吗？新社会阶层的生活听起来很不错，但新社会阶层人士中只有30%左右的受访者认为他所在的家庭属于中产阶层，64%的受访者认为他的家庭不属于中产阶层。另外，认为个人属于中产阶层的新社会阶层的比例更低。从原因的分布上看，无论是家庭层面还是个人层面，新社会阶层人士都认为收入水平、资产总量和总消费水平没有达到中产阶层。

据了解，所有这些被定义的新社会阶层之所以认为自己不是中产，可能与房价高、工作压力大等有关。比如目前北京和上海中心城区的改善型住宅动辄千万元，因此，即便这些新社会阶层收入高，也担负着较重的供房负担。

（资料来源：央视财经. 7 200 万人成中国"新社会阶层"，看看有你吗？[N/OL]. http://news. ifeng. com/a/20170108/50539433_0. shtml. 有删减）

## 9.1.2　社会阶层的决定因素及测量

1. 社会阶层的决定因素。社会阶层的决定因素包括以下三种。

（1）经济因素。

①职业。在大多数消费者研究中，职业被视为表明一个人所处社会阶层的最重要的单一性指标。当首次与某人谋面时，我们大多会询问他在哪里高就和从事何种工作。一个人的工作会极大地影响他的生活方式，并赋予他相应的声望和荣誉，因此，职业提供了个体所处社会阶层的很多线索。不同的职业，消费差异是很大的。比如，蓝领工人的食物支出占收入的比重较大，而经理、医生、律师等专业人员则将收入的较大部分用于在外用餐、购置衣服和接受各种服务。在大多数国家，医生、企业家、银行家和科学家是倍受尊重的职业。近些年，随着信息产业的迅速发展，与信息技术相关的职业如电脑工程师、电脑程序员、后勤管理经理等职业日益受到社会青睐。

②财富。财富是一种社会标记，它向人们传递有关其所有者处于何种社会阶层的信息。拥有财富的多寡、财富的性质同时也反映了一个人的社会地位。对财富应作广义的理解，它不仅指汽车、土地、股票、银行存款等我们通常所理解的财富，它也包括受过何种教育、在何处受教育、在哪里居住等"软性"的财富。名牌大学文凭、名车、豪宅、时尚服饰，无疑是显示身份和地位的标记。然而，正如前面所指出的，对它们特别有兴趣的恰恰是缺乏这些财富或对其缺乏了解的人。商学专业的学生或其他希望成为"管理高手"的人，而不是业已成功的人才是诸如"成功的秘诀""哈佛学不到"之类的书籍的潜在买主。

（2）社会因素。

①个人成就。个人取得的成就越高，就会获得更高的荣誉与尊重。一个人的

社会地位与他的个人成就密切相关。同是导游，如果你比别人干得出色，你就会获得更多的荣誉和尊重。例如，某某导游获得了全国导游大赛冠军、某某是一名特级导游，均是对个人成就所作的评价。个人业绩或表现也涉及非工作方面的活动，也许某人的职业地位并不高，但他或其家庭仍通过热心社区事务、关心他人、诚实善良等行为品性赢得社会的尊重，从而取得较高的社会地位。

②教育。教育过程开始于出生并持续终身已被广泛接受。有些人甚至相信教育可以开始得更早，一些父母让子宫里的胎儿听音乐和故事，希望对孩子发展产生影响。"教育"一词的英文词汇 educate 或 education 来源于拉丁语 ēducātiō，意思是"引出"。社会根据受教育程度选拔人才，人通过受教育实现社会地位的变迁。

③社会互动。诚如前面所指出的，大多数人习惯于与具有类似价值观和行为的人交往。在社会学里，强调社会互动的分析思路被称为"谁邀请谁进餐"学派。这一派的学者认为，群体资格和群体成员的相互作用是决定一个人所处社会阶层的基本力量。

社会互动变量包括声望（prestige）、联系（association）和社会化（socialization）。声望表明群体其他成员对某人是否尊重，尊重程度如何。联系涉及个体与其他成员的日常交往，他与哪些人在一起，与哪些人相处得好。社会化则是个体习得技能、态度和习惯的过程。家庭、学校、朋友对个体的社会化具有决定性影响。到青春期，一个人与社会阶层相联系的价值观与行为已清晰可见。虽然社会互动是决定一个人所处社会阶层的非常有效的变量，但在消费者研究中它们用得比较少，因为这类变量测量起来比较困难而且费用昂贵。

（3）政治因素。

①权力。社会学认为，权力是指产生某种特定事件的能力或潜力；许多心理学家视权力为人们行动和互相作用中的一个重要的基本的动机。人为了更好地生存与发展，必须有效地建立各种社会关系，并充分地利用各种价值资源，这就需要人对自己的价值资源和他人的价值资源进行有效地影响和制约，这就是权力的根本目的。总之，权力的本质就是主体以威胁或惩罚的方式强制影响和制约自己或其他主体价值和资源的能力。

②阶层意识。阶层意识是指某一社会阶层的人，意识到自己属于一个具有共同的政治和经济利益的独特群体的程度。人们越具有阶层或群体意识，就越可能组织政治团体、工会来推进和维护其利益。从某种意义上说，一个人所处的社会阶层是与他在多大程度上认为他属于此一阶层所决定。一般而言，处于较低阶层的个体会意识到社会阶层的现实，但对于具体的阶层差别并不十分敏感。例如，低收入旅游者可能意识到星级饭店是上层社会成员出入的地方，但如果因五折酬宾而偶然住进这样的宾馆，他或她对出入身边的人在穿着打扮、行为举止等方面与自己存在的差别可能并不特别在意。在他们眼里，星级宾馆不过是设施和服务更好、收费更高的"旅店"而已，地位和阶层的联系在他们的心目中如果有的话也是比较脆弱的。相反，经常出入高级宾馆的游客，由于其较强的地位与阶层意识，对于星级饭店这种"来者不拒"的政策可能会颇有微词。

2. 社会阶层的测量。

（1）单项指数法。单项指数法是从某一个特定方面去评价人们的社会地位。实践中，常用的单项指标是教育、职业和收入。

①教育情况。教育是提高社会地位的主要途径，自然也是评价社会地位的一项重要指标。在大多数国家，一个人所受的教育程度越高，他的社会地位就越高。教育不仅影响个人品位、价值观、获得信息和作决策的方式，而且还影响到个体消费模式和生活方式的各个方面。各个用人单位招聘用人，稍好一点的职位，对能力和素质都有很高的要求，要达到这种要求，通常需要良好的教育。

②职业情况。很多时候，职业是我们判定一个初识的人的最常用的线索。当人初次见面时，会以职业来评价和界定对方，人们内心会在问"他是做什么的"。很显然，职业与教育、收入紧密地联系在一起，很大程度上反映一个人的社会地位。

在工业化社会，存在着数百种职业。人们常用不同的方法给职业评分或对职业声誉排序，最常用的职业分层是社会经济指数。它是以不同职业的人受教育水平和收入为基础的一种评级方法。社会经济指数（SEI）的每一组成部分都被赋予一定的比重，以使每一个职业所得的分数与公众对这个职业的地位的评价标准相类似。一旦合适的权重被确定，那么任何职业的等级就可评定出来。我国部分职业的 SEI 得分如表 9-1 所示。

表 9-1　　　　　　　　　职业的社会经济指数得分

| 职业 | SEI 得分 | 职业 | SEI 得分 |
|---|---|---|---|
| 市人大常委会主任 | 90.1 | 乡镇长 | 65.8 |
| 科学家 | 86.4 | 建筑包工头 | 59.6 |
| 大学教师 | 85.1 | 服装模特 | 54.9 |
| 外资企业经理 | 80.1 | 会计 | 51.5 |
| 报社记者 | 77.3 | 邮递员 | 50.9 |
| 电影明星 | 73.4 | 推销员 | 46.6 |
| 银行出纳员 | 72.1 | 饭店厨师 | 43.7 |
| 警察 | 69.4 | 清洁工 | 34.7 |
| 医生 | 67.0 | 搬运工 | 14.7 |

③收入水平。传统上，收入是划分社会地位和社会阶层的常用指标。因为，一方面，收入高低与个体所处社会阶层有着较为紧密的联系；另一方面，收入是维持一定生活方式的前提条件。收入不仅制约着人的购买能力，而且还影响着人对工作、休闲和购物等活动的看法。当然收入作为衡量社会阶层的基本指标也存在着问题和局限。首先，被调查者也许不愿意公开自己的收入，或不能确切地按研究人员所界定的收入概念确定自己的收入。其次，收入本身并不能完全有效地

解释由于社会阶层所形成的行为差异。例如,一位大学教授的收入或许与卡车司机的收入不分上下,然而他们的观念、意识和偏好会有相当大的区别。

(2)综合指数法。综合指标法是运用多个社会经济变量从不同层面测量消费者的社会地位。这类方法的基本思想是:先在若干个规模较小的社区作详细的调查研究,以决定每一成员适合归入哪一阶层,然后再寻找反映社会地位的客观指标和确定其权重。有关衡量指标及其权重的确定要满足一个基本条件,即它们能够再现小社区研究中的成员分类模式。

①科尔曼地位指数法。这一方法由社会研究公司(Social Reserarch, Inc)于20世纪60年代创立,并在消费者研究中得到广泛应用。该方法从教育、职业、居住的区域、家庭收入四个方面综合测量消费者所处的社会阶层。在计算总分时,职业分被双倍计入,这样一个人的最高得分可达53分。另外,如果被访者尚未成家,则在计算他的总分时,教育和职业两项得分均双倍计入总分。对于户主在35~64岁,以男性为主导的已婚家庭,其综合得分如果在37~51分,则为上等阶层;得分在24~36分的为中等阶层;得分在13~23分的为劳动阶级;得分在4~12分为下等阶层。

②霍林舍社会地位指数。霍林舍社会地位指数是从职业和教育两个层面来综合测量社会阶层的一种方法,该方法在消费者行为研究中也得到了广泛的运用。表9-2列示了编制霍林舍社会地位指数的量表、项目权重、汇总计算公式以及地位等级体系。从表中可以看出,职业和教育均分为7个类别,但它们被赋予不同的权重。必须指出,霍林舍社会地位指数是用来衡量、反映个人或家庭在某一社区或社会集团内部所处的社会地位。正因为如此,某个变量上的高分有可能补偿另一变量的低分。例如,以下三个人均被划分为中层:(1)受过8年教育的成功的中型企业业主;(2)4年本科毕业的推销员;(3)专科毕业的政府行政部门文职人员。同一个社会,这三类型的人社会地位可见相差无几。然而,在他们的消费过程中,至少对部分商品的消费过程仍可能存在较大的差异。由此可见,总体社会地位可能掩盖某些地位因素与特定产品之间的有用联系。

表9-2　　　　　　　　　　　　霍林舍社会地位指数法

| 职业量表(权重7) | |
| --- | --- |
| 职业名称 | 得分 |
| 大企业的高级主管、大企业业主、重要专业人员 | 1 |
| 业务经理、中型企业业主、次要专业人员 | 2 |
| 行政人员、小型企业业主、一般专业人员 | 3 |
| 职员、销售员、技术员、小业主 | 4 |
| 技术性手工工人 | 5 |
| 操作工人、半技术性工人 | 6 |
| 无技能工人 | 7 |

续表

| 教育量表（权重4） | |
|---|---|
| 学历 | 得分 |
| 专业人员（硕士、博士） | 1 |
| 四年制大学本科 | 2 |
| 一到三年专科 | 3 |
| 高中毕业 | 4 |
| 上学10～11年（高中没毕业） | 5 |
| 上学7～9年 | 6 |
| 上学少于7年 | 7 |
| 社会地位＝职业分×7＋教育分×4 | |
| 社会地位等级体系 | |

| 社会地位 | 分数区间 | 在人口的比重 |
|---|---|---|
| 上层 | 11～17 | 3% |
| 中上层 | 18～31 | 8% |
| 中层 | 32～47 | 22% |
| 中下层 | 48～63 | 46% |
| 下层 | 64～77 | 21% |

### 9.1.3 基于社会阶层的旅游消费者行为差异及其营销应用

不同的社会阶层在旅游消费行为方面存在显著差异。在支出模式上，不同社会阶层的旅游消费者所选择和使用的产品是存在差异的。比如，高阶层的旅游消费者比低阶层的旅游消费者更喜爱传统文化内涵深刻的人文景观，因为这类景观需要具有较高的文化修养和欣赏水平。在休闲活动选择上，个人通常是同一阶层临近阶层的其他个体所从事的某类活动，他从事新的休闲活动也是受到同一阶层或较高阶层成员的影响。在信息的利用与依赖程度上，一般来讲，高阶层的旅游消费者比低阶层的旅游消费能更多地利用不同渠道获得商品信息。同时，不同社会阶层的旅游消费者对广告的依赖程度也有很大差别。因此，基于社会阶层的旅游营销必须要熟知不同社会阶层的差异，有针对性地进行明确的目标营销。具体包括以下几点。

（1）确定据以进行市场细分的社会阶层变量。划分社会阶层的变量是非常多的，包括职业、收入、教育水平、权力和声望等。因此，在进行市场营销时，首先要依据实际情况，适当选择特定的社会阶层变量，进行明确的目标市场细分。

（2）选择特定社会阶层的消费者作为目标市场。任何一个旅游消费者都会处于一个特定的社会阶层。那么，有针对性的旅游市场营销，必须要明确营销的市场对象是处于哪个社会阶层。例如，海南岛以海滨度假旅游著称。海滨度假旅游亦有大众、中端和高端之分。那么，海南不同层次的旅游度假区、度假酒店，在进行市场营销时有必要明确营销的对象所处于的社会阶层是哪个，否则营销会缺乏针对性和有效性。

（3）确定旅游产品在特定目标阶层中的定位。从旅游产品的设计和定位的角度出发，有效的市场营销需不断地发展特定旅游产品与服务在目标阶层中的地位。例如，美国希尔顿酒店集团旗下的"康拉德"定位为最高端的豪华型酒店品牌，主要面向上等阶层；法国雅高酒店集团旗下的"宜必思"则在广大中产阶层尤其是中端的商务客人中保持简朴、服务质量高、经济实惠的形象。

# 9.2　生活方式

## 9.2.1　生活方式的概念及其社会价值

生活方式（lifestyle）是一个内容相当广泛的概念，它包括人们的衣、食、住、行、劳动工作、休息娱乐、社会交往、待人接物等物质生活和精神生活的价值观、道德观、审美观以及与这些方式相关的方面。具体地说，它是个体在成长过程中，在与社会各种因素交互作用下表现出来的活动、兴趣和态度模式。在统计指标上十分相似的人，如年龄、职业、收入、学历、种族、民族、生活区域等方面都相同的人，在消费支出和商品选择上会有很大的差异，这就是生活方式的作用。

## 9.2.2　生活方式的测量

目前较为流行的生活方式的测量方法有两种：一种是 AIO 方法，即活动、兴趣、意见结构法；另一种是 VALS 量表法。下面我们将对这两种方法进行简单介绍。

1. 活动、兴趣、意见结构法（AIO 量表法）。活动（activity）、兴趣（interest）、意见（opinion）结构法，又称 AIO 方法。这是针对消费者生活的特定领域或一般人的整个生活方式所进行的测定。其基本思想是通过问卷调查的方法了解消费者的活动、兴趣和意见来描述其不同的生活方式类型。研究人员设计一份 AIO 问卷表，然后从旅游消费者中抽出大量样本作为调查对象，要求被调查者对问卷表中的问题进行回答。AIO 问卷表主要由三部分构成：第一部分是有关活动方面的问题，如旅游消费者做什么、买什么、如何打发时间等；第二部分是有关兴趣方面的问题，如旅游消费者的偏好和优先考虑、关心的事物；第三部分是意见方面的问题，如旅游消费者的世界观、道德观、人生观以及对社会事物和经济发展等方面的看法和感受。具体如表 9-3 所示。

表 9-3　　　　　　　　　　　　AIO 问卷表的主要构成

| 活动 | 兴趣 | 意见 |
|---|---|---|
| 工作 | 家庭 | 自我表现 |
| 爱好 | 性别 | 社会问题 |
| 社会活动 | 工作 | 政治 |
| 度假 | 交际 | 商业 |
| 文娱活动 | 时髦 | 经济 |
| 俱乐部会员 | 休闲 | 教育 |
| 社交 | 事物 | 产品 |
| 运动 | 食品 | 未来 |
| 购物 | 成就 | 文化 |

AIO 问卷中的一些典型问题如下。

（1）活动方面的问题。

①哪种户外运动你每个月会至少参加两次？

②你一个月去几次购物中心？

③你是否参加过国外旅游？

④你加入了多少个俱乐部？

（2）兴趣方面的问题。

①你对什么更感兴趣——运动、电影还是音乐？

②你是否喜欢尝试新的食物？

③出人头地对你是否重要？

④星期六下午你是愿意花两个小时陪你的女朋友，还是和水友去开黑？

（3）意见方面的问题（回答同意或者不同意）。

①我们和王健林一样都有一个小目标。

②对于是否人工流产，妇女应该有自由选择的权利。

③教育工作者的工资太高。

④我们必须做好应付核战争的准备。

2. VALS 量表法。到目前为止，关于生活方式的研究最受推崇的要数价值观及生活方式（values and lifestyles，VALS）系统，该系统是由美国加利福尼亚的斯坦福国际研究所（SRI）开发出来的。一位名为阿诺德·米歇尔（Arndd Mithchell）的研究者，根据 20 世纪 80 年代对大约 1 600 户美国家庭进行的冗长的全面询问，设计出一个把消费者放于九个生活方式群体的系统，也称为 VALS 类型。但到了 80 年代后期，研究人员开始批评 VALS 系统。因为 VALS 系统已经过时，并且不能很好地预测消费者的消费行为。由于人们行为差异性的巨大变化、媒体选择的多样化、人们生活方式和价值观念的变化，VALS 系统在 90 年代成为描述消费者行为的一个无效的工具。基于这些批评，SRI 开发出了 VALS2 系统。

VALS2 系统仅包括与消费者行为有关的项目，所以它比 VALS 系统更接近消费者。下面我们将对这两种系统作简单的介绍。

（1）原 VALS 生活方式分类系统。

①需求驱动型：消费者的购买活动是被需求而不是偏好所驱动。

求生者，占总人口的 4%。他们是最贫穷的消费者，收入在贫困线以下，教育程度很低。他们往往为生存而挣扎，多疑，社会处境不佳，缺乏安全感；价格处于第一位考虑，集中于基本必需品，购买是为了即时需要。

维持者，占总人口的 7%。他们是一群尚未放弃希望的人，较求生者要自信且乐观。他们收入低，受教育程度低，比求生者年轻，很多是失业者；对价格敏感，要求保证，谨慎地购买。

②外部引导型：大多数产品的消费主体，非常在意别人的评价，紧跟时代潮流。

归顺者，占总人口的 35%，在九类人中，他们是最大的一群。这类人，认同传统，看重家庭，恪守道德，在各个方面比较保守。他们大都高中毕业，从事着蓝领、技术或服务工作，收入低于中等水平；家庭、住宅追求时尚，常在中低大众化市场购物。

成就者，占人口的 22%。这类人受过很好的教育，属于商界或政界名流，相当富裕。他们喜欢成就、成功、声望、物质主义领导、效率和舒适；他们希望通过消费来显示成功，享受高品质，热衷于奢侈品、礼品和新产品。

竞争者，占总人口的 10%。这些人雄心勃勃，争强好胜，工作刻苦，重视地位和身份。他们年轻，收入高，大多住在市区；炫耀性消费，模仿，追逐流行，更多地花费而不是储蓄。

③内部引导型：消费者的生活更多地被个人需要、内心的情感体验而不是外界的价值观所支配。

自我中心者，占人口的 5%。他们是九类人中最年轻的一群，大多数还没结婚，是学生或刚开始工作，富裕的家庭背景。他们处于一个转变的时期，会求新求变，情绪化，冲动，重情绪体验；消费会展现品位，购买刚上市的时尚品，结伴购买。

体验者，占人口的 7%。这类人大多数在 40 岁以下，但比自我中心者要年长一些，成家不久。他们中等收入，受过良好的教育。他们活跃，自信，喜欢户外活动，喜欢自己动手，对于直接从生活中获得体验兴趣盎然。

关切社会者，占人口的 8%，这是一群成熟的人，他们关注社会问题。他们收入较高，受过良好的教育，年龄和住地呈现多样化。他们关注环境，强调自然资源的保护，节俭、简单。

④综合引导型：占人口的 2%，他们是九类人中人数最少的一群。他们有着良好的收入，一流的教育。他们成功结合了内在导向和外在导向的生活方式，在消费各式各样的自我表现，讲究美感，具有生态意识。

（2）VALS2 生活方式分类系统。相比 VALS 系统，VALS2 系统具有更广泛的心理学基础，而且更强调对活动与兴趣问题的调查。VALS2 主要基于两方面的因素将美国消费者分成八个细分市场：一方面是消费者的资源，主要包括消费者的收入、教育、自信、健康、购买欲望、智力和能力水平；另一方面是消费者的自我导向，主要包括他们的行为和价值观念。被验明的自我导向主要有三种：一是以原则为导向的消费者，他们主要是依据信念和原则行事，而不是依据感情或获得认可的愿望做出选择；二是以地位或身份为导向的消费者，他们的观点是基于其他人的言行和态度，他们为赢得其他人的认可而奋斗；三是以行为为导向的消费者，他们喜欢社会性的和物质刺激的行为、变化、活动和冒险。下面对 VALS 系统分成的八个细分市场作简要的描述。

①现代者。占人口的 8%。他们具有丰富的资源。他们高度自信、高收入和高的受教育水平。他们可以融入所有的自我导向之中。他们利用自己的财富来显示他们个人的格调、品位和特点。他们具有广泛的兴趣；乐于赶时髦；善于接受新产品、新技术、新的分销方式；不相信广告；阅读大量的出版物；轻度电视观看者。

②现实者。占人口的 2%，也是以原则为导向。处于这个细分市场中的人是成熟的、负责任的、接受过较好的教育、知道较多的信息并且年龄较大（他们中 50% 的人已经在 50 岁以上）。他们乐于跟家庭在一起，具有高收入，在他们的消费中更加面向价值观念；对名望不太感兴趣；喜欢教育和公共事务；阅读广泛。

③信任者。占人口的 17%，是以原则为导向，具有适度资源的人。他们是 VALS2 的细分市场中最大的细分市场。他们受教育的程度很低，他们的信仰被传统的道德观念深深束缚着。他们中 1/3 以上的人已经退休；买美国造的产品；偏好变化较慢；寻求廉价商品；重度电视观看者；阅读有关退休、家庭/花园和感兴趣的杂志。

④享受者。占人口的 11%，也是面向行为的一个细分市场。他们年轻，精力充沛。他们花费大量的时间在身体锻炼和社交活动。他们不吝惜在衣服、快餐和音乐上的花费。略低于 20% 的人已经完成了大学教育（无学位），但他们正在努力获得一个大学的学位。他们喜欢新产品，与其他细分市场相比，具有更大的冒险性；追随时髦和风尚；在社交活动上花费较多的可支配收入；购买行为较为冲动；注意广告。

⑤休闲者。占人口的 12%，是面向行为的一个细分市场。他们相对年轻，并且在价值观上易于满足。他们对物质财富或世界事件不感兴趣。他们主要关心家庭、工作和身心娱乐。逛商店是为了体现舒服、耐性和价值观；不被奢侈所动；仅购买基本的东西，听收音机；阅读汽车、家用机械、垂钓和户外杂志。

⑥挣扎者。占人口的 16%，在所有细分市场中是收入最低、资源最少的人。因为他们主要是为生存而战，所以他们并没有任何的自我导向。忠实品牌；使用赠券，观察销售；相信广告；经常观看电视；阅读小型报和女性杂志。

⑦奋斗者。占人口的 14%，是以地位为导向。他们具有蓝领背景，并且努力超过他们认为比他们更成功的人。注重形象。有限的灵活收入，但能够保持信

用卡平衡。花销主要在服装和个人保健产品上。与阅读相比，更喜欢观看电视。

⑧成就者。占人口的10%，也是以地位为导向。他们具有较多的资源。他们关心他们的工作和家庭，并努力在工作上有所成就。他们在政治上较为保守，尊重执政当局；这种理念不会变化；被昂贵的产品所吸引；主要瞄准产品的种类；中度电视观看者；阅读商务、新闻和自助出版物。

### 9.2.3　生活方式与旅游营销应用

（1）了解旅游消费者的生活方式，可以预测旅游消费者的行为。一个崇尚绿色、环保价值观的人喜欢保护大自然的生活方式，换句话讲，这个人将更喜欢选择露营而不是选择高档高能耗的酒店，是绿色旅游这一新兴生态型旅游行为的实践者。因此，通过了解一个人的基本生活方式，就能够对他的购买行为、产品的类型和对于这个人最具有吸引力的宣传进行预测。

（2）了解旅游消费者的生活方式，有助于选择目标消费者，进行恰当的市场定位。不同的顾客群体会有不同的生活方式。比如，年轻人更喜欢自由而充满挑战性的生活，所以"百事新一代"的营销定位选择了青春、动感的形象宣传；而可口可乐则始终强调"经典"的永恒地位。两种品牌可乐之间的竞争，不再是单纯的口感的竞争，甚至不再是两家公司的较量，而是分别以百事可乐和可口可乐为代表的两种生活方式的竞争。在旅游营销中，由于城市化和现代化的影响，城市居民普遍催生了对乡村生活环境和生活方式的需求回归，那么，在乡村旅游营销时，就从乡村生活方式的角度提炼核心要素，以符合乡村旅游客源对乡村生活方式的期待，从而进行恰当的市场定位。

（3）了解旅游消费者的生活方式，可以相应地设计不同的旅游产品。旅游营销者除了要区分不同旅游者的生活方式外，还应该为不同的生活方式的人群量身定做特定的旅游产品。例如，针对追求享受者，应设计高级会员定制旅游路线。旅游者在缴费之后，提供个人的喜好、性格等信息，由旅行社等中介机构完全度身定制旅游计划，从景点、餐饮、住宿到交通、娱乐、购物乃至陪同导游都计划在内，保证旅游者感受到独一无二的旅游体验。

## 本 章 小 结

【主要概念】

社会阶层　生活方式

【内容提要】

本章主要介绍社会阶层、生活方式对旅游消费者行为的影响，分为两个部分：首先，介绍社会阶层的定义及其特征、构成，以及其决定的因素和测量方式，提出基于社会阶层的旅游营销策略；其次，介绍生活方式的定义与测量，以及基于社会阶层和生活方式的旅游营销。

社会阶层是指全体社会成员按照一定的等级标准划分为在地位上彼此相互区别的群体。社会阶层具有同质性、层次性、多维性、流动性等特征。依据不同的划分标准、社会等级之间差距以及研究者的需要，可以把社会阶层分成不同的类型。美国商业心理学家和社会学家把社会阶层划分成上上、上下层、中上层、中下层、下上层、下下层六个层次；中国社会科学院2001年《当代中国社会阶层研究报告》，按照新标准对中国社会阶层划分成10个：国家与社会管理者阶层、经理人员阶层、私营企业主阶层、专业技术人员阶层、办事人员阶层、个体工商户阶层、商业服务人员阶层、产业工人阶层、农业劳动者阶层和城乡无业、失业、半失业者阶层，它们分属于五种社会地位等级：上层、中上层、中中层、中下层、底层。社会阶层可以从单项指数法、综合指数法两个方面对人们进行测量。基于社会阶层的旅游营销要熟知不同社会阶层的差异，有针对性地进行明确的目标营销，具体包括确定据以进行市场细分的社会阶层变量；选择特定社会阶层的消费者作为目标市场；确定旅游产品在特定目标阶层中的定位。

生活方式是个体在成长过程中，在与社会各种因素交互作用下表现出来的活动、兴趣和态度模式。目前较为流行的生活方式的测量方法有两种：一种是AIO方法，即活动、兴趣、意见结构法；另一种是VALS量表法。了解旅游消费者的生活方式，可以预测旅游消费者的行为，有助于选择目标消费者，进行恰当的市场定位，相应地设计不同的旅游产品。

# 单元训练

【知识训练】

### 一、选择题

1. 社会阶层的决定因素主要有（    ）。

   A. 职业            B 财富            C. 权力            D. 教育

2. 霍林舍社会地位指数是从（    ）两个层面来综合测量社会阶层的一种方法。

   A. 职业            B. 教育            C. 收入            D. 家庭

3. 科尔曼地位指数法从（    ）综合测量消费者所处的社会阶层。

   A. 教育            B. 职业            C. 居住的区域      D. 家庭收入

4. AIO问卷表主要由（    ）等方面问题构成。

   A. 活动            B. 兴趣            C. 意见            D. 动机

5. 社会阶层具有（    ）特性。

   A. 多维性          B. 层次性          C. 流动性          D. 同质性

### 二、判断题

1. 收入水平与社会阶层两者之间没有一对一的关系。                    （    ）

2. 在统计指标上十分相似的人，如年龄、职业、收入、学历、种族、民族、生活区域等方面都相同的人，在消费支出和商品选择上会有很大的差异。          （    ）

3. 在休闲活动选择上，个人通常是同一阶层临近阶层的其他个体所从事的某类活动，他从事新的休闲活动也是受到同一阶层或较高阶层成员的影响。          （    ）

4. 在大多数消费者研究中，职业被视为表明一个人所处社会阶层的最重要的单一性指标。
                                                                （    ）

5. 社会阶层并不是单纯由某一变量如收入或职业所决定，而是由包括这些变量在内的多个因素共同决定。                                            （    ）

### 三、简答题

1. 社会阶层的特点主要表现在哪几个方面？
2. 不同社会阶层的旅游消费行为差异主要表现在哪些方面？
3. 生活方式的定义及其测量方法是什么？
4. 生活方式不同在旅游消费行为差异主要表现在哪些方面？
5. 如何利用意见领袖进行旅游营销？

## 【技能训练】

目标：以某个社会阶层或生活方式的旅游消费者群体为对象，制作一份关于该社会阶层或生活方式的旅游项目的开发与管理的实验报告。实验结束后，不同小组之间进行试验的结果分享。

实验目的：了解社会阶层或生活方式的相关理论知识。

实验过程：以小组为单位对某个社会阶层或生活方式的旅游者群体进行调查与分析。

实验结果：小组成员根据所得的实验报告，为旅游营销方案的升级改造提供可行性的建议。

具体操作，如下所示：

调查研究出生活区周边区域某个社会阶层或生活方式的旅游消费者群体，得到他们共同的旅游需求。接着，小组同学可以根据所调查出来的旅游需求策划一个合适的旅游项目方案，但是需要结合一个具体的旅游目的地或者一个旅游景点进行一个可行性方案的分析。

## 【能力训练】

### 中国赴南极游客 10 年暴增近 40 倍，或成第二大客源国仅次于美

据联合早报消息，数据显示，造访南极的中国人在过去 10 年暴增近 40 倍，而随着中国人均收入的增加，各家旅行团又竞相推出更便宜的旅游配套，预计今年到访南极的中国游客将突破 5 000 人，中国有望一跃成为仅次于美国的南极旅游第二大客源国。

根据国际南极旅游组织协会（IAATO）的统计，2015～2016 年度，全球共有超过 38 000 人到南极旅游。

其中，中国游客有近 4 100 人，占总游客人数的 10.6%。而在 10 年前，造访南极的中国人只有 99 名，业界相信，中国人赴南极旅游的市场还有相当惊人的增长潜力。

文章中提到，六年多前到南极旅游三周的张健（54 岁，退休人士），当年从新闻报道中了解到气候变化、全球暖化将影响两极冰川，就想到要在冰川融化前，趁早去南极去看看这片还未被人类开发和污染的净土最真实的模样。

张健和丈夫共掏出 15 万元（人民币，下同，约 3 万新元），在 2010 年 11 月随一组美国旅行团远赴"世界之底"。她说："我是上班打工阶层，经济上不是很富裕，当时那笔钱就占了我俩年收入的一半。我丈夫还说，'你把我一辆车给买走了'。但去了南极后，它的自然和纯净，碧海蓝天、白雪，那种最简单的美让我非常震撼，也让我更关注环保和大自然课题。我希望这片净土能一直保存下来，不受破坏。"

南极归来后，张健近两年也去过北极和纳米比亚沙漠探险，但她不认为这是奢侈或炫耀。她说："我平时不追求买车买房，生活只要达到基本要求就满足了，剩下的积蓄我都用来充实自己，我觉得这是精神投资。"

**旅游配套最低约 1 万新元**

由于气候关系，南极旅游旺季是每年 11 月至次年 3 月的夏季期间。

目前，市场上多数南极游配套价格介于人民币 7 万元（约 14 000 新元）至人民币 16 万元（约 32 000 新元）不等。旅客大多会从阿根廷乌斯怀亚登船去南极半岛，经典活动包括观看企鹅、海豹、鲸鱼等，以及尝试极地露营、雪地远足等项目。

有业内人士表示，通过直接和挪威游轮运营商合作，公司成功压缩了中间商转包、加价的空间，从而让中国真正喜欢极地旅游、具有环保意识的高素质普通游客也能前往南极旅行，真正实现"去南极不再难"。

首都师范大学资源环境与旅游学院教授刘洪利分析，在北京和上海等一线城市，人均可支配收入已突破人民币 5 万元，上述价位的旅行配套对一般人来说不再是遥不可及。他预测，未来前往南极的中国游客还会继续飙涨。

而按照经济逻辑，高端旅游产品越普及化，产品价格也会不断向下调整，形成良性循环。

刘洪利说："进一步降低旅游报价的有效方法，就是增加旅游人数，通过批量包船包机、订酒店，能把成本开销压下来。"

（资料来源：澎湃新闻网. 中国赴南极游人数十年暴增 40 倍，或成第二大客源国仅次于美［N/OL］. http：//news. 163. com/17/0502/10/CJE2OGLJ000187VE. html. 有删减）

**要求：**

结合材料和所学知识，分析中国赴南极游客属于哪一种生活方式，并且提出对旅游企业的启示。

# 第 10 章　家庭与旅游消费者行为

【学习目标】

知识目标：了解家庭的含义及其类型、特点；了解、掌握家庭生命周期各个阶段的旅游消费特点；了解家庭成员的角色类型；了解、掌握家庭决策的类型以及影响家庭决策类型的因素。

技能目标：能运用家庭生命周期理论判断某一家庭属于生命周期的哪个阶段；能具体分析某一家庭的购买决策类型；能具体分析一次购买活动中每个家庭成员所扮演的角色。

能力目标：具有通过分析某一家庭的购买决策来进行旅游营销，通过判断某一家庭生命周期的阶段来进行旅游营销的能力。

【案例导读】

"十一"假期将至，不少家庭谋划带娃出游，亲子游路线持续火爆。据携程、去哪儿等旅行机构的数据，亲子游成为国内旅游市场的新热门，各大旅行社、景区、教育培训机构等也纷纷推出多样化、个性化的亲子游产品。

"带孩子出去走走，比天天对着电脑好多了。"北京市朝阳区某事业单位员工李伟，前几天利用年假带 8 岁的儿子到内蒙古自驾游，留下了难忘的回忆。

李伟说，去年暑假，由于工作比较忙，没时间带孩子出去旅游。整个暑假，孩子大部分时间在家看电脑，过得很单调。今年李伟下决心请了年假，带上孩子走出家门。

7 天的自驾行程有些辛苦，李伟一开始还担心孩子吃不消，结果完全出乎意料：孩子走进大自然，对很多事物都很好奇，不仅玩得很开心，表现得也很坚强。更重要的是，李伟还感觉到，旅行拉近了孩子和父母的心理距离。

亲子消费近几年非常火爆，在旅游市场也表现得比较明显，带娃出游成为一种主流出游模式。近年来，随着迪士尼、嘉年华等主题乐园的开放，各种亲子旅游产品的不断丰富，直接带动了亲子游市场的升温。

携程旅游数据显示，从亲子游出行数量看，截至今年 5 月中旬，亲子游出行人次约为去年同期的 1.5 倍。随着出行主力的 80 后、90 后逐渐组建家庭，亲子游市场规模有望进一步扩大。亲子出行比例达到 30% ~40% ，在寒暑假期间亲子出行的比例更高，为平日的 1.5 倍。

亲子游火爆的背后是家长对带娃旅游观念的转变，随着基础设施和相关产品的不断完善，亲子游成了父母陪伴孩子的最佳模式之一。亲子游对大人来说是一次难得的拉近与孩子心灵距离的机会；对孩子来说是享受比在家里更多的全身心陪伴和呵护。在亲子游陪伴模式中，七成以上是父母陪伴孩子一起出游，母亲带孩子出游明显高于父亲带孩子出游。

从上述案例我们有种种疑问，如亲子游火爆的背后究竟隐藏着家庭的什么秘密呢？是否每一个家庭在假期都会愿意选择亲子游产品呢？家庭旅游决定受什么因素影响呢？通过学习下列内容，我们将会逐步明晰这些问题。

（资料来源：人民网—人民日报. 带娃出游成主流旅游模式　亲子出行比例达 30% ～ 40%［N/OL］. http：//finance. people. com. cn/n1/2016/0929/c1004 -28748445. html. 有删减）

## 10.1　家庭概述

### 10.1.1　家庭的含义与类型

家庭既是社会结构的基本单位，又是重要的社会群体，基本上每个旅游者都来自于家庭这个群体，所以家庭在旅游消费者研究中十分重要。一般来讲，家庭是指以婚姻、血缘、收养等关系为纽带而结成的有共同生活活动的群体。

每个旅游者都来自家庭这一个群体，但来自的家庭类型却不尽相同。关于家庭的类型有很多种分类，按照家庭规模可分为：大家庭、小家庭和单身家庭；按照家庭传袭规则可分为：父系家庭、母系家庭、平系家庭和双系家庭；而社会学家一般按照家庭的人员构成角度将家庭分为四种典型的状态。

1. 核心家庭。核心家庭，即由一对夫妇（含一方去世或离婚）与他们的未成年子女组成的家庭（丈夫、妻子和子女），以及只由夫妇俩人构成的家庭（丈夫和妻子）。核心家庭的成员只有夫妻两人及其未婚孩子，因此，成员家庭负担相对减轻，从而具有更大的流动性。另外，核心家庭的成员也相对缺乏家庭支持与陪伴。

2. 主干家庭。主干家庭，也称直系家庭，是指至少由两代人组成，而且每代只有一对夫妇（含一方去世或离婚）的家庭（祖父母或外祖父母、丈夫、妻子和儿女）。主干家庭能在一定程度上培养代际之间的同情心，联络代际之间的感情。它也能在赡老、抚幼和管理家务上提供一些便利。主干家庭的缺点是家庭中有两对夫妻、两个中心，因而由谁执掌家庭权力问题难以解决。婆媳冲突就是一例。

3. 联合家庭。联合家庭，指由父母（含一方去世或离婚）与多对已婚子女组成的家庭，或兄弟姊妹婚后仍不分家的家庭。联合家庭一般是兄弟们结婚后不分家而形成的，兄弟不分家大多是出于共同继承财产的需要。父母房屋多或经济宽裕，可以提供住房或补贴，婚后子女才可能在一起共同生活。另外，如果已婚子女缺少分开居住的住房条件，那么他们除了与父母生活外没有其他选择。

4. 其他类型的家庭。其他类型的家庭指上面四种类型以外的家庭。随着社会的发展与观念的变化，当今社会出现了丁克家庭、单亲家庭、独居家庭、同性家庭等新型的家庭形式。

### 10.1.2　家庭与其他社会群体的区别

家庭是一种基本的社会群体，它具有一般群体的特性，但和其他群体相比，它又具有特殊性。

1. 家庭的形成是以婚姻或血缘为纽带，而其他群体的形成一般是以工作或任务为纽带。

我们常见的工作群体、专业性团体等其他群体，往往只是侧重于某种目标的完成或实现，而家庭侧重的是成员之间的经常性互动和联系。由于情感、亲缘是家庭的基础，所以家庭成员之间的联系更加持久、牢固。父母对子女的那种情感，几乎不带任何功利色彩，而且这种情感也很少由于彼此之间的一些矛盾、冲突而受到影响。其他的社会群体，多是一种契约式的关系，虽然在其中不免产生某方面的情感，但由于利益上的冲突或既定目标的达成，成员之间的感情或关系将因而终止。

2. 家庭成员之间具有更深刻和更持久的感情联系，而其他社会群体的成员之间的联系则具有较多的理性色彩。

由于夫妻之间有着性爱关系，父母和子女以及兄弟姐妹之间有着血缘关系，所以家庭中充满着骨肉亲情，情感深刻持久。而上面提到，其他群体是以工作或任务为纽带，一旦任务结束，群体之间的情感与关系将逐渐消失，所以其他群体的情感相对于家庭而言是很短暂的。

3. 家庭强调合作，而其他群体强调竞争。无论是同学之间、邻里之间、同事之间，还是朋友之间，总存在着攀比、竞争：同学之间比谁的成绩好，邻里之间比谁的汽车新，同事之间比谁升迁快，朋友之间比谁的子女更有出息等。家人之间虽也有攀比竞争，但相对而然，更多强调的是彼此之间的照顾、关爱，追求的是家庭的和谐、温馨。

### 10.1.3 我国家庭群体的发展变化

1. 家庭规模在不断变化。《中国家庭发展报告（2015）》显示，我国家庭规模呈现出显著的缩小趋势。1990年，我国家庭的户均人口为3.96人，到2015年大幅缩至3.35人，相比25年前缩减近15%。报告还指出，2~3人的小型家庭已成为家庭的主流，4~6人的家庭比例低于小型家庭，单独居住的情况也占有一定比例。

规模缩小的原因由多个方面引起的。首先，我国于20世纪70年代开始逐渐实施计划生育，使人口出生率不断下降，而出生人口数目的减少，直接导致家庭规模的缩小。其次，由于城市化的发展和社会流动性的增加，使大量人口从农村流向城市，使得农村家庭规模不断缩小。再次，随着社会观念的变化，子女结婚后大多都不愿意与父母同在一个屋檐下，而选择另立门户。最后，离婚率的上升与道德底线的沦陷，独居者与单亲家庭的数量在不断增多，使家庭的规模减小。2015年二孩政策全面实施后，在一定程度上对部分家庭的规模结构产生了新的影响。

2. 家庭类型更加多样化。目前，我国主要以核心家庭为主导，但比重在持续下降，独居老人比例有所上升，而传统理论所提及的主干家庭数量占据比例不大，联合家庭更是近乎消失，空巢家庭、丁克家庭、单亲家庭等快速增长。自改革开放以来，经济发展促使人口流动变快，为了谋求更好的机会，年轻人选择外出工作、求学并在异地组成自己的小家庭，使原来的核心家庭只剩下一对老夫妻，成为空巢家庭。婚姻和家庭观念的开放，唤醒年青一代崇尚和追求自由独立的意识，使得家庭结构中单人家庭的比例呈现逐年上升的趋势。我国空巢家庭从2000 年的 2.29%，上升到 2010 年的 3.37%，增长明显。而由于生活节奏加快，竞争压力激增，许多家庭婚后选择不生育，成为丁克一族。

## 【同步案例】

### 二孩家庭出门旅游频遭尴尬　景点酒店配套均不足

这个"五一"，张先生一家四口自驾到合肥游玩。可原本兴高采烈的家庭出游，却在旅途中频遭尴尬：买的景区亲子套票只含"两大一小"，订的酒店也没有适合一家四口的房间，只能额外付费。这让张先生有些郁闷，酒店、景区的配套服务为何不能照顾到二孩家庭呢？

随着全面二孩政策的实施，越来越多的家庭开始带俩娃一起出行。来自旅游企业的数据显示，这个五一假期带俩娃出游的数量增长了一倍。然而记者调查发现，无论是景区推出的亲子套票，还是酒店的家庭住宿，大多还是参照原来"两大一小"的标准，这也让二孩家庭多了出行的烦恼。

**游玩住宿用餐频遇尴尬**

一家四口自驾到合肥之前，张先生在网上查过，万达乐园针对亲子家庭有优惠套票出售，原价 681 元，套票优惠只需 228 元，可以一家三口进去玩。于是张先生便在网上购买了一张家庭套票，准备带两个娃一起进去玩，结果在乐园入口被工作人员拦住，称他手里的家庭套票包含的是"两大一小"门票，只能是两个大人带一个孩子进去，而不能是一个大人带两个小孩进去。

张先生看到，票面上确实写的"适用于两名成人携带一名身高 1.2（含）~1.5（不含）米的儿童"，而且还写明活动门票一经售出，概不退换。张先生与对方沟通，希望将"两大一小"换成"一大两小"，被对方拒绝。无奈之下，张先生只得再花 128 元买了一张单人门票。

记者调查发现，乐园、景点推出的家庭套票和家庭年卡，确实大多采用"两大一小"标准配置，这无疑让二孩家庭犯难：购买了家庭套票，我家老二该怎么办？

除了景区门票外，更让二孩家庭尴尬的是，在出行住宿时，大多数酒店都找不到可以住下一家四口的房间。

"这次在合肥入住的酒店，最大的家庭房只有一大一小两张床，还不能加床，酒店说是按照'两大一小'配置的，没考虑到两个小孩的情况。"张先生最终只能是让老大自己睡小床，剩下 3 人挤大床。

对于二孩家庭在酒店住宿方面遭遇的尴尬，经常带娃出行的徐妈妈也有发言权。她告诉记者："每次带两个娃出去，如果床不够大，先看房间里有没有沙发，有的话就只能委屈一个娃睡沙发了。有时候四个人实在是没地方挤，也只有订两间房。而在国外很多地方，家庭房就是两张大床的 4 人间，很适合二孩家庭住宿。"

二孩家庭住酒店时还会遭遇吃饭问题。"一般酒店推出的家庭套餐都是'两大一小'标准配置，有两个小的就很尴尬，只能额外付费。"徐妈妈表示。

最让二孩家庭无语的还有，一些酒店配套设施也对家庭人数进行了限制。徐妈妈称，有一次他们入住一家配备温水游泳池的五星级酒店，晚上一家四口正要游泳时，遭到工作人员阻拦，称家庭游泳池只能三个人使用。"难道让另一个娃在上面干站着吹风？"

**高星级酒店配套也不足**

记者昨日通过电话咨询的方式进行了一次抽样调查，被咨询的沪上五家知名五星级酒店中，均未有合适的家庭房面向"两大两小"的二孩家庭。

浦东香格里拉酒店表示，酒店没有可住下"两大两小"的客房，最大套房也只有一张床，只能住两人，如果多住人的话只能加床。如果是一名6岁以下的儿童，可以免费和两位成人同住，不含加床及早餐。如果是6周岁以上儿童加床的话需额外收费，早餐的话6~11岁儿童早餐半价，12岁以上视为成人。

上海四季酒店表示，酒店没有容纳4人的家庭房。酒店套房也只配备一张床，可以加床。18岁以下儿童加床免费。3岁以下婴幼儿可免费提供婴儿床。成人加床价格为250元一晚再加服务费。5岁以下儿童可免费享用自助早餐，6~11岁半价。

浦东文华东方酒店表示，一家四口入住一间房只能加床，12岁以上儿童加床需收费，价格为380元/天加服务费。6岁以下儿童早餐免费，6~12岁儿童早餐119元/人加服务费。

JW万豪酒店表示，比较适合四人入住的是酒店套房，除了一张大床外，还有客厅沙发可以当沙发床，然后再加一张床，加床费用为250元加服务费。

浦西洲际酒店也表示，四口家庭可以订套房，面积比较大，但套房内只有一张床，住四个人的话还需要加床，儿童加床费用是409元含早餐。

**【专家观点】**

对于二孩家庭在国内旅游遭遇的种种尴尬，旅游专家、社会学者刘思敏指出，这正体现了国内很多景点对市场变化缺乏应变能力。越来越多二孩家庭遭遇的出行矛盾正是给景点、酒店等上了一课。"任何营销手段的出台，应该要考虑周全，慎重一些，同时也应有相应的应变策略。景点必须学会捕捉社会变化，与时俱进，其实像这种矛盾不难解决，通过升级套餐等各种方式进行解决，即使要加些钱，我相信家长也会理解。"

（资料来源：李晓明. 二孩家庭出门旅游频遭尴尬 景点酒店配套均不足 [EB/OL]. http://health. huanqiu. com/health_news/2017 -05/10582143. html. 有删减）

## 10.2 家庭旅游消费购买决策

### 10.2.1 家庭成员的角色划分

在旅游购买决策与消费的过程中，不同的家庭成员在购买过程中往往会承担不同的角色，对决策产生不同的影响。一般而言，在家庭消费决策过程中可分为以下五种角色。

1. 倡导者。倡导者主要是指提议旅游或购买旅游产品，使其他家庭成员对此产生购买兴趣的家庭成员。例如，小孩子经常会十分积极地向家长建议去游乐场玩，这时儿童就成为倡导者。一般来讲，倡导者与使用者多数情况下为同一个人，但倡导者的建议却不总会被采纳，这要视乎他所处家庭的地位和影响力。

2. 影响者。影响者主要是指为购买提供评价标准以及哪些产品或品牌适合这些标准的信息，从而影响旅游目的地和旅游方式选择的家庭成员。对于儿童提出去游乐场的建议后，其母亲对附近游乐园的信息进行分析筛选后，向家庭其他成员提供其想法从而影响成员的想法，这时母亲属于影响者。

3. 决策者。决策者主要是指有权利决定是否旅游、去哪里旅游、何时旅游以及购买什么旅游产品的家庭成员。在考虑了金钱、安全等方面后，并受到孩子母亲的种种影响下，父亲同意小孩子前往游乐场的决定，于是，小孩子从母亲所筛选的几个游乐场中选出一个自己最喜欢的，这时，父亲与孩子都是决策者。

4. 购买者。购买者主要是指实际进行购买旅游产品的家庭成员，购买者与决策者可以不是同一个人。前文提到虽然父亲和小孩子同为决策者，但由于小孩子年纪太小，身无分文，最终只能将购买这一权利全部让给父亲，这时，父亲成为了购买者。

5. 使用者。使用者主要是指在家庭中实际消费旅游产品或使用由他们自己或其他家庭成员所购买产品的家庭成员。父亲虽然是购买者，但由于他的"荷包"只够买两张门票，于是只有母亲与小孩子去了。这时，母亲与小孩子成为了使用者。

综上所述，每一个家庭成员在购买过程中可能会承担多种不同的角色。了解不同成员在购买和消费活动中扮演的角色，非常有助于旅游营销工作的开展。

### 10.2.2　家庭旅游消费购买决策的类型

在前文小孩子与游乐场的案例中，决策在整个家庭旅游消费中起着重要的作用。我们这里所说的家庭旅游决策，是指由两个或两个以上家庭成员自己或间接做出旅游产品的购买决定的过程。作为一种集体决策，家庭购买决策在很多方面不同于个人决策。

人们常常将家庭决策与其他群体的组织决策相提并论，这虽然有助于人们理解家庭决策的形式，但却没有抓住家庭决策的实质。组织一般具有较为客观的标准来评价购买决定，如利益最大化，而家庭则没有这样明确的、整体的目标。此外，大多数组织的购买活动对那些没有参与购买活动的人影响很少，但是大多数家庭购买却会直接影响家庭中的每个成员。实际上，家庭购买决策最重要的特点就是带有浓厚的感情色彩，这种感情色彩会影响家庭成员之间的亲密关系。

家庭形态对旅游决策影响，主要取决于家庭每个成员在家庭中的地位和作用。夫妻双方在决策过程中所处的地位不同，对旅游产品类型的需要不同，家庭决策的方式也会有所不同。家庭决策可能是丈夫或妻子中的一个做出的，也可能是共同做出的。根据家庭决策中占主导地位的成员不同，可以将决策模式分为以下四类。

1. 联合决策。联合决策指夫妻双方共同作出购买旅游产品的决定。根据相关学者的研究结果表明，21 世纪以来，夫妻共同决策一直是家庭度假决策中的主导模式，而且年龄相仿的夫妻更有可能采用这种决策方式。与其他类型的旅游者相比，这类旅游者计划旅游行程的时间会更早，而且在制定度假计划的过程中，还会使用大量的信息来源。由于策划时间比较周全，夫妻共同决策类型家庭参与的旅游休闲项目往往比较多，而且旅游满意度较高，愿意故地重游。

2. 丈夫主导型决策。在决定购买什么旅游产品的问题上，丈夫起主导作用。采用这种决策模式的家庭，往往夫妻双方在年龄的差距上较大。丈夫为主导做出的旅游决策较多涉及户外运动项目，如野营、远足、狩猎等。由于丈夫主导决策型家庭在旅游时花钱最大方，所以对旅游企业尤为重要。

3. 妻子主导型决策。在决定购买什么旅游产品的问题上，妻子起主导作用。在现实生活中，采用妻子主导型决策这一模式的并不多见。相关学者发现，与前两种家庭比较，由妻子作出最终旅游决策的家庭在旅游中参与的休闲项目最少，逗留时间最短，花费也最少。但是，由于家庭关系的改变，夫妻角色的变化，采用这类决策模式的家庭可能会与日俱增。

4. 自主决策。在一些情况下，由丈夫或妻子对旅游产品的购买独立做出决定。在家庭旅游决策过程中存在着第四种决策模式，就是丈夫或妻子独立做出决策。当妻子和丈夫之一做出决策时，或者两人同时做出几乎相同的决策时就出现了自主决策这一情形。

【同步资料】

### 家庭出游 7 成目的地由女性定

根据驴妈妈旅游网大数据和消费者调查，家庭出行中就有 70% 的旅游目的地选择是由女性决定的，而在夫妻、情侣等男女两人出游中这一比例更升至 85%。她们的决策范围甚至涵盖了家人的日程安排、游玩项目、餐食和住宿等。有个有趣的现象是，因为移动消费端的成熟也衍生出一群女性"晚购族"。数据显示，有 38% 的女性消费者是在临睡前下单的，而男性则相对低得多。

此外，一份《2015 年度女性乘机报告》（下称《报告》）显示，某机票平台五折以下的国内机票有超过六成进了女性的口袋，在国际机票秒杀活动中，女性的参与比例超过七成。南京市民吴菁是一名旅游爱好者，对于这份调查数据，她觉得很靠谱。吴菁表示，现代女性在网购程序上早已经就轻驾熟，拉上三五个密友一起淘美食、逛夜市、和闺蜜一起结伴去黄山看日出、去鼓浪屿看海、去丽江爬玉龙雪山等，随时秒到便宜机票，就可以来场"说走就走的旅行"。

《报告》还指出，女性在线选择旅行产品的浏览页面停留时间比男性更长，更注意细节的比较，72% 的女性会重复对比多个产品后再下单。这一点获得了已经有二宝的黄女士的认可，她表示，如果是带宝宝出行那考虑的范围就更多了，目的地是否有婴儿配套设备、用餐环境、休息室等都会纳入考量范围。

（资料来源：周晶. 数据显示：中国消费行业中超 75% 的决策都是女性做主［EB/OL］. 凤凰网，http：//js. ifeng. com/a/20160315/4368525_0. shtml.）

## 10.2.3 影响家庭旅游消费决策类型的因素

在前面的内容中，我们介绍了家庭旅游消费决策的类型。那么，家庭决策类型受哪些因素影响呢？一般总结为以下四种因素。

1. 家庭的购买力。一般来讲，家庭购买力越强，共同决策的观念越淡漠，一个成员的决策越容易为家庭其他成员所接受；反之，购买力弱的家庭，其购买决策往往由家庭成员共同参与制定。

2. 家庭的民主氛围。民主氛围浓厚的家庭，家庭成员经常共同参与决策，家庭旅游消费决策类型就会多样化；反之，家庭旅游消费决策类型就较为单一。比如，在我国不发达的农村中由于家庭中的封建思想和重男轻女意识比较严重，家庭以男性为核心，而且男性比女性有更多的受教育机会，更高的收入水平，在家庭中的地位高，对家庭旅游决策的影响自然较大。相比较而言，在我国发达的城市里，人们教育程度较高，所受传统观念的影响相对较少，而受社会主义核心价值观的影响较大，家庭成员的地位较为平等，因此，家庭决策过程中就更可能出现联合决策、自主决策甚至妻子主导决策方式。

3. 家庭成员的角色专门化。随着时间的推移，夫妻双方在旅游决策中会逐渐形成专门化角色和分工。因为从经济和效率角度看，如果家庭成员在每件产品上都进行联合决策，那么成本太高了，而角色专门化则可以提升效率。

家庭中的角色分工与家庭发展所处的阶段密切相关。年轻的夫妻家庭一般会更多地进行联合决策。之后，随着孩子的出生和成长，家庭内部会逐渐形成较为固定的角色分工。当然，分工固定是相对于一个时间段而言的，这种分工在不同的阶段会发生不同的变化。而在我国，由于父母越来越重视孩子的感受和意见，独生子女参与家庭消费决策的比例越来越高，有些时候子女甚至起着决定性作用。

4. 家庭生命周期。在不同的家庭生命周期阶段，夫妻或其他家庭成员参与决策的程度和重要性是不一样的。例如，当家里小孩子还十分童真时，还是将旅游消费决策的大权交给爸爸妈妈；而小孩子长大成人，有了决策能力和需求时，家庭出游的决策权可能就会慢慢由他掌握。这说明在家庭生命周期的两个不同时期的截然不同的旅游消费特点，详细内容我们将在下一节具体说明。

## 10.2.4　家庭旅游消费购买决策与营销策略

1. 基于家庭结构变化发现新的市场机会。如前所述，我国的家庭正在经历着诸如家庭规模在不断变化、家庭类型更加多样化等一系列变化，这些变化给旅游企业带来挑战，也意味着新的市场机会和潜力。比如，随着二孩政策的实施，我国正慢慢走进"二孩时代"，"三口家庭"的标配面临着如何适应"四口家庭"的套装的问题。无论是景区推出的亲子套票，还是酒店的家庭住宿，大多还是参照原来"两大一小"的标准，这也让二孩家庭多了出行的烦恼。增加一个孩子，酒店的床位需要增加，房间的面积需要拓展；增加一个孩子，餐厅的套餐需要增加，儿童的座椅需要购买。而"二孩家庭"也并不是特别普遍，相关的旅游行业既得满足"二孩家庭"的需求，又得确保增加的设施不会浪费，其中的标准如何拿捏，则需要进一步考量。面对可能出现的设施设备浪费问题，共用开发便携式的、可拆卸的设施设备，能在原有的"三口家庭"配套服务的基础上，进一步地拓宽服务水平。

现代家庭变化的另一个趋势是越来越多的人选择单身生活。单身家庭具备家庭的基本消费功能，但与传统家庭相比又有其特殊性。单身家庭在住宿、食品、家具、日用品、陈设品方面消费较低，使得年轻男女有更多的收入用于包括读书学习、参加培训、娱乐休闲、健身旅游等方面的消费，同时，由于没有子女的负担，使年轻男女有更多的时间开展旅游活动，但不会开展像亲子游等与小孩相关的旅游活动，这也要求旅游企业提供更加符合这类家庭的旅游产品和服务。

2. 基于家庭购买决策特点的营销策略。针对家庭购买决策的特点，旅游企业首先要了解不同家庭成员在购买和消费活动中扮演的角色，以及相关产品的家庭购买决策程序。在确定的目标市场范围内，对家庭决策过程进行分析。为此，旅游企业营销者应把握以下问题。

（1）确定在决策的每一阶段，各有哪些家庭成员参与；

（2）确定他们的动机和兴趣所在；

（3）制定能够满足每位参与者需要的营销策略。

例如，对于亲子游产品，小孩往往会参与到问题的确认阶段，他们可能会被有趣的旅游活动吸引并要求前往游玩，这时家长可能会因孩子的要求而对旅游产品发生兴趣，但更倾向于关注旅游活动的安全性和价格。因此，在推销此类旅游产品时，营销者应注重向孩子传达有趣、令其兴奋的信息，而向父母传达安全、价格实在的信息。

## 10.3 家庭生命周期与旅游消费者行为

### 10.3.1 家庭生命周期

随着时间的推移，家庭会经历一系列不同的阶段。家庭生命周期是反映绝大多数家庭必经的历程，即从单身到结婚，接着家庭扩展，再到家庭的收缩，直至家庭解散。在各个阶段，家庭的人数、家庭成员生理状况和心理需求都具有不同的特点，由此使家庭消费呈现不同的模式。传统的家庭生命周期可划分为以下五个阶段。

1. 单身阶段。单身阶段指参加工作至结婚的时期，一般为 18～35 岁。这个时期的收入比较低，但由于没有经济负担，可以任意支配的收入较高。这个时期还可以进一步分为 25 岁以下和 25 岁以上两个阶段。25 岁以下者通常收入不高、与父母同住，部分地获得家庭的经济援助。一般来讲，这一阶段的生活内容较为丰富，社交广泛，可以较多地进行旅游消费；25～35 岁的单身者收入高一些，也更为独立，常常与别人合住在一起，并承担更多的经济义务，他们所购买的产品与在家居住的单身者相同，他们已经开始为今后打算，将收入分散于保险、投资等方面。

2. 新婚阶段。新婚阶段指从结婚到新生儿诞生时期。一般情况下，双方都有工作和收入，而且生活稳定，可以追求类似单身生活的物质享受，也常外出就餐娱乐。他们会为共同生活的新家庭进行一些耐用消费品的购置，也会在服装、度假、餐饮以及酒精饮料等方面进行消费。

3. 满巢阶段。满巢阶段指从第一个孩子出生，到所有孩子长大成人离开父母这一段时期。子女的出生通常会改变家庭的生活方式与经济状况，这样的家庭必须花较多的收入在孩子身上。由于满巢期的时间段较长，一般超过 20 年，所以我们通常会进一步将它分为满巢Ⅰ、满巢Ⅱ、满巢Ⅲ三个阶段。

（1）满巢Ⅰ阶段，指年轻已婚夫妇最小的孩子在 6 岁以下。第一个孩子的出生往往会改变年轻夫妇的家庭生活模式和消费方式。一方面，婴儿服装、家具、食物和保健用品等新的消费品会出现在这一阶段；另一方面，由于抚养小孩占用大量的时间和开支，家庭可供自由支配的收入和闲暇时间会大幅减少，而且许多妇女在生育后放弃了工作，家庭的总体收入也有所下降。一般来讲，这一阶段夫妇大多手头较紧，或者储蓄较少。他们从家庭中获取乐趣，很少外出吃饭，他们可能搬到新的住处以适合孩子居住，同时，度假、餐馆、汽车等消费品的选择也需要适合有小孩的现实。

（2）满巢Ⅱ阶段，指已婚夫妇最小的孩子在 6 岁以上。与前一阶段相比，这个阶段的家庭财务状况有所好转。一般来讲，这个时期的家庭是各类辅导班、牙医、软饮料和各种快餐的主要消费者，尤其是为孩子积攒教育费用的需要使家庭经济压力加大。此外，由于需要更多的空间，这类家庭可能会购买更大的房子和汽车，对日用品的消费也倾向于购买大包装或大容量。

（3）满巢Ⅲ阶段，指年长夫妇及一起生活的小孩。这个时期夫妇进入中年，大都事业有成，一方面在家享受天伦之乐，另一方面又积极参与社区活动。他们不愿意搬迁，而把钱花在更新以前所买的家具和其他耐用消费品上，在日渐长大的孩子的教育、服装、食品和娱乐上也投入不少，同时，他们也进行投资和储蓄。他们较少受到广告的左右，不过那些渲染一家人愉快地共度假日的旅游广告恐怕要例外。

4. 空巢阶段。始于小孩不再依赖父母，也不与父母同住。这一阶段也比较长，所以将它分为空巢Ⅰ、空巢Ⅱ。

（1）空巢Ⅰ，指年长夫妇，未退休，但小孩已离开家庭的家庭。通常由于家庭中的两个成年人都有工作，但由于没有孩子的负担，又会拥有与之前相比更多的空闲时间。他们的开支主要用于外出用餐、度假、第二套住宅购买，还可能是金融服务的主要购买者。

（2）空巢Ⅱ，指年长夫妇，已退休，且没有孩子在家生活。这一阶段开始于退休之后，由于年龄的关系、社交倾向和日益下降的经济地位，他们对于保健、住房、食品和娱乐有一系列的特殊需要。他们虽有更多的时间享受生活，但由于收入显著下降，且经济为健康问题所忧，因此，会精打细算地过日子，并且购买药品以及有助消化、睡眠和滋补的商品。随着我国老龄化比例越来越高，这类家庭将日益增多。

5. 解体阶段。解体阶段是指夫妻一方过世时，家庭进入解体阶段。家庭逐步解体阶段是家庭生命周期的最后一个阶段，夫妻中的一人去世或生活能力极大下降不得不转向依靠子女的时期。由于老年人自身活动能力的削弱，其消费能力也相应下降。这时的消费基本上以吃和保健为主。如果年老多病，医药方面的花销也不小。

### 10.3.2　家庭生命周期各个阶段的旅游消费行为特点及其营销对策

1. 单身阶段。这一阶段他们要么在大学念书，要么刚跨出校门开始工作。随着我国年轻人结婚年龄的推迟，"大龄青年"这一群体的数量正在增加。尽管刚参加工作，收入不高，但由于没有其他方面的负担，因此，一般他们通常拥有较多的可自由支配收入和闲暇时间用于开展旅游活动。这一群体喜欢富于刺激、冒险、娱乐的旅游项目；在娱乐、休闲方面的支出较高，但在交通和住宿等其他方面花费较少。

2. 新婚阶段。在此阶段，由于新家庭的形成，新婚夫妇双方要经过一个调整和适应的过程。其中，既涉及消费决策和分担家庭责任，也涉及诸如家具、家用电器等家庭生活用品的购买。新婚夫妻大多把蜜月旅行作为人生中一次非常重要的假期，会花较多的时间精力进行筹划，作好旅行中的各方面安排，在旅行消费水平上会比以往任何一次旅行花费要高。在新婚阶段由于夫妻双方都有收入，且没有孩子的负担，夫妻双方更有机会开展旅游活动。此外，随着我国生育态度的变化和生育成本的增加，在部分新婚家庭这一阶段与以往相比有一定程度的延长。

3. 满巢阶段。处于这个阶段的家庭对旅游的兴趣受到子女出生的强烈影响，家庭旅游往往放在全家都能满足时间要求的假期上。具体分为满巢Ⅰ、满巢Ⅱ、满巢Ⅲ三个阶段。

（1）满巢Ⅰ：这一阶段，通常是指由学龄前儿童（6岁以下小孩）和年轻夫妇组成的家庭。第一个孩子的出生会给家庭生活方式和消费方式带来很大的变化。在我国由于有祖父母或外祖父母照看孙子、孙女的传统和习惯，无需夫妻中的一方辞掉工作来专门照料孩子。然而，孩子的出生确实带来很多新的需要，从而使家庭负担有所增加。在满巢阶段，在旅游度假方面也要考虑小孩的需要。受年幼小孩的牵制，满巢Ⅰ阶段的群体较少出游，即使旅游也主要为了探亲访友。他们可能会参加少量的常规旅游活动，但较少参加娱乐和体育活动。

（2）满巢Ⅱ：这一阶段，通常是由学龄儿童和夫妇组成的家庭。在此阶段，最小的家庭成员已超过6岁，多在小学或中学念书。在我国，这一阶段的家庭可能会选择一些小孩能够参与、耗费体力较少的旅游项目，如观看球赛、海滨游泳、农园采摘等。在出行距离上，一般会选择较近的旅游目的地，因为小朋友的注意力容易分散，不能忍受长时间的路程等待，即使是年龄大一些的儿童也不愿意被动地坐在车里消耗过多时间。

（3）满巢Ⅲ：通常是指年纪较大的夫妇和他们仍未完全独立的孩子所组成的家庭。在中国，处于此阶段的家庭的旅游度假模式比较复杂。由于要支付高额的子女教育费用和抚养费用，有的还需要照顾年迈的父母，所以，家庭经济压力尚不能很快减轻。即使孩子已经工作，传统的父母也会积极地为孩子结婚、购房等进行储蓄。因此，收入不高的家庭在这一阶段还可能会减少旅游活动的开展。在此阶段家庭开展旅游活动时会注重对小孩开阔眼界、增长见识、丰富知识等教育方面的功能实现，且随着小孩年龄的增长，小孩体力和智力的不断提高可以使一些长距离的旅行或是需要耗费一定体力的旅游项目成为可能。

4. 空巢阶段。空巢阶段始于小孩成家立业，也不和父母居住。这一阶段可分为空巢Ⅰ、空巢Ⅱ。

（1）空巢Ⅰ：在此阶段，父母仍在工作，但孩子已经离开独立生活。对一些父母来讲，由于孩子长期不在自己身边，心理上会产生落寞感，由此到小孩学习或工作的城市进行旅游，成为这些父母主要的旅游目的。对另一些父母来讲，因为没有子女的拖累，父母的经济负担已经大大减轻，他们已经具备充分享受消费的条件，也有更多的闲暇时间供自己支配，因此，对那些经济收入较高、有一定积蓄的家庭来说，在旅游消费上会同样具有明显的"补偿消费"的心理，以弥补过去由于经济条件、时间条件、精力等各方面的限制而没有充分消费的缺憾，可能选择昂贵的、高档的旅游项目。同时，在人生的这一阶段，会逐渐以身体健康为消费导向，在旅行项目上会选择有助于身体健康的旅游项目。

（2）空巢Ⅱ：在空巢后期，夫妻到了退休的年龄，可以自由支配的时间更多了，但对于未来经济收入的预期却随之下降。随着生活水平和社会环境的改变，60岁以上的老年人过着"有钱、有闲"的日子。为排解老年寂寞、维护社交关系等原因我国越来越多的老年人选择出行。由于时间的约束性降低，这一阶段的旅游者在旅途中逗留的天数和游览的目的地数量会有所增加，表现为中长期旅行多、出行次数多，但他们在住宿、进餐方面的花费却比较节省，对价格的敏感度会有所提高。由于年龄体力方面的约束，在旅游活动的选择上，他们倾向参加活动量小和有文化品位的活动。在出行时间上，集中在景色与气温较适合的春秋两季。老年人出行与其他人群最大的不同点是以多人组团出游为主。这与他们的出行需求有着密切的关系。大部分的老年人组团出行是为了增加亲友感情，这类人群交往对象一般仅限于同行老人，他们结伴人数较多，更愿意自由组团出行。

5. 解体阶段。当夫妻一方过世时，家庭进入解体阶段。夫妻中的一人去世或生活能力极大下降不得不转向依靠子女的时期。由于收入来源的减少，在世的一方一般过上更为节俭的生活，全面减少日常生活的消费支出，在旅游活动上的消费支出会更少，大多限于以探亲访友为主要目的的旅游活动，或是前往一些适合颐养身心的宗教圣地。同时，在旅游中注重与晚辈儿孙的同行交往，以满足其自身情感上的需要。

# 本 章 小 结

【主要概念】

家庭　家庭生命周期

【内容提要】

本章主要介绍家庭对旅游消费者行为的影响，包括家庭和家庭生命周期的定义、家庭成员在旅游消费过程中的角色、家庭旅游消费行为的影响因素，以及基于上述内容的旅游营销策略。

　　家庭是指以婚姻、血缘、收养等关系为纽带而结成的有共同生活活动的群体。典型的家庭类型有以下四种：核心家庭、主干家庭、联合家庭和其他家庭。家庭成员在旅游消费过程中共有五种角色：倡导者、影响者、决策者、购买者和使用者。家庭决策的购买决策类型有：联合决策、丈夫主导型决策、妻子主导型决策、自主决策。影响家庭旅游消费行为的因素主要有：家庭的购买力、家庭的民主氛围、家庭成员的角色专门化、家庭生命周期。家庭生命周期分为五个阶段：单身阶段、新婚阶段、满巢阶段、空巢阶段和解体阶段。

# 单 元 训 练

【知识训练】

## 一、选择题

1. 典型的家庭类型主要有（　　）。
   A. 核心家庭　　　　B. 主干家庭　　　　C. 联合家庭　　　　D. 其他家庭
2. 下列属于家庭成员在旅游消费过程中的角色有（　　）。
   A. 倡导者　　　　　B. 影响者　　　　　C. 决策者　　　　　D. 购买者
3. 影响家庭旅游消费行为的因素主要有（　　）。
   A. 家庭的购买力　　　　　　　　　B. 家庭的民主氛围
   C. 家庭成员的角色专门化　　　　　D. 家庭生命周期
4. 家庭决策的购买决策类型有（　　）。
   A. 联合决策　　　B. 丈夫主导型决策　C. 妻子主导型决策　D. 自主决策
5. 下列属于家庭生命周期阶段的有（　　）。
   A. 单身阶段　　　B. 满巢阶段　　　　C. 新婚阶段　　　　D. 空巢阶段

## 二、判断题

1. 在不同的家庭生命周期阶段，夫妻或其他家庭成员参与决策的程度和重要性是不一样的。　　　　　　　　　　　　　　　　　　　　　　　　　　　　　（　　）
2. 主干家庭也称直系家庭，是指至少由两代人组成，而且每代只有一对夫妇（含一方去世或离婚）的家庭（祖父母或外祖父母、丈夫、妻子和儿女）。　　　　（　　）
3. 家庭强调合作，而其他群体强调竞争。　　　　　　　　　　　　　　（　　）
4. 目前，我国主要以核心家庭为主导，但比重在持续下降，独居老人比例有所上升，而传统理论所提及的主干家庭数量占据比例不大，联合家庭更是近乎消失，空巢家庭、丁克家庭、单亲家庭等快速增长。　　　　　　　　　　　　　　　　　　　　　（　　）
5. 在空巢Ⅰ阶段的家庭会逐渐以身体健康为消费导向，在旅行项目上会选择有助于身体健康的旅游项目。　　　　　　　　　　　　　　　　　　　　　　　　　（　　）

## 三、简答题

1. 家庭的含义与类型是什么？
2. 家庭成员角色有哪些类型？其在家庭旅游消费决策中所起的作用如何？
3. 影响家庭旅游消费决策的有哪些因素？
4. 家庭生命周期各个阶段的消费特点有哪些？如何有针对性地开展旅游营销？

**【技能训练】**

目标：以各自的家庭为对象，制作一份关于对自身家庭生命周期所处的阶段旅游项目的开发与管理的实验报告。实验结束后，同学之间进行试验的结果分享。

实验目的：了解家庭生命周期的相关理论知识。

实验过程：以个人所处的家庭为单位进行家庭生命周期阶段的试验调查与分析。

实验结果：每个同学根据所得的实验报告，为旅游营销方案的升级改造提供可行性的建议。

具体操作，如下所示：调查研究出自身家庭所处的家庭生命周期阶段和旅游消费特点，对自身家庭所处的阶段有较为全面的认识。接着，同学可以根据自身家庭所处阶段策划一个旅游消费体验项目的方案，但是需要结合一个具体的旅游目的地或者一个旅游景点进行一个可行性方案的分析。

**【能力训练】**

**一、调研题**

1. 就大学生所处的家庭生命周期阶段中其家庭旅游消费决策的特点这一问题进行调研分析。

2. 试从电视剧中找出两个家庭。首先按照社会阶层的分类方法确定他们的社会阶层；其次分析比较各个家庭的生活方式和旅游消费行为。

**二、综合题**

王先生：35 岁，重庆某船运公司部门经理，月薪 5 000 元，从小在北方长大。

王太太：32 岁，某中学历史老师，月薪 3 500 元，在重庆长大。

儿子：8 岁，上小学二年级。

爷爷：65 岁，爱好书画。

一个周末的夜晚，王先生一家在客厅里看电视，王先生拿着遥控板毫无目的地翻动着，寻找着好看的电视节目，儿子安安静静坐在他旁边，屏幕翻到旅游卫视，电视画面为迪士尼乐园儿童游乐的场景。顿时，儿子大叫了起来："我要去那儿玩，妈妈，我要去那儿玩。"妈妈平静地回答他说："儿子，我跟你说，那是在日本，一个很远很远的地方，怎么去玩啊？"儿子来劲了，大声叫道："不行，不行，我要去日本，我要去那儿玩。"

"行，放假了爸爸带你去玩。"爸爸敷衍道。

10 点钟过后，孩子睡着了。先前儿子大闹的场面还在妻子脑海中浮现。

妻子对丈夫说："你不是每年有一次带薪假期吗？"

"咋啦？"丈夫不解地反问道。

"咱们家房子也买了，儿子现在还小，爸爸有退休工资，日子还算稳定。你看人家老李家，每年都出去玩一次，咱们还是在结婚前出去过好几次，现在我们是不是也该出去看看，同时让咱儿子也长长见识。"妻子问道。

"恩。"丈夫作出了回应，但没有说什么。

"暑假快到了，你看能不能把你的带薪假期移到暑假内，咱们暑假也出去玩一次？"妻子把想说的话说了出来。

"好吧，不过到哪里去玩呢？"丈夫表示赞同。

"这样吧，你查看一些资料，看哪里比较好玩。"妻子对丈夫回答道。

接下来，王先生在平时上班的同时，特别留意了一些旅游消息，偶尔也上网查一些资料。

王先生开始查了一些国内著名旅游线路的资料，如九寨沟—黄龙、昆明—大理—丽江—香格里拉、丝绸之路等，这些旅游线路对他有相当强的吸引力。他在电视里看过九寨沟的一些画面，那里的水美得可以让人忘记一切；他想去丽江，丽江的水、丽江的桥以及纳西族人安逸祥和的生活方式远离了城市的喧嚣；他还想到丝绸之路去看看，去追寻张骞的足迹，去领略中华古老而灿烂的文化。他想去的地方的太多了，王先生一时拿不定主意。他想到了妻子，妻子是中学历史老师，喜欢看人文景点，特别是一些历史遗迹。他想，能不能找到一条自然资源和人文资源并重的旅游线路。

一天，王先生下班回家，看见爷爷和儿子坐在一起，爷爷正给儿子讲越南的一些情况。爷爷参加过中越战争，对越南那边的情况比较熟悉。王先生的思维一下子打开了，他想，他们一家人从来没有到国外去旅游过，为什么不到国外去旅游呢？自己刚升迁不久，原计划打算庆祝一下，但苦于工作忙的缘故，一直抽不出时间，现在自己的工作已经进入了正轨，假期一家人就到国外去旅游吧。

睡觉前，王先生把自己的想法给妻子说了一下，妻子表示赞同丈夫的想法。同时，妻子表达了两点想法：一是对国外的情况不熟悉，不知道能否适应那里的环境，他们都不会英文；二是她听同事说，目前中国已开通了多条出境旅游线路，包括欧洲、日本、韩国、澳大利亚、新马泰等，如果要出国的话，到底该选择哪一条旅游线路呢？

王先生表示他到旅行社去了解一下情况。

王先生去了重庆中国旅行社，接待他的是一位姓李的年轻女士。王先生首先说明了自己的来意，他说他们全家想在这个暑假到国外去旅游，但不知道选择哪条旅游线路比较好。

李小姐首先从总体上给他介绍了一些情况。她说，新马泰这条旅游线路开发时间比较早，现在成熟一些，价格相对便宜，而且这几国的文化背景和中国有相似之处；欧洲旅游线路这两年才得到开发，现在的旅游产品形式是把多个国家捆绑在一起，没有把一个或两个国家作为一条旅游线路的，因此，一般说来价格高一些，出游时间也长一些。另外，他们还开通了到韩国、日本、澳大利亚和马尔代夫等的旅游线路。非洲也开通了一些国家，如南非、毛里求斯等，美洲现在主要集中的是商务旅游。

王先生思索了一会儿，决定把欧洲游和新马泰旅游作为重点考虑和选择的对象。爷爷一直有反日情绪，平时都不用日货；韩国他觉得太小了，没有什么可看的；澳大利亚天气太热，爷爷身体一直不太好，去那里害怕引起身体不适。

李小姐给王先生看了欧洲游和新马泰旅游的一些资料。

回到家后，王先生把在旅行社了解的情况和自己的想法给妻子说了一下。妻子把丈夫拿回来的资料看了一下，她特别留意了价格、游览景点和住宿条件。

"我想我们去新马泰吧，欧洲游的价格太贵了，每人 10 000 元。"尽管在妻子的心目中，欧洲对她的吸引力更大，她想去看法国的凯旋门、卢浮宫和埃菲尔铁塔，想去看看古罗马的斗兽场，想扁舟在威尼斯的城中，但是，她还是作出了这样的决定。

"好吧！"丈夫勉强地赞同了。

丈夫接着说道："咱们这是第一次到国外去旅游，先去近的地方吧，近的地方我们比较熟悉，下次我们出去旅游就走远点。这样吧，我查一下新马泰这些国家的一些资料，到时候我们去旅游心里才有底。我有个同学去新马泰玩过，还比较满意。在马来西亚的吉隆坡可以看世界第四高塔——凤梨塔，可以目睹好莱坞影片《偷天陷阱》中的那两幢联体摩天大楼，他们是目前世界上最高的大楼，可以去目前世界最大的海洋公园巴雅岛玩，咱们的儿子肯定特别喜欢。到新加坡我们到马六甲海峡拍照，让咱们家的历史也在那里凝固，我们还要到著名的圣沟沙岛游玩。在泰国我们领略浓郁的泰国水乡风情，去'东方夏威夷'之称的海滨度假胜地芭堤雅。"

妻子打断了丈夫的话，说："我听我的同事说到新马泰去旅游如果报价格低的团购物特别多，让人特别扫兴，你再到旅行社去问一下，如果是那样，我们就报标准高一些的团。"

最后，王先生报了一个价格稍高的一个团。但是爷爷没有去，爷爷说他身体不好，出去怕消受不起。

暑假，他们全家度过了一次愉快的旅行。

（资料来源：旅游者购买行为案例分析［EB/OL］. https：//wenku. baidu. com/view/0814cd7655270722192ef776. html？ from = search. 有删减）

**分析：**

1. 分析哪些因素影响了王先生一家对旅游产品的选择和购买？是怎么影响的？

2. 在本案例中，哪些是主要影响因素？哪些是次要影响因素？

3. 在本案例中，每人在旅游消费决策中扮演着怎样的角色？发挥着哪些作用？

4. 在本案例中，作为旅行社应该如何对该家庭进行有针对性的营销？

# 第 11 章 文化、亚文化与旅游消费者行为

【学习目标】

知识目标：了解文化与亚文化的基本概念、特点；理解中国文化的特点及其对旅游消费者行为的影响。

技能目标：能对亚文化群体进行划分并判断其旅游消费特点。

能力目标：具有熟练分析跨文化营销中的旅游消费者心理和行为的能力。

【案例导读】

## 旅游与文化融合发展的思考——以敦煌旅游为例

文化是旅游的灵魂，旅游是文化的载体。旅游业是一项经济活动，更是一种文化活动。文化与旅游的本质属性决定了两者之间是密不可分、相辅相成的，没有文化的旅游是苍白无力、枯燥乏味的，没有文化内涵的旅游产品不具备足够的市场竞争力和吸引力。只有将两者充分融合起来，才能形神兼备、互融共进。

1. 只有将独特的文化品格和文化魅力融入旅游，才能使旅游产业更具活力和竞争力。从旅游的角度看，抓住了文化就抓住了核心价值。旅游的过程实际是体验文化、感知文化的过程。积淀深厚的丝路文化、灿烂辉煌的汉唐文化和源远流长的佛教文化，不仅滋养了以《丝路花雨》《大梦敦煌》《千手观音》等为代表的一大批文艺精品，也使敦煌成为文化产业发展的一片沃土。由敦煌杂技艺术歌舞剧院创作的大型杂技剧《敦煌神女》，推出以来广受好评、一票难求，一定程度上改变了敦煌旅游"白天看庙、晚上睡觉"的传统印象。这表明，只有在文化与旅游产业融合发展上寻找突破口，将提升文化内涵贯穿到旅游发展全过程，用独特的文化品格和文化魅力来诠释旅游，才能使旅游产业更具活力和竞争力。

2. 把文化需求作为旅游的根本动因，培育多元文化消费，才能延长旅游的价值链条。当前，敦煌旅游发展存在的主要矛盾概括起来就是两句话：第一句叫"旅长游短"；第二句叫"淡季太淡"。存在这两个根本矛盾的主要原因是旅游与文化融合不够，没有相得益彰。要解决这个问题，就是要推进旅游文化融合发展，把文化需求作为旅游的根本动因，培育多元文化消费，只有如此，才能延长旅游的价值链条。敦煌是多元文化的荟萃之地，几千年里不同文明、民族、宗教、艺术在这里交会融合，形成了一个取之不尽的文化艺术宝藏，敦煌壁画和敦煌遗书中的故事、舞蹈、音乐等素材都是现代艺术创作的不竭源泉。近年来，以敦煌为源流，以丝绸之路为背景，以多民族为色彩，开发利用文化资源生产出的一系列文化影视产品和舞台艺术精品，无不产生出良好的社会效益和经济效益。一方面，以人们的精神需求和生活方式作为商业操作的起点和归宿，借助新的视角、新的技术和新的包装，把抽象的文化

概念变为具体的文化产品，使原创性的文化作品能够大规模复制，大力开发文化旅游标志性纪念品，并通过旅游市场的推广使之成为游客的"必购品"和文化交流的"必需品"，从而架起传播敦煌文化的桥梁。另一方面，把敦煌文化中的色彩、造型、人物、故事、图形等文化元素进行深入发掘，建立文化"基因库"，以现代的生活气息、独特的审美角度、纯化的艺术语言进行演绎表现，开发创作以敦煌文化为题材的雕塑雕刻、影视歌曲、动漫产品、舞台剧目、大型实景演出等文化产品，加快临摹壁画、木刻板画、仿真彩塑、艺术石材、文化墙砖等艺术品生产的工业化、规模化，使丝路文化、汉唐文化、边塞文化、民族文化、佛教文化、生态文化得以再生，满足更大范围、更多受众的文化消费需求。

（资料来源：詹顺舟. 旅游与文化融合发展的思考——以敦煌旅游为例［N/OL］. http：// roll. sohu. com/20111128/n327169348. shtml，甘肃日报，2011 –11 –28.）

# 11.1 文 化

## 11.1.1 文化概述

1. 文化的含义。文化的范围极其广泛。一般认为，文化是人类在社会历史发展过程中所创造的物质财富和精神财富的总和。实质上，文化主要包括器物（物质文化）、制度（制度文化）和观念（精神文化）三个方面，具体包括语言、文字、习俗、思想、国力等，客观地说文化就是社会价值系统的总和。

在消费者行为研究中，由于我们关注的是文化对消费者行为的影响，因此，文化可以被定义为"在特定社会中，人们通过学习获得的、用于指导消费行为的信念、价值观和习俗的总和。"

2. 文化的特点。

（1）文化具有共享性。它是一系列共有的概念、价值观和行为准则，它是使个人行为能为集体所接受的共同标准。信念、价值观或习俗，必须被特定社会中大多数成员共享，才能成为该社会的文化特征。因此，文化通常被视为把社会成员联系在一起的纽带。

（2）文化具有习得性。文化是后天学习得来，而不是通过遗传而天生具有的。就个人而言，学习不外乎三种类型：一是父母长辈的言传身教；二是对特定他人（例如朋友、偶像）的模仿；三是学校里的正规训练。而文化的学习可以分为两种类型：一种是"文化继承"，即学习自己民族的或者本土的文化；二是"文化适应"，即学习新的或异邦的文化。

（3）文化具有象征性。这些其中最重要的是语言和文字，但也包含其他表现方式，如图像（如图腾、旗帜）、肢体动作（如握手或吐舌）、行为解读（送礼）等。几乎可以说整个文化体系是透过庞大无比的象征体系深植在人类的思维之中，而人们也透过这套象征符号体系解读呈现在眼前的种种事物。因此，如何解读各种象征在该文化的实质意义便成为人类学和语言学等社会学科诠释人类心智的重要方式之一。

（4）文化具有社会性。由上代传承下来的习惯和模式；包含着促进同一文化中成员间的相互交往、相互作用的社会实践。共同的语言，对象征、符号和生活方式的共同理解以及共同的沟通方式和信息传递方法，是某一文化区别于另一文化的标志。正是这些共同的语言、理解和信息传递方式，促进了同一文化中成员间的相互了解以及同一文化群体的内部和谐和群体的相互独立性。社交规则也是文化的重要组成部分。文化通过提供行为准则和规范来维持社会的秩序。某一社会和群体越是坚持某种行为准则，集体对违反这种准则的成员进行惩罚的可能性就越大。

**【同步思考】**

在生活中我们有哪些方式进行文化学习？试举例说明。

## 11.1.2　文化对旅游消费者行为的影响

文化是旅游的灵魂，旅游是文化的重要载体，旅游与文化有着天然的不可分割的联系。自有旅游活动以来，旅游与文化就从未分离，而且旅游本身就是一种文化现象。旅游的过程是旅游者经历文化、体验文化、欣赏文化的过程，而文化因素则渗透在旅游活动的各个方面。从产业发展的角度看，旅游产业和文化产业相互融合、相得益彰、密不可分。墨菲（Murphy，1985）把旅游定义为关乎旅游者和目的地居民双方的社会文化事件，他认为旅游作为现代社会最大规模的人际交往，其意义首先体现在文化交换和跨文化交流。世界著名旅游学专家加法里（Jafari，1977）则明确指出"旅游是离开常住地的游人、满足游人需要的产业和旅游目的地三者之间社会交换给旅游目的地带来综合影响的一种社会文化现象"。作为特定社会中的一员，旅游者的心理和行为必然体现出所属文化的色彩。由于文化表现形式多种多样，因此旅游活动的内容和形式也大不相同。

文化因素对旅游主体消费行为的影响主要表现在以下三个方面。

第一，文化影响旅游者的旅游动机和需要。例如，中国旅游者喜欢较为成熟的旅游区，如自然景观中风景优美的名山大川，人文景观中历史悠久的文化古迹。中国旅游者还有很强的乡土宗族意识，热衷于回家看看熟悉的山水。相比之下，西方旅游者信奉天人对立的自然价值观，富有探险的精神，喜好新奇独特的事物，因此更偏重于不同寻常的旅游目的地。而信奉伊斯兰教的穆斯林旅游者在旅游目的地的选择上，往往把伊斯兰圣地麦加作为首选。

第二，文化影响旅游者在消费活动中的行为准则。例如，日本文化主张尊卑有别，长幼有序。在日本旅游团队中，日本旅游者会按照民族文化的标准，如年龄、社会地位等排列次序，并以此来约束自己相应的旅游消费行为。在美国文化里，等级和身份观念比较淡薄。因此，美国旅游者在人际交往的态度上较少受到等级和身份的限制，不像日本人那么拘礼。他们更注重的是旅游服务的公平性，喜欢直率地表达自己的意愿和要求。再如，在传统的阿拉伯文化中，人们对男子外出或旅游采取赞许或较为宽容的态度；但是妇女外出和旅游就会受到诸多限制和反对，妇女甚至无权参加群众性的社会活动。

第三，文化因素可以通过社会风气、参照群体影响旅游消费行为的发展方向。文化因素对一定时代和地域的社会风气的形成起着关键性的作用，而任何一个相关群体的旅游消费趋势和潮流都与当时的文化背景密切相关。例如，人们对生态旅游的兴趣与可持续发展观念的普及有密切关系；乡村旅游最初在知识分子群体中兴起，他们作为参照群体起到潜移默化的作用。又如，一些国家或地区的旅游局和业界也是利用了文化因素的影响力，开创了当地旅游的新营销模式。他们借助影视等流行文化产品形成的吸引力，根据影视情节挖掘题材，包装和推广当地的景点，如韩剧在中国的盛行吸引了大量的中国游客前往韩国体验韩剧中所描绘的韩国人的生活。

### 11.1.3　中国文化与旅游消费者行为

1. 中国文化概述。历史上，中国在很长时间，总是"在传统内变"，主流文化始终还是在汉族文化传统系统里面作调整，这是因为在古代中国，无论是佛教、伊斯兰教，还是明清天主教，始终没有任何文化可以挑战和改变这个汉族中国文化。所以，变化都是在传统内部的调整、适应、改革、变化。但是，到了晚清，由于坚船利炮、西力东渐的原因，中国不得不"在传统外变"，不得不越出传统，文化就面临危机。1895～1919年，这是中国思想和文化转型最重要的时段，在这个时段你会看到很多变化，比如说皇帝变成了总统，清朝变成了五族共和的民国，传统帝国向现代国家转变；废除科举，兴办学校；设议会，建立政党；剪去辫子，穿上洋装；不再叩拜，改成握手；妇女解放，男女平等；破除迷信，崇尚科学；解开束缚，走出家庭；等等。

最近这些年，很多人热衷于谈论中国文化，诸如"中国文化走出去""中国文化在世界上有多大的意义"，等等。可是，很多人在谈论"中国文化"的时候，首先会把它"窄化"。中国是一个多民族国家，可是有人却把中国文化窄化为汉族文化，然后又窄化为汉族里面的儒家文化，然后再窄化为他认为是正统、经典的儒家文化，这样就使得我们对什么是中国文化产生误解。那什么是中国文化呢？中国文化，就是以华夏文明为基础，充分整合全国各地域和各民族文化要素而形成的文化。

下面概括出中国文化的主要特征。

（1）中国文化一向强调天人合一。人是万物之灵，与天、地并称为"三才"。例如，生态旅游兴起与发展的实质是人与自然关系的协调。人与自然协调一致正是生态旅游开展的理论基础。生态旅游的终极目标就是要构建人与自然之间的生态和谐。中国传统的"天人合一"思想对于人与自然关系做了精辟的论述和总结，其中的生态智慧对于当今生态旅游的发展有积极的意义。而中国传统的"天人合一"思想主要蕴含在儒家和道家的生态伦理观中。这些生态伦理思想与现代生态伦理理念一脉相承。

（2）中国文化一向看重人情关系。这种人情关系可从三个层次来理解。一是人情往来。例如，大多数中国人外出旅游时，必定会给亲朋好友带些礼物回来；许多去国外消费的中国人手里还紧握着亲朋好友交代的购物清单。二是人之常情，即一种求同心理。向别人看齐，便有了相符行为，你有我也要有，你买我也得买。例如，有些中国旅游者的购物行为是受同行的旅游者影响。三是人前面子。例如，有些中国出境旅游者购买高档手表、名牌手袋等奢侈品，为的是向同行的旅游者或回国后向其他人炫耀，以表现其社会地位的提升或成就感。

（3）中国文化一向比较怀旧恋古。自古以来，中国人对故乡的眷念，对往事的回忆，对先人朋友的缅想，往往超过对未来的憧憬。而在后现代社会氛围中，一种"恋旧""返乡"的情绪也悄然兴起并快速播散。其中一个最集中和引人注目的现象，是对家园的记忆和想象，逃离都市、返回人类原本诗意栖居地的追寻日渐强烈。于是在老歌、老照片、老电影等"老"字号艺术产品受到青睐的同时，古镇、古城、古村落等古文化旅游掀起热潮，怀旧情绪及其引起的怀旧消费成为一种重要的文化和经济现象。

（4）中国文化具有多样性和异质性。首先，作为一个多民族国家，中国文化包容了众多各具特色的民族亚文化。各民族都继承和保留着自己传统的宗教信仰、消费习俗、审美意识和生活方式。例如，朝鲜族人喜欢食狗肉、辣椒，喜欢穿色彩鲜艳的服饰，群体感强；回族人喜爱白色，禁食猪肉、狗肉，朝拜是他们生活中的重要内容。蒙古族人的习惯是穿蒙古袍，吃牛羊肉，喝烈性酒。其次，显著的地域特点更加突出了中国文化的多样性和异质性。例如，中原农业民族对土地的依赖发展成为重农轻商、安土乐天的观念。生活在海滨的人们从海洋中谋求生存，不但把渔业、盐业作为主要产业，同时致力于海上交通和海上联系。只有一水之隔的湖北人和湖南人，虽有不少文化的共同之处（如爱吃辣椒），但也存在许多差异。湖北人被认为有商业头脑，很精明；湖南人则被认为具有革命精神，有以天下为己任的豪情和务实作风。

2. 中国文化对旅游消费行为的影响。一国的文化特征在很大程度上决定了它的民族性格、思维模式、行为习惯和生活方式。中国文化博大精深，源远流长。在这种文化背景中繁衍生息的中华民族，其价值观念、思维方式、生活方式、消费观念等都有其独特性。而一个民族的民族性格表现在旅游上，即是一个民族的旅游性格。中国传统文化对中国人的旅游消费心理与行为的影响也是多方面的，因此，中国的旅游消费者形成了其特有的旅游消费心理和行为特点。从总体上讲，中国的传统文化的价值取向是内倾型的。内倾型文化的民族性格喜静不喜动，不事张扬，在消费观念方面往往趋于保守、低调。但受西方文化的影响，中国人的价值取向和消费观念正逐步发生着变化。正确地认识和科学地分析中国文化影响下的旅游消费心理与行为特点，对旅游企业在新产品设计、开发、服务的推广以及制定营销策略等方面都具有重要的现实意义。

中国文化对旅游消费行为的影响主要体现在以下五个方面。

（1）旅游消费动机。从总体上说，西方人的旅游动机普遍比中国人强，在这一点上，不能排除中西方经济发展水平存在差距的原因，但应该看到这种差异有着更为深远的文化原因。虽然中国古代有"读万卷书，行万里路"的说法，文人士大夫还把山水之游作为修身养性的对象和工具，但是，安土乐天、不尚远行的文化特征也具有抵制旅游和反对旅游的倾向。人们缺乏冒险精神，求稳怕变，诸如"父母在，不远游，游必方""小子不登高，不临危""在家千日好，出门一日难"等观念说法，都或多或少与旅游存在一定的背离。

家庭观念、崇尚节俭的价值取向决定了中国人会多方位地考虑家庭成员的整体需要，节制当前消费，储蓄资金。一般来说，他们用于购置生活必需品方面较多，而用于享受方面的奢侈品或是像购买旅游产品这种非生活必需消费往往不会排在家庭或个人消费支出序列表的前列。体现在中老年消费者身上，他们总是尽量地把钱存起来，用在孩子上学、结婚、购买房子、养老等方面。

当然，近年来随着中国人民物质生活水平的提高，人们的消费观念也不断发生改变，许多人不仅讲究吃饱、穿暖，更讲究生活的质量，要吃好、穿好、玩好。在现代人的文化价值观念中，旅游成为人们回归自然、提高生活质量的重要途径，旅游逐步成为人们生活中不可缺少的重要组成部分之一。特别是一些高收入阶层的人们，其用于享受消费方面的支出是相当高的，而旅游则成为享受支出的首选。但就大多数中国消费者而言，他们的消费行为仍较为理智、有计划性，看重积累。

（2）旅游目的地和旅游活动的选择。我国国民出游目的地和旅游活动选择，在不同程度地受到我国传统文化的影响。在旅游目的地的选择上，我国旅游者往往受中国传统的审美观念，以儒家学说为中心的旅游观影响。人们偏好以观赏性的园林游览和风景审美活动，喜欢优美和谐的自然景观、社会知名的历史文化古迹，尤其爱好文化和自然风景相互渗透所孕育出来的具有"天人合一"意蕴的旅游目的地。源自中国人寻根问祖情怀的情节，我国旅游者对中华民族始祖的发源地及故乡较为热衷。传统的中国家庭非常重视子女，在旅游目的地选择上也会较多地围绕子女进行。同时，中国人具有较强的群体观念，易受他人支配，从众心理严重，在选择目的地时，很容易听从他人的意见，受他人或社会流行的影响，从而使得一些知名度较高的旅游地在旺季期间达到饱和甚至超载，而一些景色奇美但知名度小的旅游地却少有人问津。

（3）购买决策方式和出游方式。中国旅游者受儒家文化的影响，在思想意识、思维模式上追求群体倾向。在出游方式上，在远程或出国旅游中，中国旅游者多数选择组团的形式；在短程或节假日旅游中，则往往选择全家出游或亲友同游的方式。与西方旅游者相比，中国旅游者在消费行为方面倾向于随大流，重规范，讲传统，重形式。这使得在过去很长一段时间里，西方社会备受推崇的自助游难以在中国市场中成为主流。

中国人注重人与人之间的感情关系，包括亲情、友情、爱情以及亲友关系、同学关系、同乡关系、同事关系、上下级关系等。在购买决策上，同样把人情视为重要因素，以维系人情作为行为准则，以集体需要作出旅游决策。例如，家庭成员的旅游消费都集中由一位"当家人"统筹安排。在具体的旅游购买决策，特别是单笔支出较大的购买决策中，还需要家庭成员的集体讨论。

（4）旅游消费水平与旅游结构。我国传统文化倡导勤俭节约、精打细算、量入为出，对旅游消费水平和结构起到一定程度的影响作用。相对国际旅游消费水平而言，国人旅游人均消费较低，人均每次消费约870元人民币，其中包含了交通、住宿、餐饮、购物、打电话、加油、买保险等。国人旅游除了消费水平相对较低之外，还呈现人均出游半径比较小，以"十一"黄金周假期为例，人均出游半径不到200公里。尽管在整体上国人出境游、豪华游人数众多，但是那只不过是人口基数庞大所占的比例而已。实际上，更多的普通民众依然属于短途旅游和低端消费旅游一族。这种情况一方面受我国人均收入水平的制约，另一方面则与我国节制消费的传统文化观念有一定的关系。

近年来，中国出境旅游的蓬勃发展，一方面受国民收入水平的不断增长影响，另一方面与个人价值和实现自我的需要不断强化密切相关。其中，购物是中国旅游者在出境自主旅游消费的大项，"疯抢""爆买时代"等词汇不断见诸各类媒体报道中。这体现了中国传统文化对旅游消费行为的影响：一是由于目前出境旅游仍属初级阶段，并非经常性消费活动，因此，出境旅游者往往作为家庭甚至是家庭的代表，受家庭观念影响无论在购买决策上，还是在购买商品的内容与种类上，都与整个家庭息息相关；二是由于中国人注重人情关系，强调良好的人际关系的重要性，因此，在出境旅游中比较注重人情消费，会购买一定数量的礼品，以便返回后用于馈赠亲朋好友；三是受面子观念的影响，中国人在出境旅游消费中会购买某个著名旅游地的纪念品，作为他到过该地的证据，成为他旅游经历的最好证明，同时，在旅游目的地进行高档时装、名牌化妆品、首饰、珠宝、高档手表、高档家电等方面的炫耀性消费，试图通过这些消费品所代表的西方社会符号象征价值表现自己的身份地位，在人际交往中与其他消费者形成消费群体和消费文化。

（5）与目的地居民的交往。旅游中的主客交往是旅游的重要过程，旅游交往是一种暂时性的个人间的非正式平行交往，旅游交往的对象是关系平等的旅游者与东道主居民，旅游交往的形式多为邂逅或者偶遇，旅游交往的内容多为信息咨询、物品交易或感情沟通，没有组织规范的严格约束。旅游者与目的地居民在旅游交往过程中，带有了不同程度的跨文化接触和交流的意味，并由此促进文化传播与文化变迁。

中国人素来主张"以和为贵"，因而出门在外的中国游客常常给人以谨慎、保守和内敛的印象。虽然个别中国游客在公众场合随地吐痰、乱扔垃圾、大声喧哗、不谦让等陋习，让目的地居民颇有微词，但总体而言，中国游客对当地居民友好和尊重的态度得到了人们的认可。

### 11.1.4 跨文化旅游

1. 基本概念。

（1）文化差异。文化差异是不同文化之间的差别，当他们相遇之时会产生冲击、竞争及失落等反应。文化差异可能由于宗教界别、种族群体、语言能力、政治立场、社会阶级、性别、民族主义、年龄代沟、文学修养、艺术认知、教育程度等不同而产生。

人们跨文化旅游交际的初始动因往往是从文化差异开始的。因此，充分利用文化差异在旅游中所表现出来的旅游吸引力，精心设计体现本土文化以及亚文化的旅游产品，是推动国际旅游业发展的重要手段之一，也是国际旅游业发展的动力和创新的源泉。尽管文化差异是一把"双刃剑"，既可能对双方主体的互动行为产生积极影响，也有可能产生消极影响，但正如澳大利亚学者赖辛格和托纳所说："尽管因文化差异的存在，跨文化旅游产生诸多消极结果，但跨文化交际仍然是利大于弊的一种行为。"因为，文化差异更可能激起旅游者的旅游动机，是旅游者在不同的文化背景下自愿交流，更主动有效地接受与反馈信息，在文化冲突发生时能更好地去理解和解决问题，并由误解到欣赏，继而模仿，积久成习，最终促使文化交流与融合。

（2）跨文化旅游。国内外学者普遍认为，"跨文化旅游"的理论源于"跨文化交际"。林红梅在《论跨文化旅游交际》一文中提到：跨文化交际是指具有不同语言文化背景的民族成员相互间进行交往的活动，也指同一语言的不同民族成员之间的交际。人们跨文化旅游交际的初始动因往往是从文化差异开始的。梁雪松也指出，"跨文化"的重点在于不同文化之间的比较，是有显著不同的文化背景的人所进行的具体的交际过程，是两种文化的碰撞与融合，是人们对陌生文化的体验。田穗文将旅游跨文化交际定义为"荷载至少一种文化的旅游者到具有不同背景的旅游目的地从事活动所引起的现象和关系的总和"。李蕾蕾又将旅游者在目的地的人际交往中接触到的三类行为主体（当地居民、旅游服务者、其他旅游者）以及他们之间所构成的六种人际交往关系也都定义为跨文化交流的范畴（见图 11 - 1）。

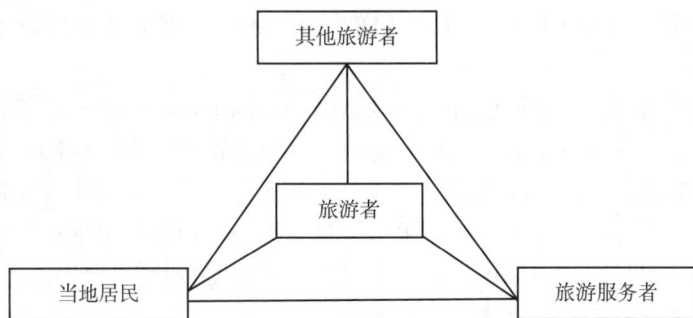

图 11 - 1　旅游目的地跨文化交流三角结构

很多人都认为"跨文化"是一个很宽泛的词，因此需要对它进行范围界定。对跨文化旅游的定义中很多都提到了"不同文化背景"，而这究竟是指什么呢？实际上，任意的两个人都有可能是处于不同的文化背景之中，但个人的行为并不能称之为文化。文化是指一个群体的生活方式和习惯。因此，跨文化旅游的研究范围主要是指在不同国家、地区之间的旅游活动。

2. 跨文化旅游营销。跨文化旅游营销，是指旅游企业、旅游目的地在两种以上不同文化环境下进行的营销活动，这种营销活动强调实现旅游消费的双方（旅游目的地与旅游者、分销商）的文化背景差异。那么，应该如何进行跨文化旅游营销呢？中国十大杰出旅游策划人之一贾云峰提出以下四点主要策略。

（1）文化价值切入，寻求适应感。文化价值是旅游的终极追求，人们在旅游中不仅要满足眼睛的愉悦，身心的放松，更希望获得精神的升华和文明的发现以及审美的提升。依附于草原、高山、沙漠、湖泊、大海等不同的自然旅游资源，形成了人类不同的性格特征和心理结构，这些性格特征和心理结构在经历了历史的积淀和磨砺之后，固化成了拥有一定规则的行为习惯、生活习俗、思维特征、伦理取向、价值观念等多方面的差异，这些差异的总和就构成了文化的差异。旅游的跨文化营销就是要适应不同国家和地区的文化价值，以本土化的方式融入当地文化氛围中。

（2）心理需求切入，寻求体验感。基于不同的心理需求进行旅游营销，能够使得旅游线路与心理需求高度匹配，使得消费者获得最大的满足感。不同文明的差异造就了不同的审美心理，根据这种差异挖掘旅游产品亮点，进行旅游营销，可以使得旅游产品具备深度细致的体验价值。以日本人为例，他们在旅游中非常崇尚礼貌、秩序和友善，对旅游服务的质量非常挑剔。因此，针对日本人做旅游营销时，要注重旅游服务方面的宣传，让他们感觉到强烈的亲切感和秩序感。

（3）语境差异切入，寻求默契感。旅游跨文化营销要遵守符号学的原理，同样的符号在不同语境下会有不同的内涵。特别是对于中国的旅游营销者来说，汉语是世界上语境最丰富、最复杂的语言，五千年的文明传承使得中国人习惯于在宏观和集体的语境中表达和思考，汉语的多义性又使得其含蓄、间接、象征的特点非常明显。要用如此复杂的汉语与不同国家的消费者进行营销沟通，就需要在营销者内心建立起国际化的语境，这样才能与各国消费者建立起营销沟通的默契感。

除了文字的语境，还要说说文化的语境，不同国家的旅游产品都被不同的文化符号所包裹，在进行旅游跨文化营销时，如何将这些依附在旅游产品之上的文化符号进行解码，以清晰的面目呈现给异国的旅行者，就是一个很大的难题。以中国的旅游资源为例，那些山山水水很容易通过图片和视频来展示，但是，依附在山水之中的儒释道精神却不是三言两语就能解释清楚的，这种文化语境的差异对于旅游营销来说无疑是更加巨大的考验。

（4）本质需求切入，寻求平衡感。所谓的跨文化营销应该是一种基于本国文化和他国文化之间的平衡术。这种文化的平衡术可以起到两方面的作用。一方面，有利于他国消费者理解本国的旅游产品；另一方面，有利于保持他国消费者对本国旅游产品的好奇心。

事实上，从本质来看，旅游就是一种跨地域、跨文化的行为。旅游的审美愉悦也离不开跨地域和跨文化的过程。那么，为什么我们还要在旅游营销中进行跨文化呢？很简单，一个旅游产品要想激发消费者的购买冲动，就必须实现陌生感和熟悉感的平衡。完全熟悉和完全陌生的旅游产品，往往会被消费者拒绝，因此，旅游营销的跨文化实践实际上就是一个与消费者做游戏的过程，在这个游戏中要让旅游产品显示出"犹抱琵琶半遮面"的美感，最终实现潜在旅游消费者的顺利转化。

## 11.2 亚 文 化

### 11.2.1 亚文化概述

亚文化，又称为次文化，是指在某个较大的母文化中，拥有不同行为和信仰的较小文化。每一种文化，都包含着能为其成员提供更为具体的认同感的较小的文化。亚文化群体成员除了拥有社会主流的信念、价值观和行为模式外，还具有与同一社会中其他成员不同的信念、价值观和生活习惯。亚文化多半是由团体流传出来的，借由团体的认同和共享，使得这些次文化也像共同的主流文化一样被流传出来。因此，生活在社会当中的人们不单单只受到主流文化的价值和规范，也从人们所生活的团体里，受到许多次文化的影响。

亚文化的展现多半会显现在于面对事物的思想、态度、习惯、信仰和生活方式，可以说是一种相对于主流文化的价值、信念，它也是伴随着主流文化而产生的另一种特殊的价值观念和行为，像是在职业、宗教、教育、国家、社会阶级、性别和年龄等不同性质的层面当中都会产生不同的亚文化。每个社会都会有主流文化在面对亚文化时所产生的冲击和变化，这些亚文化可能是对于主流文化积极的改进，或是作为对于主流文化消极的反抗。

亚文化有许多不同的分类方法。我们通常将文化分为东方文化和西方文化，或者按照国家来划分，如中国文化、美国文化、英国文化等。实际上，任何一个具有共同信念和习惯的群体都可以归为一种亚文化。目前，比较主流的对亚文化进行分类的方法是按民族、种族、宗教、年龄、地理、性别划分亚文化类别。因此，亚文化主要有民族亚文化、宗教亚文化、地理亚文化、年龄亚文化和性别亚文化等。

### 11.2.2 亚文化对旅游消费者行为的影响

与文化对旅游消费者行为的影响一样，亚文化对旅游消费者行为的影响也是多方面的。下面主要按照亚文化的不同类型展开其对旅游消费者行为的影响的阐述。

1. 民族亚文化。每个国家都存在不同的民族，每个民族都在漫长的历史发展过程中形成了独特的风俗习惯和文化传统。通过研究发现，不同民族具有不同的性格，不同国家旅游者的行为各不相同。这种差异不完全是由经济因素所导致的，而是来自于民族文化的熏陶和感染。

例如，在饮食方面，韩国人最愿意吃母国风味，而美国人则愿意尝试具有当地特色的事物；日本人比较依赖导游，而法国、意大利人对旅游从业者的依赖度较低；西方旅游者喜爱探险类活动，而东方旅游者的倾向性较低，旅游中的积极性也较西方旅游者差。

欧洲文化丰富多样，旅游者的消费行为差异也很大。由于经济高度发达、劳动者充分享有法定休息权力，国内旅游景点匮乏，德国人非常喜欢到国外度假。荷兰的国土面积小且地势平缓，这使得荷兰人偏爱到国外那些乡村气息浓郁且地势较为陡峭的旅游目的地去度假，他们是野营旅游和生态旅游产品的主要消费者。英国人也喜欢到国外度假，他们尤其喜欢购买一些长距离包价旅游产品。与上述国家不同，法国有非常宜人的气候、浪漫的文化气息、醇美的田园风光、阳光普照的西海岸沙滩、白雪皑皑的阿尔卑斯山脉、纯美的葡萄酒和精致的法国食品，还有很多别致的餐馆和享有盛名的酒店为人们提供优质服务。在这种文化背景下成长的法国人，对邻近周边国家都没有什么兴趣，他们在境外旅游中的要求往往比较苛刻。此外，欧洲旅游者对目的地的选择受殖民主义历史文化渊源的影响较大。英国、法国、西班牙、葡萄牙的旅游者，往往乐于前往他们的前殖民地国家度假。例如，牙买加和巴巴多斯吸引了众多英国游客；哥德洛浦和马提尼克吸引的游客主要是法国人；多米尼加共和国则吸引了许多来自西班牙的旅游者。

尽管旅游者的许多消费行为是其民族文化沉淀的产物，不同国家或地区的旅游者在价值取向、出游目的、出游方式、对目的地的偏好、与当地居民的接触程度、逗留时间等方面均有一定的差别，但需要注意的是，民族文化差异并不是导致旅游者行为差异的唯一原因。对民族亚文化群体的划分与对国界的划分并不是完全重合的。在分析民族个性对旅游消费行为的影响时，如果笼统地按旅游者的国籍将其划分为特定类型，可能会因思维定势而忽略了特定旅游消费者的真正需求。

2. 宗教亚文化。宗教是对神明的信仰与崇敬，或者一般而言，宗教就是一套信仰，是对宇宙存在的解释，通常包括信仰与仪式的遵从。宗教常常有一部道德准则，以调整人类自身行为。

在当今世界，有宗教信仰的人达到世界人口的80%左右，除三大宗教外还有大大小小不胜枚举的各种宗教散布在世界的各个角落，它们由其信仰者结合当地的状况形成不同的表达形式和孑然迥异的宗教教规，并深刻地影响着它们的信徒的世世代代人的生活习性和到访的旅游者。其中，主要的宗教有道教、基督教、伊斯兰教、神道教、佛教、犹太教、印度教、萨满教等。

不同的宗教具有不同的文化倾向、习俗和禁忌。从宗教信仰本身来看，宗教信仰通过宗教艺术的多种形式向人们传达它的理念，从而影响教徒认识自身和世界的方式。另外，宗教的清规戒律也制约着教徒的旅游消费内容和旅游消费方式。因此，宗教文化对旅游者消费行为最为明显的影响体现在两个方面：动机和实地行为。

宗教旅游，是人类最古老的旅游形式之一。旅游者出于对宗教的虔诚，而不是出于娱乐和休闲的目的，游览具有宗教意义的地方。但是，很多时候，人们认为旅游和宗教是两个有着紧密联系而又针锋相对的社会行为形态，存在着神圣与世俗的交融与对立，如特纳就曾说"旅游者是世俗的朝圣者"。在现代，伊斯兰教鼓励教徒旅行以感受主的伟大，他们感受的是主所创造的世俗万物，这样也有利于不同文化与不同宗教信仰之间的对话，更好地与他人沟通与交流，以促进自身素质的提高和理想的升华。犹太教、天主教以及新教的自由派亦是如此，随着社会的发展，在他们与旅游者的来往活动过程中，对待旅游活动的态度更加积极，并将旅游活动作为实现宗教价值的手段。之所以这么说，是因为在很早以前，信仰不同宗教的国家对异教徒的接待热情极低，如以前的犹太教和多数伊斯兰国家。古犹太人普遍有着坚固的"神圣家园"概念，禁止国人离开本土，虽然这一观念几经挫折，然而现今他们仍以非凡的智慧捍卫着自己的家园。与此同时，佛教因提倡众生平等和信奉佛法无边，对旅游者兼收并蓄，使得多处大小寺庙均有香火鼎盛的可能，这也是佛教历史在中国源远流长的深刻哲理。

3. 地理亚文化。地理亚文化，实际上就是在特定的地理空间、地域范围内的亚文化。自然地理环境不仅决定着一个地区的产业和贸易发展格局，而且间接影响着一个地区人们的生活方式、购买力、消费习俗、消费特点和消费结构，从而形成不同的文化。

地理亚文化对旅游者消费行为的影响，与宗教文化对旅游者消费行为的影响类似，也显著地体现在动机和实地行为两个方面。就旅游动机而言，在旅游活动中，人们往往倾向于抛开日常的生活习惯，前往与居住地地理环境差异较大的目的地，体验不同的生活。因此，有这么一句话，"旅游就是从一个自己待腻的地方去到另一个别人待腻的地方"。例如，在我国，北方游客往往对海南岛比较感兴趣。每年进入 11 月，我国的北方地区便已是寒冬季节，而地处热带的海南岛却温暖如春。于是，大批北方人开始涌到海南岛过冬，人数远远超过三亚本地居民。由于这些人是冬天来、春天走，海南岛当地人便形象地称其为"候鸟"一族。与此相反，长期生活在亚热带地区的广东人却偏爱在这个时候北上，以求一睹"千里冰封，万里雪飘"的北国风光。而实际行为最典型的例子则是美食文化。中国的美食文化源远流长，但地域差异显著，在长期的演化中形成了八大菜系。不同地域的中国人在国内旅行的时候，也总是难以摆脱各自地域饮食文化的影响。例如，同是面食，北方人喜欢吃饺子，南方人喜欢吃包子，西部人则喜欢吃饼和馍。

4. 年龄亚文化。即使来自同一民族、同一地区，由于年龄存在差异，旅游者还可以进一步划分为不同类型的群体。年龄本身对旅游购买行为并没有实际意义，但年龄的差别往往意味着生理状况、心理状况、收入及旅游购买经验的差别。因此，不同年龄的旅游者会表现出不同的旅游购买行为。年龄是人的生命周期阶段划分的主要依据。在一个人成长的每个阶段中，随着生理和心理的发展，他会购买各种不同的产品和服务。一个人的生命周期与家庭生命周期往往有很大的关系。成立家庭之后，每个成年人就会依据自身情况及家庭成员的需要来安排旅游购买活动。

由于年龄的差异，不同旅游者在选择旅游产品的种类、品牌以及在旅游过程中的购买行为也有很大差别。一般来讲，年轻人喜欢时髦的、刺激性和冒险性较强、体力消耗较大的旅游活动。老年人由于有丰裕的积蓄，同积蓄及收入较少的年轻人相比，更倾向于选择豪华、舒适、体力适中的旅游产品。例如，在美国旅游市场中，20 世纪 60 年代生育高峰中出生的一代，现在的年龄为 45～60 岁，他们受到良好的教育，收入较高，是出国旅游的重要力量。居住在美国东部及南部的 65 岁以上的老年人，由于积蓄丰裕、闲暇时间多，也成为远程及游船旅游的主要群体。

不同年龄人群的观念，会影响他们的消费行为。例如，大学生、白领等青壮年群体的"求异"的需求比较突出，对于旅游体验的追求也更为突出，因此地方特色性美食受追捧，青年旅社和民俗客栈悄然走热。如果要针对此类人群设计适应的创意，那么最主要的依然是体现在创意的内容性上，千篇一律的旅游广告，如新马泰 5 日游只要×××元、×××旅游公司服务有保障等，会让他们丝毫没有点击的欲望。反观中老年旅游者，由于他们经历了人生的风雨，具备较多的知识经验，因此，他们旅游的主要目的是着重于人生的感悟与体味，即所谓的"高山仰止，景行行止，虽不能至，然心向往之"。此外，由于体力方面的原因，中老年旅游者倾向于活动强度较低、活动量较少的旅游形式。

不同年龄人群的购买力，也影响他们的旅游选择。在中国，随着居民收入的持续增长，大部分消费者不但变得更加富裕，同时他们也更加认识到他们的购买力意味着什么。通过购物，他们彰显自己的个人主义或社会地位。这在三线城市年轻专业人士身上可见一斑，其他消费群体在较小程度上亦是如此，而且这种趋势并没有放缓的迹象。由于地理和社会经济差异逐渐淡化，消费者购买的商品越来越多地成为他们彰显成功的有形象征。多数消费者不想和大部分其他消费者购买同样的商品。这种消费态度在大多数年轻消费者中尤为普遍。相比之下，老年消费者更趋向于购买代表他们社会阶层的商品。根据去哪儿网的调查显示，在18～24 岁人群中，青年旅社和民俗客栈的选择比例更高，也表明这种新兴的住宿方式更受年轻人追捧。而在 35 岁以上的人群中，三星级酒店和豪华型酒店的选择比例则更高。

【同步案例】

## "银发"旅游产业这块烫手山芋，为何难以拓展？

随着国内经济水平和旅游热度的提升，中老年人群体的出行活跃度节节攀升，同时在人口老龄化的趋势下，"银发一族"带来的旅游市场价值潜力巨大。然而经过记者的了解，银发旅游市场在同业者心中并不讨喜，乐观者也认为这个市场目前属于"烫手山芋"，想迎来繁荣期还需先解决棘手事。那么银发市场为何难以拓展？什么样的旅游产品有望成为这一市场的有效切口？

### "银发市场"潜力和阻力一样多

国家统计局数据显示，截至 2016 年年底，我国 60 岁以上人口升至 2.3 亿人，占比 16.7%，也就是说，中国老年人口比例已超过 1/6。全国老龄委的一项调查显示，我国每年老年人旅游人数已占全国旅游总人数的 20% 以上，2017 年上半年，老年游客出游人次同比增长 2.4 倍，60~70 岁是老年游的主要人群，其中 70 岁以上的游客占整个老年游群体的 20%。出游消费方面，目前老年人平均花费在 3 000 元左右，这一金额有望进一步上升，同时随着老龄化的加剧，未来的老年旅游产业将是一个万亿市场。

结合目前情况来看，"银发族"在出行上有以下特点：

(1) 出行意愿强烈；

(2) 时间充沛，更适合错峰出行；

(3) 成行渠道仍以传统旅行社为主，移动端成行多由子女代劳。

尽管老年旅游产业增长速度快，具备一定的市场潜力，然而一大块蛋糕对于不少旅游企业来说却"并不好切"，甚至存在不小的争议，万亿市场的诱人前景下，更多的顾虑阻碍了从业者前行的脚步。

### 来自"银发族"的"吐槽"

笔者的远方亲戚吴大妈在退休后热衷于旅游，紧跟时代潮流的她虽然年近七十，但在出游期间经常爆photo刷亲戚间的小群组。但是吴大妈也表示她曾多次遭到旅行社的"不公平对待"。据吴大妈透露，2008 年，她报团去泰国游玩，团费近 6 000 元，当时她却因为年龄超过 60 岁而被要求加价 600 元；2013 年，她跟团"澳大利亚、新西兰 13 日游"，16 000 多元的团费被要求多交了 3 000 元的老年费。另外，吴大妈表示，2010 年她跟随旅行社参加了欧洲游，临时被导游要求增加价值不菲的自费项目，包括游览新景点、吃当地海鲜餐等，当时她和大部分人都交了钱，心中却感觉很不舒服，没有增加自费项目的游客，则被导游放在没有任何景点的路边或用餐的饭店待上两三个小时。

报名被拒、参团加价等对老年人不太公正的待遇其实由来已久，现在也有不少旅行社对老年人出游有着颇多的要求，例如，开具健康证明，需要有子女陪同或加收一定的"老年费"。虽然去年九月国家旅游局出台了《旅行社老年旅游服务规范》，里面提到了针对老年人出游应该给予的照料和旅游产品制定的一定特殊性，但该"规范"毕竟并非法规制度，旅行社是否按照规范行使职能，主动权依然在旅行社。

### 来自旅游从业者的"吐槽"

有分析认为，对于老年游市场来说，谁走在前面谁就会赢得市场，尽管现在的回报小，但坚持几年打出品牌，回报应该是可观的。然而这样的观点似乎并没有打动大多数旅游从业者。

曾经在某旅行社负责"夕阳红"旅游产品运营的阿今（化名）对旅游刊记者透露，大部分旅行社认为执行《旅行社老年旅游服务规范》难度大并且抱有抵触情绪。"老年游是有一定市场潜力的，但组团要承担的风险大，且老年人对行程规划要求更细致，不少旅行社即便看到老年游客的消费需求仍选择谨慎观望。老年游客的普遍心态是产品价格低，又能多看几个景点。正价的老年团吸引力不足，低价的老年团又难以盈利。"阿今表示，自己曾工作过的公司曾有主要开发"夕阳红"产品的侧重，但几经试验后，慢慢放弃了这个"吃力难讨好"的细分领域。

在一家英国地接社负责市场工作的小艾（化名）对旅游刊记者表示，"公司之前做散拼团的时候老年客人很多，可以冲量，开始做单团之后老年群体少了很多。因为公司主要接待定制团，服务好了团费也就高了，这跟老年人的旅游观念不太符合。低价固然吸引人，但低价团往往通过'砍掉'服务的方式节省成本，在行程中会缺失很多服务体验，有的旅行社加收老年费，也是因为老人的购买能力往往不足，老年人也应改变固有观念，接受优质高价的理念。"

定制的服务，普通团的价格才行？

纵观当下各大 OTA 和旅行社的产品，尽管携程网推出了"爸妈放心游"产品，同程旅游网也构建了面向老年人的"百旅会"，但适合老年人的旅游产品依然很少。各种被冠以"夕阳红"的旅游产品，只要稍加分析就不难发现其中真正具有特色、符合老年旅游需求的并不多，大多还是将普通旅游产品贴上了老年游的新标签。

通过旅游刊记者对旅游业人士的采访发现，传统旅行社当中，几乎没有针对老年人旅游而制定的宣传计划和促销推广，原因是以老年旅游为切口的旅行社和产品都很少，传达到老年人身边的消息匮乏或引不起足够的兴趣。

那么到底什么样的旅游产品能够受到老年人的青睐？除了从《旅行社老年旅游服务规范》中做一定的参考外，和平国际旅行社渠道负责人张玮向旅游刊记者表示，如果要专做老年团，需要用很多心思，例如，设计行程合理，有医生随团，全称照顾舒心等。如果不以老年旅游产品为主营，旅行社可以在普通团的基础上带有辅助老人的功能。

也就是说，要做好老年旅游产品，服务甚至不差于定制游，产品成熟后可以生成招牌的系列，但这样的设计是否划得来还是见仁见智。

具有讽刺意味的是，在旅游产品中，投诉最少的邮轮产品虽然受到了众多银发族的追捧，各家邮轮公司或包船社也相继推出了针对老年群体的主题和服务（如丽星邮轮"处女星号"推出了"海上太极课程"等活动）。但只"俘获"银发一族却并非邮轮公司和包船社的初衷，甚至一些邮轮公司也在极力去扭转老年群体为主的用户画像。只是邮轮闲散安逸的旅行节奏，以及近两年来的"跳水价"确实比较符合老年人的旅游胃口。

旅游刊记者了解到，专做老年旅游的传统旅行社在北京市场屈指可数，目前将客户群体订在"千禧一代"、自由行、定制旅游的 OTA 和大公司比比皆是，"银发市场"非常小众，且难度高，但若能够以较优惠的价格打造出符合老年人的旅游产品，形成少而精的系列产品，这样的切入点是有市场支撑的。除了像邮轮产品一样的舒心慢旅游，养生旅游、戏曲文化旅游，在国内是不难实现的操作，相对出国游的舟车劳顿和对细节的要求，专做国内路线也可能是一条出路。总之，我们已经给不同的市场那么多时间和尝试，在银发旅游市场为何不多加用心。在未来可预见的银发旅游繁荣期到来之前，希望有更多的旅业人已经做好准备。

（资料来源：亿欧网．"银发"旅游产业这块烫手山芋，为何难以拓展？[EB/OL]. https://item. btime. com/06v872cfgp6sj6do182vbesuakk，北京时间，2017 –08 –29.）

5. 性别亚文化。性别文化是一种独特的文化因素，虽然与民族文化、阶层文化发生复杂的交互作用，但却具有其他文化不可取代的功能。性别对旅游购买行为的影响大多产生于传统文化所赋予的性别角色行为以及不同性别在社会结构中所处的地位和由此带来的就业和收入两个方面的差别。除此之外，性别差异也在纯粹的生理意义上对旅游购买行为产生一定的影响。男性和女性购买者在感官功能，如视觉、听觉及触觉等方面的某些差异，使旅游者对旅游营销刺激的反应有差别。一般来说，男性旅游者独立性较强，更倾向于知识性、运动型、刺激性较强的旅游活动。商务旅游、体育旅游、探险旅游、康乐旅游是男性旅游者比较偏好的旅游项目，而女性消费者更加注重目的地的选择，对色彩和气氛感受强烈，爱好购物，喜欢结伴出游，注重自尊和人身财产安全。近年来，随着女性社会地位的提高，无论从工作需要、心理需要，还是经济能力等方面都为旅游市场注入了极大的活力。例如，当春节过后，旅游市场降温，进入了相对的旅游淡季。可"三八妇女节"却掀起了各旅行社争夺市场的热潮。为了显示女性节日特点，旅行社纷纷做出"偏心"举动，主要是从价格上对女性倾斜，同一线路女性报名可获得几十元的特别优惠。一些精明的旅行社将目光瞄向了撑起世界的"半边天"——妇女，不约而同地推出"妇女路线"、打妇女牌、设计女性旅游产品，如"3 月水样女人""购物主题游"等针对女性的旅游产品线路成为春季旅游中的一道风景。

## 【同步案例】

### 调查：为人母的"千禧一代"独掌家庭旅游决策权

我们知道在家庭中，母亲通常是做出旅游决策的那个人，最近一项针对"千禧一代"妈妈的调查结果，显示她们也会使用旅行社来预订家庭度假，因为她们需要旅行社的服务来为她们节约时间和精力。

营销和广告商长期以来对母亲们的理解，是在做出有关家庭的决定时，比如买什么、在哪里买和花多少钱，她们都是掌握大权的那群人。在谈论度假计划时尤其如此。而且这种现象维持至今，现在依然如此。

国际旅行规划者（Travel Planners International）最近发布了关于"千禧一代"妈妈的调查结果，显示她们又开始使用历史悠久的旅行社来预订家庭度假了。

无论你是要在迪士尼度过两个星期、在加勒比进行家庭游，还是去美国国家公园旅行，妈妈总是负责规划的那个人。旅游公司认识到这一点，并针对她们投放广告，并认为"婴儿潮一代"和"X 一代"的妈妈是选择旅游产品的主力。

然后到了"千禧一代"这里，身为母亲的"千禧一代"重新定义了家庭度假的意义。

传统的经验可能告诉你，现代的"千禧一代"会彻底避开传统的旅游产品，这在某种程度上是正确的。然而相比和家人一起外出旅游，当代年轻人可能更喜欢宅度假或者和朋友们租一座海滨别墅——甚至把孩子丢给祖父母照顾，而"千禧一代"妈妈们正在背上孩子踏上旅程。

而这些妈妈经常自己完成这一切。万博宣伟公关顾问（Weber Shandwick）最近的一项研究发现，32% 的"千禧一代"妈妈是单身妈妈，1/3 是家庭中负责生计的那个人，通常要在工作的同时照顾孩子。

事实证明，"千禧一代"的妈妈们是经济上独立的决策者，不回避家庭冒险。这意味着旅游公司和代理商可以准确地瞄准和吸引这个市场。

作为被误解（并且经常是被污蔑）的一代人，作为一个可行的决策细分市场，她们想被广告商看到和听到的努力是真实的。无论如何，营销人员和广告客户吸引了一群越来越依赖社交媒体来了解新产品和分享经验的女性。Weber Shandwick 的研究还发现，无论是上网还是与朋友聊天，71% 的"千禧一代"妈妈都在分享假期和旅行安排方面的信息。

更重要的是，根据 Weber Shandwick 的观点，"千禧一代"妈妈有高度互联性和影响力：她们每周平均花费 17.4 个小时在各种社交媒体网络上，比其他几代妈妈更有可能在线"点赞"、转发推特、"转钉"或者推荐产品或服务。

当然精明的妈妈们已经转向那些了解她们的时间有多么宝贵的关注细节的旅行社。她们知道,如果没有旅行社,她们真的只能凭自己的力量,费无数小时在线比较各种度假套餐的微妙细微差别或试图支配国际 FIT 规划的所有细节。

对于旅行社,好消息是"千禧一代"的妈妈在这方面太不同了。另一项(由 TNS Global 为美国旅行社协会进行的)研究发现,在接受调查的"千禧一代"中,45% 的人会向朋友或家庭成员推荐旅行社,2/3 的人表示,使用旅行社增强了他们的整体旅游体验。

所以旅游公司需要留意:"千禧一代"的妈妈就是未来啊。

(资料来源:品橙旅游. 调查:为人母的千禧一代独掌家庭旅游决策权 [EB/OL]. http: // www. pinchain. com/article/95167,2016 – 10 – 17.)

# 本 章 小 结

## 【主要概念】

文化　亚文化　文化差异　跨文化旅游营销

## 【内容提要】

本章介绍文化因素对旅游消费者行为的影响,分为四个部分:首先,介绍文化的概念及其特点,分析文化因素对旅游主体消费行为的影响;其次,介绍中国文化的特征及其对旅游消费行为的影响;再次,介绍跨文化旅游交际的特点,提出跨文化旅游营销策略;最后,介绍亚文化的概念及其类型,分析其对旅游消费者行为的影响。

文化是人类在社会历史发展过程中所创造的物质财富和精神财富的总和。文化主要包括器物(物质文化)、制度(制度文化)和观念(精神文化)三个方面。文化具有共享性、习得性、象征性、社会性等特点。文化因素对旅游主体消费行为的影响主要表现在文化影响旅游者的旅游动机和需要;文化影响旅游者在消费活动中的行为准则;文化因素可以通过社会风气、参照群体影响旅游消费行为的发展方向。

中国文化的特征主要包括强调天人合一、看重人情关系、怀旧恋古、具有多样性和异质性。中国文化对旅游消费行为的影响主要体现在旅游消费动机、旅游目的地和旅游活动的选择、购买决策方式和出游方式、旅游消费水平与旅游结构、与目的地居民的交往等方面。

人们跨文化旅游交际的初始动因往往是从文化差异开始的。因此,充分利用文化差异在旅游中所表现出来的旅游吸引力,精心设计体现本土文化以及亚文化的旅游产品,是推动国际旅游业发展的重要手段之一,也是国际旅游业发展的动力和创新的源泉。

亚文化的主要类型有民族亚文化、宗教亚文化、地理亚文化、年龄亚文化和性别亚文化。亚文化的不同类型对旅游消费者行为有着复杂而深刻的影响。

## 单 元 训 练

【知识训练】

一、选择题

1. 下列因素中可以作为划分亚文化标准的有（　　）。

    A. 年龄　　　　　　B. 性别　　　　　C. 宗教信仰　　　　D. 民族

2. 著名的世界三大宗教是指（　　）。

    A. 佛教　　　　　　B. 基督教　　　　C. 道教　　　　　　D. 伊斯兰教

3. 下列属于中国文化的特征主要有（　　）。

    A. 强调天人合一　　　　　　　　　B. 看重人情关系

    C. 怀旧恋古　　　　　　　　　　　D. 具有多样性和异质性

4. 下列属于文化的特点的有（　　）。

    A. 共享性　　　　　B. 习得性　　　　C. 象征性　　　　　D. 社会性

5. 文化可分为（　　）层面。

    A. 器物（物质文化）　　　　　　　B. 制度（制度文化）

    C. 观念（精神文化）　　　　　　　D. 遗迹（物质文化）

二、判断题

1. 一个人不可能同时属于几个亚文化群。　　　　　　　　　　　　（　　）

2. 文化不可能规定人的一举一动，只能为大多数人提供行为和思想的边界。（　　）

3. 女性消费者更加注重目的地的选择，对色彩和气氛感受强烈，爱好购物，喜欢结伴出游，注重自尊和人身财产安全。　　　　　　　　　　　　　　　　　（　　）

4. 年轻人喜欢时髦的、刺激性和冒险性较强、体力消耗较大的旅游活动。　（　　）

5. 中国旅游者在出游方式上，在远程或出国旅游中多数选择组团的形式。　（　　）

三、简答题

1. 文化具有哪些方面的特点？

2. 中国传统文化对旅游消费者行为的影响主要表现在哪些方面？

3. 跨文化旅游营销如何开展？

4. 女性旅游消费者的行为特点有哪些？

5. 老年旅游消费者的行为特点有哪些？

【技能训练】

1. 对大学生进行亚文化群分析，分别具有什么特点？

2. 选择若干个国家，对其旅游消费者的收入水平和消费特点这一问题进行网上调研。

【能力训练】

一、案例分析题

### 国内外生态旅游者的旅游动机与行为差异

徐荣林、王建琼等（2018）对参与九寨沟景区生态旅游项目的国内外游客进行问卷调查，并对调查结果进行多维度的对比分析，发现就旅游动机而言，优美的风景、民俗文化为吸引九寨沟国内外游客最重要的两个旅游动机。国内游客比国外游客更看重优美景色；国外游客则更注重景区的动植物多样性、旅游环境的安静性、旅游活动的刺激性以及与工作人员的接触交流机会。在对生态旅游的理解上，国内外的生态游客也出现较大差异。相较而言，国外游客对生态旅游的环境保护性更加注重，有超过 86% 的游客对此项的选择为非常满意。对于生态旅游的教育学习功能而言，国外游客给予的评价更高；国内游客对生态旅游在帮助当地人发展经济和改善生活方面的作用更加看重。

（资料来源：徐荣林，王建琼. 国内外生态旅游者的旅游动机与行为差异研究——以九寨沟为例 [J]. 西南交通大学学报（社会科学版），2018，5：71 - 77.）

**问题：**

试分析国内外旅游者的旅行动机与偏好的差异。

**二、调研题**

1. 访问一名少数民族同学或一名外国友人，了解其文化价值观、风俗、习惯与你所属的民族的差异，以及分析这些差异对他们的旅游消费行为的影响。

2. 假设你是你所在城市旅游局的一名调研员，为了吸引来自某些国家的旅游者，如日本、韩国，由你来负责制定促进这一活动的策略。请利用图书馆和互联网搜索有关国家的旅游消费者的生活方式、风俗习惯、收入水平、旅游行为等方面的资料，然后提出一项促进策略来说服相关国家的旅游者到你市观光旅游。

# 第12章 营销刺激与旅游消费者行为

【学习目标】

知识目标：了解旅游产品的概念、旅游产品生命周期及其各阶段的特点和营销策略；理解旅游消费者的价格心理及影响价格判断的因素；了解旅游产品营销渠道的种类；了解广告、公共关系、人员促销与旅游消费者行为的关系。

技能目标：掌握旅游产品设计、旅游产品价格制定、旅游产品营销渠道、旅游促销策略的相关方法。

能力目标：具有判断、制定现实中旅游营销策略的能力。

【案例导读】

## 常宁市旅游发展的营销策略

**一、常宁旅游发展的产品策略**

根据"资源、市场"两极对应、"资源—市场—主题—产品"即 rmtp 四位一体的旅游产品开发理念，结合规划区旅游资源赋存、资源组合状况、产品转化途径和旅游市场需求等要素，确定常宁市旅游产品体系，主要包括休闲度假旅游产品（天堂山国家森林公园、大义山自然保护区、塔山瑶族村寨、天堂湖）、观光旅游产品（天堂山风光、大义山竹海、印山石林、万亩油茶林、西江峡谷）和专项旅游产品（庙前古民居、中国印山、瑶寨风情、天堂山、大义山、西江漂流）三大类旅游产品。

**二、常宁旅游发展的价格策略**

（1）产品组合定价策略。根据产品组合策略建立相应的产品组合定价策略，产品组合定价主要针对旅游者进行的"一站式"旅游服务，面对的客户是常宁旅游直通车客户群体。常宁旅游直通车提供固定的班车接送、"一站式"旅游服务。在这个过程中，旅行者只要给定额的旅游费用就能够享受"一站式"的旅游服务。对旅游直通车做好产品组合定价，为常宁旅游业绩提升提供重要的保障。直通车产品组合定价包含来回交通费用、门票费用、游船费用、导游费用和保险费用。

（2）单个产品的差价策略。针对不同的客户群体对产品的需求量不同，常宁旅游景区对某些旅游项目进行差别定价措施。以门票为例，一般散客旅游者的价格比团队旅游者的价格要略高。团队旅游的门票根据旅游团队的人数和消费项目可以进行差别定价。

（3）折扣与折让策略。折扣和折让策略，主要是对衡阳旅行社淡旺季采取的措施。对旅行社的差别定价是鼓励旅行社积极推动团队客户来常宁旅游的重要环节之一，调整好对旅行社和团队客户的定价是保证旅行社客源的重要因素。为促进旅游消费者的旅游消费，可制定淡旺季的定价消费策略，分为周日至周四价格体系、周五和周六价格体系（节假日除外）两个体系价格，一般来说周日至周四价格体系比周五和周六价格体系要优惠 10% ~20%。

**三、常宁旅游发展的渠道策略**

常宁旅游的营销渠道主要指能给常宁提供客源的服务机构，主要是衡阳的旅行社和相关的渠道机构，如拓展公司、会议公司、旅游团购网、相关论坛网站等。在现实的营销渠道选择中，主要是以旅行社为主，其他渠道为辅。在近期，主要是建立广泛、系统的分销渠道体系，具体包括在核心客源市场设立旅游办事处，直接进行促销；委托中间商代理旅游产品；与旅行社共同开发特色旅游，并共同销售；与专业团体联系，直接对其进行特色旅游的促销等。中期依靠广告宣传将旅游者推向常宁，远期则争取实现由旅行社销售推广到网络销售推广的转变。

**四、常宁旅游发展的推广策略**

（1）人员推销。人员推销主要目标是对会议团队市场和自驾游市场进行的推广方式。在会议团队的人员推销方式上，整理和收集近 3 年来，来过常宁景区的会议团队客户联系人，采取上门服务和电话客服的方式对会议团队的接洽人进行人员推广。在自驾游的市场推广上，主要和自驾游渠道的中间商加强渠道合作的方式。

（2）广告推广。对观光型旅游客户消费群体在目的地选择决策时，在推广时间段内主要是指 3 月、4 月、9 月，根据消费者一日的生活或消费习惯而进行的 360 度全方位广告推广模式。360 度的广告推广是根据旅游消费者一天的行为习惯采取的全方位的推广模式，对旅游消费者的旅游消费决策能够产生很大的影响，要配合好推广媒介宣传的内容，推广的内容要符合旅游消费者的消费需要和促进旅游消费的消费动机，才能达到理想化的推广效果。

（3）节假日的销售促进。常宁旅游者更多的是在节假日进行旅游，节假日的活动促销对于常宁旅游营销推广中有重要的意义。在节日的促销活动中，多采用特定人群免费旅游，赠送一定的礼品，大幅度的广告宣传等手段来达到促进销售的目的。

（资料来源：李斯. 常宁市旅游发展的营销策略［J］. 现代企业，2015，4.）

## 12.1 产品策略与旅游消费者行为

从经济学角度看，旅游市场营销组合四大支柱中只有旅游产品属于生产领域，而其他的价格、渠道和促销均属于销售领域。作为旅游市场营销组合四大因素之一的旅游产品，不仅是旅游企业赖以生存和发展的基础，也是旅游企业开始其经营活动的出发点。旅游产品策略是旅游市场营销组合的基础，决定了旅游产品定价策略、营销渠道策略和促销策略的制定，直接决定着旅游企业营销的成效。

### 12.1.1 旅游产品的概念

所谓产品，从现代市场营销观念出发，是指向市场提供的能满足人们某种需要和利益的物质产品和非物质形态的服务。这里的产品大多是指制造业中的有形产品。在旅游市场学中，旅游产品既有有形的内容，也有无形的服务，它是一个整体概念。

从需求者即旅游者的角度，旅游产品是指旅游者支付一定的金钱、时间和精力所获得满足其旅游欲望的经历。旅游者通过对旅游产品的购买和消费，获得心理上和精神上的满足。旅游者眼中的旅游产品，不单单是其在旅游过程中所购买的饭店的一个床位，飞机或火车的一个座位，或是一个旅游景点的参观游览，一次接送和陪同服务等，而是旅游者对所有这些方面的总体感受，是一次经历。

从供给者的角度，旅游产品是指旅游经营者凭借一定的旅游资源和旅游设施，向旅游者提供的满足其在旅游过程中综合需求的服务，通过旅游产品的生产与销售，使旅游经营者达到盈利的目的。这里，旅游产品最终表现为活劳动的消耗，即旅游服务的提供。

营销学所研究的旅游产品主要是从供给者角度，即旅游服务提供者的角度来考虑的。旅游服务是与一定使用价值的有形物结合在一起的服务，只有借助一定的资源、设施、设备，旅游服务才得以完成。供给者提供的旅游产品有广义和狭义之分。狭义的旅游产品是指旅游商品，是由物质生产部门所生产，由商业劳动者所销售的物品，它包括旅游者旅游期间购买的生活用品、纪念品等各种实物商品。这种旅游产品仅满足旅游者出外旅游时购物的需求。广义的旅游产品是指旅游企业经营者在旅游市场上销售的物质产品和活劳动提供的各种服务的总和。它又可分为整体旅游产品和单项旅游产品。整体旅游产品是满足旅游者旅游活动中全部需要的产品（或服务），如一条旅游线路、一个专项旅游项目。单项旅游产品则指住宿产品、饮食产品及交通、游览娱乐等方面的产品（或服务），整体旅游产品由单项旅游产品构成。本书的研究对象是广义的旅游产品。

## 12.1.2　旅游产品的层次

按照现代市场学理论，旅游产品由三部分组成：核心部分、外形部分和延伸部分或附加部分。

1. 核心产品。旅游产品的最基本层次是核心产品，即旅游者真正购买的基本服务或利益。从根本上说，每一种产品实质上都是为解决问题而提供的服务。旅游者购买某种旅游产品不是为了获得某种产品本身，而是为了满足某种特定的需求。具体来说，构成旅游产品的核心层次是食、住、行、游、购、娱六大要素。核心产品是整个旅游产品的基本部分，具有满足旅游者最基本需要的功能。

2. 形式产品。形式产品是核心产品的载体，是核心产品借以实现的形式，即向市场提供的实体或服务的形象，主要包括品质、外观、特征、式样、品牌、包装、规格等。形式产品是旅游产品核心部分向生理或心理效应转化的部分。如1999 年的世界园艺博览会，著名策划人王志刚担任策划任务，他巧妙地利用世博会这个背景，挖掘云南历史文化和少数民族文化，提炼出"彩云之南"的标志性概念，运用微缩景物、植物、园艺、民族歌舞、水幕电影等手段，不仅造成了轰动全国的效应，而且时至今日昆明世博园仍是昆明旅游著名景点之一。

3. 延伸产品。延伸产品又称附加产品、扩大产品，是在旅游者购买旅游产品时所获得的全部附加服务和利益的总和。如旅游消费信贷、优惠付款条件、旅游信息咨询、免费接送服务、购物折扣等。

从构成上看，旅游产品可以分为两种：一种是核心旅游产品，即旅游产品的原始形态，具有满足旅游者愉悦需要的效用和价值；另一种是组合旅游产品，它是旅游产品的终极形态，是旅游企业或相关企业围绕旅游产品的核心价值而做的多重价值的追加，这时旅游产品具有几乎可以满足旅游者旅游期间一切需要的效用和价值。这种价值追加既可以发生在生产领域，也可以发生在流通领域；既可以由旅游产品的生产企业来完成，也可以由旅游产品的销售企业来完成。因此，旅游产品是一个整体概念，如旅行社推出的一条线路、一个专项旅游项目。

## 【同步案例】

### 旅行社下架赴韩游产品对旅游业潜在影响

根据韩国数据，2016 年中国游客人数为 826.8 万人，占入境外国人 1 741.8 万人的 47.5%。赴韩游分为团客和自由行，我们预计 2016 年团客约为 511.1 万人（2016H1：300.6 万人（+27%）；2016H2：萨德事件后国家旅游局要求旅行社减去 30% 的韩国旅游，236.6 ×（1 +27%）×70% =274.4 万人，源数据来自国家旅游局），自由行约为 315.7 万人。赴韩国旅游人数将下降 30% (511.1/1 741.8)，韩国旅游业将遭受重创。

出境旅游需求将转向东南亚，重点关注泰国、菲律宾等。同一价格的不同目的地产品是替代产品，日本、东南亚是韩国主要替代品。去年至今日元升值幅度明显，不具备价格优势，日本作为美国盟友，东北亚局势升温下日本游不是旅行社布局主方向，需求将重点转向东南亚。东南亚始终是中国游客第一大目的地，2016H1 东南亚游人次占出国游人次的 41.5%。重点关注泰国、菲律宾，中国赴泰跟团旅游人次 773.1 万，占亚洲游的 30%，出国游的 22%，是中国第一大出国游目的国，去年泰国查处本土两大地接购物店主要运营商之一 OA，使得恶性价格战、低价团竞争迅速减少，西藏旅游团报价泰国旅游业回归常态，客单价提升；菲律宾新总统与中国交好，但中国旅游人次基数较小，增速有望快速提升。两重因素影响增厚众信旅游（子公司竹园国旅是东南亚游龙头）、凯撒旅游（国内中高端出境游龙头之一）、捷达国旅（腾邦国际收购 52% 股权，国内泰国游业务龙头之一）、广之旅（主要布局在南方，出境旅游龙头之一）等公司。

国内机场免税店客流增大，国内免税行业将受利好。相当部分韩国游目的在于免税购物，仅韩国首尔就有 8 家市内免税店。免税购物人群将转向其他国或国内国际机场，尤其是首都机场、上海浦东机场，日上免税行在香水、化妆品方面存在明显优势。2015 年首都机场国际旅客人数 2 258 万人，上海浦东机场 2 970 万人，合计 5 228 万人。假设国内韩国游团客 511.1 万人转向其他目的地，从北京、上海机场出发，将对首都机场、浦东机场免税店客流增厚 10%。由于距离韩国近，周边贡献占大头的赴韩游客，目的地转向将对首都机场免税店的客流增厚超过 10%。中国国旅全资子公司中免集团竞标首都机场免税店，如果获得将受惠于此次免税购物人数向国内的回流。

为替代韩国市内免税店，迎接中国海外消费回国，中国的市内免税店政策有望放宽。市内免税额度提升、市内免税店增设，有望再次提上日程（上次提上日程是在 2015 年春节大量中国人去日本买马桶，被广泛报道引起社会反响，2015 年港中旅董事长张学武在会上提出"放宽免税额度，在省会和城市增加市内免税店"的提议）。一线城市消费能力极强，去年中服在上海曹家渡开出免税店后客流火爆，长时间实行限流。目前，港中旅旗下有中侨免税店，拥有市内免税牌照。中国国旅的新一届管理层候选人显示，国企下港中旅和国旅对旅游资源整合已经开始，未来不排除中国国旅获得市内免税店牌照，在一线城市扩大布局，打开免税业广阔想象空间。

国内邮轮业损伤与利好并存。根据中交协邮轮游艇分会（CCYIA），2016 年中国前十大港口接待邮轮出境中国游客人数约 200 万人。根据韩国数据，韩国邮轮旅客吞吐量同比增长120%，主要得益于中国游客增长推动，其中 72% 是中国游客。韩国旅游产品下架，将极大影响韩国邮轮业。对于上海、大连、天津以日、韩线为主的母港影响较大，即使转变目的地，从北方港口开赴越南、泰国等线的航次会出现长时间在海上航行，无法进港，会产生群体性投诉。对南方母港厦门、三亚、广州等以越南、泰国等线为主的邮轮母港来说，可能存在游客分流，这些母港出发的航次和客流将出现明显增长。积极布局北方港口邮轮业的上市公司将受到不利影响，布局越南、泰国的旅行社将受到有利推动。

（资料来源：佚名．旅行社下架赴韩游产品对旅游业潜在影响［EB/OL］. http://www.xzly123.com/news/lvyouxinwen/17360.htm.）

### 12.1.3　旅游产品的特点

旅游产品作为一种商品，它同样具有价值和使用价值二重性质。它的价值构成不仅包含人们过去的物化劳动，而且包含人们的实时劳动。其使用价值体现在满足人们的旅游及相伴产生的其他需求上。旅游产品具有一般商品的基本属性，但它又有自身的特殊性。这种特殊性主要体现在以下八个方面。

1. 综合性。从旅游者角度看，一个旅游目的地的旅游产品是一种总体性产品，是各个有关旅游企业为满足旅游者的各种需求而提供设施和服务的总和。大多数旅游者前往某一目的地旅游做出购买决定时，都不仅仅考虑一项服务或产品，而是将多项服务或产品结合起来进行考虑。例如，一个度假旅游者在选择度假目的地的游览点或参观点的同时，还考虑该地的住宿、交通、饮食等一系列的设施和服务情况。在这个意义上，旅游产品是一种综合性的群体产品或集合产品。

前面说到旅游产品是一个集合产品，然而也必须看到，从旅游业的角度看，各个直接旅游企业分别提供的设施和服务也是不同的旅游产品。这些产品可以以单项的形式出售给旅游者，也可以不同的组合形式出售给旅游者。虽然饭店的客房和航空公司的舱位，以及旅行社的服务都能以旅游产品称之，但严格来讲，它们只是一个旅游目的地的总体旅游产品的构成部分。

2. 无形性。旅游产品是各种旅游企业为旅游者提供的设施和服务。无形的部分在旅游产品中起主导作用。产品的质量和价值是凭消费者的印象、感受评价和衡量的。

3. 不可转移性。旅游产品进入流通领域后，其商品仍固定在原来的位置。旅游者只能到旅游产品的生产所在地进行消费，这一方面补充和完善了传统的国际贸易理论，同时也是交通运输成为实现旅游活动的重要原因；另一方面旅游者在购买旅游产品后，这种买卖交易并不发生所有权的转移，而只是使用权的转移。换言之，只是准许买方在某一特定的时间和地点得到或使用有关的服务。

4. 时间性。旅游者购买旅游产品后，旅游企业只是在规定的时间内交付有关产品的使用权。一旦买方未能按时使用，便需重新购买并承担因不能按时使用而给卖方带来的损失。对旅游企业来讲，旅游产品的效用是不能积存起来留待日后出售的。随着时间的推移，其价值将自然消失，而且永远不复存在。因为新的一天来临时，它将表现新的价值。所以旅游产品的效用和价值不仅固定在地点上，而且固定在时间上。无论是航空公司的舱位还是饭店的床位，只要有一定闲置，所造成的损失将永远无法弥补回来。因此，旅游产品表现出较强时间性的特点。

5. 生产与消费的同步性。旅游产品一般都是在旅游者来到生产地点时，才予生产并交付其使用权的。服务活动的完成需要由生产者和消费者双方共同参与。在这个意义上，旅游产品的生产和消费是同时发生并在同地发生的。在同一时间内，旅游者消费旅游产品的过程，也就是旅游企业生产和交付旅游产品的过程。这种生产和消费的同步性或不可分割性是旅游产品市场营销中一个至关重要的特点，但这并不意味着旅游产品的消费与购买不可分离。事实上，在包价旅游中，绝大部分旅游产品都是提前定购的。

6. 需求弹性大与替代性强。由于受各种因素的影响，旅游市场对旅游产品的需求弹性很大。比如，每年7月、8月、9月三个月，西方许多发达国家对旅游产品的需求量比平时成倍增长。一般每年有两次度假。夏季是全国性的，凡是就业人员，至少有25天的休假，时间长者多达2～3个月。届时，许多城市静悄悄的，70%的商店关门。冬季圣诞节期间，旅游产品的需求量虽不及夏季，但也成倍于平时。因此，在旅游市场中存在着平季、淡季和旺季之别，导致旅游产品的需求具有很大的弹性。

旅游产品有很强的替代性有两层意思：一是旅游虽然是人们生活中的一种需要，但不像食物、衣服等生活必需品，而是一种高层次的消费。在我国，目前旅游仍是一种高档的奢侈品，要想去旅游，就得放弃另一种需求。二是旅游者可以选择不同的旅游线路、目的地、饭店和交通工具。

7. 后效性。旅游者只有在消费过程全部结束后，才能对旅游产品质量做出全面、确切的评价。旅游者对旅游产品质量的理解是其期望质量与经历质量相互作用的结果。期望质量是旅游者实际购买之前，根据所获得的有关旅游产品的各种信息，对产品质量进行的评价；经历质量是旅游者以其实际获得的感受对产品质量所做的评价。如果期望质量高于实际的经历质量，顾客就会产生不满，也不会进行重复购买，而且会产生对企业不利的口头宣传。因此，旅游企业不能把对旅游者面对面服务的完成看做是整个销售活动的结束。营销是一个连续不断的过程，旅游企业需要进行市场跟踪调查，重视市场的反馈，及时发现旅游产品存在的问题，根据旅游者的意见或建议对产品加以改进，同时和顾客保持长久的业务关系。

8. 脆弱性。旅游产品的脆弱性是指，旅游产品价值的实现要受到多种因素的影响和制约。这是由旅游产品的综合性、无形性和不可贮存的特点决定的。旅游产品各组成部分之间要保持一定的质和量的比例，提供各组成部分产品的部门或行业之间也必须协调发展，否则，就会对整体旅游产品产生不利影响。此外，各种自然、政治、经济、社会等外部因素，也会对旅游产品的供给与需求产生影响，从而影响旅游产品价值的实现。旅游企业应对这些不可控因素进行周密的调研，进行市场环境分析，以便做出正确的旅游产品经营决策。

### 12.1.4 旅游产品市场寿命周期及其策略

1. 旅游产品生命周期概述。产品生命周期，原是市场营销学中的一个重要概念，它是指一种产品从投入市场到被淘汰退出市场的过程。因此，旅游产品生命周期就是指一个旅游产品从公开出来投放市场到最后被淘汰退出市场的过程。一条旅游线路、一个旅游活动项目、一个旅游景点、一个旅游地开发大多将遵循一个从有到无、由弱到强、衰退、消失的时间过程。旅游产品生命周期的各个阶段通常都是以旅游产品的销售额和利润的变化状态来进行衡量。

有的学者对是否存在产品生命周期提出了质疑，认为"旅游产品周期在理论上不能自圆其说，又缺乏有力的事实根据。如果用它来指导实践，无疑会产生不良后果"（杨森林，1996）。岳怀仁（1988）也指出，并非所有的产品都有生命周期。而另一派的观点则坚持"旅游产品必然经历一个由起步经盛而衰的演化过程，即旅游产品生命周期是客观存在的"（徐春晓，1997）。

不管怎样，旅游产品生命周期在旅游学中依然是一个重要理论。它对于旅游企业或有关部门在激烈的市场竞争中，根据现代旅游消费的特点，有效利用旅游资源、开发具有特色的旅游产品、制定各阶段的营销策略具有重要的实践意义。

由于旅游目的地是由很多的旅游产品服务所构成的，因此，旅游地生命周期是由若干个旅游产品生命周期叠加而成的。

旅游产品生命周期可以划分为导入期、成长期、成熟期、衰退期四个阶段，处于不同阶段的旅游产品在市场需求、竞争、成本和利润等方面有明显不同的特点，也决定着供给者不同的营销策略。如果把旅游产品从进入市场到退出市场的整个历程按销售额和时间绘制成图，更能看出旅游产品生命周期的动态全貌，如图 12 -1 所示。

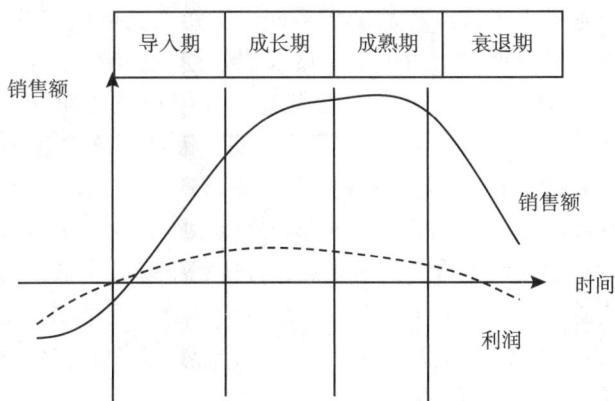

**图 12 -1 旅游产品生命周期**

（1）旅游产品的导入期。旅游产品的导入期是指旅游产品刚开发出来投放市场，销售缓慢增加的阶段。新产品的导入期表现为新的旅游景点、旅游饭店、旅游娱乐设施落成，新的旅游路线开通，新的旅游项目、旅游服务首次向市场推出。由于旅游产品刚投放市场，还未被广大消费者所认识，因此，旅游新产品在市场上知晓度很低。在导入阶段，由于旅游产品刚刚面世，还有待完善，消费也有一定的风险，更谈不上了解和接受。而旅游开发企业通过修建旅游设施、改善交通条件，加强宣传促销，一部分求新和好奇的游客开始出现，而更多游客往往持观望态度，因此，导入期的旅游新产品需求量很少，销售量增长缓慢而无规律。由于前期投资大，市场开发费用高，旅游产品的单位成本较高，因而价格较高也是制约旅游新产品销售增长缓慢的重要原因；企业为了使旅游者了解和认识产品，需要做大量的广告和促销工作，产品的销售费用较大。在这个阶段内，旅游者的购买很多是尝试性的，重复购买尚未出现，旅行社等中间商企业也通常采取试销态度。由于旅游新产品的销量小，利润低甚至亏损，成功与否前景莫测，竞争对手往往还持观望态度，市场还未出现竞争。

（2）旅游产品的成长期。旅游产品经过导入阶段的游客试探性消费，一旦感觉良好，游客稳定增加，就会进入旅游产品的成长期。在成长阶段，旅游产品克服了前期暴露的缺点，并逐步完善，旅游产品中的旅游景点、旅游地开发初具规模，旅游设施、旅游服务逐步配套，旅游产品基本定型并形成一定的特色，开发阶段的宣传促销开始收效，在旅游市场上知名度逐步提高，游客对产品更加熟悉，越来越多的游客进入购买体验，同时还有部分重复游客也开始出现。与此同时，旅游产品的开发投资也逐步减少，尽管对旅游产品促销总费用还在继续增加，但分摊到单个游客的促销费用迅速下降。由于旅游产品需求的大幅度增加和成本大幅度下降，导致该旅游产品的利润迅速上升，由导入期的亏损出现净利润额。在成长期，旅游产品表现出良好的市场前景，在旅游产品利润和良好市场前景的吸引下，竞争对手开始开发类似的替代旅游产品推向市场，市场上出现竞争。

（3）旅游产品的成熟期。旅游产品到了成长期后期，游客和销售量的增长势头必然放慢，于是进入了旅游产品的成熟期。成熟期又可以划分为增长成熟期、停止成熟期和下降成熟期三个阶段。在增长成熟期，旅游产品销售量继续增加，但增长幅度逐步减缓，趋于停止的平稳状态；在停止成熟期，销量尽管有所波动，但总的趋势是停滞不前；而在下降成熟期，销量下降并成为一种明显的趋势，大多属于重复购买的市场。在成熟期，旅游产品的市场需求量已达饱和状态，销售量达到最高点；产品单位成本降到最低水平；由于销量和成本共同作用的结果，旅游产品的利润也将达到最高点，并开始下降。在旅游市场，竞争者开发了很多同类旅游产品，扩大了旅游者对旅游产品的选择范围，市场竞争十分激烈，更为严重的是，出现了更好的替代性旅游产品，前期游客已开始转移到新的替代性旅游产品的消费市场中去。

（4）旅游产品的衰退期。旅游产品的衰退期一般是指产品的更新换代阶段。

在这一阶段，新的旅游产品已进入市场，正在逐渐代替老产品。旅游者或丧失了对老产品的兴趣，或由对新产品的兴趣所取代。原来的产品中，除少数名牌产品外，市场销售量日益下降。市场竞争突出地表现为价格竞争，价格被迫不断下跌，利润迅速减少，甚至出现亏损。由于衰退期游客数量急剧下降，游客数量有限，不能容纳更多的旅游企业的生存，因此，不少竞争实力弱的对手因财务问题，或者因有更好的旅游产品而逐渐退出衰退期的市场。

根据对以上旅游产品生命周期的规律性分析，其具有以下五点意义：一是任何旅游产品都有一个有限的生命，大部分旅游产品都经过一个类似 S 形的生命周期；二是每个旅游产品生命周期阶段的时间长短因产品不同而异；三是旅游产品在不同生命周期阶段中，利润高低差异很大；四是旅游企业对处于不同生命周期阶段的旅游产品，需采取不同的营销组合策略；五是针对市场需求及时进行旅游产品的更新换代。

应该指出的是，旅游产品生命周期是指旅游产品的一般发展规律，不能用来套用于每个旅游产品进行生命周期分析，不同的旅游产品其生命周期是不同的，其生命周期所经历的阶段也可能不同。一些独特的自然景观、历史文化景观，由于资源的特殊性和文化内涵，以及这些景观的不可复制性，其产品生命周期可能遥遥无期；而有些人造景观由于可以进行大量复制，一旦竞争产品大量出现，其生命周期必然变短，比如很多地方的缩微景观；有些旅游产品、服务项目由于种种原因甚至未进入成长期就夭折了。

2. 旅游产品生命周期的营销策略。为了增强营销效果，提高企业经济效益，旅游企业必须针对产品生命周期各阶段的不同特点，采取不同的市场营销策略。

（1）投入期的营销策略。

①快速撇脂策略。即以高价格和高促销费用的方式使旅游新产品快速进入市场。运用此策略必须具备以下三个条件：第一，潜在市场上的大部分旅游消费者还不知道该产品。第二，了解该旅游产品的消费者十分渴望得到该产品并有足够的支付能力。第三，旅游企业面临潜在的竞争，必须尽快培养"品牌偏好"。

②缓慢撇脂策略。即以高价格和低促销费用的方式把旅游新产品推向市场。运用此策略必须具备以下四个条件：第一，市场规模有限。第二，市场上大部分潜在消费者了解这种旅游产品。第三。潜在旅游消费者愿意出高价。第四，潜在竞争对手的威胁较弱。

③快速渗透策略。即以低价格和高促销费用的方式推出旅游新产品的策略。采用这一策略必须具备如下四个条件：第一，市场规模大，存在众多的潜在旅游消费者。第二，大部分旅游消费者对产品价格敏感。第三，消费者对旅游产品不了解。第四，存在强大的潜在竞争的威胁。

④缓慢渗透策略。即以低价格和低促销费用推出旅游新产品的策略。采用此策略必须具备以下四个条件：第一，市场庞大。第二，旅游产品的知名度较高。第三，市场对该旅游产品的价格弹性较大，市场开拓空间较大。第四，存在潜在竞争对手。

（2）成长期的营销策略。成长期一般应采取四项策略。

①改进旅游产品，提高产品质量，努力增加产品的新品种。

②选择适当的时机调整价格，以争取更多的顾客。

③重新评价渠道，巩固原有渠道，增加新的销售渠道，开拓新的市场。

④加强旅游促销环节，树立强有力的产品形象，促销策略的重点由建立产品知名度转到树立产品形象，争取新的顾客。

旅游企业通过上述营销策略，可加强旅游产品的竞争力，但也会相应地增加营销成本。因此，在成长阶段会面临着"高市场占有率"或"高利润率"的选择。一般来讲，实施市场扩张策略会减少当期利润，但能增强企业的市场地位和竞争能力，有利于维持并扩大企业的市场占有率，从长期来看，更有利于企业发展。

（3）成熟期的营销策略。成熟期一般应采取下列三项策略。

①市场改进策略。旅游经营者在产品成熟期会设法增加旅游者对产品的消费，包括努力使旅游者更加频繁地购买产品；努力使旅游者在每次使用产品时增加使用量；努力发现产品的各种新用途。旅游企业也往往通过开发新市场来寻找新的旅游者。

②产品改进策略。旅游经营者通过改变旅游产品的特性、质量或者风格，以便吸引潜在旅游者和刺激现实旅游者的购买。

③营销组合改进策略。旅游经营者通过改变一个或者多个营销元素来增加产品的销售量，延长旅游产品的成熟期。例如，通过降价拉拢竞争对手的顾客，吸引新的旅游者；采取更加积极的促销手段；开发新的营销渠道等。

（4）衰退期的营销策略。衰退期一般有三种策略可供选择。

①立即放弃策略。即果断决定撤出市场，不再生产原有的旅游产品。

②收获策略。即旅游企业不主动放弃某一产品，继续用过去的市场、渠道、价格和促销手段，直至旅游产品的完全衰竭。

③逐步放弃策略。指对那些仍有一定潜力可挖的旅游产品，旅游企业不是盲目放弃，而是分析产品销售量下降的原因，对症下药，提高产品质量，以期产品销售量的回升。

【同步案例】

### 红色旅游产品的生命周期及价格策略

红色旅游是我国20世纪90年代兴起的，主要是指以中国共产党领导人民在革命和战争时期建树丰功伟绩所形成的纪念地、标志物为载体，以其所承载的革命历史、革命事迹和革命精神为内涵，供旅游者缅怀学习、参观游览的主题性旅游活动。其生命周期是指红色旅游经开发进入市场后，直到被市场淘汰从而再无生产可能和必要为止的全部持续时间。红色旅游产品市场生命周期大致可分为投入期、成长期、成熟期、衰退期四个阶段。

（1）红色旅游产品投入期。红色旅游产品正式推向旅游市场，具体表现为旅游景点、旅游饭店、旅游娱乐设施建成、旅游项目或旅游服务推出、旅游线路开通等。在这一阶段，红色旅游产品尚未被旅游者所了解和接受，因此，旅游者较少，旅游产品知名度低。旅游企业投入成本高，利润少或亏损，旅游收入增长缓慢且不稳定。此时市场上一般还没有同行竞争者，红色旅游产品也还不完善，加强对该产品的介绍和宣传，目的在于让旅游消费者了解并接受它，进而信赖并购买这种产品。红色旅游产品的价格在此时易形成两极分化，即高价格（高质量的垄断性自然或人造产品）和低价格（大众化红色旅游产品）。

（2）红色旅游产品成长期。随着红色旅游景点、旅游地开发初具规模，旅游设施、旅游服务逐步配套，红色旅游产品基本定型并形成一定特色，前期的宣传效果开始体现，红色旅游人数增加，产品的知名度不断提高，游客量出现稳步增长，利润增加。其他旅游企业看到红色旅游产品销售很好，就可能在利润的吸引下组合相同的红色旅游产品进入市场，竞争者开始出现。红色旅游产品在此时宜提高质量，增加产品种类，扩大接待规模。价格策略以降低成本、稳定价格为主，使红色旅游产品及品牌在旅游消费者心目中占据一定地位，从而尽可能延长成长期的时间。

（3）红色旅游产品成熟期。在红色旅游产品的成熟期内，潜在顾客逐步减少，重复购买者多，旅游人数趋于稳定，接待量达到顶峰，增长趋缓，利润达到最高。由于很多同类红色旅游产品都已进入市场，扩大了旅游者对红色旅游产品的选择范围，市场竞争十分激烈，而且还有来自更新产品的替代性竞争，因此差异化成为竞争的核心。在这种情况下，改进红色旅游产品质量，提高服务水平，改造老产品成为当务之急。在价格策略上，实行灵活的价格策略并实行优惠价格，进行集中性促销以保持和吸引新市场。在销售渠道上，可以由选择性渠道策略向专营性渠道策略发展，进一步疏通销售渠道。

（4）红色旅游产品衰退期。红色旅游产品所处的衰退期一般是指红色旅游产品的更新换代阶段。由于旅游者对老产品丧失兴趣，红色旅游人数日益下降，利润开始下降或亏损，旅游收入锐减，替代产品也将出现，市场竞争突出表现为价格的竞争。旅游企业应对有利润的红色旅游产品加以保留，同时进行产品更新，对无利润红色旅游项目及线路应放弃。保持原价或降低产品价格（针对红色旅游线路产品）是争取市场的有效方式。

（资料来源：钟俊昆，童绍茂. 红色旅游产品的生命周期及价格策略［J］. 价格月刊，2005，8.）

## 12.2　价格策略与旅游消费者行为

购买旅游产品就必然涉及旅游产品的价格。在现代市场经济条件下，价格是影响消费者购买的最具有刺激性和敏感性的因素之一。旅游产品的价格是旅游者为了满足自身旅游活动的需要而购买的旅游产品或服务的价格，是旅游产品价值的货币表现形式。旅游产品价格的表现形式可以分为旅游包价和旅游单价。旅游包价是旅游者通过旅游零售商购买的满足其全部旅游活动所需的旅游产品的价格。旅游单价是旅游者购买旅游所需的某一项或者几项旅游产品的价格。

### 12.2.1　旅游消费者的价格心理

旅游消费者在选购旅游产品时，通常会把价格和产品的各种要素综合起来加以评价和比较，在此基础上决定自己是否购买。然而就对消费者的影响而言，价格又有着与其他要素不同的心理作用机制。

心理价格是消费者心目中产品所值的价格，即他们愿意为购买该产品所付出的价钱。如果说产品价格是以劳动价值量为其价值取向的话，心理价格则是以消费者的消费需求为价值取向。心理价格以产品价格为基数，但是加入了消费需求的变量。

1. 产品价格与消费者心理行为的关系。

（1）价格是消费者衡量产品价值和质量的直接标准。在消费者对产品质量、性能知之甚少的情况下，主要通过价格判断产品质量。许多人认为价格高表示产品质量好，价格低表明产品质量差，这种心理认识与成本定价方法以及价格构成理论相一致。所以，便宜的价格不一定能促进消费者购买，相反可能会使人们产生对商品质量、性能的怀疑。适中的价格，可以使消费者对商品质量、性能有"放心感"。

（2）价格是消费者社会地位和经济收入的象征。一些人往往把某些高档产品同一定的社会地位、经济收入、文化修养等联系在一起，认为购买高价格的旅游产品，可以显示自己优越的社会地位、丰厚的经济收入和高雅的文化修养，可以博得别人的尊敬，并以此为满足；相反，使用价格便宜的旅游产品，则感到与自己的身份地位不符。

（3）价格直接影响消费者的需要量。一般来说，价格上升会引起需要量下降，抑制消费；价格下降会增加需要量，刺激消费。但有时情况也相反，各种产品价格普遍上升时，会使消费者预期未来价格将继续上升，增加即期需要量；反之，预期未来价格将继续下降，则减少即期需要量，产生"买涨不买落"心理。造成这种情况的原因是消费者的生活经验、经济条件、知觉程度、心理特征等有着不同程度的差异，他们对价格的认识及心理反应千差万别。

2. 旅游消费者价格心理特征。

（1）习惯性。反复的购买活动会使旅游消费者对某种旅游产品的价格形成大致的概念，这种价格也叫习惯价格。旅游消费者判断频繁购买的旅游产品价格高低时，往往以习惯价格为标准。在习惯价格以内的价格，就认为是合理的、正常的，价格超过上限则认为太贵，价格低于下限会对质量产生怀疑。

（2）敏感性。旅游消费者对旅游产品价格的心理反应程度的强弱与该旅游产品价格变动幅度的大小通常按同方向变化。但违反这种心理变化的情况也经常发生。有些旅游产品即使价格调整幅度很大，消费者也不会产生强烈的心理反应。造成这种差异的原因是消费者对各种旅游产品价格变动的敏感性不同，如国际旅游与国内旅游的价格差别。

（3）感受性。旅游消费者对旅游产品价格高低的判断不完全以绝对价格为标准，还受其他因素的影响，主要有品牌、内容、宣传等；旅游产品的体验价值和社会价值；服务方式、服务场所的氛围等。由于刺激因素造成的错觉，有的旅游产品绝对价格相对高一些，消费者会觉得便宜；有的旅游产品绝对价格相对低一些，消费者会觉得很贵。

（4）倾向性。旅游消费者对旅游产品价格的选择倾向或为高价，或为低价。前者多为经济状况较好，怀有求名、显贵动机及炫耀心理的消费者；后者多属经济状况一般，怀有求实惠动机的消费者。

### 12.2.2 定价方法与策略

1. 旅游产品的定价方法。

（1）成本导向定价法。成本导向定价法指以旅游产品单位成本为基本依据，再加上预期利润确定产品的价格。这种定价方法不考虑市场需求方面的因素，简单易行，是目前旅游企业最基本、最常用的一种定价方法，主要包括以下三种：

①成本加成定价法。成本加成定价法指在单位产品成本的基础上加上一定比例的预期利润作为产品价格（成本中包含了税金），这是一种最简单的定价方法。其计算公式为：

$$单位产品价格 = 单位产品成本 \times (1 + 成本利润率)$$

例如，某旅行社一款两日游的产品成本为400元，旅行社确定的成本利润率为20%，则：

$$两日游产品价格 = 400 \times (1 + 20\%) = 480（元）$$

这种定价方法是旅游企业常见的一种定价方法，简便易行，以成本为中心，不必经常依据需求情况而作调整，采用这种方法可以使旅游企业获得正常利润。但是，单从旅游企业的利益出发进行定价，忽视了市场需求多变的现实。成本利润率只是一个估计数，缺乏科学性，会导致旅游产品在市场上缺乏竞争力。

②目标利润定价法。目标利润定价法也叫"投资回收定价法"，指旅游企业根据其总成本及预测出来的总销售确定一个目标利润总额，来计算产品的价格。其计算公式为：

$$单位产品价格 = (总成本 + 目标利润总额)/预期销售总量$$

这里的总成本是固定成本与变动成本之和。这种方法的优点在于可以保证旅游企业实现既定的目标利润，在预定期限内回收资金，保护旅游企业利益。但是，由于此方法是以预计销售量来推算产品价格的，忽略了价格对销售量的直接影响。这种方法计算出来的产品价格往往难以确保预测的销售量实现，只有经营垄断性产品或具有很高市场占有率的旅游企业才有可能凭借其垄断力量采取此方法定价。

③边际贡献定价法。边际贡献定价法又叫"变动成本定价法"，指旅游企业在产品定价时，只计算变动成本，而不计算固定成本。这种方法主要用于同类旅游产品供过于求、市场竞争激烈、客源不足的情况。其计算公式为：

$$单位产品价格 = 单位产品变动成本 + 单位产品边际贡献$$

例如，某旅行社在旅游淡季推出三日游团体包价旅游产品，固定成本均为20元/人，两早（10元/人/餐）五正（20元/人/餐）餐费共计120元/人，门票费共300元/人，房费100元/人，交通费30元/人，该产品总计570元/人。由于是在淡季，若旅行社仍以570元的价格进行销售，很难吸引大量游客，如果旅行社将价格降至 550 元/人，变动成本为 550 元，此时，销售价格与变动成本一致，则边际贡献为零，旅行社为保本状态。

这种定价方法的优点在于，保障旅行社在市场环境不利的情况下以较低价格吸引客源，保住市场份额，维持旅行社生存。但在一定程度上使旅行社蒙受利润损失，又由于产品的变动成本不是一成不变，迫使产品的价格不断地重新计算。

（2）需求导向定价法。需求导向定价法，指以市场需求为核心，根据游客对旅游产品价值的认知程度来定价的一种方法。具体可分为两种。

①理解价值定价法。理解价值，也称"认知价值"，这种方法是根据游客对旅游产品的主观评判，而非旅游产品的实际价值定价。常用的营销方法有搞好产品的市场定位、突出产品特征、加深游客对产品的印象等。例如，一位消费者在饭店的小卖部喝一杯咖啡、吃一块点心要付 10 元，在饭店的咖啡厅，同样的东西需 20 元，如果送到饭店的房间里享受，需 30 元，价格一级比一级高。这并不是由成本的增加而导致的，而是由于附加的服务和环境气氛为产品增加了价值，因消费者对产品的感受、理解不同所致。

②需求差别定价法。需求差别定价法指针对游客购买力的不同，产品的种类、数量、时间、地点的不同等因素，采取不同价格。这种定价方法，通常为同一产品在同一市场上制定两个或两个以上的价格，强调的是适应游客不同特性的需求，而把成本补偿放在次要地位。

③逆向定价。逆向定价指首先对旅游市场需求、同行业的同类产品的售价、整个市场竞争环境等方面进行调查，然后先确定产品价格，再根据产品的内容和成本对价格作相应调整。这种方法不以实际成本为主要依据，而以市场需求为定价出发点，既能与竞争对手价格保持同步，又能为游客所接受，但容易造成产品质量下降而缺乏市场吸引力。

（3）竞争导向定价法。竞争导向定价法是为了应付市场竞争而采取的特殊定价方法，同类旅游产品的市场竞争是旅游企业产品定价的依据和核心，竞争对手的价格是其定价的出发点和参考标准。

①随行就市定价法。随行就市定价法指旅游企业根据本行业同类产品的平均价格来制定本企业旅游产品价格的方法。这种方法为大多数旅游企业所采用，利用市场的平均价格获得平均收益，避免了对手间竞争带来的损失。

②率先定价法。率先定价法也叫"主动竞争定价法"，指旅游企业根据市场竞争状况、自身实力，率先打破市场原有的价格，自行制定价格，在同行中取得"价格领袖"地位。采用率先定价法的旅游企业一般要有雄厚实力，或者在产品上具有竞争对手无法比拟的优势。

总体来看，随行就市法属于稳妥型定价方法，可以减少风险，利于与竞争对手和平共处。而率先定价法属于进攻型定价方法，定价低于对手可以提高市场占有率，高的话则可以树立旅游企业的品牌形象。

2. 旅游产品的定价策略。

（1）心理定价策略。心理定价策略，是指旅游企业或旅游经营者根据游客的消费心理，为刺激游客的购买欲，制定出行之有效的产品价格。常见的心理定价策略有如下五种。

①尾数定价策略。尾数定价策略是根据游客求廉的心理来定价。它使旅游产品价格低于但又非常接近下一个整数的价格，让消费者感觉这些定价是经过精心计算的、务实的。如一个旅游团报价是 1 000 元和 999 元，它们给消费者的单位价格概念是不一样的，一个是 1 000，一个是低于 1 000，后者给人一种非常便宜的感觉。这种定价策略在现实中很普遍，而且非常有效。

②声望定价策略。声望定价策略是根据游客价高质优的心理特点来定价。这类游客往往注重"名牌效应"，认定价高质必优。品牌知名度高、口碑较好、在同行中声望较高的旅游企业会采用这种定价法。

③习惯定价策略。习惯定价策略是根据游客习惯消费心理来定价。某些旅游产品在长期的买卖过程中已经形成了被游客默认的价格，因此，旅游企业在对这类产品定价时，会比照市场同类产品价格定价，并充分考虑游客的习惯倾向，不会随意变动价格。

④招徕定价策略。招徕定价策略是利用游客的求廉、好奇心理来定价。通过把某几种产品的价格定得很低，甚至亏损，在销售廉价产品的同时借机带动和扩大其他产品的销售；或在某些节日或季节举行特殊活动时，适度将某产品以特价的方式刺激游客购买。例如，在旅游淡季时，一些度假型景区将其相应的酒店仍然保持原价，而把景区门票以较低价格销售，以此招徕顾客并借此带动景区酒店的生意。

⑤分级定价策略。分级定价策略是根据不同层次游客的不同消费心理来定价。旅游企业将同类产品分为几个等级，价格不同。采用这种定价策略，能使游客产生货真价实的感觉，易于接受。

（2）折让定价策略。折让定价策略是根据不同交易方式、数量、时间及条件，对成交价格实行降低或减让的一种定价策略，主要有以下三种。

①现金折扣。现金折扣，又称付款期限折扣。指旅游企业对那些提前付款、现金交易或按期付款的客户，给予一定比例的价格优惠。采用这种定价策略，可有效吸引旅游消费者提前或按时付款，以便尽快回收资金，确保资金周转的畅通，减少坏账损失。

②数量折扣。数量折扣，是指旅游企业根据消费者购买的总数量给予一定的折扣，目的是鼓励购买者大量购买。数量折扣又分为以下两种。

一是累计数量折扣。累计数量折扣，指在一定时间内，旅游产品购买者的购买总数超过一定数额，给予相应折扣。这种策略可以通过鼓励消费者多次重复购买，稳定市场客源。

二是非累计数量折扣。非累计数量折扣，指消费者一次购买达到一定数量或购买多种产品达到一定的金额时，旅游企业给予的折扣。这种定价策略能有效刺激消费者大量购买，减少交易次数，降低旅游企业的成本。

③季节折扣。又叫季节差价。指消费者在旅游淡季购买产品时旅游企业给予

的价格优惠。由于旅游产品的季节性很强，淡季折扣可刺激消费者的购买欲望，使旅游企业的设施能在淡季充分利用，有利于旅游企业的常规经营。

**【同步案例】**

### 喜达屋酒店推出更久住宿　更多奖励

喜达屋酒店与度假村国际集团持续推出特惠，为宾客带来更多机遇和旅行奖励。为此，喜达屋屡获殊荣的客户忠诚计划于 2010 年 1 月 5 日宣布正式发布新的丰厚促销活动——根据宾客入住的天数的不同，所有入住客人将获得双倍、三倍乃至最高达四倍的 Starpoints（R）积分。"更久住宿　更多奖励优惠活动"的推广期为 2010 年的 1 月 5 日至 4 月 15 日。

宾客住得越久，积分越多：

——住宿一晚或连续两晚，每晚将获得双倍 Starpoints 积分。

——连续住宿三晚，每晚将获得三倍 Starpoints 积分。

——连续住宿四晚以上，每晚将获得四倍 Starpoints 积分。

会员可以使用 Starpoints 积分兑换免费住宿和航班等丰厚奖励。最少仅需 2 000 点积分即可兑换 SPG 免费住宿奖励。通过 SPG 航班计划（SPG flights），仅需 10 000 点积分即可兑换 350 多条航线的免费机票。免费住宿及航班奖励的预定流程简单方便，且均无日期限制。会员亦可兑换 Starpoints 积分成为当季一些最热门音乐会的 VIP 座上客，或者登录 http://spg. com/moments 通过 SPG moments 在线竞拍换取一生难得的体验。

（资料来源：喜达屋酒店与度假村国际集团．喜达屋酒店推出更久住宿更多奖励［N/OL］. https：//www. prnasia. com/pr/10/01/100020621 -2. html. 有删减）

案例分析：喜达屋酒店采取的积分免费换取住宿奖励和航班奖励等方法，是一种特别的折扣方式，顾客购买一种服务，达到一定程度，即可得到另一种服务。这种方式不仅保证了酒店的价格收入，而且促进了顾客购买的意愿，最终增加了销售额。

（3）新产品定价策略。在激烈的市场竞争中，旅游企业开发的新产品能否及时打开市场销路，获取高额利润，很大程度上取决于行之有效的产品定价策略。常用的新产品定价策略有以下三种。

①撇脂定价策略。又称取脂定价策略，是一种高价策略。指新产品上市时把价格定得较高，获取超额利润，在短期内回收投资并取得较高收益的一种定价策略。

②渗透定价策略。渗透定价策略是一种低价策略。指新产品上市初期，将产品价格定得低于预期价格，薄利多销，以市场占有率扩大为目标的定价策略。

③适宜定价策略。又称中间价格策略，是介于撇脂定价和渗透定价之间的价格策略。新产品价格定在高价与低价之间，可以使各方都满意，俗称为"君子价格"。旅游企业采取满意定价，属于保守行为，不适于瞬息万变和竞争激烈的市场环境，易丧失市场份额及获得高额利润的机会。

### 12.2.3　价格阈限与旅游消费者行为

1. 价格阈限。阈限，是把引起一种反应的刺激与引起另一种反应的刺激区分开来的界限。理论上讲，阈限就是物理能量连续维度上的一个点，低于它就没有感觉，处于或高于这一点就会有感觉。正如人类的可视光谱范围是 380 毫微米到 780 毫微米，听觉范围是 16 赫兹到 20 000 赫兹一样。

消费者购买产品时，价格因素占据着极其重要的地位。一般来说，消费者通过对产品质量的感知来确定自己的心理价格。这种心理价格不是一个确定的值，而是一个范围，即价格阈限。

价格阈限就是心理价格的界线，即能够接受的价格范围。价格阈限分为绝对价格阈限和差别价格阈限。

绝对价格阈限可分为上绝对阈限和下绝对阈限。当某种产品的价格超过消费者可能接受的上限时，消费者就会认为不值得购买；而价格低于消费者的心理价格的下限时，"价格—质量"效应就会发生作用，消费者便认为产品可能有问题，不能购买。

差别价格阈限，是指消费者能够感受出价格变动的最小价格变动量。当然，这要和同类产品的单价进行比较，才能分析出它的差别价格阈限。

2. 价格阈限对旅游消费者行为的影响。

（1）消费者对旅游产品价格的估计值即价格阈限是基于其对旅游产品的感知质量和感知价值为基础的。感知质量是指消费者对产品质量的"评价判断"，由于消费者对产品价格的估计是建立在其自身对产品感知的基础上，因此，价格阈限容易受到个人因素（消费经验、家庭特征、个性心理等）、产品因素、购物环境、住宿环境、社会因素（社会群体、社会文化、消费时尚等）等因素的影响，并最终影响旅游消费者的购买决策和购买行为。

（2）消费者价格阈限受到其感知质量和感知价值的影响，同时，产品社会属性的加强和心理价格的提高能够促进消费者价值阈限的拓宽。高端旅游正是通过提高消费者的感知质量和感知价值，增强其自身的社会属性与心理预测价值才最终被旅游者所接受的。由此可见，旅游消费者价格阈限范围会因不同旅游产品而存在差异。

## 12.2.4　影响价格判断的因素

以景区门票价格变动为例，近年来国内景点门票价格上涨的现象一直备受社会大众的关注，大众的不满情绪高涨，而对实行门票免费政策的举措则高度赞扬。2014 年国庆长假国内旅游景区门票价格就出现了涨免两极分化的现象，例如，5A 级景区广东丹霞山，由原来平日 160 元、节假日 180 元，统一调整为 200 元。玉龙雪山景区门票从每人 105 元调整到 130 元。而湖北三峡大坝实行对中国游客免费开放；北京、济南等城市在国庆节当天，市内各大公园、景区全部或者部分免费开放。

社会大众对景区价格变动的看法，其实质上隐含了消费者对价格公平与否的一种判断。消费者对产品价格变动的关心程度的与日俱增应该引起某些方面的关注，很有必要了解为什么消费者会觉得某些价格的设定是不公平的，哪些因素会影响消费者对价格公平性的认知，以及产生影响的因果关系。下面我们将结合国内外学者对价格公平性认知研究的成果，对影响消费者价格判断的因素加以评述。

1. 影响价格判断的内部因素。

（1）以往购买经验和价格。旅游消费者倾向于依据旅游产品的历史价值对当前价格的公平性进行判断，并根据当前价格对未来价格作出预测。靠经验积累的参考价格，多数消费者能估计出旅游产品的价格。例如，在旅游景区内的商品价格要比市面价格贵得多，这为大多数旅游者所共知。但是，旅游消费者在依据历史价格对当前价格的公平性进行判断的过程中，由于疏忽通胀的存在或者低估通胀的影响，通常认为产品提价是不公平的。

（2）竞争者价格。旅游消费者以竞争产品的价格为依据进行判断，对产品价格公平与否的看法是根据代替产品的价格来判断的。在以竞争产品的价格判断价格公平性的过程中，旅游消费者只认同质量或数量差异导致的价格差异，往往将质量或数量以外的因素造成的价格差异归因于企业获得更多利润的动机。

（3）对成本和利润的推断。旅游消费者会根据自有的知识和信息对旅游产品的成本和利润作出估计，并以此为依据形成价格公平性认知。但是在估计过程中却存在着四种倾向：由于对成本构成缺乏全面了解，旅游消费者往往具有低估成本、高估利润的倾向；旅游消费者并不认同所有的成本项目；一旦旅游消费者获得更多的成本信息后，对利润的估计会有所降低；即使获得了成本信息，旅游消费者对利润的估计仍然有较强的刚性。

2. 影响价格判断的外部因素。

旅游者在即将进行旅游消费决策时，仅靠自身经验则很难对价格公平与否作出判断，他们更需要凭借一些容易得到的价格信息形成自己的参考价格，即所谓外部参考价格。影响价格判断的外部因素可以归纳如下。

（1）广告参考价格。广告上的参考价格一般包括：平日价、节日价、优惠价。它们为旅游消费者提供了一个可比较的标准，通过这种广告宣传（特别是原价与优惠价同时给出），暗示旅游消费者会买到超值的旅游产品，激发他们的购买愿望，以突出旅游企业所提供的价格是合适的。这将大大强化旅游消费者对旅游产品价格的估计、价值预测及购买意向，尤其是低收入的旅游消费者更关心广告上的参考价格。同时，广告参考价格还降低了旅游者寻找其他竞争产品价格信息的意向。

（2）旅游产品的品牌、知名度。旅游品牌是指用名称、术语或者符号标记，或者其组合，来识别一个旅游经营者的旅游产品。通过对旅游产品品牌认知，游客能清楚地区别同种旅游产品的不同供给者，旅游品牌是游客认同感与旅游产品个性结合的产物。游客在旅游活动前无法感知旅游产品质量，而只能通过一定的旅游品牌来认识旅游经营者的信誉、知名度、服务水平的优劣。例如，香格里拉酒店一贯恪守为客人提供优质服务的承诺，并把其经营哲学浓缩为一句话"由体贴入微的员工提供的亚洲式接待"，进入香格里拉酒店就意味感知到亚洲式的酒店文化。当然，每个品牌都有自己相对固定的目标群体，品牌暗示着购买者的消费者类型。希尔顿之类的高星级酒店接待的常客一般是商界中高层人员，而"马瑞卡·速8"经济型酒店的入住者更多的是家庭旅游者。

### 12.2.5 价格调整的策略

企业为某种产品制定出价格以后,并不意味着大功告成。随着市场营销环境的变化,企业必须对现行价格予以适当的调整。

调整价格,可采用减价及提价策略。企业产品价格调整的动力既可能来自于内部,也可能来自于外部。倘若旅游企业利用自身的产品或成本优势,主动地对价格予以调整,将价格作为竞争的利器,这称为主动调整价格。有时,价格的调整出于应付竞争的需要,即竞争对手主动调整价格,而企业也相应地被动调整价格。无论是主动调整,还是被动调整,其形式不外乎是削价和提价两种。

1. 降价的心理策略及技巧。这是产品定价者面临的最严峻且具有持续威胁力的问题。

企业削价的原因很多,有企业外部需求及竞争等因素的变化,也有企业内部的战略转变、成本变化等,还有国家政策、法令的制约和干预等。这些原因具体表现在以下六个方面。

(1)企业通过削价来开拓新市场。一种产品的潜在顾客往往由于其消费水平的限制而阻碍了其转向现实顾客的可行性。在削价不会对原顾客产生影响的前提下,企业可以通过削价方式来扩大市场份额。不过,为了保证这一策略的成功,有时需要以产品改进策略相配合。

(2)企业决策者决定排斥现有市场的边际生产者。对于某些产品来说,各个企业的生产条件、生产成本不同,最低价格也会有所差异。那些以目前价格销售产品仅能保本的企业,在别的企业主动削价以后,会因为价格的被迫降低而得不到利润,只好停止生产。这无疑有利于主动削价的企业。

(3)产品供过于求,但是企业又无法通过产品改进和加强促销等工作来扩大销售。在这种情况下,企业必须考虑削价。

(4)企业决策者预期削价会扩大销售,由此可望获得更大的生产规模。特别是进入成熟期的产品,削价可以大幅度增进销售,从而在价格和生产规模之间形成良性循环,为企业获取更多的市场份额奠定基础。

(5)企业决策者出于对中间商要求的考虑。旅游产品的价格关乎中间商的销售量、销售额和利润,依赖中间商的旅游企业经常会从中间商的角度考虑价格,制定能为中间商带来收益的价格。有的旅游企业为了调动中间商的积极性,宁可自己少赚些钱,也要让利给中间商。

(6)政治法律环境及经济形势的变化,迫使企业降价。政府为了实现物价总水平的下调,保护需求,鼓励消费,遏制垄断利润,往往通过政策和法令,采用规定毛利率和最高价格、限制价格变化方式、参与市场竞争等形式,使企业的价格水平下调。在通货紧缩的经济形势下或者在市场疲软、经济萧条时期,由于币值上升,价格总水平下降,企业产品价格也应随之降低,以适应消费者的购买力水平。此外,消费者运动的兴起也往往迫使产品价格下调。

削价最直截了当的方式是将旅游企业产品的目录价格或标价绝对下降，但企业更多的是采用各种折扣形式来降低价格。如数量折扣、现金折扣、回扣和津贴等形式。此外，变相的削价形式有：赠送样品和优惠券；实行有奖销售；给中间商提取推销奖金。由于这些方式具有较强的灵活性，在市场环境变化的时候，即使取消也不会引起消费者太大的反感，同时又是一种促销策略，因此，在现代经营活动中运用越来越广泛。确定何时削价是调价策略的一个难点，通常要综合考虑企业实力、产品在市场生命周期所处的阶段、销售季节、消费者对产品的态度等因素。比如，进入衰退期的产品，由于消费者失去了消费兴趣，需求弹性变大、产品逐渐被市场淘汰，为了吸引对价格比较敏感的购买者和低收入需求者，维持一定的销量，削价就可能是唯一的选择。由于影响削价的因素较多，企业决策者必须审慎分析和判断，并根据削价的原因选择适当的方式和时机，制定最优的削价策略。

## 【同步案例】

### 京城五星级酒店自助餐大幅降价的背后

经调查发现，不少五星级酒店的自助餐厅为招揽人气，开始以低姿态向平民消费看齐，普通消费者甚至可以花八九十元就能在部分五星级酒店吃顿自助大餐。分析原因可以发现，国家对于"三公"消费的限制以及酒店在餐饮方面的成本不断上涨直接导致五星级酒店自助餐价格跳水。此外，五星级酒店也想通过自助餐降价向消费者传递"高档酒店不是普通消费者完全无法接触"的理念，并希望通过多种手段，吸引更多消费人群的关注。

（资料来源：王晓易．京城五星级酒店自助餐大幅降价的背后［N/OL］．http://news.163.com/14/0717/01/A1AOHP3200014AED.html，网易，2014-7-17.）

## 【同步案例】

### 旅行社调整行程和价格　价格比原来下降30%

韩国游恢复与价格实惠也有关系。

近期，携程网联合数百家国内旅行社、韩国当地地接社、韩国航空公司及首尔、济州的千家酒店，首家全面启动"韩国复苏游"计划。近千条特惠产品已经上线，8月赴韩旅游产品让利幅度平均高达30%，爆款产品最低达1元。

在携程App和网站的"特卖汇"上线的"1元游韩国"活动，包括各类韩国跟团游、自由行、签证、Wi-Fi、当地游等产品，1元的韩国首尔4日3晚半自助游，8月15日、20日、22日、27日等多个日期出发，29日10点开抢。此外还推出有1300多元起的济州岛跟团游、1999元起的首尔游特价等。

"8月本是韩国游旺季，但是目前的韩国游价格相当于淡季价格，部分甚至比淡季价格更低。"陈苑苑说，就拿旅行社8月底推出的济州岛亲子游线路来说，原价3900元，目前只售2600多元，便宜了1000多元。

陆海燕也表示，为了推动韩国旅游，旅行社特地调整了行程。"不仅在以前的基础上降价，还提升了行程中住宿酒店的星级，例如，以前入住motel酒店，现在更改成为五花酒店（相当于国内四星级酒店标准）。"陆海燕介绍说，对行程中的自由活动时间也有所增加，一些韩剧的热播地点，以及中国游客喜欢去的地方，自由活动时间就会增加。新行程推出后，价格仅需 2 899 元，且吃、住、行各方面都较以前有了提升。

携程韩国产品经理告诉记者，此轮韩国旅游复苏，产品价格受种种利好推动，降幅明显，等同于均价打七折。"8 月韩国游的性价比创历史新高，预计 9 月开始，价格将逐步恢复正常水平。"该产品经理表示。

"韩国方面，为了旅游业的恢复，也在做很多推广让利活动，例如，原本 12 月的购物节，今年改到了 8 月。"陈苑苑说，韩国各大免税店百货店也在加大优惠折扣力度。

"去年韩国旅游十分火热，几乎达到了一个顶峰，今年想要做到这样的顶峰是不太可能了。去年 8 月，我们旅行社有 2 000 人左右去韩国，但是现在由于刚刚开始启动，今年大约会在两三百人左右。"徐颖预计，韩国旅游要真正复苏，需要 1~2 个月。

（资料来源：旅行社调整行程和价格　价格比原来下降 30%〔N/OL〕. http://news. hexun. com/2015 -07 -30/177945971. html, 和讯网，2015 -07 -30.）

2. 提价的心理策略及技巧。提价确实能够增加企业的利润率，但却会引起竞争力下降、消费者不满、经销商抱怨，甚至还会受到政府的干预和同行的指责，从而对企业产生不利影响。虽然如此，在实际中仍然存在着较多的提价现象。其主要原因如下所述。

（1）应付产品成本增加，减少成本压力。这是所有产品价格上涨的主要原因。成本的增加或者是由于原材料价格上涨，或者是由于生产或管理费用提高而引起的。企业为了保证利润率不至于因此而降低，便采取提价策略。

（2）为了适应通货膨胀，减少企业损失。在通货膨胀条件下，即使企业仍能维持原价，但随着时间的推移，其利润的实际价值也呈下降趋势。为了减少损失，企业只好提价，将通货膨胀的压力转嫁给中间商和消费者。

（3）产品供不应求，遏制过度消费。对于某些产品来说，在需求旺盛而生产规模又不能及时扩大而出现供不应求的情况下，可以通过提价来遏制需求，同时又可以取得高额利润，在缓解市场压力、使供求趋于平衡的同时，为扩大生产准备了条件。

（4）利用顾客心理，创造优质效应。作为一种策略，企业可以利用涨价营造名牌形象，使消费者产生价高质优的心理定势，以提高企业知名度和产品声望。对于那些创新产品、高档商品、受资源限制而生产规模难以扩大的产品，这种效应表现得尤为明显。

为了保证提价策略的顺利实现，提价时机可选择在这样四种情况下。

（1）产品在市场上处于优势地位；

（2）产品进入成长期；

（3）季节性商品达到销售旺季；

（4）竞争对手产品提价。

此外，在方式选择上，企业应尽可能多地采用间接提价，把提价的不利因素减到最低程度，使提价不影响销量和利润，而且能被潜在消费者普遍接受。同时，企业提价时应采取各种渠道向顾客说明提价的原因，配之以产品策略和促销策略，并帮助顾客寻找节约途径，以减少顾客不满，维护企业形象，提高消费者信心，刺激消费者的需求和购买行为。

至于价格调整的幅度，最重要的考虑因素是消费者的反应。因为调整产品价格是为了促进销售，实质上是要促使消费者购买产品。忽视了消费者反应，销售就会受挫，只有根据消费者的反应调价，才能收到好的效果。

**【同步案例】**

### 学生井喷式出游造成价格上涨  暑假旅游至少需多花费20%票子

古人云："读万卷书，行万里路。"如今，高铁、飞机、轮船布局密集，交通非常便捷，越来越多的家长期望通过旅游来开阔孩子的眼界，增长孩子的见识。许多家庭不惜重金举家出游。"暑期历来是旅游旺季，受机票、酒店、交通等旅游资源价格上浮的影响，亲子游产品较平时上涨至少20%，最高的上涨50%左右，与去年暑期同期相比基本持平。7月中旬以后将会迎来亲子游高峰。"杭州旅行社许经理告诉记者。

"现在的家长对孩子出游的目的不仅仅是游山玩水，更重视行程中的互动性和体验性，希望孩子在旅行中既能放松身心，又能学到知识。"杭州原美旅行社陈总说，以"奔跑吧童年·三亚，带上孩子去旅行4晚5日亲子游"为例，在领略海岛风光的同时，行程中还为孩子们精心安排了"雨林植物小专家""扬帆逐浪小水手""恰童年与宝贝心贴心"三款独家亲子体验项目，价格是4 388元。而且做到无强迫消费，不减少、不更换景点，违约现场赔付游客5 000元/人。严格遵守产品接待标准，如出现以次充好、偷工减料等未按合同约定标准接待，则可享受免单。

（资料来源：学生井喷式出游造成价格上涨  暑假旅游至少需多花费20%票子 [N/OL]. http://news. cngold. org/c/2016 −07 −01/c4207251. html，杭州网 −旅游，2016 −7 −1. ）

## 12.3  渠道策略与旅游消费者行为

### 12.3.1  旅游产品营销渠道

1. 旅游产品营销渠道的概念。渠道原指水渠、沟渠，是水流的通道。现被引入商业领域，引申为产品销售路线或网络，是指产品由生产商到消费者的路径。

旅游营销渠道，又称为旅游分销渠道，是指旅游产品从旅游生产者向消费者转移的过程中，帮助其实现转移的所有旅游中间商，他们是处在旅游企业和旅游者之间、参与产品交换、促使买卖行为发生和实现的组织与个人。也就是旅游产品使用权转移过程中所经过的各个环节连接起来而形成的通道。

2. 旅游营销渠道的类型。

（1）按照旅游产品在流转过程中是否经过中间商，可分为直接营销渠道和间接营销渠道。

直接营销渠道是指旅游产品在从旅游企业向旅游者转移过程中不经过任何一

个旅游中间商，而是由旅游企业直接把产品销售给旅游者的营销渠道。如上门推销、邮购销售、设立直销门市部等都属于直接渠道。这类渠道没有介入其他成分，也无层次多少之分，是一个结构单一的营销通道。

直接营销渠道的优点是旅游企业与旅游者直接接触，有助于及时、准确、全面地了解旅游者的意见和要求，有助于提高旅游产品的质量；由于没有中间商插手其间，能够减少旅游产品在流通领域里的时间，使产品及时进入消费领域；旅游企业可以省去中间商的营销费用，以较小的成本获取较大的收益。缺点是旅游企业直接面对的旅游者比较庞杂，增加自身的销售机构、人员和设施，增加管理难度。

间接营销渠道是指旅游产品从企业向旅游者转移过程中经过若干中间商的营销渠道。间接营销渠道是传统营销中主要的渠道。间接营销渠道的优点是中间商介入后，可以减少交易次数和简化营销渠道；专业化的中间商具有丰富的营销知识和经验，增强了旅游企业的销售能力；渠道越长，旅游产品市场扩展的可能性就越大。缺点是旅游中间商介入过多，会减缓旅游产品流通速度，延缓上市时间；每经过一道中间商，就要分割一部分利润，从而会抬高价格，降低竞争优势。

（2）按照营销渠道的长度，分为短渠道和长渠道。旅游营销渠道的长度是指旅游产品从旅游企业开始到旅游者购买为止，在流通过程中所经过层次的多少。产品在营销渠道中经过的中间层越多，渠道就越长；反之越短。根据介入营销渠道中间层次的多少，将营销渠道划分为短渠道和长渠道。

短渠道是指旅游产品从旅游企业向旅游者转移过程中无中间环节或仅有一层中间商的营销渠道。短渠道的优点是信息传递快，销售及时，旅游企业能较为有力地控制营销渠道；加快旅游产品流转速度，使产品迅速进入市场；减少中间商利润分割，维持相对较低的销售价格。缺点是旅游企业承担的销售任务多，不利于旅游产品在大范围内大量销售，影响其销量。

长渠道是指商品在从旅游企业向旅游者转移过程中有两层以上的中间商的营销渠道。如旅游企业—旅游代理商—旅行社—旅游者。长渠道的优点是可以减少旅游企业的交易成本和其他营销费用；有助于企业开拓市场，扩大销量。缺点是信息传递慢，流通时间长；旅游企业对营销渠道的控制就较为困难；由于各不同环节的中间商都要分割利润，会抬高产品售价。

（3）按照营销渠道的宽度，分为窄渠道和宽渠道。旅游营销渠道的宽度是指营销渠道中每一层次中间商数量的多少。这主要取决于旅游企业希望自己的旅游产品在目标市场上扩散范围的大小，也就是希望占据多少市场。通常所说的多设销售网点，就是指加宽旅游营销渠道。

窄渠道是指旅游产品从旅游企业向旅游者转移过程中使用较少数目的同类型中间商，产品在市场上的销售面较窄的旅游营销渠道。窄渠道的优点是旅游企业较容易控制，有助于密切企业与商家之间的关系。缺点是市场营销面较小，从而会影响商品销售量。

宽渠道是指旅游产品从旅游企业向旅游者转移过程使用较多数目的同类型中间商，产品在市场上的销售面较广的旅游营销渠道。宽渠道的优点是方便旅游者购买，可以扩大产品的销售量；促进中间商竞争，从而提高销售效率。缺点是不利于密切企业与商家间的关系。

（4）按照旅游企业所采取的渠道类型的多少，旅游渠道又可以分为单渠道和多渠道。单渠道营销适合于生产规模小或者经营能力较差的旅游企业。多渠道营销适合于生产规模大或经营能力较弱的旅游企业。

## 【同步案例】

### 酒店直销渠道需要不断创新

酒店产品直销渠道，历来是酒店赖以生存的销售渠道。相对分销渠道而言，因其具有运营成本低、掌握产品定价主动权、客源市场稳定和抗市场风险能力强等特点，成为酒店管理者非常重视的销售渠道。从过去单一的电话预订，发展到今天的移动互联网预订平台，直销渠道模式正在发生着翻天覆地的变化，而这一变化是伴随企业管理的进步和互联网的迅猛发展而产生的。

2016 年 12 月，酒店直销平台铂涛旅行 APP2.0 全新上线，标志着铂涛集团在探索和创新直销渠道模式中又向前迈进了一步。酒店直销渠道模式的创新，不仅是酒店与 OTA 进行市场博弈的需要，更重要的是酒店自身赖以生存的需求。早在 2015 年，华住集团的酒店联盟平台"HWorld"、绿地等酒店集团的"中国未来酒店联盟"、华天等酒店集团的拉手网络，都留下了酒店管理者探索直销渠道模式创新的足迹。时至今日，铂涛旅行的全新问世，标志着酒店管理者探索的步伐并没有停止，依然在前行。

那么，酒店直销模式需要不断创新吗？答案是肯定的，以下两个方面的原因正可以用来说明这一点。一是 OTA 等分销渠道的日益强大对酒店直销渠道所形成的威胁。长期以来，酒店销售渠道的形式多为直销和分销并存，并根据市场环境和目标群体的不同来决定两者顾客的比例。通常，酒店管理者希望来自直销渠道的顾客比例大于分销渠道，目的是为了降低运营成本和市场风险，掌握产品定价的主动权和出售的话语权。然而，OTA 分销渠道的迅猛发展，在为酒店输送客源的同时，也给酒店管理者带来了焦虑和不安。OTA 技高一筹的专业化运营，如客人在线点评、大数据分析、收益管理、转化率分析、顾客流失率分析和良好的售后服务等，让更多的顾客趋向选择 OTA 订房，返现政策更是增加了 OTA 与顾客之间的黏性。在不少酒店，已经出现分销渠道客源比例高于直销渠道的情况，市场风险随之加剧，酒店管理者深感不安。二是来自酒店或酒店集团之间的竞争。无论是星级酒店还是连锁酒店集团，如今，都存在着产品同质化的问题，而同质化正是导致酒店间竞争异常激烈的原因之一。如果要提高市场竞争力，渠道的作用不容忽视，尤其是直销渠道的作用更为重要；谁掌握了渠道的主动性，谁的渠道更受顾客的青睐，谁就可能在市场竞争中取胜。因此，正像铂涛旅行一样，通过直销渠道模式创新来提高其在市场中博弈和竞争能力，是十分必要的。

然而，要说明的是，酒店直销渠道模式创新，不仅为了对抗 OTA，酒店间相互存在的竞争因素依然不可忽视。自从有了市场经济和商品间的交换，直销和分销的模式就随之出现了，直销和分销渠道的并存，正是市场中商品间交换的结果。我们不应把酒店直销模式的创新总是与对抗 OTA 等同起来，而是应该理性地看待这一问题。无论是直销渠道创新也好，还是酒店间"抱团取暖"，组建直销联盟也罢，都不应该以摒弃分销渠道为目的，因为分销渠道的存在也是市场经济的需求。无论是经销商，还是代理商，都应看作是与酒店有着唇齿关系的商业伙伴。只有公平竞争、和平相处，才能营造双赢的局面，避免不必要的两败俱伤。

（资料来源：祖长生. 酒店直销渠道需要不断创新 [EB/OL]. http://column. meadin. com/zcs/112214_1. shtml，迈点网，2017 -06 -09.）

3. 旅游分销渠道类型。

（1）旅游经营商。旅游经营商是指那些将航空公司或其他交通企业的旅游服务产品与旅游目的地旅游企业的地面服务组合为一个整体的旅游产品，然后通过某一销售途径推向广大公众的企业实体。换言之，他们是那些在转售旅游生产者产品的过程中，拥有产品"所有权"的旅游中间商。其销售模式为：旅游产品生产者—旅游经营商—旅游零售商—顾客；或为旅游产品生产者—旅游经营商—顾客。

（2）旅游零售商。旅游零售商是指那些只接受旅游产品生产者或供应者的委托，在一定区域内代理销售其产品的旅游中间商。其销售模式为：旅游产品生产者（或供应者）—旅游零售商—顾客。

（3）计算机预订网络。由企业运营的计算机预订网络主要有两种：中央预订系统（central reservation system，CRS）和全球分销系统（global distribution system，GDS）。其销售模式为：旅游产品生产者—GDS、CRS—顾客。

中央预订系统通常由大型集团性公司建立和拥有，如假日集团的 Holidex、马里奥特的 Marsa 和仕达屋的 Resevation。在组织上，这些系统由遍布于客源地的预订中心办公室组成；在技术上，这些办公室通过免费电话及网络与顾客沟通，为顾客预订所有成员企业的产品提供服务；在内部，通过计算机成员企业相互联网，实现客户、价格、产品等信息的共享。

全球分销系统由航空公司订票系统发展而来，进入 20 世纪 80 年代之后，不仅能够预订机票，而且可以预订饭店、租车、景点和剧院门票等。全球分销系统将各种旅游企业及相关企业整合其中，其终端设在旅行代理商的营业场所。目前，它已经成为西方旅行社广泛使用的销售途径。由于网络技术的发展，GDS 和 CRS 的运作模式也在发生变化。美国旅游专家汉弥尔顿教授提出，目前以团队预订为主体的 GDS 模式将朝着网络平台下散客化方向发展，传统的代理人将消失。

（4）营销联合体。营销联合体是指由专门的组织或企业建立的旨在联合促销和销售的联营组织，其运作模式由独立的企业组成，在技术上与中央预订系统相似。这种联营主要是由于单个企业无力单独积聚进行经营所必须具备的巨额资金、先进技术、生产设备及市场营销设施；或是由于风险太大不愿单独冒险；或是由于期望能带来更大的协同效应等。例如，世界著名的"世界一流饭店组织"（The Leading Hotel of the World）、"最佳西方饭店"（Best Western）、"金郁金香组织"（Golden Tulip Worldwide）、"小型豪华饭店组织"（Small Luxury Hotels）、"SRS 世界饭店组织"（SRS World Hotels）、"高峰饭店与度假饭店组织"（Summit Hotels & Resorts）和"斯特林饭店与度假饭店组织"（Sterling Hotels & Resorts）

等，都是典型的饭店联合体，它们在营销领域开展了广泛的联合。

（5）网上旅游公司。随着旅游产业规模的扩大和技术的发展，基于计算机和因特网的分销渠道应运而生。

（6）无渠道销售。无渠道销售是指旅游供应商与顾客在网络上进行直接销售的模式，它有赖于信息技术的发展、消费者的成熟及电子商务的发展。其销售模式为：旅游产品生产者—网络平台—顾客。

## 【同步案例】

### 中国十大在线旅游网站带你入门酒店网络营销

酒店营销第一步就是通过 OTA 渠道进行营销。

研究发现：每一个在 OTA 网站成功预订酒店的顾客，至少会陆续为该酒店带来 3~9 个订单；所有在酒店官网成功预订的顾客中，有 62% 的顾客是通过 OTA 网站带来。

由此可见，通过 OTA 网站，酒店不仅直接获得订单，还能获得更多的广告效应，相比其他渠道，其最终形成的交易成本大大降低。

如此强大的酒店营销渠道，那么问题来了，OTA 到底是何方神圣？

OTA（online travel agent）是指在线旅行社，是旅游电子商务行业的专业词语。代表为携程旅行网、去哪儿网、同程网、艺龙旅行网、欣欣旅游网、驴妈妈旅游网、蚂蜂窝、途牛旅游网、一起游、淘宝旅行网等。OTA 的出现将原来传统的旅行社销售模式放到网络平台上，更广泛地传递了线路信息，互动式的交流更方便了客人的咨询和订购。

### 中国十大 OTA 排行榜

**携程**

中国领先的在线票务服务公司，创立于 1999 年，总部上海。携程旅行网拥有国内外 60 余万家会员酒店可供预订，是中国领先的酒店预订服务中心，每月酒店预订量达到 500 余万间夜。

作为中国领先的在线旅行服务公司，携程成功整合了高科技产业与传统旅游行业，向超过 9 000 万会员提供集酒店预订、机票预订、度假预订、商旅管理、特惠商户及旅游资讯在内的全方位旅行服务，被誉为互联网和传统旅游无缝结合的典范。占据中国在线旅游 50% 以上市场份额，是绝对的市场领导者。

**去哪儿**

去哪儿是中国领先的旅游搜索引擎，目前全球最大的中文在线旅行网站，创立于 2005 年，总部设于北京。去哪儿网为消费者提供机票、酒店、度假产品的实时搜索，并提供旅游产品团购以及其他旅游信息服务，为旅游行业合作伙伴提供在线技术、移动技术解决方案。

去哪儿网可搜索超过 700 家机票和酒店供应商网站，搜索范围超过 10 万家酒店和 1.1 万条国内、国际航线以及 4 万条度假线路、2.5 万个旅游景点。此外，去哪儿网团购频道已针对全国 100 多个城市开展旅游团购服务。

**同程**

同程网络科技股份有限公司成立于 2004 年，同程网是国内一流的旅游电子商务平台之一，也是中国唯一拥有 B2B 旅游企业间平台和 B2C 大众旅游平台的旅游电子商务网站。

中国一流的一站式旅游预订平台之一，网站拥有国内齐全的旅游产品线，提供国内

20 000 余家及海外 100 000 余家酒店预订，覆盖全国所有航线的机票预订，8 000 余家景区门票预订，全球热门演出门票预订，200 多个城市租车预订，境内外品质旅游度假预订。

### 艺龙

艺龙旅行网是中国领先的在线旅行服务提供商之一，通过网站、24 小时预订热线以及手机艺龙网三大平台，为消费者提供酒店、机票和度假等全方位的旅行产品预订服务。艺龙旅行网通过提供强大的地图搜索、酒店 360 度全景、国内外热点目的地指南和用户真实点评等在线服务，使用户可以在获取广泛信息的基础上做出旅行决定。

艺龙旅行网提供全球 22 万家酒店预订服务，2 折起的会员价格，团购业务全国第一，百余个城市上千家酒店同时在线团购 1 折起，大规模的线上广告投放。

### 欣欣旅游

欣欣旅游网创办于 2009 年，是一家面向旅游行业提供一体化电子商务服务，帮助传统旅游企业实现在线化的互联网技术开发公司。欣欣旗下运营两大平台：欣欣旅游网（B2C 平台）和欣旅通（B2B 平台），是国内首个实名制旅游同行交流社区。

欣欣旅游拥有中国最大的旅行社信息联盟体，全国 5 万多家旅行社强势加盟。荟萃 130 万条国内外的旅游线路和 70 万单项旅游服务信息，每天为 300 万以上游客提供最专业的旅游线路搜索、比较、预订服务。同时拥有全国 395 个一级城市的旅游门户阵群。

### 驴妈妈

驴妈妈旅游网创立于 2008 年，是中国领先的新型 B2C 旅游电子商务网站。成立之初，驴妈妈就以自助游服务商定位市场，经过数年发展，形成了以打折门票、自由行、特色酒店为核心，同时兼顾跟团游的巴士自由行、长线游、出境游等网络旅游业务，为游客出行提供"一站式"服务便利。

截至目前，有 5 000 多家景区、5 000 多家特色酒店、数百家国内外旅游局和航空公司等同驴妈妈旅游网开展合作，覆盖全国各省及直辖市，覆盖 5 大洲、50 多个国家和地区。

### 蚂蜂窝

蚂蜂窝是中国领先的旅游社交网站，提供全球 6 万个旅游目的地的旅游攻略、旅游特价、酒店预订、保险、签证服务。

从 2010 年正式开始运营，截至 2014 年 6 月，蚂蜂窝已积累 5 000 万用户，网站日均活跃用户 300 万。在移动端，蚂蜂窝推出旅行翻译官、旅游攻略、蚂蜂窝特价、国际酒店专家、游记和嗡嗡共 6 款客户端产品，覆盖旅行前、中、后的用户需求。

### 途牛

途牛旅游网创立于 2006 年 10 月，为消费者提供由北京、上海、广州、深圳等 64 个城市出发的旅游产品预订服务，产品全面，价格透明，全年 365 天 24 小时 400 电话预订，并提供丰富的后续服务和保障。提供 8 万余种旅游产品供消费者选择，涵盖跟团、自助、自驾、邮轮、酒店、签证、景区门票以及公司旅游等，已成功服务累计超过 400 万人次出游。

### 一起游

一起游是同程旗下拥有国内外近 5 万个旅游目的地，超过 200 万篇旅游攻略与旅行游记的专业旅游媒体网站，帮助旅行者寻找优质的旅游景点、酒店、机票与度假线路。

一起游是中国一流的旅游资讯类门户网站，为超过 1 500 万会员提供真实可信的出行指南和旅游资讯。100 万篇驴友原创游记攻略，超过 500 万条以上高质量旅游点评与问答，正在成为国内旅游者安排旅程及分享游后体验的网站。

### 阿里旅行·去啊

阿里旅行·去啊是淘宝网旗下的综合性旅游出行服务平台。阿里旅行·去啊整合数千家机票代理商、航空公司、旅行社、旅行代理商资源，为旅游者提供国内机票/国际机票/酒店客栈/景点门票/国内国际度假旅游/签证（通行证）/旅游卡券/租车/邮轮等旅游产品的信息搜索、购买、售后服务的一站式解决方案。全程采用支付宝担保交易，安全、可靠、有保证。

截至 2013 年 4 月淘宝旅行已有超过 2 400 家机票代理商和旅游卖家，向消费者提供旅游产品交易服务。除机票外，淘宝旅行平台能够买到 30 000 余家酒店、客栈、青年旅社、170 000 余个景点门票产品。

（资料来源：佚名. 中国十大 OTA 连锁酒店营销渠道［EB/OL］. http://www. docin. com/p－1565779382. html，豆丁网. ）

### 12.3.2 渠道策略对旅游者消费行为的影响

国外学者马西森和沃尔提出，旅游消费者行为包括五个主要阶段：旅游需求与欲望的感知阶段、信息的搜寻与调研阶段、旅游决策阶段、旅游准备和旅游体验阶段、旅游满意的评价阶段。下面我们主要从前三个阶段来分析渠道策略对旅游消费者行为的影响。

1. 旅游需求与欲望的感知阶段。不同渠道发出的信息可以激发各个消费阶层旅游消费动机的形成。研究表明，在旅游需要与欲望的具体化过程中，起最重要作用的是信息。例如，互联网上的旅游产品直接面向顾客，经销渠道少，价格低廉，且产品丰富多样，符合消费者"物美价廉"的消费观念，极易刺激中低端旅游消费群体的购买欲望与新的消费动机的产生。如最近网上兴起了"团旅游"的热潮，各大旅游网站针对旅游单项产品，主要是景区门票和酒店产品做起了团购，以超低价格吸引旅游者眼球，不少旅游者纷纷参团购买。如淘宝旅行团购单品的最高销售件数为 2.99 万件，团购的就是重庆一个景区的门票。而对于高端消费者来说，一些个性化的产品信息满足其猎奇、探险、时尚等消费需求。例如，携程网推出的低碳主题游产品，符合旅游消费者环保减排、健康绿色的旅游理念；俱乐部旅游、互助游等新型旅游方式，如中青旅遨游网开心社区中的寻伴出行活动，使得具有共同兴趣爱好和体验的消费者进一步沟通，激发了旅游者新的旅游动机的产生，提升了消费者群体内的凝聚力，增强了消费者交友的动机。

2. 信息的搜寻与调研阶段。旅游者通常在购买旅游产品之前要通过各种渠道收集旅游信息，传统的信息消费渠道不外乎通过旅行社、媒体的介绍或者亲朋好友的推荐，但这几种途径所能获得的信息不仅数量有限而且不够全面、时效性差，旅游者很难依靠所接收到的信息建立起对旅游产品的信任，这也曾经在很大程度上制约了旅游业的发展。在网络环境下，旅游者能接触到不同来源的海量信息，可以从中筛选最有价值的内容，浏览最新的旅游资讯，通过登录旅游企业网站、旅游景区网站充分了解所选择的旅游产品。因此，大部分旅游者的信息搜寻都从传统的旅游和媒体组织的传播渠道转向了通过网络搜集信息。携程网、艺龙网、芒果网、春秋航空旅游网等网站都提供了机票酒店查询及预定、旅游地景区景点介绍、旅行指南及注意事项提醒等服务，旅游者可以根据自己的兴趣爱好及个性需求选择信息。另外，消费者可以通过一些聊天工具、论坛、博客等与网友交流旅游经验，获取有效信息。如去哪儿网中的博客、知道板块，携程旗下的驴评网，遨游网的微攻略等，为旅游消费者提供了在线交流的平台。

3. 旅游决策阶段。以在线旅游为例，在线旅游网作为旅游产品营销的重要渠道，推动了旅游产品的深度发展，使旅游产品丰富化、多样化、组织灵活化和开发深度化，面向个性化需求的小众化旅游产品有了存在和发展的空间。旅游者通过互联网可以制定个性化需求体系，又可以主动提出旅游需求，找到可以为自己量身定做旅游产品的企业。互联网为旅游者实现制定个性化的产品方案提供了平台。例如，携程网上，上海到三亚的度假旅游，可供选择的线路达 58 种，其中团队游产品 12 种，自由行产品 34 种，邮轮产品 7 种，主题包括温泉、海岛、蜜月、山水、都市、潜水之旅，旅游消费者可根据自身需求选择不同的旅游产品组合。对于多样的需求和多样化的旅游产品，互联网充当了最好的媒介，创造了很好的供需匹配平台。

不仅如此，由于信息技术提供了消费者资料记录和细分营销的工具，网络旅游营销者将能够实现以用户为中心的产品设计与推荐。一些旅游网站可以根据用户的偏好和浏览、预定的记录，向用户提供符合其个人兴趣产品的建议。比如一个音乐爱好者去厦门参加商务会议，旅游网站可以推荐鼓浪屿的钢琴博物馆并提供相关的票务和船务信息。

## 12.4　促销策略与旅游消费者行为

旅游促销是指旅游企业通过各种传播媒介向目标旅游者传递有关旅游企业和旅游产品的信息，帮助旅游者认识旅游产品所能带来的利益，引起旅游者的注意、了解和兴趣、刺激旅游者的需求、影响旅游者的购买行为，从而达到促进旅游产品销售的目的。简而言之，旅游企业促使旅游者对旅游产品产生消费愿望的行动，就是旅游促销。

旅游促销的实质就是旅游企业要把有关旅游信息传播给旅游消费者。旅游营销者为了有效地与购买者沟通信息，可通过发布广告的形式广为传播有关旅游产品的信息；可通过各种营业推广活动传递短期刺激购买的有关信息；也可通过公共关系手段树立或改善自身在公众心目中的形象；还可通过派出推销员面对面地说服潜在购买者。广告、公共关系、人员推销和销售推广四种因素的组合和综合运用就称为促销组合。

### 12.4.1　广告与旅游消费者行为

1. 旅游广告的含义和特点。随着经济社会的发展，人们日常生活中越来越离不开广告，它在向消费者广而告之某一商品的同时，也使消费者产生了购买动机。作为广告分支的旅游广告，伴随着旅游业的迅速发展而产生。目前，虽然许多学者对旅游广告进行研究，但至今仍没有统一的界定。其中影响较大的观点有：吴广效认为旅游广告是"通过旅游公司制作发布旅游信息，以此扩大旅游目的地的影响力，进而吸引旅游者前来消费"；李勤将旅游广告定义为"通过挖掘整合旅游目的地的文化资源，凝练出独居特色的目的地形象，然后借助各种媒介进行传播，以此促进旅游者产生旅游消费行为"；杨晓佳则认为旅游广告是由各旅游企业出资，通过各种媒介进行服务于企业的有偿性信息传播活动；龙惠指出旅游广告是指为了扩大旅游目的地的知名度和树立良好的旅游地形象，旅游企业采用有偿方式，在各种媒介上对旅游目的地进行宣传促销，以吸引更多的旅游者前来旅游。

通过对以上诸定义的分析总结，结合旅游业的特点，本教材采用廖军华对旅游广告的定义：旅游目的地或旅游企业出资通过各种有效媒体传播有关旅游信息、产品及服务，以提高其核心竞争力、吸引更多旅游者的信息传播活动。

旅游广告是广告的一个分支，具有广告所具有的共性特点，如有偿性、营利性、时效性、指向性、多样性与广泛性等。同时，由于旅游产品具有生产与消费同步、不可存储及不可转移等不同于一般产品的独特性，因此，在产品推广、销售、售后等方面也有别于一般产品，这决定了旅游广告必然比普通商业广告具有更鲜明的特色。旅游广告具有传播的强互动性、信息高立体化、表现形式多元化、信息鲜明的个性化及诉求的多面性等特点。

在现代旅游广告活动中，人们常见的旅游广告种类很多，按照不同的划分标准，有不同的类别。

（1）按旅游广告表现形式划分，有静态旅游广告和动态旅游广告；

（2）按旅游广告传播媒体划分，主要有电视广告、报刊广告、广播广告、户外广告、橱窗广告、网络广告及新媒体广告（包括数字电视、高铁、地铁等）；

（3）按旅游企业类别划分，旅游广告包括旅游酒店广告、旅游交通广告、旅行社广告、景区（景点）广告以及会展广告等。

随着科学技术的发展，各种旅游广告会相互融合，相互间的界线有逐渐模糊的趋势。但整体而言，各种旅游广告之间终究存在差异，有其各自的优势与劣势。因此，根据旅游广告宣传的目的、对象与范围，科学地选择旅游广告媒体，对旅游产品营销以及旅游业的发展十分重要。

2. 广告对旅游消费者行为的影响。

（1）旅游广告影响旅游动机的产生。旅游广告通过整合旅游地的产品、服务及环境，将凝练出的具有独特性的旅游地形象展现给旅游消费者。旅游广告所宣传的有关旅游地的丰富内容（包括独特优美的自然风光、多姿多彩的民俗风情、历史悠久的名胜古迹、其味无穷的特色美食等）对旅游者具有强烈的吸引力，激发旅游者的旅游需求。旅游广告在较全面地宣传旅游地的风景的同时，也给旅游者出游提供了丰富的信息资源，大大刺激了旅游需求的产生。因此，旅游广告可以加深旅游者对旅游地的印象，增强对旅游地的感知，缩短对旅游地的知觉距离，增强对旅游地的认同感，使其产生旅游动机，从而将潜在的旅游者变为现实的旅游者。

（2）旅游广告加强旅游动机。旅游产品不同于一般的物质产品，具有生产与消费同步性和无形性，因此，旅游者在购买旅游产品前不可能对其质量进行辨别，只有通过旅游广告以及同事朋友等的相关经历来了解。在潜在旅游者做出旅游决策前，制作精美、能反映旅游地特色的广告能增强潜在旅游者的旅游动机，诱发其购买欲望，促使其做出旅游决策。据《贵州都市报》报道，2015 年元旦期间，贵广高铁沿线三个市州（贵阳市、黔东南州、黔南州）共接待游客 255.31 万人次，旅游总收入达 15.44 亿元，部分景区游客比平常增加 15%。景区游客量的增加除小长假因素外，很重要的一个原因就是贵州高铁旅游广告宣传，旅游广告宣传增强了潜在游客的旅游动机，吸引大量游客前往贵州。

（3）旅游广告改变旅游方向。旅游动机除了强度外，还具有方向性。旅游者的旅游动机往往是多元化的，各动机之间相互联系、相互影响，形成复杂的旅游动机体系。旅游者受内外环境的影响而产生不同的旅游动机。例如，旅游者在出游前，可能既想选择内蒙古大草原游，又想去游江南古镇水乡，甚或去"万绿之宗，彩云之南"的云南感受人与自然的和谐，各种动机会彼此相冲突。在最终出行前，旅游广告起着十分重要的作用，可以帮助旅游者摆脱难以抉择的境况。及时而强力的广告宣传能迅速激发旅游者做出旅游购买决策，改变旅游方向，所做出的决策可能与之前的旅游动机完全相悖。

## 【同步案例】

### 跨界合作，方特娱乐营销助力旅游营销

2016 年，方特发力娱乐营销，强势合作《奔跑吧兄弟》《极限挑战》，成为两大现象级户外真人秀节目唯一指定主题乐园；并冠名爱奇艺自制网剧《最好的我们》，携手金鹰卡通《人偶总动员》两档综艺节目汇聚了数十位风格迥异的明星，深受各年龄层受众群体的追捧。而方特旅游度假区旗下同样拥有数个风格鲜明的子品牌，能够一举满足不同年龄群体的需求，且方特旅游度假区的核心宗旨"方特成就欢乐梦想"与两档节目的形式以及节目传递的理念都十分吻合。从环节定制到冠名联动，实现全面的"旅游＋娱乐"强强联合。这么强势又十分契合的广告植入一下子把方特这一品牌发射出去了，喜欢明星或者节目的宝宝们都会想去体验一下的吧！

（资料来源：佚名.14 个旅游营销经典案例［EB/OL］.http://www.sohu.com/a/146121006_99895807,2017-06-05.）

### 12.4.2　公共关系与旅游消费者行为

1. 旅游公共关系的含义。旅游公共关系是指以社会公众为对象，以信息沟通为手段，树立、维护、改善或改变旅游企业或旅游产品的形象，发展旅游企业与社会公众之间良好的关系，营造有利于旅游企业的经营环境而采取的一系列措施和行动。

旅游产品具有很强的综合性，它的"生产"需要社会各方的支持和配合，也就需要旅游企业与社会公众有着良好的关系。同时，在旅游市场竞争中，旅游产品所在的旅游目的地整体形象的好坏对于产品的销售将产生很大的影响。另外，旅游公共关系还有助于企业树立良好的法人形象，应对可能发生的不利谣言，增强员工的归属感、自豪感和凝聚力。因此，旅游公共关系对旅游业搞好市场营销、树立良好的社会形象有着重要意义。

2. 旅游公共关系的特点。旅游公共关系是一种促进旅游企业与公众良好关系的方式，如通过新闻报道宣传企业、通过参与社会公益活动展示企业奉献社会的良好形象等，其主要特点包括：

（1）通过第三者发布信息，可信度高，往往有一定情节或趣味性，可接受性强；

（2）有效的公关活动有利于赢得公众对旅游企业的好感，建立企业与社会公众的良好关系，对于企业的发展也是十分有利的；

（3）活动设计的难度较大，需要充分利用一些机会，并把握好时机；

（4）公关活动的影响很大，有利于迅速树立被传播对象的良好形象；

（5）公关活动不追求直接的销售效果，其运用受外部条件的限制较多。

3. 旅游公共关系的类型。根据针对的对象不同，旅游公共关系可以分为针对新闻界的旅游公共关系和针对社会公众的旅游公共关系。

针对新闻界的旅游公共关系活动就是通过提供有吸引力的新闻事件、以不付费的方式获得媒体对旅游企业或旅游产品的新闻报道，使企业的目标群体看到或听到，以达到特定的销售或宣传目的。由于公众一般倾向于认为新闻的可靠性大于广告，因此，通过媒体的新闻报道所产生的影响可能与花费巨大的旅游广告相当，而且新闻报道无需向媒体付费，所以旅游企业通常只需要投入很少的额外费用。

针对社会公众的旅游公共关系活动重在通过各种途径和方法，加强与社会公众的沟通，例如定期或不定期地出版介绍企业发展、产品信息、员工生活的刊物，免费向公众发放；捐助和参与希望工程等公益事业；赞助旅游交易会、优秀导游员评选等各种社会活动；饭店积极参加创建"绿色饭店"的活动等，从而提高旅游企业的知名度、美誉度和信誉度。

4. 公共关系策略对旅游消费者行为的影响。公共关系对旅游消费行为具有以下影响。

（1）公共关系有利于增进旅游消费者对旅游企业或旅游目的地的感情。从影响机制来看，公共关系对旅游消费者的影响不是直接的，而是间接的。公共关系是通过主动的公关活动，制造新闻事件，借大众媒体的报道与宣传，从而影响大众的舆论，并进而影响到旅游消费者。例如，上海迪士尼度假区的建设工程指挥部办公室就先后组织了以分布式能源中心、绿化苗木景观等重点建设项目为主要内容的新闻发布和媒体报道活动，很好地向外界传播和推广了贯穿于整个度假区建设过程的绿色环保和可持续开发理念。

（2）公共关系有利于吸引旅游消费者对旅游企业或旅游目的地的关注。就公共关系活动而言，旅游消费者对旅游企业的关注往往不是企业管理者，也不是企业的产品，而是公关事件本身。也就是说，公关事件吸引了消费者。其中，最有代表性的就是有"名人"或"明星"参加的各种公关活动。比如，上海迪士尼的管理公司积极发挥迪士尼的品牌和资源优势，在浦东和川沙地区开展了针对青少年和儿童的系列公益活动，为项目建立了很好的社区关系和公共形象；此外，上海迪士尼还邀请了孙俪、郎朗以及姚明担任上海迪士尼度假区宣传大使。2016年，迪士尼荣誉大使孙俪特别亮相上海迪士尼开园盛典，出席开幕典礼。孙俪多次在公开场合直言不讳地表示自己是迪士尼的忠实粉丝，对迪士尼的喜爱之情溢于言表，这也是其选择迪士尼的重要原因。作为中国家喻户晓、深受观众喜爱的明星，孙俪受邀担任上海迪士尼度假区宣传大使，开启点亮心中奇梦的童话之旅。

（3）公共关系有利于旅游消费者形成良好的旅游消费偏好。企业各种形式的公关活动，其主要目的是促进企业产品的销售，都是使消费者形成有利于企业产品的消费偏好。

### 12.4.3 人员推销与旅游消费者行为

1. 旅游人员推销的概念。旅游人员推销是指由旅游企业派出推销人员直接与顾客接触，传递旅游产品信息，以促成购买行为的活动，是旅游促销活动的重要组成部分。旅游人员推销是最古老的一种传统促销方式，同时也是现代旅游企业中最常用、最直接、最有效的一种促销方式。

在国际旅游方面，我国旅游企业产品的对外销售主要是与境外旅游中间商接洽和商谈预订业务，如派人参加国际旅游博览会或展览会、派人到旅游客源国进行巡回推销活动，除主要与旅游中间商打交道外，还能与一部分潜在的旅游者进行接触。

2. 旅游人员推销的特点。同非人员推销比较，人员推销具有以下主要特点。

（1）推销的直接性。推销人员在与旅游中间商和旅游消费者的直接接触中，可以通过自己的言语、形象、特有的各种宣传材料等，直接向顾客解说、展示，通过交谈进行思想沟通，并当即回答顾客所提出的有关产品的各种问题。

（2）较强的针对性。旅游企业的推销人员在开展推销业务之前，一般事先要对旅游消费者进行调查研究，在选好推销对象后，再有针对性地进行推销活动。这样不仅可以获得更好的销售效果，同时也能节省人力、物力和财力。

（3）节省成交时间。人员的直接推销可以把有关产品的信息直接传递给顾客，并可当面商谈购销的各种事宜，如果双方交易意向一致，就可当即成交。若是通过媒体广告传递有关产品的信息，顾客接收到信息后，往往还有一个认识、思考、比较，到最后决定购买的过程，这就花费了许多时间。人员直接推销可大大缩短从促销到顾客购买之间的间隔时间。

（4）推销的灵活性。旅游人员推销与客户保持着最直接的联系，可以在不同环境下根据不同潜在客户的需求和购买动机，以及客户的反应调整自己的推销策略与方法，可以解答客户的疑问，使客户产生信任感。

（5）具有公共关系的作用。旅游人员进行推销的过程，实际也是代表旅游企业进行公关活动的一个组成部分。

3. 旅游人员推销对旅游消费者行为的影响。人员推销对消费者行为具有以下影响。

（1）人员推销有助于旅游消费者对旅游产品和企业的了解。在推销过程中，推销员就是企业的代表和象征，推销员有现场经理、市场专家、销售工程师等称号。通过与旅游消费者的直接沟通，推销员不仅能够现场介绍旅游产品的特点、价格等诸方面的信息，而且能够使旅游消费者深入了解旅游产品、了解旅游企业，从而达到推销旅游产品的目的。

（2）人员推销有助于培养旅游消费者对旅游企业及其旅游产品的忠诚。推销员是实现旅游企业与旅游消费者双向沟通的桥梁与媒介。人员推销是一项专业性很强的工作，是一种互惠互利的推销活动，它能同时满足买卖双方的不同需求，解决不同的问题，而不是简单片面的产品推销。在推销过程中，推销员不仅可以与旅游消费者之间建立良好的人际关系，而且能够及时听取与反馈旅游消费者的意见和建议，能够使旅游消费者感受到尊重和重视，从而增强对旅游企业及产品的好感，培养旅游消费者对旅游企业及其产品的忠诚。

（3）人员推销能够及时满足旅游消费者对期望产品和潜在产品的需要。推销员可以直接从旅游消费者处及时得到信息反馈，如顾客对推销员的态度、对旅游产品和旅游企业的看法与要求等，旅游企业可以根据信息反馈，及时满足消费者对期望旅游产品的需要。人员推销还可以提供售后服务和跟踪，及时发现并解决旅游产品在消费时出现的问题，以便尽可能地完善旧产品，推出新产品，从而满足旅游消费者对潜在旅游产品的需求。

### 12.4.4 营业推广与旅游消费者行为

1. 旅游营业推广的概念。旅游营业推广是指旅游企业在某一特定时期与空间范围内，通过刺激和鼓励交易双方，并促使旅游者尽快购买或大量购买旅游产品及服务而采取的一系列促销措施和手段。旅游营业推广强调的是在特定的时间、空间范围内，采用一系列的促销工具，对供需双方的刺激与激励，其直接的效果是使旅游者产生立即购买或大量购买的行为。

2. 旅游营业推广的方式。

（1）赠送产品。旅游企业免费向旅游消费者和旅游中间商提供旅游产品，邀请旅游消费者和旅游中间商到旅游目的地进行免费的旅游活动。如休斯敦的公园客栈（Inn on the park）邀请潜在的顾客以及相关社区成员免费入住这家豪华饭店，从而达到提升人们对饭店的口碑的目的。

（2）赠送优惠券。消费者持优惠券购买产品，可享受优惠价格。例如，在寒暑假期间，对教师和学生实行优惠价格；在老年节，对老年人实行优惠价格等。

在美国，每年分发的赠券就不下 2 200 亿张，总价值在 550 亿元以上。在餐饮业，赠券十分流行，饭店、出租车公司、旅游目的地以及游船公司也都使用赠券，从而达到刺激旅游者消费的目的。

（3）赠送礼品。对购买者赠送礼品，如旅行社对所组织的旅行团成员赠送手提包、小钱袋、旅行帽等礼品，旅游者日后每当看到或者用到这些赠品，就会回忆起当时的美好体验。在美国新奥尔良的法语区有一家名为帕特·奥勃兰的餐馆，将一种叫"飓风"的菜肴放在一种纪念性的杯子里出售，这些杯子在世界各地的一些家庭中都可以见到，通过其"飓风"杯所产生的品牌认知使帕特·奥勃兰成为了法语区一个重要的旅游吸引物。

（4）销售折扣。对消费者和中间商所购买和推销的产品给予一定的折扣。折扣有数量折扣、季节折扣等。

（5）产品展销。产品展销是旅游企业开展营业推广的一个重要方式。产品展销会不论是国内的还是国际的，都是直接接触诸多旅游商和广大消费者的好机会。旅游产品展销可以将各种促销手段集于展销厅或展销台，其往往是美术、摄影、书法、图表、出版物、音像、手工艺品等的综合体现。

（6）编印小册子。编印小册子的主要目的是向旅游者提供有关本企业及其产品的详细情况，使他们相信本企业的旅游产品优于竞争者。在饭店业中常使用这种推广形式。例如，通过小册子详细地介绍本饭店的膳宿设施和服务项目及特色，使旅客相信本饭店应当是他们选择下榻的最理想场所。有时，旅游企业也为中间商编印并出版有足够销售信息的小册子，以鼓励他们购进并出售本企业的旅游产品。

3. 旅游营业推广对旅游消费者行为的影响。

（1）促使消费者试用产品。餐饮业许多新产品在推出之时都以成本价来招徕顾客，以求迅速扩大影响，获得消费者的肯定。

（2）劝诱试用者再购买。有的航空公司随机票附送优惠券，乘客积累到一定数量的优惠券，即可凭此购买一张特价优惠机票。

（3）增加消费。有时人们并非真的需要购买，但当他们得到一张折价券或赠品券时，购买行为就发生了。

# 本 章 小 结

【主要概念】

旅游产品　旅游产品生命周期　旅游产品价格　旅游营销渠道　旅游促销

【内容提要】

本章主要介绍影响旅游消费者行为的营销因素，分为产品、价格、分销、促销四个方面。

供给者提供的旅游产品有广义和狭义之分。狭义的旅游产品是指旅游商品，是由物质生产部门所生产，由商业劳动者所销售的物品，它包括旅游者旅游期间购买的生活用品、纪念品等各种实物商品。这种旅游产品仅满足旅游者出外旅游时购物的需求。广义的旅游产品是指旅游企业经营者在旅游市场上销售的物质产品和活劳动提供的各种服务的总和。旅游产品由三个部分组成：核心部分、外形部分和延伸部分或附加部分。旅游产品具有综合性、无形性、不可转移性、时间性、生产与消费的同步性、需求弹性大与替代性强、后效性、脆弱性等特性。旅游产品生命周期就是指一个旅游产品从公开出来投放市场到最后被淘汰退出市场的过程。旅游产品生命周期可以划分为导入期、成长期、成熟期、衰退期四个阶段，处于不同阶段的旅游产品在市场需求、竞争、成本和利润等方面有明显不同的特点，也决定着供给者不同的营销策略。

旅游产品的价格是旅游者为了满足自身旅游活动需要而购买的旅游产品或服务的价格，是旅游产品价值的货币表现形式。心理价格是消费者心目中产品所值的价格，即他们愿意为购买该产品所付出的价钱。旅游消费者价格具有习惯性、敏感性、感受性、倾向性等特点。旅游产品价格制定的方法一般有成本导向定价法、需求导向定价法、竞争导向定价法。旅游产品价格制定的策略一般有心理定价策略、折让定价策略、新产品定价策略。旅游产品价格同样存在着价格阈限。影响旅游消费者的价格判断的因素分为内部因素和外部因素，前者包括以往购买经验和价格、竞争者价格、对成本和利润的推断；后者包括广告参考价格、旅游产品的品牌、知名度。随着市场营销环境的变化，企业必须对现行价格予以适当的调整。调整价格，可采用减价及提价策略。

旅游营销渠道，又称为旅游产品分销渠道，是指旅游产品从旅游生产者向消费者转移的过程中，帮助其实现转移的所有旅游中间商，他们是处在旅游企业和旅游者之间、参与产品交换、促使买卖行为发生和实现的组织与个人。根据不同的标准划分，旅游营销渠道可分为直接营销渠道和间接营销渠道、长渠道和短渠道、宽渠道和窄渠道、单渠道和多渠道。旅游营销渠道商类型包括旅游经营商、旅游零售商、计算机预订网络、营销联合体、网上旅游公司、无渠道销售。旅游产品营销渠道对旅游需求与欲望的感知阶段、信息的搜寻与评估阶段、旅游决策阶段有着重要的影响。

旅游促销是指旅游企业通过各种传播媒介向目标旅游者传递有关旅游企业和旅游产品的信息、帮助旅游者认识旅游产品所能带来的利益，引起旅游者的注意、了解和兴趣、刺激旅游者的需求、影响旅游者的购买行为，从而达到促进旅游产品销售的目的。旅游促销策略可分为广告、公共关系、人员推销以及营业推广。

## 单 元 训 练

**【知识训练】**

**一、选择题**

1. 旅游产品可以分为核心产品、形式产品以及（　　）三个层次。

    A. 新产品　　　　B. 促销产品　　　　C. 延伸产品　　　　D. 实体产品

2. （　　）是旅游消费者衡量旅游产品价值和质量的直接标准。

    A. 价格　　　　　B. 价值　　　　　　C. 渠道　　　　　　D. 广告

3. 旅游消费者价格阈限受到其（　　）和感知价值的影响。

    A. 偏好　　　　　　B. 经验　　　　　　C. 广告　　　　　　D. 感知质量

4. 下列方法属于旅游产品价格制定的方法有（　　）。

    A. 成本导向定价法　B. 需求导向定价法　C. 竞争导向定价法　D. 成本倒推定价法

5. 下列属于旅游营销渠道商的有（　　）。

    A. 旅游经营商　　　B. 旅游零售商　　　C. 计算机预订网络　D. 营销联合体

**二、判断题**

1. 旅游促销的实质就是旅游企业要把有关旅游信息传播给旅游消费者。　　　　（　　）

2. 消费者对产品价格的估计值即价格阈限是基于其对产品的感知质量和感知价值为基础的。　　（　　）

3. 促销的影响主要通过广告、公共关系、营业推广和产品降价来实现。　　（　　）

4. 旅游营销渠道对旅游需求与欲望的感知阶段、信息的搜寻与调研阶段、旅游决策阶段、旅游准备和旅游体验阶段、旅游满意的评价阶段都有着重要影响。　　（　　）

5. 随着市场营销环境的变化，企业无须对现行价格予以适当的调整。　　（　　）

**三、简答题**

1. 旅游产品的层次包括哪些？

2. 心理价格是什么？影响价格判断的因素有哪些？

3. 旅游营销渠道有哪些？

4. 试述广告对旅游消费者的影响。

5. 试列举旅游营业推广的几种方式。

## 【技能训练】

1. 对某个旅游企业的营业推广方式进行调研，并分析各自的优点与缺点。

2. 访问中国十大在线旅游网，并分析比较各自的服务范围和特点。

## 【能力训练】

**一、案例分析题**

### 对特殊旅行社产品定价策略失当　北京旅行社错失F1商机

F1上海站比赛26日盛装落幕，十余万来自国内外的观众一齐涌到上海。其中北京的游客，没将自助散客计算在内至少也有2 000人。但遗憾的是，北京的旅行社却没能成功地组出一个"F1赛事游"团来，让人大跌眼镜。卖了票却未组成团。

F1上海站比赛的观赛票在中国总共销售了15万张，在开赛前一个月就已全部售完，从300多元的站票到最高近3万元的贵宾围场票，分别由上海的多家机构负责分销，其中包括中国最大的国内社——上海春秋国旅。它在北京的全资子公司北京春秋国旅向总社申请了1 027张票，这是北京分到的散票量。

北京春秋国旅总经理杨洋介绍，1 027张票在8月底就已经售完，北京春秋想向总社追加时，发现上海总社的票都不够卖，无法追加。北京春秋卖这1 027张票可以得到3%～18%的回佣，卖票赚了多少钱，杨洋并不透露，只告诉记者，卖满1 000万元才能得到18%的回佣，卖满100万元只有3%回佣。按每张票最高3 700元计算，北京春秋的门票销售额最多也才380万元，能得的回佣不过区区几万元。

此前在 7 月，北京春秋曾向媒体表示要借助票源优势，对该社北京出发的华东 5 日游添加 F1 赛场参观以及观赛项目，打造成"F1 观光游"，而昨天杨洋苦笑着说，北京春秋基本没有组织人进行"F1 观光游"，目前走的还是普通的华东 5 日游。问其原因，他只表示"说来话长"。

记者向中青旅、国旅、港中旅等其他北京大社了解的情况也不乐观。各社负责人纷纷表示，由于没有获得门票的代销权，缺乏首要的成团因素——观赛票，且向春秋买票来再卖成本更高，加上 F1 有一定专业性，所以他们根本没有过要开发 F1 相关旅游产品的想法。因而，虽然北京有庞大的 F1 迷群体，北京旅行社在相关旅游产品和配套服务的开发和运作上几乎是一片空白。

谈到这次几乎交了白卷的原因，杨洋对记者大倒苦水：北京春秋拥有了卖票权之后不是不想赚钱，而实在是不确定因素太多。

上海当地的交通问题。本来以为可以像以前一样采用普通包车，每位游客每天 20 元即可，后来却发现上海临时规定每辆包车都需要购买专用通行证，每天场外 400 元、场内 600 元，而且不同车之间不能转用，如果用出租车，只能停在离赛场 3 公里的地方，游客只能步行，所以多出来的成本让旅行社措手不及。

酒店房价问题。普通三星在平时只要 150 元人民币，而 F1 期间临时疯长到 700~1 000 元，五星级酒店如新锦江更是从 260 美元涨到 600 美元，对于需要提前向客人报价的旅行社来说实在是动作跟不上变化。

游客消费心理问题。真正有钱的、专业的车迷不会选择跟旅行社去看 F1，会自己定好住宿和交通，不会在意价格。相当一部分人是公司买单，也不通过旅行社。

综合而言，旅行社需要在基础报价上加 2 000 元才能保本，例如，原来的华东 5 日游报价需从 1 800 元涨到 3 800 元，这是令普通游客无法承受也无法理解的。此外，还有机票折扣变化和当地临时政策变化，都令北京的旅行社晕头转向，所以旅行社没有对 F1 专项旅游产品做宣传和包装。

但负责 F1 专项操作的上海春秋副总周卫红却有不同的说法。周卫红介绍，北京很多大客户如 HP、中石化、联通都是直接向上海春秋买票，每家动辄几百张，所以北京专门前来的人至少有 2 000 人，还不包括一些自助散客，但这些人中几乎没有人是被北京的旅行社组织而来的。而与北京春秋的无所收获相比，其总社上海春秋却大赚了一笔，销售的票达到了 1.2 万多张，销售额达到 1 000 多万元，销售额在上海众多分销商中排第一。按 18% 的回佣率计算，上海春秋卖票就赚了近 200 万元。此外，上海春秋还接待了几千人的 F1 专项旅游，该社所开发的这条线路，是以普通华东 5 日游的报价为基础报价，游客再随意选择添加不同的票的等级，由于 F1 期间各项成本提高，华东 5 日游的报价翻了 2~3 倍。

该案例中上海春秋旅行社通过对产品的宣传和包装与设计，满足了旅游者的求新求特的心理，即使提高了价格，也招揽了众多的客户，利用这次难得的机会大赚了一笔。而北京春秋没能成功抓住这么重大的商机，北京传统的旅行社一般以做接待为主，主动组团和设计产品的经验相对较弱，赛事旅游对于北京来说是特殊产品，更是没有经验。而今后通过旅行社来进行专项赛事旅游将是一种趋势，因此，旅行社应当转变保守的思想，主动参与，精心开发设计，才会占据市场的一席之地。

（资料来源：佚名. 旅行社产品的定价［EB/OL］. http：//www.docin.com/p-1050723605.html. 有删减）

**问题：**

对比分析北京春秋旅行社与上海春秋旅行社在对 F1 赛事的产品定价策略，分析两者的经验与教训。

二、调研题

## 尾数定价一定比整数定价更有效吗？

长期以来，以数字"9"结尾的尾数定价策略在营销实践中被广泛应用，在大型商场和超市，特别是近年兴起的网上商场，随处可见类似 9.9 元、99 元、199 元、999 元定价的商品。因为，以往理论研究和企业实践普遍认为尾数定价是一种有效的心理定价策略，可以让消费者感知到价格便宜，进而显著地提高产品的销售量，效果明显优于整数定价。近年来，尾数定价的应用逐渐延伸到餐饮行业。但是，餐饮业是特殊的服务行业，消费者消费前无法通过价格来准确感知和判断餐厅的质量和性价比，这一点与零售业明显不同。辛德勒、伯尔萨和奈保尔（Schindler、Parsa and Naipaul，2011）针对餐厅菜品尾数定价和整数定价问题，共同对 112 个餐厅经理展开了调查发现，被调查的大部分餐厅经理认为尾数定价（如 99 美分或 95 美分）更能吸引和满足顾客，因为顾客通常会觉得更为便宜。之前大量的研究认为，采取尾数定价更能够增加销量、提高销售额。但是，实际调查发现，被调查的餐厅经理中还有几乎 1/3 的人喜欢采用整数定价，而不是采用尾数定价，其中半数以上的高档餐厅（也包括一些便宜餐馆和快餐店）经理表示他们采用整数价格的频率要更高一些。实践中，作者通过实地观察成都的众多餐厅发现，在较多的餐厅里面存在大量使用整数定价的情况，这与尾数定价更能吸引顾客增加销售业绩的传统研究结论不一致。

问题：

同一旅游产品定价 199 元与定价 200 元的区别是什么？什么情境下传统的尾数定价策略仍然有效？什么情境下整数定价策略更有优势？定价策略在不同价位的旅游企业中其作用是否存在区别？

## 【单元综合实践】

### 德国：严谨国度激情整合——从世界杯看旅游目的地"事件营销"

德国旅游业成为 2006 年世界杯足球赛真正的大赢家。世界杯期间游客数量较预测翻了一番，达到了 200 万人次，直接为德国带来了 30 亿~35 亿欧元消费额。这一切的取得似乎出人意料，但又在情理之中。多年来，德国植根于世界各地的旅游推广体系，假之以"世界杯"事件，诉诸整合营销手段，德国旅游井喷时刻的到来自是水到渠成。

事件旅游，一直是旅游目的地营销的重要手段。目的地的重大活动，就如同一趟可以搭乘的快车，机会绝对不容错过，尤其是像世界杯这样的体育盛事，紧抓这一机遇，创造性地"借题发挥"，并以整合营销活动加以推广，令旅游目的地德国迅速"走红"。由于世界杯的效应，德累斯顿银行专家指出，德国旅游当年全年的收入将增加 7%，达 250 亿欧元。更难能可贵的是，91% 的游客表示愿意向朋友推荐德国作为旅游目的地，此举将令德国的旅游业长期受益。

**"罗马非一日建成"**

早在世界杯开始的 12 年前，德国国家旅游局与德国联邦足协开始合作，为德国赢得了世界杯的举办权。自此之后，德国国家旅游局通过 1 000 个展会、5 000 个考察团和 2 500 万本宣传册来推广德国的"足球盛宴"和"旅游大餐"。德国国家旅游局的官方网站（www. deutschland-tourismus. de）的访问量也高达 7 500 万人次。作为一家创新性的市场推广服务机构，德国国家旅游局在推动德国旅游目的地营销方面，实在是经验老到。经过数年发展，它已经在境外设立了 30 个代表机构，以此在国际上展示其旅游资源，提升自身形象，促进德国境内外的旅游业发展。此外，庞大的旅游推广销售体系也遍布全球，构成了其旅游营销价值链上重要的一环。由此看来，借"世界杯"事件旅游展开的推广活动仅是其规划严谨、执行有效的无数次旅游推广活动之一，只不过这次规模更大，力度更强，时间更长而已。

**整合营销，推广手段多样化**

德国世界杯足球赛第一声哨音还未响起，"2006 年德国世界杯足球赛"早就被作为年度旅游主题放在市场推广活动的核心位置。德国国家旅游局将这一主题纳入全世界的所有推广和交流计划中，通过大量营销推广工作，引起全世界对旅游之邦德国的兴趣。其宣传推广手段可谓花样翻新，从印刷品、网络、展览会，囊括了整合营销的方方面面。

一本名为"祝大家圆满成功"的德国旅游形象手册，为世界展示了一个热情好客的旅游之邦——德国。44 页的内容分别介绍了世界杯体育馆、旅游景点、赛事主办城市及其周边地区文化名胜的情况。在这一重大足球赛事开场之前，详尽的度假项目报价已经激发了人们来德国旅游的兴趣，手册以超过 10 种语言在世界范围内发行。

另外，德国国家旅游局同 2006 年德国世界杯足球赛住宿服务机构（WCAS）一起，在柏林国际旅游博览会上推出了一份新的酒店目录，详细介绍了世界杯期间可以通过 WCAS 预订的 500 家酒店情况，共计 208 页。

针对不同客源市场，德国国家旅游局设计的不同网站成为介绍世界杯，推广德国旅游目的地形象的另一个重要途径，其内容还包括旅游博览会、研讨会、旅游考察以及与旅行社合作。网站还专门为游客设计了"世界杯举办城市包价游项目"，可以下载到各种各样的综合服务报价和信息。对在德国购物感兴趣的人们，可以在"50 大城市"的在线专栏中查询到 2006 主题年的相关信息。世界杯与德国旅游事实上是一种密切相连、共生共荣的关系。世界杯推广到位，旅游目的地形象塑造成功，相应地 2006 年来德国旅游乃至今后故地重游的游客数量自然都不在话下。深谙此道的德国在世界杯广告推广、形象树立方面可谓不遗余力。柏林自 2003 年起，就开始张贴世界杯海报、广告与彩旗。2003 年 9 月，在距离世界杯开幕还有 1 000 天，15 米高的世界杯标志球在勃兰登堡门前"亮相"。就连上年的柏林国际电影节，也以"射球门、摄电影"为主题，进行了短片比赛。

德国非常希望能够通过本届世界杯在全球提升德国的形象，为此特别提出了"创意之国"的口号。2006 新年前晚的勃兰登堡门前，"欢迎来德国，这片充满创意的大地"这部电影宣传片令各方嘉宾眼前为之一亮，其独到的创意，以及德国名模克劳迪娅·希弗和德国队领队比埃尔霍夫联袂出演，达到了印象深刻、过目不忘的推广效果。

随着世界杯的临近，德国还邀请世界各地的记者来德国 12 个世界杯承办城市进行采访，其中仅汉堡就邀请了约 1 000 多名记者，其他 11 个世界杯赛承办城市也同时开展推介活动。德国国内世界杯赛的各种纪念品在各地销售，电台、电视台、报纸杂志都在连篇累牍地介绍世界杯赛的组织情况。

**"世界杯"公关　公关德国**

公益公关活动一向是形象塑造的有效手段。世界杯开始之前，德国发起了一个全球射门慈善活动。在 2005 年的柏林国际旅游博览会上，弗朗茨·贝肯鲍尔为这一项目开出了第一个球。球门将在德国旅游相关的重要旅游博览会上、旅游研讨会和公关活动上使用一年。由此获得的全部收入用于资助 SOS 儿童村建设其"2006 年的 6 个国际儿童村"项目。

俨然成了世界杯的"形象大使"，开赛之前，本届世界杯组委会主席贝肯鲍尔游走公关于各参赛国之间。德国的"大力神杯"巡回展更是深入全球的各个角落。

德国这几年来推动的"全国服务与友善运动",终于在世界杯期间开花结果。外国球迷和旅游者在德国有种宾至如归的感觉,甚至连德国出租车司机也都会主动开门和打开行李箱,用英文祝乘客"美好的一天"。每一个德国人都似乎成为了"公关大使",难怪90%的游客都愿意推荐朋友来德旅游。

如此成熟的推广体系,如此严谨的整合营销传播计划,又借势于"世界杯"这一历史性事件,占尽天时、地利与人和的德国旅游业今年的强劲表现毫无悬念。"2006世界杯远远超出了我们的期待。我们所进行的各类强有力的市场推广活动获得了非常好的回报。"德国国家旅游局董事会主席何佩雅非常满意世界杯为德国旅游业所带来的收益,这包括2006年德国旅游市场7%的增长,也包括德国品牌、声誉等无形资产的增值。

（资料来源：佚名. 德国：严谨国度激情整合——从世界杯看旅游目的地"事件营销"[EB/OL]. https：//wenku. baidu. com/view/2eb58a631ed9ad51f01df28c. html. 有删减）

## 【实践思考】

分析德国旅游业借世界杯进行事件营销有什么成功之处,并给我们的旅游营销工作带来了什么启示。

# 第3篇　旅游消费者行为过程

# 第13章 旅游消费决策过程

【学习目标】

知识目标：了解旅游消费决策过程的概念；了解旅游消费者问题认知过程的含义及其影响因素；了解旅游消费者信息搜集的来源及其影响因素；了解旅游消费者信息搜集过程中的品牌考虑、信息超载及其旅游消费者反应；了解备选方案评估的步骤、方法和规则；了解旅游者购买阶段的含义以及旅游销售渠道选择和目的地选择。

技能目标：能根据旅游消费者选择规则进行旅游消费者购买决策分析。

能力目标：具有根据旅游消费者购买决策过程的相关理论分析具体旅游消费决策过程的能力。

【同步案例】

## 打击"零团费"使赴泰的中国游客不降反增

据中新社南宁2017年2月11日报道（陈秋霞）："2016年中国游客赴泰旅游人数达880余万次，较2015年增长10％。尽管打击'零团费'对泰国旅游业造成了一定的影响，但从数据上可以看出，实际上去年我们的游客数量是增长的。"泰国国家旅游局亚太地区副局长林萍11日在南宁接受采访时透露。

林萍介绍，泰国大力打击"零团费"，对低于成本价的廉价团造成了冲击，这部分游客数量有所下滑，但自由行的游客持续上涨，所以，从整体来看呈现增长的趋势。打击"零团费"是希望通过市场的整顿为游客提供更有品质的旅游体验。

从上面的新闻事件可以了解到，"零团费"的负面事件并没有给泰国的旅游业带来巨大的冲击，也没有使旅游者片面地认为泰国的旅游存在不良的品质。反而从泰国政府打击"零团费"的举措来看，这使想要体验"泰国游"的自由行旅游者自主地意识到现在去泰国旅游可能会是理想的旅游选择。由此，可能引发出一系列的旅游消费决策的环节。

（资料来源：中国新闻网. 打击"零团费"使赴泰中国游客不降反增 [EB/OL]. http：//www. xinhuanet. com/world/2017 −02/12/c_1120450276. htm. 有删减）

## 13.1 问 题 认 知

### 13.1.1 问题认知过程

旅游消费者问题认知的理论知识是在消费者问题认知的基础上发展而来的，

但又在原有的基础上有所不同。旅游消费者认知是在旅游消费者决策中起基础性的引发旅游者出游欲望的前置条件，所以对旅游消费者的问题认知有助于旅游消费决策过程的了解。

1. 问题认知的概念。问题认知是指消费者意识到心目中理想的状态与实际生活中的状态出现差距，从而需要采取进一步的行动来弥补两者之间的差距。简单来说，就是消费者可以清楚地认识到自己的需要是什么，要采取什么措施去解决需要的产生。

消费者问题的认知是消费者进行消费决策过程的开端，不同的问题认知会产生不同的需要，从而带来不同的消费决策。就像肚子饿了，我们会认识到我们需要食物；感觉很冷，我们会认识到我们需要棉袄。

2. 旅游消费者的问题认知。旅游者的问题认知是指当旅游者的理想状态与实际状态出现差距时，旅游者可能会产生出游的需求与动机。

换句话理解，旅游的问题认知是旅游者旅游行为产生的推动力。例如，对于实际生活中心情烦躁的人而言，他的理想状态应该是心情要获得自由解放和高兴愉悦。正可能是因为他的实际状态与理想状态两者之间有明显的差距，他会认识到自己需要的可能是远离熟悉的生活，去外地寻找愉悦的感觉，那么他就有可能会产生出游的动机。

### 13.1.2 影响问题认知的因素

对于消费者问题认知的影响因素，主要从时间、产品的消费、配套产品、环境的变化以及消费者个体差异五个方面着手研究。我们从消费者的细分角度，即旅游消费者，探讨影响旅游者问题认知的因素。

1. 时间的变化。随着旅游者年龄的增长，旅游者喜好或者偏好的旅游产品或服务可能发生转变，则对于旅游问题认知的方向也可能会有所不同。例如，早年出国的侨胞们可能随着年龄的增加，思念家乡以及落叶归根的想法日渐深厚。这样可能使原本偏好于探险新奇的旅游目的地，转而更多地偏好自己故乡的旅游。这也许是侨胞回国旅游兴起与发展的重要原因之一。

2. 旅游者的满意度。如果旅游消费者得到的是一次愉快满意的旅游体验，那么会促使该名旅游者产生再一次旅游的意愿或者带上家属朋友一起去旅游的动机。反之，如果是不满意的旅游体验，则会可能给旅游者带来负面的认知效果，影响旅游者下一次旅游的情绪与心态。

3. 配套的旅游产品。对于旅游者而言，首先，对是否出游的问题认知。其次，对旅游目的地确定的问题认知。旅游者在确定其要旅游的目的地之后，那么旅游者接下来对问题的认知则会转移和集中于旅游的基础配套产品和设施上。例如，旅游者若购买某一个旅游目的地的景点门票后，那么旅游者对问题的认知会进一步转移到"吃、住、行"等具体旅游环节项目的实施上，主要是进一步考虑餐饮、宾馆的品牌的选择和交通方式的选择等。

4. 旅游环境的变化。旅游环境对旅游者问题认知产生很大的影响。这里的旅游环境主要是指旅游目的地的政治、文化、经济环境，当然也包括当地居民对待旅游者的态度等社会环境。正如前文案例所示，由于泰国的旅游环境得到良好的改善，激发出喜爱自由行的旅游者去泰国旅游。当然，旅游环境的变化不仅仅是指旅游行业，还包括旅游地的政治、经济、文化的变化对环境的影响。

5. 旅游者的个性。一个旅游者的性格、知识水平、经济收入等本身的差异，在一定程度上会对相同的旅游问题认知发挥不同水平的主观能动性。例如，性格较为沉稳、文化水平较高的旅游者会偏好于博物馆、名人故居、文化遗产地、古镇等文化性质较强的旅游景点。相反，性格较为活泼的旅游者则可能会偏爱于去热闹的主题公园游玩。由此可以看出，在出游目的地问题认知的选择上，性格较为沉稳、知识水平较高的旅游者会集中关注对博物馆、名人故居、文化遗产地的景点，而不是嘈杂热闹的"人挤人"景点。

## 13.2　信息搜集阶段

【同步案例】

### 美食之旅·泰国曼谷＋芭提雅 6 日 5 晚跟团游

【行程】

第一天：从香港坐飞机前往泰国

第二天：大皇宫、玉佛寺、四面佛、金东尼码头夜市

第三天：富贵黄金屋、四方水上市场、清迈小镇

第四天：沙美岛

第五天：自由活动

第六天：泰国王权免税店（曼谷市区店）

【费用包含】

往返机票、燃油附加费、机票税；

行程所列酒店住宿费用；酒店标准 2 人间；

行程内所列餐食领队和当地中文导游服务；

跟团游期间用车费用；行程中所列景点门票。

以上案例的全部旅游产品信息均来自于某著名旅游网站。当你点击进入你所感兴趣的旅游产品介绍时，你会从中了解到详细的行程、费用、预订限制、违约条款、出行须知、出行指南及法规签证须知等各方面的旅游资料。旅游网站与门户逐渐成为旅游者获得最新旅游资讯的一种重要渠道。

但是，从实际上来讲，旅游行业有时也会存在信息不对称的现象。比如"零团费"的旅游丑闻，实质上是旅游企业巧妙地利用优惠信息先吸引旅游客源，并掩盖旅游行程中多数需要自费及购物的旅游项目信息。也就是说，旅游企业尝试利用旅游信息的不对称来达到盈利的最终目的。那么，就让我们从旅游信息搜集的角度出发，进一步去研究和探讨旅游消费者决策过程中第二个步骤的运行和操作。

### 13.2.1  旅游消费者的信息来源

旅游消费者的信息来源。

（1）消费者的信息来源。在对消费者行为学的研究当中，众多的专家学者主要是将信息的来源分成四大种类，其中包括个人来源、经验来源、商业来源以及公共来源。对于四种信息分类如下。

①个人来源：从家庭、朋友、邻居及熟人处获取信息。

②经验来源：消费者直接使用该产品或服务的经验。

③商业来源：通过广告、推销员、经销商、包装或展览等方式。

④公共来源：大众传播媒介和消费者评审组织。

（2）旅游消费者的信息来源。假如你是准备外出的旅游者，你会从什么方面去搜集你的信息呢？你可以从父母、朋友那里获取相关旅游地的信息；也可以亲自到旅行社的前台咨询；抑或可以直接登录旅游网站去搜索相关信息。正如"条条大路通罗马"，旅游者的信息来源渠道也是可以多种多样的。

1997年，美国学者佛德尼斯（Dale D. Fodness）和莫里（Brian Murry）从商业性和人际性两个维度出发，将旅游者的信息来源主要分为四个部分（见表13-1）。

表 13-1　　　　　　　　　　　旅游者信息来源的分类

|  | 非人际的 | 人际的 |
|---|---|---|
| 商业性的 | （1）旅游杂志、报刊<br>（2）旅游企业的宣传手册<br>（3）旅游电视节目<br>（4）报纸、杂志上的旅游产品的介绍等 | （1）旅行社、酒店、旅游景区的前台销售人员等<br>（2）旅行社、酒店、旅游景区的旅游服务人员等 |
| 非商业性的 | （1）专家、政府宣传和旅游消费者协会的相关言论<br>（2）旅游网站关于旅游景点的非广告信息<br>（3）旅游爱好者对于旅游地的游记等 | （1）亲戚、朋友等熟人介绍<br>（2）名人或旅游专家的推荐<br>（3）旅游消费者的个人经历 |

①非人际交往性的商业信息来源。正式的商业信息来源是基于商业性和非人际性的角度，是从旅游企业的主体以及传播的大众传媒性质而言。一般该类型的信息来源是包括旅游企业或旅游目的地向旅游者提供的旅游宣传手册、所刊登的旅游广告、旅游杂志以及旅游电视节目介绍等。这类信息很明显的特点是为了向旅游者传达旅游企业和旅游目的地正面宣传的效果。

②人际交往性的商业信息来源。商业信息除了通过大众传媒的形式传播，也可以通过旅游服务人员的口头宣传，也就是通过人与人之间相传的方式传播。这里的旅游服务人员主要有旅行社和酒店的前台销售人员、导游和酒店客房服务人员等。由此，可以看出旅游服务第一线的员工不仅仅是服务的生产者，同时也

可以充当旅游服务企业的广告者。因此，旅游企业要注重对旅游销售和旅游服务人员的素质培养，从而塑造良好的公司形象，促使原有顾客的忠诚度提高以及更多潜在客户的挖掘。

③非商业、非人际性的公共信息来源。这类旅游信息发出的主体主要是非营利性的大众传媒宣传、政府宣传和旅游消费者协会，还有一些分享旅游记录的旅游爱好者等。例如，政府会在 CCTV 频道向观众宣传不同地点的美景。如山东在 CCTV 的广告中，有大家熟悉的"好客山东欢迎您""人间仙境，醉美烟台"以及"济宁曲阜，孔子故里"等让电视受众朗朗上口的广告词。

除了公共的旅游报道和旅游常识介绍，旅游者可以从互联网的门户网站以及旅游网站了解一些感兴趣的旅游景点信息。如在携程网、去哪儿网、驴妈妈网等旅游 OTA 网站，旅游者可以免费了解到相关景点介绍和景点评价，还可以获得一些来自旅游爱好者或旅游专家的旅游经验。这种非商业性的公共信息来源适用于旅游者对新的旅游目的地的认识，并且周围的人都无法提供类似的旅游经验。

④非商业性的个人信息来源。非商业性的个人信息来源主要是来自拥有旅游经验的家人、朋友和周围人的建议，当然还包括旅游者自身的旅游经历。通常，我们把旅游者以口头信息交流的方式称之为口碑宣传。如果口碑宣传者是满意的，那么对外宣传将会是积极的旅游信息；反之，不满意的旅游宣传者，有可能会把不愉快的旅游经验告诉其他人。

**【同步思考】**

假如你是一名考虑出游的旅游者，那么你会从什么渠道去获取旅游资讯呢？什么样的旅游信息有较高的可信度呢？请同学们根据自己实际的旅游经历，讨论旅游者信息来源的主要内容。

### 13.2.2　信息搜集过程中的影响因素

上节介绍了旅游者信息的来源，我们知道了旅游信息的来源是多种多样的。可是旅游消费者会有目的地去选择旅游信息来源的渠道，那么就让我们探究下什么因素会影响旅游者信息的搜集。

1. 旅游者的个性因素。旅游者的性格、经济状况和文化水平等个性因素在一定程度上会影响旅游者对旅游信息的搜集。比如说，文化水平较高的旅游者偏好于通过互联网的旅游网站去了解旅游资讯和关注专业旅游评论；而文化水平较低的旅游者则更偏好于熟人朋友的口头介绍和旅行社的门市部了解旅游信息。

2. 旅游产品的因素。旅游产品因素包括旅游产品的价格、替代品和旅游产品的更新。具体来讲，一是价格越高的旅游产品，越会增加旅游者对其的信息搜索量，因为旅游者期望自己购买的产品能够"物有所值"。二是旅游产品的替代品越多，代表着提供给旅游消费者的信息量也就越多，也会影响旅游信息的搜集。三是不断更新的旅游产品和线路，满足旅游者的求新求奇感，引导旅游资讯的时尚潮流。

3. 旅游环境的因素。旅游环境包括社会的政治、经济、文化环境，也包括社会的接受度。例如，国人因韩国部署"萨德"导弹的行为，而抗拒到韩国旅游，使韩国的旅游业受到极大的冲击。连平时人头攒动的韩国仁川机场，中国游客的身影也是大幅减少。

4. 信息搜集的成本因素。旅游信息的搜集只是旅游者为了将理想的状态与相对应的旅游产品相匹配。如果信息搜集需要旅游者花费巨大的时间和精力，还是得不到能满足自己需要的旅游产品，那么旅游者也可能会放弃此次的出游。所以，这里也提醒相关的旅游企业和旅游服务人员，应该学会用简单直接有效的方式告诉旅游者有关的信息，减少旅游者搜集信息的成本，从而提高旅游者的满意度。

### 13.2.3  信息搜集过程中的品牌考虑

通过信息的搜寻，旅游者在一定程度上会了解到旅游市场上一些竞争品牌和特征。品牌考虑的过程主要有五个环节：现有的全部品牌组→知晓品牌组→可供考虑的品牌组→选择品牌组→最终决策。

以酒店品牌为例。

（1）市场现有的全部品牌组：迪拜水下酒店、希尔顿酒店、皇冠假日酒店、凯越酒店、如家、7天连锁酒店、维也纳连锁酒店、桔子酒店和民居。

（2）旅游者知晓的品牌：希尔顿酒店、皇冠假日酒店、如家、7天连锁酒店、桔子酒店和民居。

（3）可供考虑的品牌：如家、7天连锁酒店、桔子酒店和民居。

（4）选择品牌组：如家、7天连锁酒店。

（5）最终决策：7天连锁酒店。

由以上的旅游者在信息搜集过程中对酒店品牌的考虑，我们可以知道这位旅游者对酒店品牌的考虑是基于经济性的连锁酒店。旅游者期望可以得到质优价廉的酒店服务，所以星级酒店和普通民居是没有出现在考虑范围之内的。

**【同步思考】**

请同学们在网络上搜索旅行社或旅游景区的品牌，然后利用旅游者决策过程中品牌考虑的环节，一步一步计划出自己作为一名旅游者时的品牌决策过程。

### 13.2.4  信息超载和旅游消费者反应

1. 旅游信息的超载。"信息大爆炸"的时代，难免会出现信息量超载的现象，从而导致消费者无法理性地判断适合自己的信息。旅游业也是如此，大量"互联网＋旅游"的产品不断衍生，如旅游企业的官方网页及微信、旅游第三方订购平台、旅游爱好者或旅游专业人士在网络上分享的旅游经验等。

旅游信息的环境给我们提供了太相似、太多和模糊的刺激，从而导致旅游消费者困惑，即旅游者无法对旅游产品或服务的各个方面做出正确的评价。就像电脑制造商为使用者提供默认装置的选择，从而减少消费者的困惑。

2. 旅游消费者的反应。面对信息的超载，旅游者的头脑中出现许多的困惑，那么旅游者在行为上的反应可能有以下四种表现：放弃或延迟购买；依赖熟知的品牌；分享或委托决策；继续搜集信息。不同的旅游者行为的表现也是不同的，所以旅游企业可以根据旅游者的困惑，有目的性地传播旅游企业特有的吸引力。旅游企业要利用"人无我有、人有我优"的宣传优势，不断更新旅游产品和线路，保留忠诚的顾客群体，吸引新的顾客群体。

## 13.3　备选方案的评估

【同步案例】

### 酒店的评价标准

旅游者对于酒店或宾馆的属性认识主要有酒店或宾馆所处的地理位置、清洁度、气氛以及费用等方面。具体而言，有以下几个比较重要的评价标准。

**一、整洁美观性**

整洁，即整齐、清洁。美观，即给客人一种美的享受。整洁美观，首先必须注意宾馆的店容、店貌，宾馆装修要精致典雅；装饰布置要画龙点睛；物品摆放要整齐有序；宾馆环境要洁净、美观；宾馆气氛要井井有条。

**二、有效性**

宾馆服务的有效，首先表现为设施、设备的有效；其次表现为服务规程的有效。服务规程可分为两类：一是客人所需要的，可称为核心服务，如整洁、舒适、宁静、安全的客房；二是辅助服务，如总台入住接待服务、客房整房服务。对于后者，一般要求越快、越简洁越好。

**三、安全保障性**

安全，即宾馆所提供的环境、设施、用品及服务必须保证客人人身、财产和心理的安全。首先，要保证设施的安全性，比如科学的、安全的装修设计、完善的消防设施、有效的防盗装置、规范的设备安装等。其次，要保证安全管理制度的有效性。最后，要保证服务的安全性，如科学合理的操作规程，人性化的服务方式，尊重客人的隐私，保证客房的私密性等。

**四、灵活理解性**

灵活理解性主要表现在员工的微笑服务、礼貌用语和行为举止三个方面。员工的面部表情，微笑服务始终是最基本的原则。微笑服务，美在仪表、仪态，贵在热情、真诚，重在技术专业娴熟，巧在交流沟通。服务用语，首先必须注意礼貌性，要用尊称语称呼客人；客人进入时要有迎候语；与客人见面时要有问候语；提醒客人时要用关照语；客人召唤时要用应答语；得到客人的付款、协助或谅解等要有致谢语；客人向我们致谢时要用回谢语。

从酒店的评价标准来看，我们可以知道旅游者在一次的酒店消费过程中，很多方面的因素会影响旅游者对此次酒店消费体验的结果。换一个角度来讲，旅游者也可以依据这些酒店的评价标准对旅游消费决策过程中的住宿备选方案进行评判和选择。

### 13.3.1 分析旅游产品属性和确定评价标准的重要性程度

旅游产品属性和评价标准。产品属性是区别于一种产品与另一种产品不同性质的重要评判标准。旅游产品可理解为单个旅游产品，亦可理解为多个旅游产品的组合，即为旅游线路。对于旅游产品的构成而言，主要有以下的三个部分。

一是产品的核心部分：向旅游者提供基本的、直接的使用价值以满足其旅游需求。

二是产品的外形部分：旅游产品的质量、特色、风格、声誉、组合方式等。

三是产品的延伸部分：提供给旅游者在购买之前、之中和之后所得到的附加服务和利益，即各种优惠条件、付款条件及旅游产品的推销方式。

例如，酒店的核心产品就是提供一个床位，外形部分可能会有品牌的宣传、独特的装修风格等。酒店的延伸部分可能包括预订、客房用餐服务、信息服务、信贷服务、折扣、对儿童和残疾人照顾等。

（1）旅游产品属性的定义。旅游产品属性是指旅游产品所具有的能满足消费者需要的特征。对于一个旅行社而言，旅行社的产品属性大概包括地理位置、旅游线路的设置、前台服务人员的态度以及店面的装修风格等；对于一个酒店而言，酒店的产品属性主要有安全、清洁度、服务人员的礼貌态度以及地理位置等。

（2）确定评价标准的重要性程度。旅游者在对不同类型的旅游产品的属性有一定认识的基础上，旅游者们会根据实际的状况和条件（旅游目的、旅游者个性等），选择对于自己而言相对重要的评判标准来对一个事物进行判断。这就是确定评判标准的重要性程度。例如，一个家庭出游考虑的是舒适度和安全度，所以会对酒店的评价标准集中于酒店提供的服务而不是价格。相反的是，作为一个经济来源不稳定的大学生来说，对于酒店的评价标准主要是便捷与便宜的价格，而对酒店提供的服务质量则不这么重视。

### 13.3.2 确定评估旅游产品各属性的绩效值

在经历旅游需要的认知、搜集旅游信息来确定备选方案的阶段后，旅游消费者们通常会对备选方案进行评估和选择。旅游消费者们一般会罗列出他们所重视的旅游产品的属性，确定每一个属性在心目中的重要性程度，然后根据每一个属性的分值（绩效值），最终确定出备选方案的总的绩效值。一般的旅游消费者会选择绩效值较高的备选旅游方案。

例如，小王今年大四毕业了，想要组织一场难忘的毕业旅行。因为夏季酷热炎炎，很多同学都希望去有水的地方解暑游玩，所以小王就针对同学们的需要打算在清远黄腾峡旅游线路和深圳杨梅坑旅游线路两者之间进行选择。虽然每个人的评价标准会因价值观的不同而有所差异，但是一般来说旅游消费者还是会关注旅游所花费的时间和金钱以及旅游所带来的体验。两条旅游线路的比较具体如表

13 – 2 所示。

表 13 – 2　　　　　　　　　　　旅游路线的绩效值比较方案

| 评估标准及其相对重要性 | 广州—清远黄腾峡旅游线路 | | 广州—深圳杨梅坑旅游线路 | |
|---|---|---|---|---|
| | 得分 | 理由 | 得分 | 理由 |
| 时间安排（重要性 25%） | 1 分 | 两天一晚跟团游黄腾峡勇士漂 + 银盏森林温泉 + 野战 + 特色餐 | 1 分 | 两天一晚跟团游杨梅坑环海骑行 + CS 野战 + 海边烧烤 + 沙滩露营 |
| 费用（重要性 40%） | 0 分 | 人均 198 元 | 1 分 | 人均 148 元 |
| 刺激性（重要性 10%） | 1 分 | 可以参加刺激的漂流活动和野战 | 0 分 | 可以参加真人 CS 野战活动 |
| 纪念意义（重要性 25%） | 0 分 | 让毕业班的同学们体验到并肩作战的乐趣 | 1 分 | 体验到并肩作战和共同享受休闲生活的乐趣 |

注：两个方案相比较，较为重要的占 1 分绩效值，次要占 0 分绩效值。

根据以上的表格分析，我们可得出在两个可供选择的备选方案中，小王同学更会倾向于选择去深圳杨梅坑的旅游方案。所以说，在可供选择的备选方案中，不同的旅游者对于主观上的评价标准重要性的不同，会选择不同的备选方案。

### 13.3.3　旅游消费者选择规则

在上述的例子中，小王在选择毕业旅游路线时，有两条旅游线路已经进入激活域或者选择域。与此同时，小王同学分别对两个旅游线路的费用、时间、刺激度和纪念性四种属性作出了评价。评价结果更倾向于去深圳的旅游线路。为什么小王同学会选择这条线路呢？主要是取决于他运用的选择规则或决策规则。在消费者行为学中，主要有两种常见的选择规则：非补偿性选择规则和补偿性选择规则。

1. 非补偿性选择规则。

（1）非补偿性选择规则的定义。非补偿性选择规则是指消费者在考虑消费对象目标时，产品在属性上的缺点或弱点无法由其他属性的优点来弥补。也就是说，只要备选品牌达不到某些基本标准，消费者就会将其否决。

非补偿性选择规则是一种决策的简化，当人们对一个产品类型不大熟悉或没有很大动力去处理复杂的信息时，他们往往使用下列简单的非补偿性规则。

（2）非补偿性选择规则的分类。

①重点选择规则：人们首先会将旅游产品的属性按重要性程度从高到低排列，然后会挑选那些在最重要的属性中获得分数较高的备选方案。如果有两个或两个以上的方案在最重要的属性上不相上下，旅游消费者就会比较第二重要的属性。这个选择过程会一直持续到分出优劣。

②逐次排除式规则：人们同样是以最重要的属性来评估品牌，但会做出特定的排除。即使在最重要的属性中得分很高，但是只要有其他一项属性不能满足旅游消费者的需求，旅游消费者还是会拒绝该备选方案。如对迪士尼公园的感兴趣的消费者，会由于地理位置的原因，上海迪士尼乐园距离远于香港迪士尼而淘汰去上海迪士尼的旅游方案。

③连接式规则：在这种选择规则下，人们对旅游产品中所重视的产品属性都制定了一个最低标准，但是没有对属性的重要性进行排列。如果一个方案满足了所有通过条件的最低标准就会被选中，但只要有一个通过条件不能被满足它就会被拒之门外。如果没有一个方案可以满足所有的通过条件，人们就会暂不选择或改变决策规则，或修正通过条件本身。

2. 补偿性选择规则。

补偿性选择规则是指消费者将产品在优势属性上的积极评价，与在劣势属性上的消极评价相互补偿，是一种综合考虑某产品的各种属性的决策方法。

补偿性选择规则为产品提供可弥补缺陷的机会。具体的实施方案如下：消费者根据各属性的重要性程度赋予每一个属性一定的权数，然后同时结合每一品牌在每一属性的得分值，最终得到每个备选方案的综合分数。如小王同学的旅游线路的选择便是采用此种方法。采用这一规则的消费者一般介入度较高，因而愿意以更准确的方式尽力考虑整体状况。

## 13.4 购买阶段

【同步案例】

### 旅游产品的线上购买——携程网

在携程网注册一个属于自己的账号，登录账号后就有操作界面，里面有机票、火车票、酒店、旅游。用户可以根据自己的需求，点开二级页面，选择自己所需要的服务，经过服务和价格对比，最终决定后，点击下单。若所选择的服务项目还有货，就会生成支付栏，这时候需要用户连接网银或第三方支付，就可以在提示下完成付款。订单成功购买后，系统会有一个编号发到用户手机，用户凭编码直接到所购买的酒店或旅行公司享受服务就行了。

携程网有时仅仅是中介，帮助用户预订服务，很多时候在携程成功下单后并不能顺利享受服务，所以，订单成功后，最好是打电话咨询客服再次确认。否则，就可能遇到麻烦。

随着科技的加速进步，"互联网＋旅游"的概念孕育而生并不断地创新衍生。旅游者们对旅游产品或服务的购买不再局限于门市部的购买，转而线上的旅游产品得到旅游消费者们的热捧。那么，什么因素会促使旅游者从购买的意向变为实际的活动？旅游者在购买旅游产品或服务时会怎样选择购买店铺和旅游目的地呢？让我们从下面的学习来更深入地了解旅游消费者的购买阶段。

### 13.4.1 从购买意向到实际的购买

1. 购买意向的形成。购买意向的形成主要是来源于对备选方案的评价，也就是说人们对于某项旅游产品的购买意向是因为人们在信息的搜集与评价后所产生的对旅游产品的预期。

2. 影响购买意向转化为实际购买的因素。

（1）他人的态度。他人的态度主要是分为三个方面：第一，他人与旅游者的关系。如果是与旅游者越亲密的关系，那么他人的态度对旅游者对待尚未购买旅游产品的期望与行动会产生极大的影响。例如，一位大学生想去云南旅游，但是父母以新闻报道中云南丽江导游宰客为由，极力劝阻该名大学生，最终导致该名大学生没有去成梦寐以求的云南。第二，他人否定态度的强烈程度。如上例中父母的极力否定就导致没有实现最终的实际购买行为。第三，他人的权威性。来自旅游专家的看法或者是来自旅游协会机构等公共信息，也会使旅游者在意向中很难或很快地实施购买行动。

（2）感知风险。感知风险主要来源于对旅游产品或服务支付货币的数量、不确定属性比例以及旅游消费者的自信程度。购买价格越高的旅游产品，旅游者的感知风险越大，因为旅游者无法预先知道旅游的实际感知效果。如果感知效果不符合旅游者的预期，那么旅游者会认为"投入产出不匹配"，收获的旅游体验与付出的价钱不成比例。但是如果旅游消费者有足够的自信，那么他的感知风险会大大地降低。

（3）其他突发情况。其他的突发情况包括有预期价格的剧烈波动、预期质量的不完善以及不可抗力等因素。

【同步思考】

当遇到不可抗力的突发事件时，旅游企业或者旅游服务人员应该如何采取适当的措施去安抚游客的情绪以及防止事态进一步恶化呢？请结合同学们自身的实际经验与知识，假如在航班因天气原因而延误后，如何妥善地解决游客的问题？

### 13.4.2　旅游销售渠道的选择

1. 旅游销售渠道的含义与选择顺序。当旅游者的购买意向转化为实际的购买行为时，旅游者就需要寻找能够以提供旅游产品或服务的渠道和场所，即对旅游店铺的选择。旅游零售店铺一般是指旅游者可以购买到旅游产品或服务的任何地方，其中包括旅游实体零售店铺和旅游网络零售店铺。比如说，"吃"的餐厅、"住"的酒店、"行"的交通运输站点以及旅行社的门市部等，都可以称作旅游店铺。

其实，旅游消费者在作出购买决定时，还会考虑品牌对零售店铺选择的影响。一般会有三种选择的顺序：第一，先商店后品牌。旅游者可能是出于地理位置以及便利性的因素考虑，优先考虑附近的商店。第二，先品牌后商店。旅游者可能偏好于某一旅游品牌的选择，然后再考虑有关品牌的商店。第三，同时选择商店和品牌。旅游者可能基于对旅游产品或服务质量以及商店规模、位置和形象的考量，会综合两者因素作出最后的购买行为。

2. 影响旅游者对旅游零售店铺选择的因素。

（1）旅游商店的位置和规模。在通常的情况下，旅游者更加乐意去地理位置较近或便利的旅游零售店购买旅游产品。比如说，旅游消费者更多地会在家附近的旅行社报名跟团旅游。在旅游目的地的旅游者，可能会因为人生地不熟而选择就近的酒店住下。

在相似情况下，旅游者们更愿意去规模较大的旅游零售店购买旅游产品或服务。旅游店铺规模的大小在一定程度上会给予旅游消费者心理暗示，在旅游者选择时有一个外在的评判标准。

（2）旅游商店的形象。

①功能性的形象特征：旅游产品或服务的价格、旅游销售人员的服务态度、付款方式（是否支持第三方支付）、商店内设施设备的清洁程度、购买的便捷性以及商店位置的便利性。

②非功能性的形象特征：旅游商店的灯光、地板、色彩、声音、气味和布局等因素。例如，喜来登酒店最近更换香氛系统。喜来登酒店放弃原来的"苹果派"香味，而换上了新的"风车味"。"风车味"给予旅游者如同春日里清新舒爽的户外气息。"风车味"是福朋喜来登酒店的特有气味。每个酒店都有自己的特有味道，根据酒店的风格、定位专属定制。

（3）旅游零售广告。到旅游零售店铺时，旅游者会发现店铺里面还有其他的旅游广告宣传。旅游零售广告的效果不单单是向旅游消费者们宣传旅游产品或服务的特点，还会带来"外溢销售"。上海迪士尼景区的落成，也带给上海其他的旅游景点销售热潮。比如说，东方明珠广播电视塔游客同比增长 17%，上海野生动物园游客同比增长 1%，与上海迪士尼乐园同类型的上海欢乐谷游客接待量也有小幅增长。

（4）网络店铺。随着旅游企业与互联网的合作不断深化，网络店铺销售也成为炙手可热的战略要地。有数据显示，2017 年中国在线旅游市场规模达到 9 701 亿元。

面向大众的旅游网络店铺主要采用电脑页面与手机 APP 的运用模式。旅游网络店铺的设计还要注重图片、颜色、内容、娱乐性和互动性。设计出来的网络店铺要让旅游消费者感到有用（丰富的产品与信息）、易用（方便操作）、安全（值得信赖）、熟悉（线上与线下的一致度）以及结账方便（第三方支付平台的合作）。

【同步思考】

大中型旅游网站设计模板：

（1）树形结构清晰，便于用户访问和搜索引擎爬行；

（2）扁平化网页结构，目录结构最多不超过 3 级设计，利于搜索引擎优化；

（3）提供第三方支付平台（支付宝、微信支付及 ApplePay）；

（4）首页和栏目页导航模块设计合理，利于用户访问导航；

（5）内容和产品页设计要突出内容和产品核心，利于凸显优势，达成交易；

（6）在线客服帮助以及旅游企业的动漫形象设置，提高互动性；

（7）内容页面支持点评，分享功能等，利于营销工作开展。

请同学们在互联网的支持下登录知名企业的旅游网站。然后根据资料中所提供的设计模版对应搜索的旅游企业网站，找出该网页具有的特色和不足之处。如果你有能力开发一个旅游网页，你会怎样设计网站，去吸引游客的眼球呢？

### 13.4.3　旅游目的地的选择

1. 旅游目的地的含义。旅游目的地是旅游者停留活动的地方，是指附着在一定地理空间上的旅游资源并且将旅游目的地基础设施及相关设施统一联系在一起。在旅游消费者决策过程当中，旅游目的地的确认最为关键。一旦旅游目的地确定下来，那么旅游者所有的旅游活动和决策（旅游时间、景点、费用等）都将围绕该旅游目的地而随之确定。

2. 旅游目的地的选择模型。在长期对旅游者行为的研究调查中，业界出现了两种较为大众所认可的旅游目的地的选择模型。其中包括克朗普顿模型和伍德赛德模型，这两个模型大体上都是从外部因素和内部因素对旅游者认知影响角度出发，去探索具体的旅游目的地的选择过程。

（1）克朗普顿模型。1977 年，克朗普顿提出了一个旅游目的地选择模型来解释旅游目的地的选择过程（见图 13-1）。他主要将旅游者的选择分为两个阶段：一是"我是否去旅游"；二是"我应该去哪里旅游"。

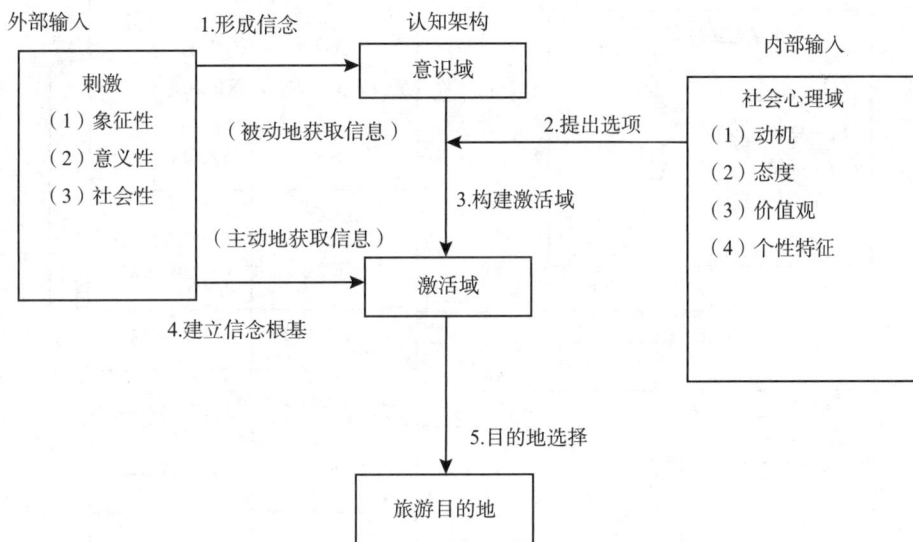

**图 13-1　克朗普顿模型的旅游目的地选择过程**

在原来模型的基础上，厄姆（S. Um）和克朗普顿在 1991 年共同提出了一个更完善的旅游目的地的选择概念的模型，即休闲旅游目的地的选择过程模型。总体而言，休闲旅游目的地模型的主要理论是：由于旅游者会受到外部社会因素和内部个人因素的影响，在旅游者的头脑中逐渐形成意识域和激活域，进而在激活域的备选旅游目的地方案中做出最终旅游目的地的选择。

外部输入主要是指社会和市场环境使旅游者被动地接收旅游信息，从而让旅游者初步拥有需要外出旅游的意识。其次，结合旅游者当时自身心理因素（动机、态度、价值观、个性等）的影响，即内部输入影响备选旅游目的地方案的选择。当旅游者最终确定有出游的意愿时，便会主动向外界搜集信息形成备选方案的激活域。激活备选方案中的最符合旅游需要的旅游目的地，最后得到符合旅游者需要的旅游目的地。

【同步思考】

当你是一名确定有外出旅游需求的消费者时，你如何确定你要去什么旅游目的地开展你的旅游活动？可以借助克朗普顿模型的原理，阐述一下在你的众多备选旅游目的地方案中，哪一个旅游目的地才是你最终的选择？为什么做出这样的选择？

（2）伍德赛德模型。在克朗普顿模型的基础上，伍德赛德（A. G. Woodside）和莱松斯基（S. Lysonski）结合市场营销学、消费者行为学和心理学的原理，进一步提出旅游者对目的地的意识和选择模型，具体如图 13 - 2 所示。

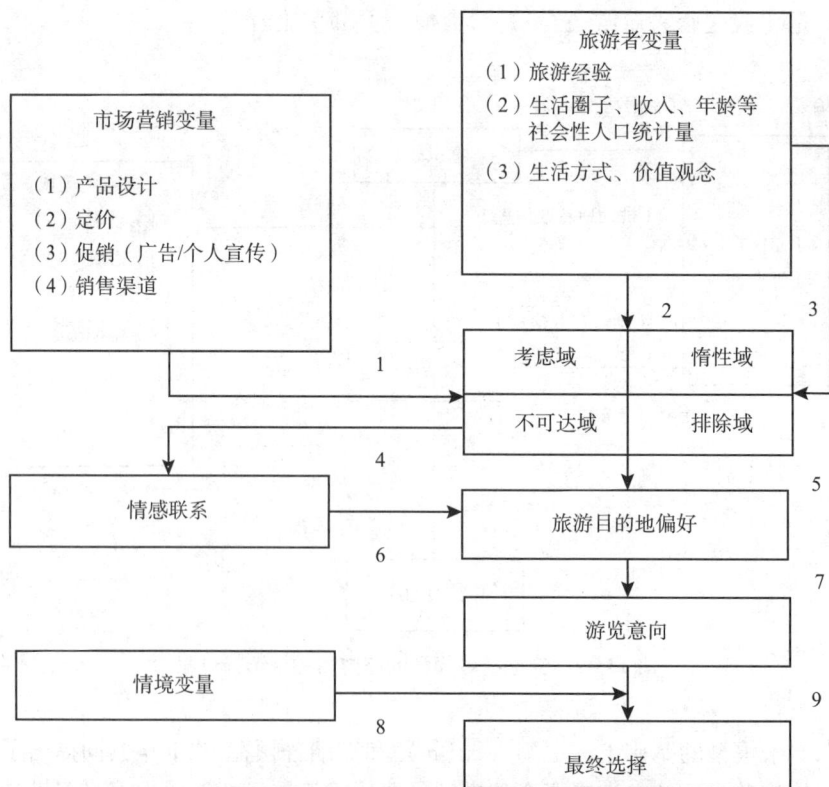

图 13 - 2　伍德赛德模型的旅游者目的地选择模型

该模型把外部输入看作市场营销变量（产品、价格、促销和渠道），即是 4P 因素促使旅游者们被动地接受旅游市场上各种旅游产品的信息，但与此同时旅游者们也可以了解到自己感兴趣的不同类型的旅游地信息，形成旅游目的地认知域的一部分。内部输入也极大地影响旅游者们对旅游目的地的认知，即旅游者个人与经验信息会影响旅游者对目的地的认知。对各种各样不同的旅游目的地备选方案，旅游者在认知过程中会进行有效的分块，可分为考虑域、惰性域、无意识域和排除域。然后，在可考虑的旅游目的地中，旅游者们会根据自己的旅游者偏好进一步筛选，形成对具有某一相同特征的旅游目的地的游览意向。当旅游者现实生活中突发不可预期的情况时，旅游者们可能会根据需要选择最适合自己的旅游目的地或者直接会放弃旅游目的地的选择。

## 【同步思考】

你是如何确定你要去什么旅游目的地开展你的旅游活动的？在借助克朗普顿模型的原理的资料上，依据伍德赛德模型对原有的数据进行添加或修改，阐述一下在你的众多备选旅游目的地方案中，哪一个旅游目的地才是你最终的选择，是原来的那个旅游目的地吗？如果不是，请分析原因。

# 本 章 小 结

### 【主要概念】

旅游消费决策过程　问题认知　旅游信息来源　旅游备选方案　旅游实际购买

### 【内容提要】

本章主要从问题认知、信息搜寻、备选方案评估、实际购买等旅游消费决策的四个阶段介绍旅游消费者的购买决策过程。

旅游者的问题认知是指当旅游者的理想状态与实际状态出现差距时，旅游者可能会产生出游的需求与动机。对于旅游消费者问题认知的影响因素，主要从时间、产品的消费、配套产品、环境的变化以及消费者个体差异五个方面着手研究。旅游消费者的信息来源包括非人际交往和人际交往的商业信息来源、非商业、非人际的公共信息来源和非商业的个人信息来源，旅游消费者信息搜寻受到旅游者的个性、旅游产品、旅游环境、信息搜集的成本等因素的影响。在对备选方案进行评估和选择时，旅游消费者们一般会罗列出他们所重视的旅游产品的属性，确定每一个属性在心目中的重要性程度，然后根据每一个属性的分值（绩效值），最终确定出备选方案的总的绩效值。一般的旅游消费者会选择绩效值较高的备选旅游方案。在备选方案评估时主要有两种常见的选择规则：非补偿性选择规则和补偿性选择规则。在从购买意向到实际的购买中，旅游消费者受到他人的态度、感知风险、其他突发情况等因素影响。在旅游销售渠道、旅游目的地选择上，旅游消费者决策有其内在规律。

# 单 元 训 练

## 【知识训练】

### 一、选择题

1. 下列不属于旅游消费决策过程的阶段是（　　）。
   A. 购买阶段　　　　B. 产品试用阶段　　C. 问题认知阶段　　D. 备选方案阶段
2. 在伍德赛德模型中，市场营销变量与旅游者变量分别类属于（　　）。
   A. 均为外部变量　　　　　　　　　　B. 均为内部变量
   C. 为外部与内部变量　　　　　　　　D. 为内部与外部变量
3. 根据克朗普顿模型，将下列旅游目的地选择过程进行排序，正确的顺序是（　　）。
   ①目的地选择；②提出选项；③建立信念根基；④构建激活域；⑤形成信念
   A. ④①③⑤②　　B. ②⑤③①④　　C. ⑤②④③①　　D. ③⑤④②①
4. 对于旅游消费者问题认知的影响因素有（　　）。
   A. 时间　　　　　　B. 产品的消费　　　C. 配套产品　　　　D. 消费者个体差异
5. 旅游消费者信息搜寻受（　　）因素的影响。
   A. 旅游者的个性　　B. 旅游产品　　　　C. 旅游环境　　　　D. 信息搜集的成本

### 二、判断题

1. 重点选择规则指人们首先会将旅游产品的属性按重要性程度从低到高排列，然后会挑选那些在最重要的属性中获得分数较高的备选方案。（　　）
2. 旅游消费者的信息来源既涉及非人际交往性的商业信息来源，也涉及人际交往性的商业信息来源。（　　）
3. 旅游消费决策，通常是始于需要、欲望和问题的识别。（　　）
4. 他人的态度、风险以及意外情况都会影响旅游消费者的实际购买。（　　）
5. 旅游产品是先生产再消费的商品，是以吸引力作为评价标准的。（　　）

### 三、简答题

1. 在当前移动互联网快速发展背景下，如何将线上旅游店铺与线下旅游店铺进行有效结合？
2. 在旅游消费决策中备选方案选择的规则有哪些？
3. 阐述一下旅游者面对旅游信息超载时的可能反应。如何解决旅游信息超载问题？
4. 旅游消费者如何在信息搜集过程中进行品牌考虑？
5. 旅游企业如何促进旅游消费者从购买意向到实际购买？

## 【技能训练】

1. 实验目标：撰写一份旅游消费决策过程的实验报告。
2. 实验目的：了解旅游消费者做出旅游决策的过程。
3. 实验过程：依据相关的理论与模型以小组为单位进行。
4. 实验结果：根据实验结果形成实验报告。
5. 具体操作，如下所示：

以小组内一个同学的旅游需求作为问题认知的基础，了解该名同学的旅游信息来源并且提供备选旅游方案的绩效值表格。由该名同学填写备选方案的表格，并且做出最终的旅游决策。最后，同组成员就此依据旅游目的地的选择模型分析该同学做出决策的影响因素，得到一份完整的实验报告。

**【能力训练】**

**一、实务题**

1. 调查你身边的同学，了解他们在购买旅游产品时，主要采用哪种信息源。他们在购买时考虑哪些因素。

2. 试比较在旅游产品购买与日用品购买时，消费者就决策的过程来说有什么不同？针对这一问题进行网上调研。

**二、案例分析题**

## 希尔顿瞄准时间匮乏的消费者

希尔顿旅业集团专门做了一次关于时间价值观的调查。调查采用电话访问的方式进行，总共调查了 1 010 位年龄在 18 周岁以上的成年人。该调查集中了解美国人对时间的态度、时间价值观以及他们行为背后的原因。调查发现，接近 2/3 的美国人在放假的时间上作出对报酬的牺牲。工作女性，面临的时间压力远比男性大。大多数被试者认为，在 20 世纪 90 年代，花时间与家人和朋友在一起比赚钱更重要。选择"花时间与家人和朋友在一起"的被访者占被访总人数的 77%，强调"拥有自由时间"的人数占被访总人数的 66%，选择"挣更多钱"的人数占比是 61%，排在第六位，而选择"花钱拥有物质产品"的人数占比是 29%，排在最后一位。

作为对上述调查结果的反应，希尔顿酒店针对那些时间压力特别大的家庭推出了一个叫"快乐周末"的项目。在"快乐周末"里，客人可以真正远离洗衣、做饭等日常杂事，真正轻松愉快地与家人在一起，该项目收费较低，每一房间每晚 65 美元，而且早餐还是免费的。如果客人带有小孩，小孩也可以免费入住希尔顿酒店。此项目推出后，极受欢迎，以致周六成了希尔顿酒店入住率最高的一天。

**问题：**

1. 根据伍德赛德模型的外部输入理论的市场营销变量对旅游者消费决策过称的影响，试分析一下希尔顿酒店"快乐周末"的市场营销策略是从哪些方面去影响旅游者的消费决策的。我们可以从中得到怎样的启发？

2. 假如你作为一名旅游企业的管理者，你会从哪些影响旅游者消费决策的市场营销变量的方面入手去提高你所在旅游企业的业绩？（从旅行社、酒店以及旅游景点等角度阐述）

**【单元综合实践】**

## 中国中老年人旅游消费行为研究报告 2016

**一、中老年旅游者"有闲又有钱"，月收入 7 000 元以上者占比超三成**

《中国中老年人旅游消费行为研究报告 2016》（下称《报告》）提供的调研数据显示，57% 的中老年旅游者处于已退休状态，12% 处于半退休状态，24% 仍然在职，退休后重新开始工作的占比 7%。收入结构方面，月收入 5 000 元以上的中老年旅游者占比 57.8%，其中，月收入超过 7 000 元的高收入者占比 31.3%。

总体上，中老年旅游者主要集中在热门出发地，发达地区占绝对优势。

## 二、中老年人旅游消费意愿高达 81.2%，旅游消费认知水平不输年轻人

如果身体条件和经济条件允许，您是否愿意去旅游？调研数据显示，81.2%的中老年受访者表示，若条件允许愿意去旅游，明确表示不愿意去旅游的仅占9.7%。

70%的中老年受访者认同旅游消费在保持健康身心、增长见识等方面的积极作用，同时，他们对于邮轮旅游、国内长线游等旅游产品也有着不同的认知，在个别产品上的认知水平甚至高于年轻消费者。

## 三、中老年人比年轻人更易出现冲动型旅游消费行为

《报告》提供的调查数据显示，中老年人的出游决策明显受某些外在因素的影响，如商家促销活动、朋友出游经历等。数据方面，23.9%的中老年受访者（50岁以上）在商家促销活动的影响下作出出游决策，18.9%的受访者在看到他人撰写的游记后产生出游冲动（见图13-3）。

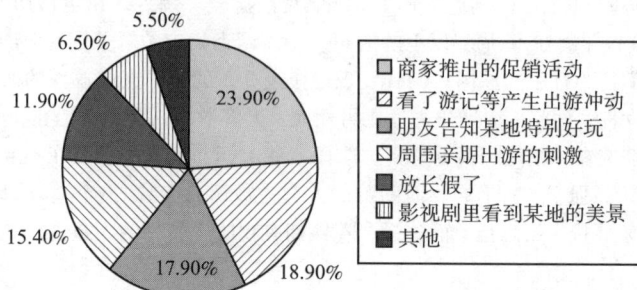

图13-3　50岁以上人群出游决策外在影响分析

调查还发现，中老年群体的出游决策的内在影响因素中，"趁身体允许多出去走走"是大部分中老年受访者出游的内在动因，占比高达37.1%；"陪伴家人或朋友"则是排名第二位的内在动因，占比24.9%；"打发退休时光"位居第三名，占比18.3%；另有一部分中老年人出游的动机是了却年轻时候的心愿或遗憾，这部分受访者占比15.6%（见图13-4）。

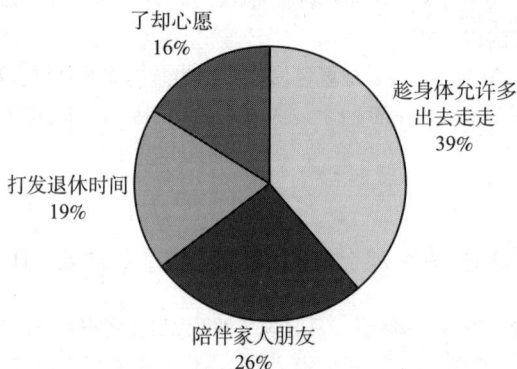

图13-4　中老年出游的内在因素分析

## 四、出游时间灵活，中老年人最有资格"说走就走"

《报告》基于调查数据的分析显示，中老年人群在出游时间的选择上明显集中在3月、4月、5月及9月、10月五个月，季节上一般是以春季和秋季为主，而在具体的出游时间节点的

选择上，超过 80% 的受访者则表示"随时可出游"。

中老年人热衷于对目的地的信息搜集，具体分析如图 13-5 所示。

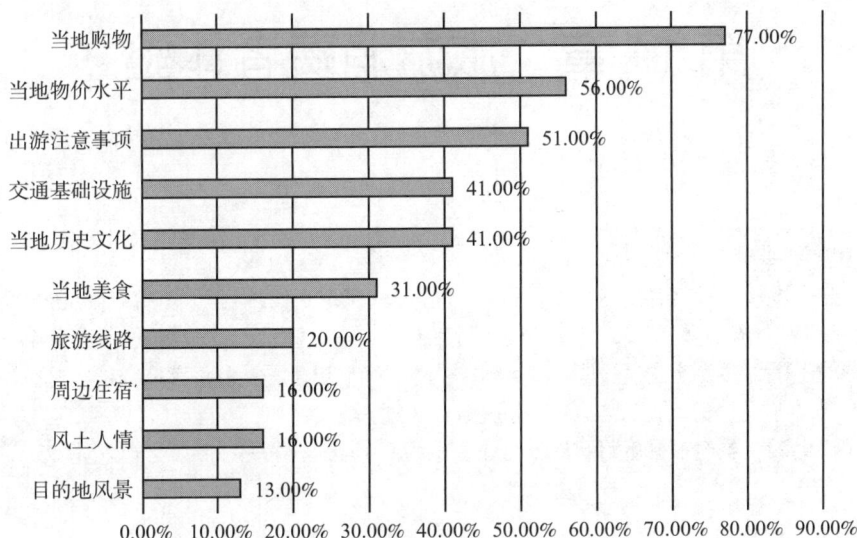

**图 13-5  中老年旅游信息搜集分析**

### 五、旅游产品购买渠道

在旅游产品的购买渠道方面，中老年人更加偏爱传统旅行社门店，旅游网站占比较小，老年活动组织等中老年社团也占据一定的比重，如图 3-16 所示。

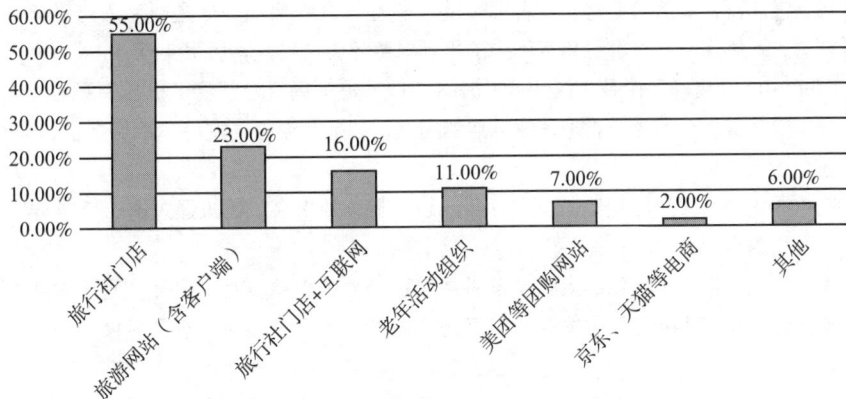

**图 13-6  中老年旅游产品的购买渠道分析**

资料来源：http://www.toptour.cn/tab1648/info236170.htm，有删减。

**要求：**

根据《中国中老年人旅游消费行为研究报告 2016》的研究调查内容以及旅游消费决策过程的相关理论相结合，请同学们以"本校的大学生群体"为主体对象，参照以上格式，制作一份《大学生旅游消费决策研究报告》。

# 第14章　旅游消费者体验

【学习目标】
　　知识目标：了解旅游消费者体验的基本内容及其影响因素；了解旅游控制感的含义及塑造方法；了解旅游消费体验的塑造模式与方法。
　　技能目标：根据旅游消费体验的类型，针对现有旅游市场上的旅游体验项目进行类型划分；根据旅游消费体验的塑造方法制定出优化方案。
　　能力目标：具有根据旅游消费体验分析进行旅游消费体验项目的方案策划的能力。

【案例导读】

## 全球首家纯机器人酒店日本开业：顾客可刷脸进入房间

　　据 TechWeb 报道称，7 月 20 日消息，据法新社报道，一家名为 Henn-na 的机器人酒店在日本长崎的佐世保正式开业，这也是世界上首家完全由自动化机器人代替真人担任服务员的酒店。

　　据悉，酒店不需要房门钥匙，顾客可通过"刷脸"进入房间，这是因为酒店采用了面部识别系统。进入客房后，房客可用房间内的平板电脑呼叫机器人客房服务。

　　在 Henn-na 酒店，无论是入住登记、房间打扫还是搬运行李都将由机器人服务，这些机器人服务员既有美女也有恐龙，但根据酒店的描述，都是"温暖、友好"的服务员，会眨眼、会发声还会走动。

　　这些机器人精通日语和英语，酒店方面计划在不久的未来，让机器人员工"掌握"中文和韩文这两种语言。

　　在能源利用方面，酒店依靠太阳能及机器实现电力的自给自足。另外，酒店本身的设计也是节能的。比如，房间是没有冰箱的，灯是感应的，房间温度则依靠辐射板空调系统进行调节。

　　据介绍，这家酒店共设有 144 个房间，价格最低的是 9 000 日元（约合人民币 450 元）的单人间。

　　豪斯登堡社长泽田秀雄表示，豪斯登堡计划在日本开设更多类似的酒店，并扩展至其他国家。"我们将兼顾效率与服务，今后计划在全球开设 1 000 家（类似酒店）。"

　　（资料来源：全球首家纯机器人酒店日本开业：顾客可刷脸进入房间［EB/OL］. http://www. techweb. com. cn/internet/2015 - 07 - 20/2177440. shtml, TechWeb, 2015 - 07 - 20. ）

随着科技的不断进步和发展，旅游消费者们的旅游体验方式也在不断地创新。假如你是一名即将进入该家机器人酒店的游客，你会希望得到什么样新奇的旅游体验呢？旅游企业应该如何创新性地向旅游消费者提供服务？那么，就让我们系统地了解一下旅游消费体验的相关知识。

## 14.1　旅游消费者体验的概述

### 14.1.1　旅游消费体验的基本内容

亲身地体验，简称为体验，也叫体会。体验到的东西使我们感到真实、现实，并在大脑记忆中留下深刻印象，使我们可以随时回想起曾经亲身感受过的生命历程，也因此对未来有所预感。由此来看，旅游消费体验也是指旅游者在旅游经历中所获得的亲身感受和印记。对于旅游体验的研究，主要是基于旅游消费体验的含义、类型、影响因素和塑造方法等方面展开。

1. 旅游消费体验的含义。旅游消费体验是一系列特定体验活动的产物，这种特定的体验活动是旅游者在一个特定旅游地花费时间来游览、参观、学习、感受所形成的，是由众多复杂因素构成的综合体，这些因素包括个人感知、地方印象以及所消费的产品等。

2. 旅游消费体验的类型。从结构上看，旅游消费体验具有多重层次结构。

第一，从时间上看，旅游体验包括预期体验、现场体验和追忆体验，呈现出阶段性特征，并随时间的流逝而不断地升华，进而演化成人们生活经验和精神世界的一部分。例如，一位游客对东部华侨城的预期体验就是花园式观赏。可是当游客真正进入东部华侨城，他的体验不再局限于优美环境带来的愉悦体验，还有机动游戏带给他的惊喜、刺激的现场体验。尔后，这位游客在回忆起东部华侨城的旅游经历时，可能会由于景区服务人员的贴心服务带来回味无穷的追忆体验。

第二，从深度上看，旅游消费体验呈现出具有一定的层次性，基本上可分为感官体验、身体体验、情感体验、精神体验、心灵体验五个层次，越是深度的旅游体验，越能让游客感到旅游的意义。现在的游客不再满足于感官和身体的旅游体验，他们会更加注重于情感、精神以及心灵的旅游体验。比如说，近年来，寺庙体验活动受到一批有佛学信仰以及对佛学感兴趣的旅行者的热捧，其中吃斋饭、行佛礼是必不可少的。但是这些参与寺庙活动的旅游者们更希望得到佛教上"空灵"的精神旅游体验。

第三，从强度上看，旅游消费体验通常可分解为一般性体验和高峰性体验两个层面，越是能达到高峰性的体验，越能使游客感到旅游的价值。高峰体验一般也称为畅爽体验，而塑造畅爽体验的方法在派恩和吉尔摩（Pine & Gilmore）看来有五种方式：①体验主题化；②以正面线索强化主题印象（用周围环境烘托主题）；③淘汰消极印象（及时处理游客的不便及投诉）；④提供纪念品；⑤重视对游客的感官刺激。当前，单纯的感官刺激已经不能够满足游客日益增长的精神文化需求，旅游目的地更应该为游客提供打造具有象征性特色的精神和心灵上的体验。

派恩二世（B. Joseph Pine）和吉尔摩（James H. Gilmore）在《体验经济》一书中，将值得消费者回味的体验分为四大种类：娱乐（entertainment）、教育（education）、逃避（escape）、审美（estheticism）（见表 14 –1）。

表 14 –1 旅游消费者体验的四大种类

| 被动地参与 | 吸收 | | 主动地参与 |
|---|---|---|---|
| | 娱乐型体验 | 教育型体验 | |
| | 审美型体验 | 逃避型体验 | |
| | 浸入 | | |

（1）娱乐型旅游体验。娱乐、消遣是人们在旅游活动中最早和最普遍使自己获得心身愉悦的一类体验。在许多娱乐型的旅游体验中，旅游者通过观看各类文艺表演或者参与娱乐活动，把自己从紧张的情绪中解放出来。不过，一般的娱乐型体验表现出旅游者是"被动地参与"，从他人提供的娱乐活动中吸收愉悦的因素，如听音乐、观赏舞蹈表演等。

（2）教育型旅游体验。旅游也是一种较为人们所接受并主动参与的教育方式，尤其是一些人文类的旅游景点，如博物馆、名人故居、世界文化遗产等。旅游者可以在旅游中拓宽知识和视野，寓教于游。例如，在新加坡的克兰芝乡村（Kranji Countryside）旅行，农业体验中心带来新奇多样的教育娱乐性活动。许多父母带着小孩可参访农场、牧羊场和裕廊青蛙农场，小孩可以亲自体验和探索生态的妙趣而提升对农业知识的理解。

（3）审美型旅游体验。旅游者们对于美的体验是贯穿在整个旅游过程当中的，寻找美景、美食或者美人。在旅游审美过程中，旅游者一般是沉浸在其中。比如，我们欣赏荷花展的美景时，只能用眼睛去欣赏荷花亭亭玉立之美，而不可以直接把荷花摘回家欣赏。这在一定程度上也表明审美型体验具有"被动性"的浸入参与。对于常见的自然景物，旅游者们可以欣赏绿水、青山、瀑布、蓝天和动物之美等；对于人文景物，旅游者们可以从建筑、雕塑、石刻等方面发掘人文之美。

（4）逃避型旅游体验。逃避型旅游体验是指旅游者主观带有强烈逃避现实的愿望，希望通过主动加入参与性程度较高的旅游体验活动，以摆脱现实生活中的烦恼，以此给身心自由的放松。所以这类旅游消费者更倾向于刺激性更强的旅游项目，如漂流、攀岩、山地赛车、蹦极等；或者更倾向于新奇的旅游活动，如追逐飓风、乘雪橇、荒野求生、热气球旅行等。

【同步案例】

## 澳门旅游塔的"空中飞人"

澳门旅游塔的 61 楼是室外观光廊，60 楼是 360°的旋转餐厅，59 楼是 180°的空中酒吧，58 楼就是观光主层。而在 57 楼就是受到世界各地年轻朋友们热捧的"空中漫步"项目。

著名的澳门塔（蹦极），即"空中飞人"。游客可以穿上特制服装，在 233 米高，通过两条钢丝牵引，以自由落体形式"飞"到地下，时间仅为 20 秒左右。据说最佳"演员"可以在上面做 3 个动作，而普通游客也一定会做出一个动作，那就是铁达尼号的经典动作——大鹏展翅状。

游玩澳门观光塔，除了可以选择"一跃而下"，也可以选择像攀登埃菲尔铁塔那样，攀爬上去。如果精力过人，不妨先玩"百步登天"，徒手攀上 338 米高的独立式旅游塔尖。这是世界上唯一让游客攀上塔端的建筑物。玩这个项目一定要胆大心细又够耐力，先由距离塔顶 100 米的高度出发，一步一步往上爬，感受兴奋度随高度不断爬升。一般上塔下塔来回需要 2 小时左右。玩完这个，再玩一回"空中飞人"，体验速度带来的快感。

（资料来源：佚名．澳门旅游地标，澳门观光塔 体验空中飞人的刺激感［EB/OL］．http：//www. cncn. net/blog/584623. 有删减）

### 14.1.2　影响旅游消费体验的因素

随着人们对商品和服务的要求不断提升，传统的产品经济渐渐被时兴的体验经济所取代，连同人们的消费行为和模式也发生了相应的转变。旅游业作为一个特殊的服务行业，在体验经济的大背景下，对影响旅游者消费体验因素的把握尤为重要。我们将从旅游环境、旅游主体以及旅游客体三个方面对影响旅游者消费体验的重要因素进行探讨。

1. 旅游环境因素。

（1）旅游文化环境。根据众多的旅游调查发现，如果旅游者经常的文化环境与旅游目的地之间的文化环境的差距越大，那么旅游者对旅游当地文化的好奇心越强，对其旅游体验的感受也越深刻，更希望自己能够融入另外一种文化当中。换句话说，两地的文化差异程度与旅游者的旅游体验程度是呈正相关关系的。

（2）旅游群体环境。旅游群体是指与旅游者一同出游的旅游伙伴或旅游伴侣。对于旅游群体而言，与之相对应的就是"独自出游"，即没有旅游伙伴的陪同独自一人出游的行为。就比如说，你自己一人独自乘坐火车来一场"说走就走的旅行冒险"，享受随遇而安的旅游体验。但是，如果你是陪同家庭出游，老人和小孩的旅游舒适度体验应该是此次旅游的重要因素，还要考虑旅游景点的项目是否适合家庭旅游，如刺激性体验项目就不适合家庭游。

2. 旅游主体因素。

（1）旅游者的知识文化水平。如果旅游者拥有比较高的文化素质，那么其对旅游体验的要求不再停留于娱乐层次，而是希望自己在此次的旅游过程当中获得更多自己还没接触过的文化体验或者是新兴的科技体验，即旅游者对旅游体验的选择会更加明智和旅游体验感更加客观。相反的，较低文化素质的旅游者一般是注重旅游体验给自己带来的愉悦程度，而较少地选择更高层次的旅游体验。例如，在上海世博会中的中国馆内就不乏对中国宋文化着迷的游客，会"动"的《清明上河图》是中国馆"东方足迹"展区的一大看点。对《清明上河图》以及科技发展感兴趣的旅游者愿意花费机票钱，远赴上海欣赏。

（2）旅游者的旅游时间。一般而言，对于旅游时间越长的旅游可能给旅游者带来的旅游体验效用会越低。出现以上的原因主要是旅游者随着时间的推移，对旅游地的熟悉度越来越高，则旅游者的好奇度在逐步地下降，给旅游者的整体旅游体验会带来负面的影响。例如，北京八天游的行程，当你在第六天几乎已经游览完北京的著名景点时，最后剩下的两天北京留给你的貌似只有身体的疲惫感以及北京胡同长得一模一样的视觉熟悉感，你可能没有再前去寻找新的旅游景点的欲望。相反，五天的北京游可能会给你带来更有节奏感的旅游体验。

3. 旅游客体因素。

（1）旅游主题的鲜明性。旅游项目的体验是围绕旅游主题为丰富旅游者的旅游经历所衍生开发设置的，而旅游者一般是根据自己参与旅游体验的主动性程度对旅游项目作出评价。所以"如何更好地把旅游主题通过旅游者的参与而传达出来"，成为旅游企业在体验时代的新发展方向。比如说，迪拜的罗斯蒙特酒店及公寓将在 2018 年建成 6 968 平方米的人造热带雨林的希尔顿酒店，号称世界第一。空中户外热带雨林还配备了人造沙滩和一个使用循环水的泳池。旅游者在沙漠中可以享受高端真实的热带旅游体验。

（2）旅游基础设施的配套性。旅游目的地的旅游基础设施的配套性，不单单是指向整体"吃、住、行、游、购、娱"六种旅游设施的完善性，在这里本教材强调的是围绕旅游主题的旅游项目设施也需要相应的配套完善，比如在旅游服务人员的配置、旅游有形设施的布置等方面给予旅游者一种综合性的旅游体验。德玛西亚主题餐厅是温州以"英雄联盟游戏"为主题的餐厅，餐厅装修别致，多处与英雄联盟游戏结合，甚至有 COSPLAY 游戏角色的服务员为您端茶递水。菜品方面，一系列荤素搭配的主题菜把"舌尖上的英雄联盟"主题体现得淋漓尽致，比如"冰晶凤凰之浴火重生"等以游戏角色为"原料"的菜品；饮料方面，有"红药水""蓝药水"这些用鸡尾酒调制的精致饮品，以及"琴女的鲜奶""女神之泪"等让人无限好奇的冻饮，极具特色。

（3）旅游产品的价格。在体验经济时代，人们"物美价廉"的消费观慢慢地被"物有所值"的消费观所影响。所以，如果某一种旅游体验能够在一定程度上得到市场的认可，那么有部分旅游者们愿花费更高的价格去购买更高层次的旅游体验产品，以此获得更好的旅游体验。亚洲东方快车于 1993 年开通，是欧洲东方快车的亚洲版。车上的设备和服务，完全参照五星级酒店标准，是亚洲少见的豪华快速列车。列车上每位旅客都有独立的房间，可以享用丰盛的东西方美食，服务员都是盛装相迎，令人仿佛置身于欧洲贵族的生活之中。起点站位于泰国曼谷，终点站位于新加坡，火车票的票价约为人民币 17 495 元/人起。

### 14.1.3　旅游消费者体验过程中的控制感

在现代心理学的研究中，个体的控制感是心理学家极为重视和运用的一个概念。心理学家们将个体的控制感置于一定的社会情境中，进一步得到一个重要的理论，即在现代社会中，推动人们行为活动的主要动力是源于对特定情境控制的需要。那么，对于旅游活动而言，旅游作为一个大众所接受的社会情景，人们对于旅游体验过程中的个人控制感是如何表现出来的呢？让我们从心理与行为的角度出发，去研究旅游消费者行为的个人控制感。

1. 控制感的含义。1959 年怀特（White）提出的控制感实际上是个体胜任力（competence）动机的体现，个体对生活环境和事件的控制的需要是行为的首要动机（primary motive）。也就是说，可以从两个方面去理解控制感。首先，从动机的角度出发，控制感可以理解为是一种促使人们做出某种特定行为的感知以及动机。其次，从需要的角度出发，特别是根据马斯洛需要层次理论中第二层次的安全需要来看，控制是人们获得安全感的主要渠道，也就是表明控制感是安全感发展的高级阶段。

由此，本教材对于控制感的定义如下：控制感是指人们认为自己有能力在特定的社会情境下控制周围的环境。

2. 旅游消费者与控制感。众多的研究报告表明，旅游消费者对待每个旅游环节的控制程度的认知，是评价旅游服务质量与旅游者满意度的一个重要指标。此外，如果旅游者在旅游过程中的控制程度越高，获得的控制感越强，那么旅游者的旅游满意度也会越高。因此，通过了解旅游者的控制感，可以了解旅游者体验过程中的心理因素。

旅游消费者的控制感体现于在旅游消费过程中，旅游者有能力可以控制当下旅游环境中的人与事。具体来说，旅游者希望可以控制旅游服务的起止时间，还希望可以控制旅游服务质量的结果。

旅游消费过程或体验过程，换句话说就是旅游者接受旅游企业和旅游服务人员所提供的服务的过程。在这个过程中，旅游者一般通过放弃一定程度上的控制权，大事小事都不必亲力亲为，而寄托于旅游企业或旅游服务人员提供的专业服务（住宿、餐饮、游玩设施等）。虽然，旅游消费者的控制权分出来一部分给旅游企业或服务人员，但这样并不意味着旅游者的控制感有所下降。相反，旅游者的控制感在一定程度上在其他方面（认知控制和行为控制）有所体现。满足消费者对控制感的需要，可以从旅游者的认知控制和行为控制上着手。

一方面，为了满足旅游者的认知控制，为旅游者提供旅游服务的旅游企业或旅游服务人员，可以通过信息的沟通或交流，让旅游者了解旅游消费或体验环节的必要事务和细节，降低旅游者对未来或者即将发生的旅游环节的不确定性。例如，到餐厅用餐时，餐厅的服务人员会向等候用餐的食客提供纸质版的排队号票。但是在一些餐厅中有分为 A 与 B 开头后附带数字的号码票。如果餐厅的服务人员侧重于安排 A 类食客。那么，对于不知道 A 类与 B 类号码有什么区别的 B

类食客而言，内心可能在等待的过程中渐渐失去了控制感，可能会产生对这家餐馆的体验不太良好。反之，如果餐厅的服务人员在食客领取号码牌时便告知，A类是2~4人桌，B类是6~10桌的分类以及还需要等待用餐的时间。那么，对于食客而言，等待的不确定性降低了，食客的控制感便增加了。

另一方面，为了满足旅游者的行为控制，旅游企业或旅游服务人员可以将更多的旅游服务环节转化为由旅游者的自主行为所控制的操作环节，就是让旅游者在旅游过程中更多地参与到旅游服务生产过程中来。例如，旅行社为旅游消费者提供不同旅游线路的选择，乃至专门为旅游者提供私人定制旅游路线服务，极大地增强了旅游者的行为控制程度。酒店中也有提高旅游者控制的措施，比如说游客可以在客房门口悬挂"请勿打扰"以及通过客房内的座机联系前台来得到自己需要的服务，由此可以体现旅游者对旅游服务人员的行为控制。

## 14.2　旅游消费体验的塑造方法

### 14.2.1　旅游消费体验营销的基本模式

根据旅游目的地自然条件的不同、旅游企业的特点，旅游企业以及旅游目的地应该制定相应的旅游体验营销的策略，并且向旅游者提供有价值的旅游体验项目。主要有以下几种实施模式。

1. 娱乐模式。在旅游服务提供过程中，借助娱乐的元素或形式将产品与客户的情感建立联系，从而达到销售产品，建立客户忠诚的目的。从娱乐营销的原理分析，娱乐营销的本质是一种感性营销，感性营销不是从理性上去说服客户购买，而是通过感性共鸣从而引发客户购买行为。

2. 情感模式。情感模式是通过寻找旅游活动中导致旅游消费者情感变化的因素，掌握旅游消费态度的形成规律以及有效的营销心理方法。旅游企业要将旅游产品特点与旅游消费态度的形成规律结合起来，努力为旅游消费者创造积极的情感体验，避免消极的情感感受，以激发旅游消费者的情感，促进营销活动顺利进行。

3. 文化模式。在旅游产品和服务设计中，利用传统文化或现代文化，使旅游产品、服务与旅游消费者的消费心理形成一种社会文化气氛，从而有效地影响旅游消费者的消费观念，进而促使旅游消费者自觉地接近与文化相关的旅游产品、服务，促进旅游消费行为的发生，甚至形成一种旅游消费习惯和传统。

4. 主题模式。通过有意识地发掘、利用或创造某种特定主题来完成旅游企业的服务过程。它在同质化的旅游服务活动中注入一种思想、理念和灵魂，使服务活动由死板的商品交换变为鲜活的情感交流。这样顾客在旅游过程中会得到精神享受和欲望满足，产生一种心理共鸣。同时，将原本单纯的旅游产品，赋予某种主题，可以更好地挖掘旅游产品的卖点，使服务和销售活动更人性化，从而激发顾客的购买欲望。

### 14.2.2　旅游消费体验塑造的主要方法

旅游企业作为旅游服务的组织与策划者，应创新和运用旅游消费体验产品，以此来不断提升旅游者对旅游体验项目的满意度和忠诚度。那么，旅游企业在打造和宣传旅游体验时，应该注重以下七个方面的要求。

1. 明确一个具有鲜明特色的旅游主题。鲜明的旅游主题是旅游者在消费决策过程中选择旅游体验的目标依据。如果能够美化和强化旅游者对旅游主题的印象，可能会给旅游者对其他的旅游体验项目的体验效果奠定良好的基础。

2. 充分调动旅游消费者的感官知觉，并给旅游者带来总体协调的印象。这一点是基于旅游者的体验分类、旅游企业要有明确的主题目标与旅游氛围的角度所提出的。感觉是人类一切认知和思维活动的起点，旅游项目对旅游消费者的感官刺激越强烈，就越有助于支持和强化旅游消费者的旅游体验。一方面，旅游企业要满足旅游消费者最基本的感官体验（味觉、视觉、听觉、嗅觉、触觉），例如，在一家提供藏食的餐厅中，该餐厅不仅向游客提供特色的藏族食物，而且服务生穿着藏族服饰以及配以牛角、彩旗等带有藏文化的餐厅装饰；另一方面，也要保证旅游者能够感知到与旅游主题相配对的旅游氛围，例如，主题公园内结合软硬要素，将场景与活动策划相结合全力营造一种逼真的氛围，使游客在我们提供的舞台中入戏，流连忘返。

3. 打造和丰富旅游者多方位的旅游消费体验方式。根据派恩二世（B. Joseph Pine）和吉尔摩（James H. Gilmore）的划分，体验至少包括娱乐（entertainment）、教育（education）、逃避（escape）、审美（estheticism）等，旅游企业需要通过多渠道将体验要素融入旅游项目中，提高旅游消费者体验的丰富性，特别是随着现代科技的飞速发展，现代的旅游体验可以运用创新、新奇的方式手段，如 VR 视觉体验、机器人服务生等，增强旅游者体验。以前文的藏文化的餐厅为例，可以让能歌善舞的真人为食客提供歌舞表演，或是通过播放藏传佛教的 VR 视觉穿戴器向藏传佛教感兴趣的旅游者传播佛教的精髓等。

4. 注重强调旅游者的实际参与程度。旅游者不仅仅可以参与到旅游企业的服务生产过程中，充当旅游服务环节的“主人公”，旅游企业还要注重打造旅游者与其他的旅游者之间的互动与交流，即顾客与顾客之间的互动与交流。例如，“穿越冰川世界”的 VR 体验馆外，排队等候的或经过的游客可以通过馆外的电视屏幕了解馆内其他旅游者的体验情况以及其他旅游者使用 VR 所观看到的冰川美景。这时，可能会激发馆外的游客体验的欲望，从而达到旅游企业的体验营销的效果。

5. 注重旅游者在旅游消费过程中的控制感。过多的控制感会给旅游者带来无挑战性的体验，而过少的控制感则可能会给旅游者带来不确定的旅游体验的风险感。旅游企业以及旅游服务人员应该要了解到的是旅游者希望得到适当的控制感来得到内心欲望的满足和需要，既可以通过信息的沟通或交流，让旅游者了解旅游消费或体验环节必要的事务和细节，降低旅游者对未来或者即将发生的旅游环节的不确定性，也可以将更多的旅游服务环节转化为以旅游者的自主行为所控制的操作环节，就是让旅游者在旅游过程中更多地参与到旅游服务生产过程中来。

6. 尽可能地消除令旅游者不满意的旅游体验要素。向旅游者提供旅游体验项目的旅游企业，应该要根据旅游者或者工作于第一线的旅游服务人员的及时反馈，针对不完善的旅游体验进行调整或改造，以此才会有利于提高旅游者的满意和忠诚度。例如，餐厅可以在食客排队候餐时，让餐厅的服务人员为食客们安排座位等待、向食客提供菜单并介绍本店的一些特色饮食，还可以为带小孩的食客提供糖果等。

7. 通过大众传媒传播旅游体验的内容。旅游业中常见的旅游体验传播媒介主要是以旅游广告的形式，通过旅游体验目的地的生动形象的介绍词、美图、视频，突出旅游目的地的旅游体验内容和特点，在一定程度上可以使受众有身临其境的感觉，激发潜在旅游消费者的旅游欲望。例如，在 CCTV 的电视广告中，山东省打出"好客山东欢迎您"的响亮口号，还在期间穿插泉城济南、泰山、威海、青岛、烟台、济宁、潍坊等城市的亮丽风景图。

# 本 章 小 结

## 【主要概念】

旅游消费体验　旅游者的控制感

## 【内容提要】

本章主要介绍旅游消费体验的内容，分为三个部分：首先，介绍旅游消费体验的含义、类型及影响因素。其次，介绍旅游消费体验与控制感之间的关系以及如何维护旅游者的控制感使旅游者更满意的方法。最后，从旅游企业的角度，研究旅游消费体验的营销模式以及具体的提高旅游体验满意度的措施。

旅游消费体验是一系列特定体验活动的产物，这种特定的体验活动是旅游者在一个特定旅游地花费时间来游览、参观、学习、感受所形成的，是由众多复杂因素构成的综合体，这些因素包括个人感知、地方印象以及所消费的产品等。

从结构上看，旅游消费体验具有多重层次结构：第一，从时间上看，旅游体验包括预期体验、现场体验和追忆体验，呈现出阶段性特征，并随时间的流逝而不断地升华，进而演化成人们生活经验和精神世界的一部分。第二，从深度上看，旅游消费体验呈现出具有一定的层次性，基本上可分为感官体验、身体体验、情感体验、精神体验、心灵体验五个层次，越是深度的旅游体验，越能让游客感到旅游的意义。第三，从强度上看，旅游消费体验通常可分解为一般性体验和高峰性体验两个层面，越是能达到高峰性的体验，越能使游客感到旅游的价值。

根据派恩二世（B. Joseph Pine）和吉尔摩（James H. Gilmore）在《体验经济》一书中的分类，将值得消费者回味的体验分为四大种类：娱乐（entertainment）、教育（education）、逃避（escape）、审美（estheticism）。

影响旅游者消费体验的重要因素从旅游环境、旅游主体以及旅游客体三个方面进行探讨：一是旅游环境因素，包括旅游文化环境、旅游群体环境；二是旅游主体因素，包括旅游者的知识文化水平、旅游者的旅游时间；三是旅游客体因素，包括旅游主题的鲜明性、旅游基础设施的配套性、旅游产品的价格。

控制感是指人们认为自己有能力在特定的社会情境下控制周围的环境。旅游消费者的控制感体现在旅游消费过程中，旅游者有能力可以控制当下旅游环境中的人与事。具体来说，旅游者希望可以控制旅游服务的起止时间，还希望可以控制旅游服务质量的结果。满足消费者对控制感的需要，可以从旅游者的认知控制和行为控制上着手。

根据旅游目的地自然条件的不同、旅游企业的特点，旅游企业以及旅游目的地应该制定相应的旅游体验营销的策略，并且向旅游者提供有价值的旅游体验项目。主要有娱乐模式、情感模式、文化模式和主题模式。

旅游消费体验塑造的主要方法包括：明确一个具有鲜明特色的旅游主题；充分调动旅游消费者的感官知觉，并给旅游者带来总体协调的印象；打造和丰富旅游者的多方位的旅游消费体验方式；旅游体验营销应该要注重强调旅游者的实际参与程度；注重旅游者在旅游消费过程的控制感；旅游企业应该尽可能地消除令旅游者不满意的旅游体验要素；通过大众传媒传播旅游体验的内容。

## 单元训练

**【知识训练】**

**一、选择题**

1. 从时间结构上看，下列属于旅游消费者体验类型的是（    ）。
　　A. 现场体验　　　B. 预期体验　　　C. 思想体验　　　D. 追忆体验
2. 下列属于审美型体验与逃避型体验相结合的是（    ）。
　　A. 在峡谷中蹦极　B. 在丽江观看孔雀舞C. 在漓江上游船　D. 在顺德体验农家乐
3. 最先为旅游大众所接受并且最为普遍的旅游体验方式是（    ）。
　　A. 教育型体验　　B. 娱乐型体验　　　C. 审美型体验　　　D. 逃避型体验

**二、判断题**

1. 教育型体验是属于旅游者主动参与且浸入性强的旅游体验。　　　　（　　）
2. 旅游体验越是能达到高峰性的体验，越能使游客感到旅游的价值。（　　）
3. 旅游消费者在旅游过程中的控制感越多越好。　　　　　　　　　（　　）
4. 旅游企业要拥有一个明确的旅游主题的同时不断提升旅游者的体验丰富度。（　　）
5. 只要充分调动旅游者的感官刺激，就可以使旅游者获得较高满意度的旅游体验。
　　　　　　　　　　　　　　　　　　　　　　　　　　　　　　（　　）

**三、简答题**

1. 简述在不同划分的标准下，旅游消费体验可以被分为哪些种类？
2. 影响旅游消费体验的因素有哪些方面？请从旅游环境、主体及客体的角度讨论。
3. 简述如何衡量旅游者与旅游服务人员之间的控制感的分配。为什么需要这样的分配？
4. 简述旅游消费体验塑造的基本方法。

**【技能训练】**

1. 目标：以一个旅游消费体验类型为对象，制作一份关于旅游体验项目的开发与管理的实验报告。实验结束后，不同小组之间进行实验的结果分享。

2. 实验目的：了解旅游消费体验的相关理论知识。

3. 实验过程：以小组为单位进行旅游消费体验类型的试验调查与分析。

4. 实验结果：小组成员根据所得的实验报告，为旅游体验方案的升级改造提供可行性的建议。

5. 具体操作如下：调查研究生活区周边区域人们的旅游消费体验类型，得到一个较为大众所喜闻乐见的旅游体验方式。接着，小组同学可以根据受大众所欢迎的旅游体验方式策划一个旅游消费体验项目的方案，但是需要结合一个具体的旅游目的地或者一个旅游景点进行一个可行性方案的分析。

**【能力训练】**

**案例分析题**

### "视频＋旅游"高科技引发行业追捧　科技旅游相结合

中国网 8 月 11 日讯 8 月 10 日，在都江堰市青城山豪生国际酒店召开的第五届全球旅游网络营运商合作交流会现场，气氛空前高涨，达成多项合作意向。其中，四川风光奇迹有限公司充分展示了科技实力，已经与四川旅游发展委员会、成都市旅游局、阿坝文旅、四姑娘山、青城山风景区管理局、都江堰景区管理局等多家旅游单位，现场达成多项深度合作意向。"视频＋"高科技领域的落地运用受到四川旅游景区各个领域的追捧。据工作人员介绍，"视频＋"与 VR 技术是运用现实与虚拟技术，将景区全貌通过航拍技术手段，全方位植入可移动媒介载体内。可前后左右，远、近距离随意切换，不受物理空间束缚。打破时空堡垒，720 度体验多维度立体式景观，感受视觉震撼效果。

在大旅游时代来临之际，高科技产品的大力推广与普及，在颠覆传统旅游形态的基础上，必将引发一场国际旅游人的科技革命变革。高科技产品的蝶变改变的不只是人们的习惯行为，更多的则是对生活细节的一种渗透。第五届全球旅游网络营运商合作交流会的成功举行，将是社会进步、智慧旅游时代到来的积极召唤。

（资料来源：伍策，尤紫璇．"视频＋旅游"高科技引发行业追捧　科技旅游相结合［EB/OL］. http://www.china.com.cn/travel/txt/2016－08/11/content_39066613.htm.）

**要求：**

1. 向同学分享你所了解的或者你所体验过的旅游高科技，并且在小组之间讨论哪位同学的旅游高科技更有新的发展优势和吸引力。

2. 结合旅游者体验的塑造方法以及旅游企业的体验营销模式，尝试分析科技体验与旅游体验相结合的未来发展趋势，为旅游科技在旅游体验中的应用提出有益建议。

**【单元综合实践】**

### 千年兵马俑"遇见"高科技　给游客带来另类体验

"5·18"国际博物馆日当天，秦始皇帝陵博物院与百度公司联合举办战略合作签字暨百度百科数字博物馆——秦陵博物院发布仪式，遗存千年的兵马俑通过现代科技与互联网技术实现完美融合。

此次发布的项目主要有 200 亿像素 360 度全景兵马俑坑展示和百度 AI 秦始皇兵马俑复原工程。

据了解，200 亿像素 360 度全景兵马俑坑，采用了矩阵全景技术，收录了兵马俑的一号坑和三号坑的高精度全景图资料。通过后期计算机技术将 1 000 幅 3 500 万像素的图片拼接成一幅 200 亿像素的超大图片，相当于在距离 100 米以外的地方就可看清兵马俑身上盔甲的纹路。百度 AI 秦始皇兵马俑复原工程主要针对二号坑里的平面布局图、跪射俑灯箱、铜车马结构图三处进行交互复原。游客通过下载手机百度 APP 后，进行 AR 扫描，屏幕中就会出现战车、鞍马、战马、陶俑等分类色块模型，触碰相应色块模型，旁边出现相应的文案介绍。对铜车马的展示，游客通过手机除了可以看到一个完整的铜车马三维模型外，还会看到铜车马的拆解过程，并了解到每个部件的作用和位置等，拆解中添加有光效和后期效果，提升观赏度。

活动当天，秦陵博物院与百度公司举行了战略合作签字仪式。

据了解，今后兵马俑博物馆将依托互联网技术对现实俑坑场景进行复原以及演绎，包括秦俑复活语音交互讲解、战争场景复原等，利用人工智能技术结合历史文物和资料进行开发设计、包装、传播，呈现出更加生动、直观的历史多媒体资料。相信今后游览兵马俑博物馆将会有不一样的感受。

（资料来源：秦风，肖玲. 千年兵马俑"遇见"高科技　给游客带来另类体验［EB/OL］. http://gotrip. zjol. com. cn/system/2017/05/19/021518078. shtml，浙江在线，2017 - 05 - 19.）

**要求：**

请同学们结合"互联网 +"与旅游体验进行小组讨论并写一个科技旅游的专题报告。

# 第15章 旅游消费者的购后行为与评价

【学习目标】

知识目标：了解旅游消费者购后评价的满意度的含义及其影响因素、测度方法、控制与管理；了解旅游消费者购后评价的忠诚度指标的含义及其影响因素、测度方法、管理；了解服务失败的含义及补救措施。

技能目标：能根据旅游消费者满意度进行旅游消费者满意度测量，根据旅游消费者忠诚度模型进行旅游消费者忠诚度测量，掌握旅游服务失败的补救方法。

能力目标：具有根据旅游消费者满意度和旅游消费者忠诚度的测量模型，对旅游消费者满意度和旅游消费者忠诚度进行测量以及进行相应的旅游服务管理的能力。

【案例导读】

## 2015 年第一季度中国公民出国旅游满意度调查

报告显示，2015 年第一季度中国公民出国旅游满意度指数处于 76.77 的"基本满意"水平，环比略有上升。

## 欧美、澳新等远程线路的游客满意度较高

2015 年第一季度 24 个样本国家中有 18 个达到 75 分以上的"基本满意"水平，游客满意度指数得分从高到低的依次是：新西兰 80.35、美国 78.42、新加坡 78.39、法国 78.30、日本 78.30、西班牙 78.28、泰国 78.08、俄罗斯 77.84、澳大利亚 77.52、英国 77.52、马来西亚 77.05、德国 76.92、加拿大 76.62、韩国 76.48、南非 75.95、巴西 75.24。本季度欧洲、北美、大洋洲等远程目的地的满意度水平仍然维持在较高的水平，周边、近程目的地的满意度水平则呈现两极分化：赴新加坡、日本、泰国等周边国家的中国游客满意度较高，赴俄罗斯、蒙古等国家的满意度有较大幅度提升。

## 国外旅游投诉处理的满意度亟待提升

本季度游客对国外目的地形象、服务水平的期望趋于平稳。游客集中反映的问题主要体现在中文信息等公共服务、外方导游与外方旅行社的旅游服务质量、交通服务（长途客运、火车站、自驾车）等方面。其中，马来西亚、越南等国家的游客投诉比例较高，越南、韩国、柬埔寨等旅游热点国家的游客抱怨比例也较高。这也意味着在签证便利化让国民出国旅游更加自由的同时，游客的抱怨也需要有人倾听，需要善意的回应。

（资料来源：中国旅游研究院. 2015 年中国公民出国旅游满意度调查研究成果［EB/OL］. 央视网旅游, http://travel.cntv.cn/2015/04/10/ARTI1428626878089509.shtml, 2015 – 04 – 10.）

从上面案例来看，旅游者满意度是旅游行业非常关注的一个重要方面。本章将主要介绍旅游消费者满意度、忠诚度和服务失败等方面的购后行为与评价的相关内容。

# 15.1　旅游消费者的购后评价

## 15.1.1　旅游消费者的满意度

1. 旅游消费者满意度的定义。在营销学界，普遍被接受的消费者满意度定义是消费者的需要得到满足后的一种心理反应，是消费者对产品和服务的特征或产品和服务本身满足自己需要程度的一种判断。需要的满足程度，取决于对产品和服务的实绩与某一标准进行比较。在旅游研究领域中，学者们从不同研究角度对游客满意这一概念进行了界定。皮扎姆（Pizam，1978）认为，游客满意是游客对目的地的期望与在目的地的体验相比较的结果，如果旅游体验高于期望值，那么游客是满意的。比尔德和拉吉卜（Beard & Ragheb，1980）认为，游客满意是"积极的"感觉或感知，是建立在游客期望与实地体验相比较的正效应基础上的。特赖布和斯奈恩（Tribe & Snaith，1998）提出，游客满意度是游客在旅游过程中旅游体验满足其期望和需求的程度。贝克和克朗普顿（Baker & Crompton，2000）认为，游客满意度是游客对旅游目的地的旅游景观、环境、基础设施、接待服务以及娱乐活动等方面满足其旅游活动需求程度的综合评价。可以看出，大多数游客满意度的定义是以"期望不一致理论"为基础的，重点强调游客对旅游过程的期望与实际旅游体验的比较。但也有一些学者以"顾客需要满足程度模型"为基础对游客满意度进行了界定，重点强调在旅游过程中游客的旅游体验满足其需要的程度。从根本上来说，旅游消费者满意度就是旅游消费者在旅游之后的主观感受，指旅游消费者对旅游消费体验与某一标准进行比较之后产生的心理反应。

2. 消费者满意度的基础理论。旅游者满意度模型是在消费者满意度模型的理论基础上发展而来的，一般是用来探讨旅游者满意度的来源和产生机制。这里主要介绍的是奥立佛的"期望—实绩"模型、伍德罗夫、卡杜塔和简金思的消费经历比较模型以及韦斯特卜洛克和雷利的消费者需要满足程度模型。

（1）"期望—实绩"模型。该模型由美国学者奥利佛（Oliver，1980）提出。该模型认为，消费者会根据事先了解的信息，形成对该产品或服务的特征，然后在实际购买中获得感知绩效，最后将感知到的产品或服务绩效与期望进行比较。

若期望为 A，感知绩效为 B，则当 A = B（期望符合绩效），消费者既不会满意也不会失望；当 A < B（绩效大于期望）时，消费者会感到满意；而当 A > B（绩效小于期望）时，消费者就会感到不满意。可见，消费者的满意度取决于消费者对企业服务质量的感知。

（2）消费经历比较模型。伍德罗夫、卡杜塔和简金思首次提出了以消费经历作为标准的消费者满意形成模型。从长期的研究来看，消费者会依据以往的经验，逐渐形成三类标准：①以最佳的同类产品或服务的绩效为标准；②以一般的同类产品或服务的绩效为标准；③以某种企业的产品或服务的正常绩效为标准。但消费者满意与否实质是通过由产品和服务满足消费者需要的程度来衡量的，而不是由实绩与期望的比较所决定的。

（3）消费者需要满足程度模型。韦斯特卜洛克和雷利于1983年提出"消费者需要满足程度模型"。他们认为，消费者满意度是一种喜悦的心理状态，这种心理状态源于消费者消费某一产品或服务的满足感。相反，消费者不满意则是一种不愉快的心理状态，消费者没有得到相应的需要的满足感。

### 15.1.2 旅游消费者的满意度影响因素与测度

1. 旅游消费者的满意度影响因素。

（1）旅游主体因素。

①旅游者的认知因素。认知因素包括旅游者通过形成概念、知觉、判断等心理活动来获取有关知识的过程。旅游者的满意度在很大程度上与感知绩效、期望相关，其中，感知绩效既包括旅游者在旅游目的地游览和接受服务的具体感知，也包括出行前对距离、形象的感知；期望则来自于旅游者在以往的旅游经历中的经验积累或是通过他人、旅游企业营销宣传等渠道获得的有关旅游产品和服务的信息基础上，形成即将接受的旅游产品和服务质量的期望水平。在旅游者满意度的形成过程中，旅游者的认知过程，如期望、感知、判断、想象等，都会参与其中，从而影响旅游消费者的满意度。

②旅游者的信息搜寻行为。旅游者的信息搜寻行为对旅游者的满意度产生直接或间接的影响。一般来讲，旅游者可以从众多的渠道收集自己所需的旅游信息，加以综合分析，由此对自己所购买的旅游产品或服务形成一定的预期，然后与旅游体验进行比较，得到旅游的满意程度。

③旅游者忠诚度。旅游忠诚度与旅游满意度是有一定程度上的联系。如果是忠诚度较高的旅游者，他们可能对旅游中出现的不满意地方会比一般的旅游者有较多的容忍度。同时，忠诚度较高的旅游者会向其亲朋好友进行推荐或重游，从而继续提升旅游者的满意度。

（2）旅游客体因素。

①旅游目的地的服务质量与服务管理。旅游活动的开展是一个包括"食、住、行、游、购、娱"在内的整体性活动，旅游者在旅游目的地接触到的软环境会影响旅游者对旅游目的地的心理感知过程。服务质量与服务管理是在影响到旅游者对旅游目的地的心理感知过程中最为核心的因素。所以，旅游目的地应该不断完善旅游基础设施，提供更多个性化与人性化的服务，还应该有系统的服务管理的模式。比如，旅游目的地可以提供带有母婴室的厕所、有无障碍的旅游通道、智能化的旅游景点进出检票系统等。

②旅游吸引物因素。主要包括旅游吸引物价值和吸引物管理两个方面。一方

面，旅游吸引物价值大小不仅可以吸引旅游者、激发旅游者的旅游动机，进而影响其旅游行为，而且是影响旅游者到达目的地形成满意度的一个重要方面。另一方面，管理者通过多方面、多渠道信息的收集及科学的调研，对旅游吸引物进行科学有效的经营管理，能增加旅游吸引物的附加价值，使旅游吸引物更富魅力，从而可以提升旅游者的满意度。

**【同步思考】**

以世界文化遗产开平碉楼与村落为例，探讨遗产旅游目的地旅游者满意度的影响因素有哪些。在实现遗产保护的同时，通过什么途径可以提高旅游者满意度？

2. 旅游者满意度的测量。旅游者满意度的测量模型主要包括奥利佛的"期望—实绩"模型、SERVQUAL 模型（服务质量模型）、IPA 模型以及公平性模型。每一种测量模型都有自身的特点，需要结合调查目的，有选择性地采用适合的旅游者满意度的测量模型。

（1）"期望—实绩"模型。奥利佛的"期望—实绩"模型认为，消费者在购买之前会根据已经获得的信息，对企业的产品或服务形成某种初始的期望；在购买或消费后，消费者会根据这种期望，评估产品和服务的绩效。如果实绩符合或超过期望，则消费者会感到满意；相反，他们会感受到不满。换句话说，当旅游者实际体验的绩效减去期望大于或等于 0，那么旅游者对此次的旅游体验还是比较满意的；当旅游者实际体验的绩效减去期望小于 0，那么旅游者对此次的旅游体验是比较不满的。该模型如图 15 – 1 所示。

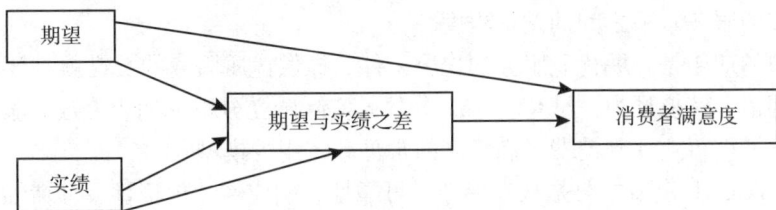

图 15 – 1　"期望—实绩"模型示意

**【同步案例】**

### "期望—实绩"模型在实际中的运用

佛罗里达州旅游局开展的旅游者满意度检测报告调查中显示，运用直接指标"超过预期""达到预期""未达到预期"三个选项来表示不同地区的旅游者对佛罗里达州当地旅游的满意程度。如图 15 –2 所示，数据包括全部样本、美国（全国）、美国（西部）、美国（东部）、日本、加拿大、欧洲和大洋洲旅游者的满意度。

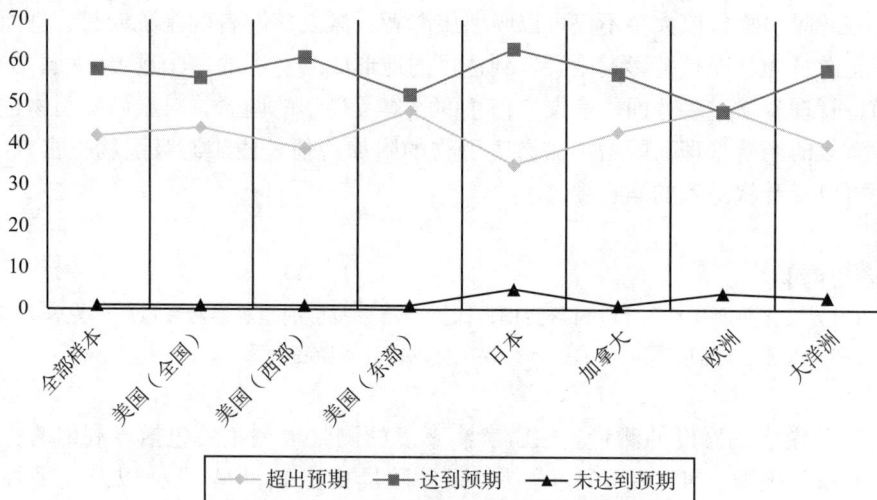

图 15 – 2　佛罗里达州旅游者期望的示意

**问题:**

请结合本案例与旅游者的"期望—实绩"模型,说明你从中了解到什么因素会影响到旅游者满意度。针对不同地区的旅游者,我们可以采取什么方法来提高旅游者满意度?

(2) SERVQUAL 模型(服务质量模型)。该模型又称为"期望 – 感知"模型,其核心基础理论模型是"服务质量差距模型",是 20 世纪 80 年代末由美国市场营销学家帕拉休拉曼等学者依据全面质量管理(total quality management,TQM)理论在服务行业中提出的,指服务质量取决于用户所感知的服务水平与用户所期望的服务水平之间的差别程度。

用户的期望是开展优质服务的先决条件,提供优质服务的关键就是要超过用户的期望值。其模型为:SERVQUAL 分数 = 实际感受分数 – 期望分数。服务质量模型是服务性行业评判消费者满意度的常见和实用的模型。

SERVQUAL 模型主要是从有形性、可靠性、响应性、保证性及移情性五个维度对服务业消费者满意度进行测评与度量,具体解释如下。

第一,有形性指的是服务企业的有形设施、设备以及服务人员的仪容仪表;

第二,可靠性是指服务人员准确可靠地提供所承诺的服务能力;

第三,响应性是指乐意帮助消费者并且及时提供服务;

第四,保证性是指服务人员所具有的知识、礼节以及表达出自信与可信的能力;

第五,移情性是指关心并为消费者提供个性服务。

(3) IPA (importance-performance analysis) 模型。IPA 模型,即"重要性—绩效"模型,其要求被调查者对各项衡量指标从重要性和绩效表现两个方面来评价旅游者的满意度。换句话说,就是以旅游产品或旅游服务的重要程度和表现程度为标准,根据两者的程度不同划分四个象限。在每一个象限里面,旅游者可以根据自己的旅游体验经历对旅游产品或服务做出判断，如图 15 - 3 所示。

|  | A象限<br>威胁（重要性大，表现性差） | B象限<br>机会（重要性大，表现性好） |
|重要程度| C象限<br>劣势（重要性小，表现性差） | D象限<br>机会（重要性小，表现性好） |

表现程度

图 15 - 3　"重要性—绩效"模型示意

【同步案例】

### 基于 IPA 模型的温泉养生旅游产品满意度调查分析

首先，确定 IPA 模型满意度的测评方法，并通过文献研究、问卷预调查、深度访谈等方法确定温泉养生旅游产品的满意度影响因子，构建由 8 个一级指标因子和 26 个二级指标因子构成的指标体系。

其次，在汤山温泉旅游度假区进行实证研究，采用 SPSS 统计软件对问卷进行信度分析、受访者个人信息描述性分析、重要性与满意度的描述性分析、两配对样本 T 检验。

再次，将重要性与满意度的描述性分析结果映射到 IPA 模型矩阵图上，得到汤山温泉养生旅游产品的优势因素、改进因素、劣势因素、机会因素。其中优势因素有"泡汤环境""外部交通""生态环境""泡汤价格""服务人员态度""服务人员的自身素养"6 个影响因素；改进因素有"其他养生产品""养生产品的特色""康体疗养效果""休闲度假活动项目""空间容量""文化风情与民俗""其他自费项目价格""旅游信息""旅游宣传"9 个影响因素；劣势因素有"食宿设施""线上预订""网络信号"3 个影响因素；机会因素有"温泉水况""浴池种类""与周边景点的联系""公共交通工具""停车场""指示牌""卫生设施""安全状况"8 个影响因素。

最后，从数据分析结果中发现汤山温泉养生旅游产品发展现状存在的问题，并根据问题的严重性、紧迫性分别提出持续提升策略、重点改进策略、积极拓展策略和适度调控策略。

（资料来源：杨海哨. 基于 IPA 模型的温泉养生旅游产品满意度调查分析——以汤山温泉旅游度假区为例 [D]. 东南大学硕士学位论文，2015.）

（4）公平性模型。公平性模型是奥立佛在"期望—实绩"模型的基础上发展而来的，把实绩具体转化成有形的标准，其中服务公平性是衡量服务绩效的一个重要标准。服务公平性是指消费者对服务性企业以及服务人员对待自己的态度和行为的看法。公平性可以从三个方面来评价：程序公平性（服务过程）；结果公平性（服务结果）；交往公平性（服务人员的态度与行为）。由此来衡量旅游者对所消费的旅游服务和产品是否满意。

### 15.1.3 旅游服务质量的控制与管理

尽管影响旅游者满意度的因素包括旅游主体因素和旅游客体因素两个方面，但从旅游供给的实践角度来看，旅游客体因素，特别是旅游服务质量与管理，是作为供给方的旅游目的地和旅游企业需要重点关注的。同时，基于旅游者个人因素的管理已在前述章节中论及。因此，这里主要从旅游服务质量的控制与管理方面展开。

1. 旅游服务质量的概念及内涵。服务质量指服务能够满足规定和潜在需求的特征和特性的总和，指服务工作能够满足被服务者需求的程度。依据服务质量的定义，本书认为旅游服务质量是指旅游服务能够满足旅游者需求的特征和特性的总和，是指旅游服务工作能够满足旅游者需求的程度。其中，特征是用以区分同类服务中不同规格、档次、品位的概念；特性则是用以区分不同类别的产品或服务的概念。

对旅游服务质量的评价包含对多种要素的感知，因此，旅游服务质量具有多个维度。一般而言，主要包含五个方面的维度：有形性、可靠性、响应性、保证性和移情性。

（1）有形性，指旅游企业中有形的设施、设备、人员外表等。有形性是评价旅游服务质量的依据。

（2）可靠性，指员工可靠、准确地执行所承诺的服务的能力。它意味着旅游企业按照其承诺办事，具体体现在服务提供的各个环节中，如按时提供服务、价格与宣传一致、问题解决及时到位等。

（3）响应性，指员工根据顾客需要，帮助顾客并提供快捷服务的自发性。它强调在处理顾客的要求、询问、投诉时，员工的专注程度和快捷程度。响应性主要表现在：一是顾客为获取员工帮助和信息咨询的等待时间长短；二是企业为满足顾客需求所提供服务的柔性和能力。企业要从顾客角度出发，审视服务传递和处理顾客需求的过程，建立有效的响应机制，如电话应答系统、前台人员快速响应和决策等。

（4）保证性，指员工具有的为顾客提供服务所需的自信、知识和能力，当服务对顾客而言包含高风险或顾客之间没有能力评价服务产出时，保证性就非常重要。

（5）移情性，指员工给予顾客的关心和提供个性化的服务，其目的是通过个性化或顾客化服务使每个用户感到自己是唯一和特殊的。比如，员工清楚每位顾客的服务喜好，针对不同顾客的偏好调整服务内容。

上述五种属性是从顾客评估服务质量角度归纳的，代表了顾客心目中评价企业服务质量的标准。尽管这些属性在概念上代表了旅游服务质量的独特内涵，但并不是独立存在的，而是相互交织、互有联系的。有时顾客决定旅游服务质量感知时使用五种属性，但有时也仅使用其中的几个属性。

2. 旅游服务质量的测量。如前所述，SERVQUAL 模型（"期望—感知"模型）常作为测量旅游服务质量的工具。用户的期望是展开优质服务的先决条件，提供优质服务的关键就是要超过用户的期望值。其模型等式为：SERVQUAL 模型分数 = 实际感受分数 – 期望分数。

SERVQUAL 是一个 44 个项目的量表，它从服务质量的有形性、可靠性、响应性、保证性、移情性五个维度来度量顾客的期望和感受。其包括两个部分：第一部分包括 22 个小项，记录针对某个行业中消费者对优秀企业的期望；第二部分包括 22 个小项，记录该行业中消费者对某个特定企业的服务感知。然后将两个部分的结果进行比较，对五个维度的每一项都得出一个"差距分数"。差距越大，消费者感受离期望的距离越大，服务质量的评价越低；差距越小，服务质量评价越高。

3. 旅游服务质量的控制管理策略。

（1）旅游服务质量管理模式。借鉴服务质量管理模式的相关理论，旅游服务质量可分为三种类型：产品生产模式、顾客满意模式和相互交往模式。

①产品生产模式。产品生产模式由美国著名企业管理学家莱维特在 20 世纪 70 年代初期提出，它强调"服务工业化"。他认为，服务企业管理人员应从工业企业引进流水作业法，对服务人员进行合理分工，并使用现代化设备（硬技术）和精心设计的服务操作系统（软技术），取代劳动力密集型的服务工作，进行大规模生产，从而提高劳动生产率和无形产品的质量。通过"服务工业化"，服务企业以最低的成本生产符合质量标准的无形产品，并通过规模化实现总成本领先的竞争战略优势。目前，汽车旅馆、汽车出租公司、快餐店等旅游服务企业中，产品生产模式普遍。

产品生产模式可使管理人员较易确定服务质量标准，较易衡量和控制服务质量。但是，这种模式取决于两个方面的条件：一方面，管理人员能否全面控制融入生产过程的各种资源和生产过程中使用的各种技术；另一方面，管理人员规定的服务质量，能否与顾客感觉中的质量与顾客行为之间相一致。在面对面服务过程中，这些条件并不一定存在，通常服务属性很抽象，如热情、友好、方便、迅速等，企业能够完全控制的属性非常少。服务过程会受顾客情绪和服务环境等因素的影响，而服务企业几乎无法控制这些因素，由于在服务过程中出现的某种差错，会使顾客对一系列服务属性的看法产生不利的影响。

②顾客满意程度模式。顾客满意程度模式强调顾客对服务质量的主观看法。这个模式认为，顾客是否会选用并反复购买某种服务、在服务过程中是否与服务人员合作、是否会向他人介绍这种服务产品等是由顾客对服务过程的主观评估决定的。服务质量不仅和服务结果有关，而且和服务过程有关。顾客的看法则与他们的个性、服务时间和服务场合有关。

顾客满意程度研究表明，服务属性与顾客感觉中的服务质量并不存在简单的、机械的对应关系。顾客的满意程度是他们对自己的消费经历进行主观评估的结果。根据顾客满意程度评估服务质量，管理人员不仅应重视服务过程和服务结果，更应分析、掌握顾客的看法及服务过程中影响服务人员和顾客相互交往的心理、社会和环境因素。顾客满意程度研究极大地丰富了管理人员对服务质量的理解，促使他们重视服务质量的动态性、主观性、复杂性等特点。

③相互交往模式。相互交往模式由美国波士顿大学可劳斯（Klaus）博士提出，强调顾客和服务人员互动的服务质量，其理论基础是相互关系理论、角色理论等，在实践运用中强调互动场景的服务设计和管理工作。他认为，互动的服务质量由协调、完成任务和满意三个层次组成。一是协调。优质服务的首要条件是服务人员和顾客之间的礼节性行为和感情交流。比如，服务人员欢迎和尊重顾客，顾客对服务人员同样应有礼貌。二是完成任务。优势服务的第二个条件是顾客和服务人员能够完成各自的任务，实现服务的目的。三是满意。顾客和服务人员都会根据自己的期望，评估满意程度。比如，顾客会评估自己是否得到服务人员的关心，服务人员是否热情友好，自己是否能控制相互交往过程等。

互动的服务质量受到服务程度、服务内容、顾客和服务人员的特点、企业特点和社会特点、环境和情景因素等因素的共同影响。因此，管理人员往往无法通过预先确定的标准做好服务质量管理工作，而必须通过上述各个因素的优化组合，间接地提高服务质量。

上述三种服务质量管理模式适用于不同类型的旅游服务企业，但都无法普遍地用于企业的服务活动中。在实际工作中，单纯套用某一模式通常并不适合具体的服务工作，服务企业应在借鉴某一模式的基础上，分析其服务特点及其影响因素，对旅游服务质量管理过程的各个环节采取相应的管理办法。

（2）旅游服务质量管理策略。旅游服务的对象是人，旅游服务的最终目标同样是满足人的物质和精神需要，旅游服务是通过旅游企业员工和顾客之间的接触实现的，服务者的素质在提高服务质量的过程中起着直接的决定作用。同时，旅游服务企业必须根据旅游企业在服务过程中出现的问题和服务环境状况采取不同的策略，以提高旅游企业的服务质量。

①制定旅游服务产品的质量标准。优秀的旅游服务企业通常都非常重视高服务质量标准的制定，比如，在制定旅游服务规程时，从服务的环节程序，每个环节统一的动作、交流语言、服务时间，到对于意外事件的处理、顾客临时要求的解决方法都做了明确的规定。旅游企业管理人员的主要工作是执行并控制，用规范的服务规程统一各项工作，从而达到旅游服务的标准化、服务岗位的规范化、服务工作的程序化。比如，酒店前台工作规定要求电话响铃十秒内必须有人接听，顾客来邮件必须两个工作日内回复。

②制定服务营销战略。旅游企业应充分了解旅游服务的目标市场和顾客的需要，为赢得顾客的长期信赖，旅游企业必须制定科学高效的营销战略和服务质量战略，建立服务质量管理体系、保证体系，根据服务的重要环节、薄弱环节建立质量监控点。旅游企业需要从顾客的角度看待问题，通过与客户的不断沟通和协商，逐步完善流程，并针对客户的不同需求制定不同的策略和流程，建立客户化的支持服务流程，将客户支持、服务工作制度化和流程化。

③重视内部服务质量的提升。旅游服务质量的好坏直接关系到一个企业的生

存和发展，必须引起旅游服务企业管理者的高度重视，将提高旅游服务质量作为重要的管理工作。但是，首先高层管理者必须以身作则，重视企业内部服务质量的提升，为企业员工提供优质服务树立榜样。为了提升内部服务质量，企业管理者必须做到：第一，尊重员工、关怀员工；第二，为员工提供优质服务；第三，在使顾客满意之前，先使员工满意。

④建立服务绩效的监督考评制度。旅游服务企业必须建立服务绩效监督和考评机制，采取适当的方法及时发现企业在提供服务过程中出现的服务质量问题，并了解员工的服务表现，同时也要了解竞争对手的服务绩效。有些企业通过比较性消费、顾客调查、利用顾客建议卡与投诉表等方法监督自身的服务绩效。

⑤创造良好的服务环境。服务环境对顾客感知服务质量有很大的影响。在旅游服务消费过程中，顾客不仅会根据服务人员的行为，也会根据服务环境中的有形证据评判服务质量。因此，旅游服务企业应根据目标细分市场的需要和整体营销策略的要求，做好服务环节的工作和有形证据管理工作，为顾客创造良好的消费环境，以便提高顾客感知的整体服务质量。

## 15.2　旅游消费者忠诚度

【案例导读】

### 酒店的常旅客计划

洲际酒店集团（InterContinental Hotels Group，IHG）的成立可以追溯到 1777 年。目前，在全世界一共有 4 500 多家酒店和度假村。洲际的常旅客计划叫洲际优悦会计划：IHG Rewards Club。

洲际优悦会计划也是一个积分计划，以住店的价格为基础给予奖励积分。一般来说，每 1 美元消费你可以获得 10 点 IHG 积分。金会员（Gold）会得到额外的 10% 的积分，白金会员（Platinum）会得到额外 50% 的积分，至悦会员（Spire）会得到 100% 的额外积分。

除了积分外，另外一个重要的指标是"合格住宿晚数"（eligible nights）。你住宿一晚就可以获得 one eligible night，达到一定的数量就可以升级到精英会员了。要获得合格住宿晚数和积分，很关键的一点：一定要从官网预定。通过其他第三方网站预定并住宿并不能获得合格住宿晚数和积分。

（资料来源：佚名．浅谈酒店常旅客计划——IHG 酒店集团［EB/OL］．http：//www. 3798. com/portal. php？mod＝view&aid＝20596. 有删减）

从上文的描述中，我们可以感受到洲际酒店通过常旅客计划实现旅游消费者的忠诚度培养。那么，什么是旅游者的忠诚度？如何测量和培养旅游者的忠诚度？

### 15.2.1　旅游消费者忠诚度概述

1. 消费者忠诚度的含义。到目前为止，对于消费者忠诚度的确切含义，在消费者行为学领域尚未有一个明确的定论。但是，从长期的学术研究上来看，主要有三种主流的观点。

（1）行为论。大多数赞成行为论的学者认为，消费者忠诚度主要是体现在消费者的高重复性的购买行为。但是，我们的行为一般是受到态度、情绪等带有主观性质因素的影响，因此，行为论的缺陷是其忽视消费者的主观能动性。比如，消费者经常会购买同一种商品，从行为上看是符合忠诚度的。但当有一天，该商品的替代品上市，无论代替品价格的高低，部分消费者为了追求新品上市的新鲜感，会转而购买代替品。由此可以看出，消费者忠诚度还是在一定程度上会受到态度等主观因素的影响。

（2）态度论。对于态度论而言，有部分学者是从情感的角度去阐释忠诚度的定义，即他们认为忠诚度是源于在消费者使用或购买该产品或服务后，对提供该产品或服务的品牌或企业产生的归属感。归属感属于态度的一种，会对消费者的行为产生一定的影响。比如，一个喜欢麦当劳的游客，到世界各地的旅游中菜单里都少不了麦当劳的食品。当然，我们不能仅仅用态度去解释一个消费行为的产生，因为一个正常的喜爱麦当劳的游客也不可能每一餐都吃麦当劳，还是会尝试旅游目的地当地的各种特色食物。

（3）"行为—态度"忠诚论。综合的"行为—态度"忠诚理论的核心思想是认为消费者的忠诚度是行为忠诚与态度忠诚的有机统一。例如，国内学者田涌泉、沈蕾（2000）认为，消费者忠诚是一种态度，其行为表现是消费者不断地重复购买某种产品或服务；或者说，只要存在购买需求，消费者就会最先选择该品牌的产品或服务。运用辩证法的思想来看，态度会影响行为，行为体现态度；行为会影响态度，态度反映行为。

2. 消费者忠诚的分类。消费者忠诚的分类是基于企业为了划分市场需求，分析出忠诚于本企业的消费者，从而加强服务的针对性，让忠诚的消费者更加忠诚、其他的消费者产生忠诚，最终达到企业的盈利目标。

（1）"态度—购买行为"的分类。狄克和库诺（Dick & Kunal，1994）从重复购买意愿和重复购买行为两个角度出发，将消费者忠诚度分为非忠诚、虚假忠诚、潜在忠诚和持续忠诚四种类型。

①非忠诚是指重复购买行为和意愿都不高的忠诚度。这就意味着无论企业采取什么样的措施，企业都很难从这部分消费者身上得到持久的收益。

②虚假忠诚是指购买行为的较高频率与较低的重复购买意愿。比如说，一名旅游者希望报团旅游，那么他可能会因为地理的便利性而选择离家近的小旅行社，而很少会跑去距离远点的大旅行社报名，即使他不太想在小旅行社消费。

③潜在忠诚是指较高的重复购买意愿和较低的购买行为。造成这种现象的可能性是因为企业的产品或服务供应不能满足消费者的需求，才会有较少的购买行为。所以企业应该不断满足消费者的需要，适时做出调整与改变，把潜在忠诚转化为持续忠诚。

④持续忠诚是指重复购买的意愿和行为是一致的。因为持续忠诚的消费者会

依赖于该企业或品牌的产品或服务，所以该部分消费者会成为企业收入的稳定来源。

（2）"忠诚度大小程度"的分类。奥立佛（Oliver，1997）把忠诚度划分为认知性忠诚、情感性忠诚、意向性忠诚和行为性忠诚四个标准。认知性忠诚是消费者通过亲自感受产品或服务，从而得到的最基本的信息的获取以及经验。情感性忠诚则是认知性忠诚的进一步发展，在消费者取得一定的经验后，根据消费者的判断，会得到满意或不满意的主观感受。意向性忠诚是指消费者还没有进行实际购买的再购买行为。行为性忠诚是相对于意向性忠诚而言，将再购买的意愿转化为实际的重复购买行为。

3. 旅游者忠诚度的含义。尽管对于消费者忠诚度的认识，理论上可分为行为论、态度论和"行为—态度"复合论，本书认为不可片面地认同行为论和态度论，而赞同从"行为—态度"复合论来定义旅游者忠诚度。国内的学者也多是从复合论的角度出发，如邹益民、黄晶晶（2004）提出，旅游者忠诚度不仅是重复购买行为，更是一种高品质的心理倾向，是心理连同重复购买行为内在的有机结合。本书认为，旅游者忠诚度通常是指旅游者对某一旅游目的地或旅游产品具有较高的积极态度，加之以口碑宣传和购买决策的首选与重复购买行为的有机结合。

## 15.2.2　旅游消费者忠诚度的影响因素与测度

1. 旅游消费者忠诚度的影响因素。

（1）旅游者满意度。根据前文对旅游消费者满意度的研究，对于满意度与忠诚度的关系，一般认为满意度发展在一定阶段会转化成为消费者的忠诚度。如果消费者对于以往得到的产品或服务感到满意的话，他们会形成最基本的认知忠诚度。此外，满意的消费者在再次购买同类型的产品与服务时，他们有可能会把之前企业提供的产品或服务当作购买决策的首选和对其他人进行口碑宣传。这样，消费者就形成了意向性忠诚度。

但是，我们还是要关注"满意度陷阱"的存在，即高满意度和低忠诚度。这个现象的出现可能是因为消费者的购买行为不完全是由满意度所决定的，而是由人们判断自我的购买行为是否符合自身利益。

（2）旅游者信任度。旅游者信任度是在旅游者满意度的基础上发展而来的。旅游者满意度一般来说是针对企业所提供的产品或服务的体验与期望的比较，而旅游者信任度是指对整体企业或品牌产生的忠诚和依赖，相信企业会做到其所做出的有形承诺与无形承诺。由此，旅游消费者就会形成继续购买该企业或品牌的产品与服务，从而为企业带来不可比拟的竞争优势。

（3）旅游者归属感。旅游者的归属感可以是对旅游企业的归属感，也可以是针对某一旅游目的地产生归属感。旅游者的归属感相对于信任度而言，更加具有对某一地方产生情感的倾向，即场所依恋。简单来说，场所依恋是一种情感归属，在一定程度上可以满足消费者的个人特定心理需求。比如，杭州是某位旅游者与其妻子相识的地方，那么他们为了回忆过去，也会有产生对杭州这一旅游目的地的归属感；旅游企业独具特色的装修风格、温馨细致的服务，也可能会使旅游消费者产生特定的归属感。

（4）旅游目的地形象与服务质量。旅游目的地要尽可能地为旅游者提供在自身能力范围内最好的服务水准，给旅游者留下一个良好的印象。此外，旅游目的地需要不断完善旅游基础设施建设，加大对外与实际相符的旅游宣传，让旅游者能够切实感知旅游的乐趣，从而收获旅游者的忠诚度和持续的盈利能力。

（5）转换成本。转换成本是指当消费者变换一个产品或服务的供应商所产生的一次性成本。旅游消费者可能会因为更换旅游供应商所需的成本过高，从而继续接受目前该旅游供应商的服务。这样的旅游者忠诚度只是短暂性的，只要相应的条件许可，旅游者会转向其他的供应商。旅游企业为了提升旅游者忠诚度的持续性，则需要不断改进自身的服务能力，在一定程度上让旅游者的转换成本增加。

2. 旅游消费者忠诚度的测度。

（1）测量指标。

①行为忠诚度。

第一，游览次数。游览次数是指旅游者在某一特定时间段内到达某一旅游目的地的总次数。虽然该指标被证实并不完全反映旅游者的忠诚性，但作为旅游者忠诚度最直接和最易观察到的行为体现，该指标一直是衡量旅游者对某一旅游目的地的行为忠诚度的重要参考指标。

第二，游览次序。游览次序指某一旅游目的地在旅游者旅游决策和旅游过程中所占的位次和顺序。这种位次和顺序反映的是旅游者对该旅游目的地的重视程度、偏爱程度的一种排序，因此，从某种程度上也可以看作是忠诚度的一个体现。

第三，正面宣传的次数。旅游者对旅游目的地的正面宣传次数，也是旅游者忠诚度的一个外在行为体现。由于一些客观条件的限制，旅游者可能无法到特定旅游目的地开展实际的游览行为，但可能会向他周围的亲朋好友推荐这个旅游目的地，对这个旅游目的地给予正面积极的评价，甚至向陌生人讲述自己的旅游经历等，在某种程度上也可被当作衡量旅游者行为忠诚度的指标。

②态度忠诚度。

第一，重游意愿。重游意愿是指旅游者希望对旅游产品进行重复购买的意愿。旅游产品的需求弹性较大、旅游者追新求异的心理、意外环境变化的约束限制等因素使得旅游者再次到某旅游目的地进行旅游不是一件容易实现的事情。但并不意味着这些旅游者内心不渴望再次前往之前已经到访过的旅游目的地，可以将这种渴望的心情视作他们对旅游目的地忠诚的一种体现。尽管这种心情可能无法被直接观察到，但该指标可以通过一定的方式进行测量，因此，它成为衡量旅游者对某一旅游目的地的行为忠诚度的重要参考指标。

第二，推荐意愿。推荐意愿指旅游者对旅游目的地进行正面宣传的意愿，包括向他人推荐、口碑宣传、公开场合的其他正面介绍等。其中，向他人推荐是在这种正面宣传中是最重要、最有效的一种形式，很可能会给特定旅游目的地带来正面影响。如果旅游者对特定旅游目的地越是喜爱，越是对它有归属感，他们就会越热衷于向他们介绍和推荐该旅游目的地。因此，通过了解旅游者的推荐意愿在一定程度上能够帮助衡量旅游者对旅游目的地的忠诚度。

第三，未来首选意愿。未来首选意愿指在客观条件具备的情况下，旅游者将特定旅游目的地作为即将开展的旅游活动的首先选择的意愿。也就是说，在未来旅游决策中旅游者会将特定旅游目的地放在其他旅游目的地之前，作为第一位的旅游目的地进行考虑，这反映出旅游目的地在旅游者心目中的重要程度。因此，通过了解旅游者的未来首选意愿在一定程度上能够帮助衡量旅游者对旅游目的地的忠诚度。

第四，价格容忍度。价格容忍度是指忠诚的旅游者相对于一般的旅游者而言，对旅游目的地或旅游产品价格的波动不太敏感，而是把注意力放在对某一旅游目的地或旅游产品的情感寄托上。

第五，风险容忍度。风险容忍度体现在一般的旅游者在面对风险因素时，可能会对旅游产品或服务产生不满和抱怨；相反的是，因为对旅游目的地或旅游服务有充分的信任感，所以忠诚的旅游者会对这些风险因素表现出极大的理解和宽容。

（2）测量模型。在旅游消费者忠诚度的测量问题上，主要有行为论和态度论两种主要观点。行为论认为通过了解旅游者的旅游行为表现来衡量旅游消费者的忠诚度，如欧普曼（Oppermann，2000）认为应通过行为指标来识别旅游目的地忠诚度以及忠诚的旅游者，同时，在行为指标的衡量时，不应从旅游行为的横截面角度而应从旅游经历的纵向角度。态度论认为通过了解旅游者的意愿来衡量旅游消费者的忠诚度，如约瑟夫陈和谷索义（Chen & Gursoy，2001）认为由于旅游行业比较特殊，重复购买行为发生的概率较小，因此，难以从旅游者的旅游行为角度来衡量旅游者的忠诚度，而应把"向其他旅游者推荐旅游产品的意愿"作为恰当的旅游者忠诚度指标。实际上，顾客忠诚度的大小受很多因素的共同影响，而且这些因素的重要性和影响程度在不同行业中是存在差异的。由于旅游行业作为一种服务性产业，不同于传统行业，且其旅游产品不同于一般产品，在旅游消费者忠诚度的衡量上相应地有所不同。在已有研究成果的基础上，本书赞同从行为和态度两个方面对旅游消费者忠诚度进行衡量，即旅游消费者忠诚是其行为忠诚度和态度忠诚度的总和。旅游消费者忠诚度分为行为忠诚度和态度忠诚度，前者包括游览次数、游览次序、正面宣传的次数等指标；后者包括重游意愿、推荐意愿、未来首选意愿、价格容忍度和风险容忍度等指标，并结合旅游目的地类型或测量目的的不同，在旅游消费者忠诚度实际测量中调整上述指标的权重大小。

### 15.2.3  旅游消费者忠诚度的管理

为什么要对旅游消费者忠诚度进行管理呢？20 世纪末，关系营销的盛行使企业家发现消费者忠诚度是影响企业盈利能力的重要影响因素之一。鲍文（John T. Bowen）和舒麦克（Stowe Shoemaker）曾在一次对高档宾馆的商务旅客的调查中发现：忠诚的旅客很少在预订客房时询问房价；与其他旅客相比，忠诚的旅客更可能购买其他服务，如洗衣或餐饮服务；忠诚的旅客会向他人正面推荐，平均每个忠诚旅客会向 12 人推荐该宾馆；忠诚的旅客更可能向宾馆的管理者提出建议。因此，把握好旅游者忠诚度是旅游企业发展的重要目标。

旅游消费者忠诚度的管理措施。

（1）提高旅游产品与服务的质量，树立旅游企业的良好形象。旅游企业的良好形象是一笔丰厚的无形资产，通过注重企业自身的品牌塑造，从而有利于培养出旅游消费者的信任感。当然，旅游产品与服务的高质量也是维持旅游企业持续发展的强大推动力，也为旅游忠诚度奠定基础。这就要求旅游企业尽可能地站在旅游者的角度，提供贴心的服务；同时提高旅游从业人员的素质，使服务的第一线更好地展示在旅游者的面前。

（2）重视旅游消费者价值，加强沟通和关系营销。现在很多的旅游企业都推出自己的"常旅客计划"，把旅客纳入自己特有的会员体系当中，这会让很多旅游者在同一会员体系中感受到特殊的价值实现，从而增加对该旅游企业的忠诚度消费。比如，即使有几年未曾在酒店消费过，泰国东方酒店还是会温馨地在旅客生日时递送一份生日祝福的卡片。

（3）关注旅游消费者需求变化，进行针对性的旅游营销。旅游企业可以根据市场分析以及旅游消费者忠诚度的测度指标，对旅游者进行忠诚度划分。对于忠诚的旅游者，旅游企业可以定时反馈给旅游者一定的优惠活动以及奖励计划，也可以提供个性化的服务；对于潜在忠诚者，旅游企业可以针对这部分的旅游者开发较为稳定实惠的旅游活动和旅游产品，开发他们的忠诚度。

## 15.3 服务失败、旅游消费者的投诉行为与服务补救

### 15.3.1 服务失败

1. 服务失败的表现。在旅游服务过程中，难免会出现一些旅游服务的意外事件。对于服务业这个特殊性极强的第三产业而言，服务的失败一般会导致消费者不满情绪的产生，而消费者不满情绪的表达方式便是服务失败的表现。服务失败的表现主要有两种方式：显性方式和隐性方式。

（1）显性方式：向服务企业直接投诉、要求服务企业提供赔偿或向司法机构起诉服务企业。

（2）隐性方式：对亲人朋友进行负面的口头宣传以及不会再购买该服务企业的相关产品。

2. 服务失败的原因。服务具有无形性、差异性、生产与消费的同步性、不可分割性和不可储藏性等特点。正是因为旅游业是属于服务业的重要组成部分，

因此，在旅游服务的差异性和旅游服务的不可分离性条件的限制下，最好的旅游企业在提供旅游服务的过程中也难免会出现失误。影响旅游服务失败的具体原因，有以下三个观点。

（1）旅游服务人员没有认识到旅游消费者真正的需求。比如，旅行社前台销售人员若没有了解到旅游者的需要，则会向旅游者直接推荐当前热门、利润高的旅游线路；若是了解到旅游者的真实需要，则会把主题乐园安排在"亲子游"，把蜜月度假胜地安排在"蜜月游"中等，进而降低旅游服务失败的概率。

（2）旅游服务人员提供服务水平的高低。伴随着旅游经济的蓬勃发展，在旅游市场上仍然充斥着不少较低素质、缺乏专业培训的旅游从业人员。这些旅游服务人员的非标准化或非个性化的服务往往很难得到旅游者的认可。

（3）旅游者感知与期望的差距过大。旅游者的期望来源于前期的旅游信息的搜索，其中很大一部分信息是来自于旅游企业。如果旅游企业在宣传中夸大旅游体验的效果，使旅游者在体验后感到有很大的心理落差，那么旅游者的不满意便是旅游服务失败的体现。

### 15.3.2 旅游消费者的投诉行为

旅游消费者在旅游消费过程中，如果遇到旅游服务失败的情况，最常见的方式就是向提供服务的旅游企业、当地的旅游主管部门或者相关的机构进行投诉。

1. 影响旅游消费者投诉的因素。

（1）旅游者的不满意程度。如果只是引起旅游者轻微的不满，通过旅游服务人员的适当处理，旅游者可能会放弃投诉；如果是旅游者极大的不满，那么旅游者可能会投诉旅游服务企业来维护自身的利益。

（2）旅游产品与服务的重要性。旅游产品与服务的重要程度越高，旅游者对其的重视程度越强。倘若旅游者在旅游中并未从其认为重要的产品与服务中得到感知价值，那么可能会选择投诉旅游企业。若是其认为不太重要的产品或服务，旅游者则会忽略其所带来的负面影响，继续自己的旅游项目。

（3）旅游者的预期付出和收益。如果旅游消费者在投诉之前，考虑到投诉所付出的代价（时间和金钱）远远超过旅游服务企业所回馈的利益，那么，作为一名理智的消费者，往往会放弃向旅游服务企业公开投诉的机会，而是会转向低成本的表达不满的隐性方式。

（4）旅游企业的态度。这里提到的旅游企业的态度是针对旅游投诉的。如果这是一家信誉良好的旅游企业，它能够积极应对和处理顾客的投诉，那么当旅游者遇到不满意的旅游服务时，会第一时间想到通过投诉这条渠道去解决问题。如果是一家经常投诉无果的旅游企业，那么旅游消费者就可能不会选择投诉。

2. 旅游投诉的特点。旅游是一个连续不断的过程，有时会仅仅因为一个小小的失误、旅游者感知差异而引起旅游者的不满，进而可能伴随着产生旅游投诉行为。因此，旅游投诉的一个很重要特点就是不可避免性。

客观来讲，纵然旅游投诉有不可避免性，但旅游企业还是可以从旅游者的建议中发现自身的不足之处和最新的市场需求。如果旅游企业认真负责地对待旅游投诉的处理，那么在一定程度上会带来企业口碑的正面宣传，改善旅游企业的形象。

### 15.3.3 服务补救

服务补救是旅游企业面对服务失败所做出的及时性反应机制，以此来尽可能减少顾客以及旅游企业的损失。这里要注意服务补救与旅游投诉行为处理的区别。服务补救是指旅游企业或旅游服务人员能够现场立刻处理服务失败的事件，而旅游投诉行为的处理是需要经过旅游企业一整套的投诉处理流程才能解决的服务失败事件。

旅游企业在面对服务失败时可以采取的应急措施如下。

1. 及时提供服务补救，处理投诉。服务补救不同于一般性的消费者投诉管理，它强调的是及时性而不是常规投诉周期的时间范围内。比如，常规投诉周期指在旅游者向旅游企业投诉后，一般是顾客得到一个回复：在 15 个工作日回复旅游者；而服务补救就是现场对旅游者合理的不满之处立刻做出修正，以换回旅游者的信任。

2. 耐心倾听诉求，弄清真相。无论是旅游企业的主管人员还是第一线的旅游服务人员，在面对旅游者的投诉、抱怨和不满时，一定要冷静下来倾听旅游者的声音。在明白事情的原委后，理清思路，再决定接下来的补救措施。

3. 给予服务人员授权，灵活解决问题。旅游企业要适当地赋予在第一线的服务人员处理紧急事件的权利，而不是一层一层向上级管理部门汇报解决问题。同时，不能因采取的行动而受罚，企业必须要有一些激励措施鼓励员工行使其补救权力。另外，旅游服务人员在拥有权利的同时，也要分辨出是由于旅游企业自身的问题所致还是由旅游者误会所致的服务失败，才可以更好地处理与旅游者之间的协商问题。

4. 欢迎并鼓励旅游者投诉，加强旅游企业的投诉管理。服务补救的关键是欢迎并鼓励旅游者抱怨投诉。鼓励旅游者对旅游企业不完善的地方提出建议，对某些共性问题可以对服务过程和属性进行修改，也可以有助于旅游企业了解动态的旅游市场的需求，及时作出调整。与此同时，旅游企业可以成立 24 小时的投诉服务热线、网络及时反馈投诉的窗口以及制定常见的服务补救的规范化措施，让旅游服务人员在此基础上依事而行。

## 本 章 小 结

### 【主要概念】

旅游者满意度　旅游者忠诚度　旅游服务质量管理　服务补救　服务失败

### 【内容提要】

本章主要介绍旅游者购买或消费旅游产品及服务之后的评价感受与标准，分为三个部分：首先，介绍旅游消费者满意度的概念及其影响因素，分析旅游消费者满意度的测量，提出旅游服务质量管理的策略；其次，介绍旅游消费者忠诚度的概念及其影响因素，分析旅游消费者忠诚度的测量，提出旅游消费者忠诚度管理的策略；最后，介绍服务失败、顾客投诉、服务补救等相关内容。

旅游消费者满意度就是旅游消费者在旅游之后的主观感受，指旅游消费者对旅游消费体验与某一标准进行比较之后产生的心理反应。旅游消费者的满意度受旅游者的认知因素、旅游者的信息搜寻行为、旅游者忠诚度、旅游目的地的服务质量与服务管理、旅游吸引物等因素影响。旅游者满意度的测量主要是包括奥利佛的"期望—实绩"模型、SERVQUAL 模型（服务质量模型）、IPA 模型以及公平性模型。旅游服务质量管理的策略包括制定旅游服务产品的质量标准、制定服务营销战略、重视内部服务质量的提升、建立服务绩效的监督考评制度、创造良好的服务环境。

旅游消费者忠诚度通常是指旅游者对某一旅游目的地或旅游产品具有较高的积极态度，加之以口碑宣传和购买决策的首选与重复购买的行为的有机结合。旅游消费者忠诚度受旅游者满意度、旅游者信任度、旅游者归属感、旅游目的地形象与服务质量、转换成本等因素影响。旅游消费者忠诚度的测度可从行为忠诚度、态度忠诚度等方面开展。旅游消费者忠诚度可通过提高旅游产品与服务的质量，树立旅游企业的良好形象；重视旅游消费者价值，加强沟通和关系营销；关注旅游消费者需求变化，进行针对性旅游营销等途径进行管理。

在旅游企业服务过程中服务失败和顾客投诉行为难以避免，但旅游企业应正确认识和处理。服务补救是旅游企业面对服务失败所做出的及时性的反应机制，以此来尽可能减少顾客以及旅游企业的损失。旅游企业在面对服务失败时可以采取的应急措施有：及时提供补救服务，处理投诉；耐心倾听诉求，弄清真相；给予服务人员授权，灵活解决问题；欢迎并鼓励旅游者投诉，加强旅游企业的投诉管理。

# 单 元 训 练

【知识训练】

**一、选择题**

1. 下列选项属于旅游者满意度中公平性模型的内容是（　　）。
   A. 程序公平　　　　B. 结果公平　　　　C. 态度公平　　　　D. 交往公平

2. 下列不属于服务质量评价模型（SERVQUAL 模型）的评价维度是（　　）。
   A. 无形性　　　　B. 响应性　　　　C. 可靠性　　　　D. 移情性

3. 旅游忠诚度中的非忠诚、虚假忠诚、潜在忠诚和持续忠诚四种类型是按照（　　）进行划分的。
   A. 满意度与忠诚度　　　　　　B. 投入程度与购买品牌的数量
   C. 可获利性与保持关系时间　　D. 忠诚度与购买行为的重复度

4. 现场处理服务失败的措施是属于（　　）。
   A. 服务补救　　　　B. 投诉处理　　　　C. 事故处理　　　　D. 服务完善

5. 影响旅游消费者投诉的因素有（　　）。
   A. 旅游者的不满意程度　　　　B. 旅游产品与服务的重要性
   C. 旅游企业的态度　　　　　　D. 旅游者的预期付出和收益

**二、判断题**

1. 在旅游消费者满意度与忠诚度中，旅游消费者的主观性比较强。　　　　（　　）
2. 旅游消费者满意就代表着旅游消费者对旅游企业或旅游产品忠诚。　　（　　）
3. 在旅游体验的不同阶段，旅游消费者的满意度会有差异。　　　　　　（　　）
4. 旅游消费者忠诚主要划分为行为忠诚、意向忠诚和情感忠诚。　　　　（　　）
5. 风险容忍度可以作为衡量旅游者忠诚度的指标。　　　　　　　　　　（　　）

**三、简答题**

1. 简述可能会导致服务失败的因素。怎样正确处理服务失败？
2. 简述旅游者满意度的概念以及分类。
3. 简述旅游者满意度的影响因素。
4. 简述旅游者忠诚度的概念以及分类。
5. 简述旅游者忠诚度的影响因素。
6. 简答旅游者满意度测量的相关模型和指标。
7. 简答旅游者忠诚度测量的相关模型和指标。

## 【技能训练】

**实验题**

1. 目标：制定一份旅游者满意度的调查报告以及旅游企业的发展建议。
2. 实验目的：了解旅游消费者满意度的含义、特点、影响因素及测量方法。
3. 实验过程：依据 SERQUAL 模型以小组为单位进行。
4. 实验结果：根据实验结果形成实验报告。
5. 具体操作如下：旅游消费者满意度与旅游者忠诚度的研究的最终目的是为了更好地为旅游者提供高水平的旅游服务。实验小组可以针对旅游企业的已实施的旅游项目进行旅游消费者满意度和忠诚度的测量。根据测量出的数据以及旅游服务质量管理相关理论，找出当前旅游项目的优缺点，并加以改善。

## 【能力训练】

**调研题**

### 当前中老年人旅游消费存七大消费"痛点"

《中国中老年人旅游消费行为研究报告（2016）》是基于一份同程旅游中老年用户"一对一"访谈资料，整理出了目前中老年人在旅游消费方面存在的主要"痛点"，如表 15 – 1 所示。

表 15 – 1　　　　　　　　　　中老年旅游服务满意度访谈整理

| 序号 | 存在的问题 | 改进期望 |
| --- | --- | --- |
| 1 | 组团社与导游之间协调不顺畅 | 组团社与带团导游之间能够更顺畅地沟通 |
| 2 | 价格与服务品质不对等 | 产品的服务质量需要进一步提高 |
| 3 | 个别导游责任心差，不遵守职业道德 | 提高导游的职业素质与责任心 |
| 4 | 缺少专门针对中老年的产品 | 希望有专门为中老年群体定制的路线 |

续表

| 序号 | 存在的问题 | 改进期望 |
|---|---|---|
| 5 | 行程安排不适合中老年人 | 行程节奏应该根据中老年的身体状况而定 |
| 6 | 餐饮安排不适合中老年群体 | 餐饮安排更加本地化，适合中老年人 |
| 7 | 出境、邮轮等出游手续繁琐 | 简化手续，或安排专职人员讲解 |

资料来源：http://sanwen. net/a/wequvoo. html。

**要求：**

针对学校所在地区的中老年客源市场，进行一次旅游消费者满意度调查，并运用旅游消费者满意度的测量模型进行分析，完成一份调研报告。

## 【单元综合实践】

# 2016 年浙江省第二季度 5A 级景区游客满意度调查

**一、游客满意度总体情况**

2016 年第二季度 5A 级景区游客满意度综合指数为 79.77，与上季度 79.18 相比，满意度指数有所上升。在游客满意度总体评价的各项指标中有许多因素仍需进一步改善，其主要问题有：①旅游餐饮方面反映比较集中的问题主要是菜品缺乏地方特色、价格不合理、就餐不方便、卫生状况差等方面；②旅游住宿方面反映比较集中的问题主要是住宿性价比低、客房卫生状况、安保措施不完善、餐饮服务质量差等方面；③旅游购物方面反映比较集中的问题主要是商品价格不合理、工作人员服务态度差、购物不够便利、推销方式不合理等方面；④游客对 5A 级景区旅游文化娱乐方面反映比较集中的问题主要是活动内容单调、娱乐活动品位低、娱乐活动价格不合理等方面；⑤景区环境反映比较集中的问题主要是工作人员服务态度较差、门票价格不合理、公共交通可达性差、宣传与实际不相符、景区吸引力不够等方面。

调查数据显示，本季度 5A 级景区中鲁迅故里、根宫佛国和西湖是游客满意度排名前三的 5A 级景区。

从各旅游要素来看，游客满意度较高的旅游要素是景区环境、文化娱乐、餐饮；满意度较低的旅游要素是购物和住宿，如图 15 - 4 所示。

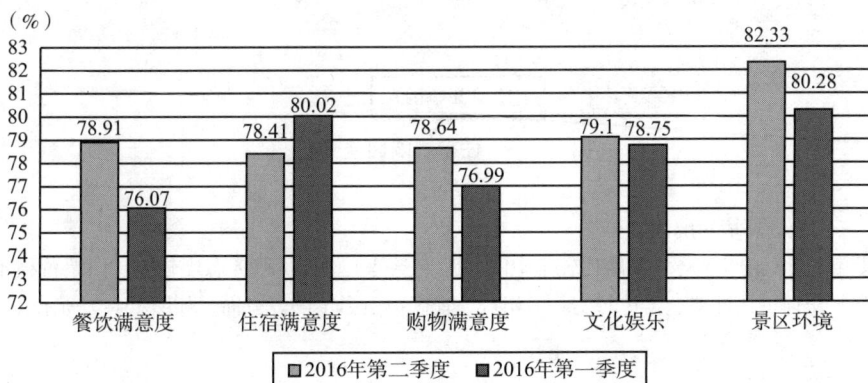

图 15 - 4　2016 年浙江省第二季度 5A 级景区游客满意度情况

### 二、影响因素抱怨指数分析

#### (一) 旅游餐饮影响因素分析

游客对5A级景区旅游餐饮方面反映比较集中的问题主要是菜品缺乏地方特色、价格不合理、就餐不方便、卫生状况差等方面，如图15-5所示。

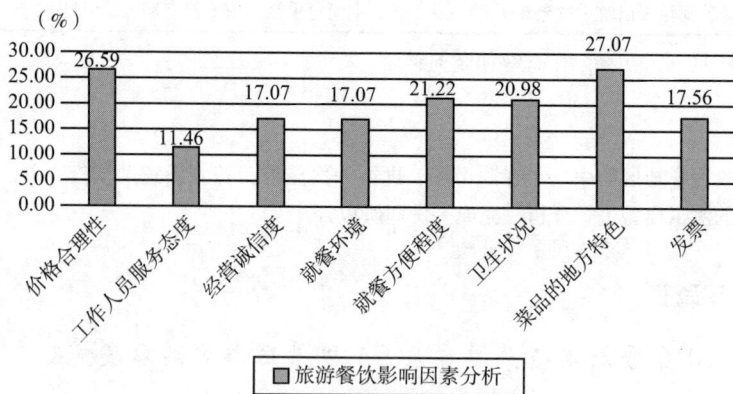

图 15-5　旅游餐饮影响因素分析

#### (二) 旅游住宿影响因素分析

游客对5A级景区旅游住宿方面反映比较集中的问题主要是工作人员的服务态度差、住宿性价比低、客房卫生状况、安保措施不完善、餐饮服务质量差等方面，如图15-6所示。

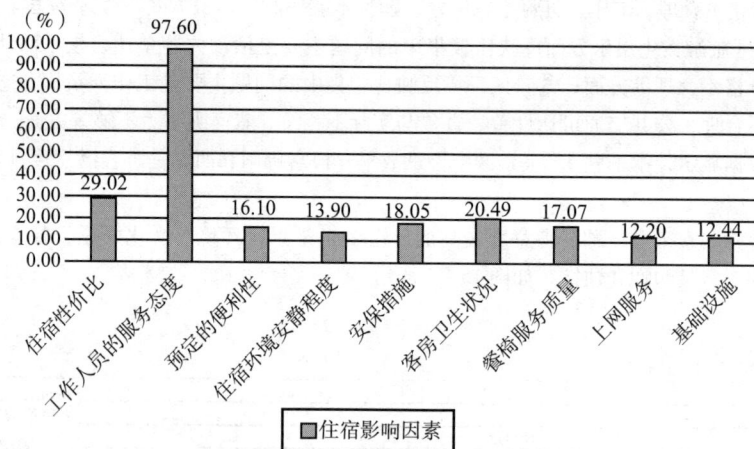

图 15-6　住宿影响因素分析

#### (三) 景区环境影响因素分析

游客对5A级景区环境反映比较集中的问题主要是工作人员服务态度较差、门票价格不合理、公共交通可达性差、宣传与实际不相符、景区吸引力不够等方面，如图15-7所示。

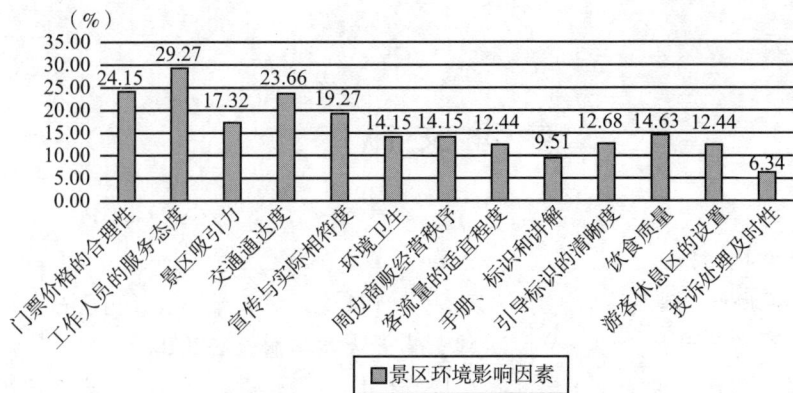

图 15 - 7　景区环境影响因素分析

**要求：**

根据《2016 年浙江省第二季度 5A 级景区游客满意度调查》的部分相关数据，请同学们思考影响旅游消费者满意度的因素以及评价标准有什么方面？上述的满意度是否可以推动旅游消费者忠诚度的提高？调查中显示的旅游者抱怨因素是否可以通过一些方法得到改善，从而进一步促进浙江省 5A 级旅游景点发展？

# 参 考 文 献

[1] 曹旭平, 唐娟. 消费者行为学（第二版）[M]. 北京: 清华大学出版社, 2017.

[2] 杜炜. 旅游消费行为学 [M]. 天津: 南开大学出版社, 2010.

[3] 李朝军, 郑焱. 旅游文化学（第二版）[M]. 大连: 东北财经大学出版社有限责任公司, 2016.

[4] 李付庆. 消费者行为学 [M]. 北京: 清华大学出版社, 2016.

[5] 李享. 旅游出行方式研究——消费行为视角 [M]. 北京: 旅游教育出版社, 2011.

[6] 李祝舜. 旅游心理学（第三版）[M]. 北京: 高等教育出版社, 2018.

[7] 李志飞. 旅游消费者行为学 [M]. 武汉: 华中科技大学出版社, 2017.

[8] 刘纯. 旅游心理学（第三版）[M]. 北京: 高等教育出版社, 2012.

[9] 龙江智. 中国旅游消费行为模式研究 [M]. 北京: 旅游教育出版社, 2015.

[10] 卢泰宏, 周懿瑾. 消费者行为学: 洞察中国消费者（第3版）[M]. 北京: 中国人民大学出版社, 2018.

[11] 吕勤. 旅游心理学导论 [M]. 北京: 清华大学出版社, 2016.

[12] 迈克尔. 所罗门. 消费者行为学（第10版）[M]. 北京: 中国人民大学出版社, 2014.

[13] 莫里森著, 朱虹等译. 旅游服务营销（第3版）[M]. 北京: 电子工业出版社, 2004.

[14] [英] 斯沃布鲁克, [英] 霍纳著, 俞慧君, 张鸥, 漆小艳译. 旅游消费者行为学 [M]. 北京: 水利电力出版社, 2004.

[15] 孙九霞, 陈钢华. 旅游消费者行为学 [M]. 大连: 东北财经大学出版社有限责任公司, 2015.

[16] 孙喜林. 旅游心理学（第六版）[M]. 大连: 东北财经大学出版社有限责任公司, 2016.

[17] 苏红霞. 旅华英国游客旅游消费行为研究 [M]. 北京: 中国旅游出版社, 2009.

[18] 吴清津. 旅游消费者行为学 [M]. 北京: 旅游教育出版社, 2006.

[19] 杨树青. 消费者行为学（第二版）[M]. 广州: 中山大学出版社, 2015.

[20] 张树夫. 旅游消费行为 [M]. 北京: 中国林业出版社, 2004.

[21] 董雪旺, 成升魁. 基于旅游消费技术的世界遗产地旅游体验满意度研究 [J]. 资源科学, 2015, 8: 1578 – 1588.

[22] 盖玉妍. 城市家庭变迁下的居民旅游消费价值观取向探讨 [J]. 青海社会科学, 2012, (3): 33-36, 47.

[23] 郭亚军. 旅游者决策行为研究 [J]. 旅游科学, 2002, 16 (4): 24-27.

[24] 郭英之. 旅游感知形象研究综述 [J]. 经济地理, 2003, 23 (2): 280-284.

[25] 贾静. 学习规律在旅游服务中的运用 [J]. 中国西部科技, 2003 (4): 119-121.

[26] 林美珍, 李祝舜. 基于旅游者认知的旅游目的地印象管理 [J]. 桂林旅游高等专科学校学报, 2003, 14 (5): 54-57.

[27] 林森. 我国旅游消费发展趋势分析研究 [J]. 财政研究, 2014, (12): 71-74.

[28] 刘伏英. "快旅" 时代旅游消费需求变化研究 [J]. 学术论坛, 2010, 33 (2): 77-81.

[29] 卢昆. 知觉距离对消费者旅游决策的影响 [J]. 桂林旅游高等专科学校学报, 2003, 14 (4): 48-50.

[30] 孙惠春. 现代人旅游动机的心理学分析 [J]. 辽宁工程技术大学学报 (社会科学版), 2003, 5 (2): 102-104.

[31] 王莹, 杨晋. 旅游消费的政策影响因素研究及启示 [J]. 经济地理, 2012, 32 (1): 163-167.

[32] 谢彦君, 谷明. 旅游者度假选择行为分析 [J]. 桂林旅专学报, 1998, 9 (3): 11-14.

[33] 谢晖, 保继刚. 旅游行为中的性别差异研究 [J]. 旅游学刊, 2006, 21 (1): 44-49.

[34] 杨晶, 王君萍, 王张明. 农村居民旅游消费意愿的影响因素研究 [J]. 干旱区资源与环境, 2017, 10: 196-202.

[35] 余凤龙, 黄震方, 侯兵. 价值观与旅游消费行为关系研究进展与启示 [J]. 旅游学刊, 2017 (2): 117-126.

[36] 张广瑞. 中国出境旅游热的冷静思考——关于中国出境旅游发展政策的辨析 [J]. 财贸经济, 2005 (7): 87-91.

[37] 张宏梅, 陆林. 近10年国外旅游动机研究综述 [J]. 地域研究与开发, 2005, 24 (2): 100-103.

[38] 朱东国. 大学生红色旅游消费行为及其营销策略 [J]. 湘潭大学学报 (哲学社会科学版), 2010, 34 (5): 37-40.

# 敬 告 读 者

　　为了帮助广大师生和其他学习者更好地使用、理解和巩固教材的内容，本教材提供课件和习题答案，读者可关注公众号"财经文渊"，浏览课件和习题答案。

　　如有任何疑问，请与我们联系。

QQ：16678727

邮箱：esp_bj@163. com

教材服务 QQ 群：391238470

经济科学出版社

2018 年 8 月

财经文渊

教材服务 QQ 群